# Manager-

# Handbuch

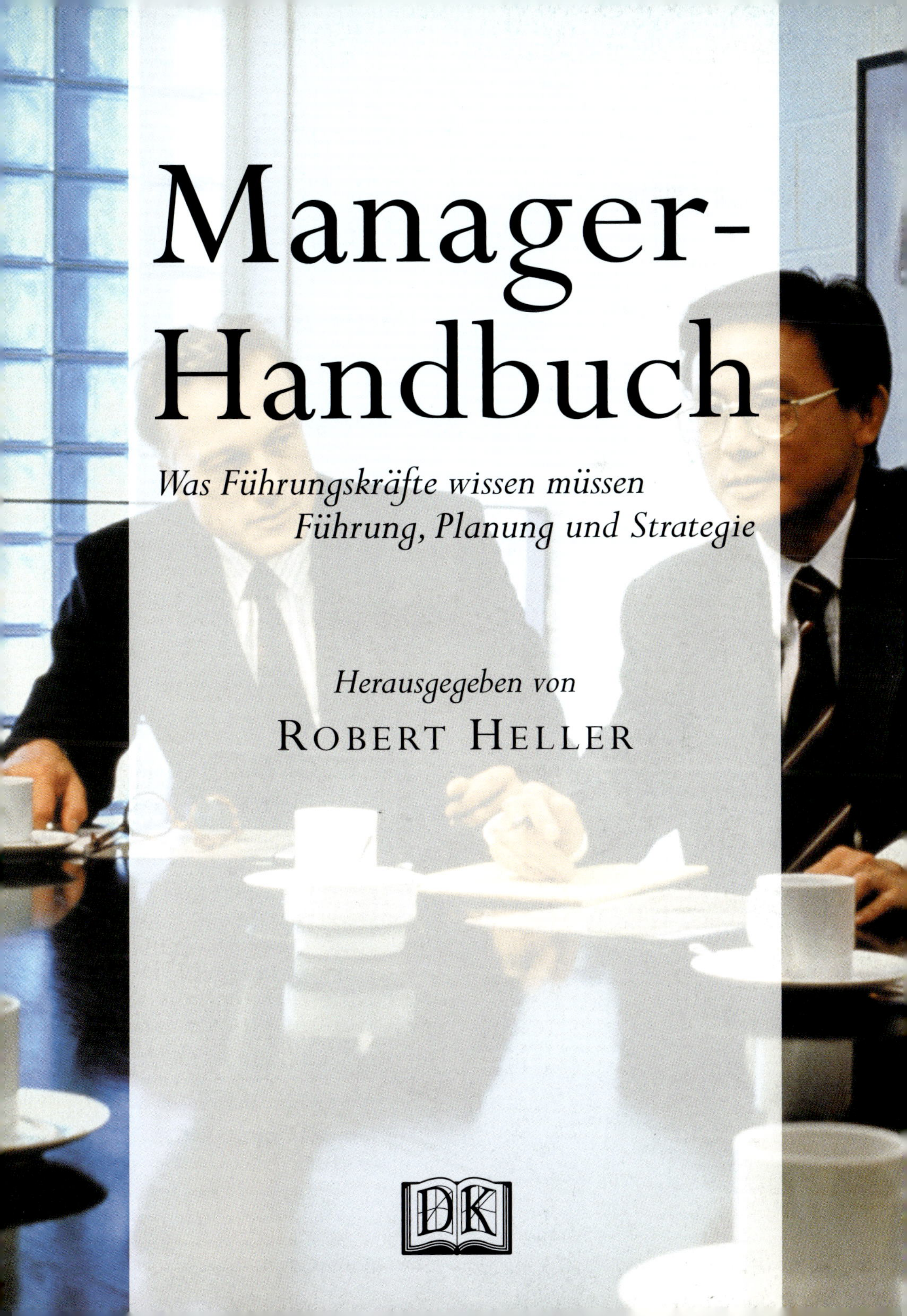

# Manager-Handbuch

*Was Führungskräfte wissen müssen*
*Führung, Planung und Strategie*

*Herausgegeben von*
ROBERT HELLER

DK

DK

London, New York, München
Melbourne, Delhi

Redaktion **Christine King**
Gestaltung **Cooling Brown**

DORLING KINDERSLEY
Lektorat **Jacky Jackson**
Bildredaktion **Sarah Cowley**
Redaktionsassistenz **Richard Gilbert**
DTP-Design **Rajen Shah**
Herstellung **Elizabeth Cherry**

Cheflektorat **Adèle Hayward**
Chefbildlektorat **Karen Self**
Leitung Cheflektorat **Stephanie Jackson**

Die Deutsche Bibliothek – CIP-Einheitsaufnahme

Ein Titeldatensatz für diese Publikation ist bei Der Deutschen Bibliothek erhältlich.

Titel der englischen Originalausgabe
Manager's Handbook



**Übersetzung** Hans Freundl & Inga-Brita Thiele
**Redaktion** Janette Schroeder
**Satz** schroeder & partner

ISBN 3-8310-0385-8

Printed in Slovakia

Besuchen Sie uns im Internet
**www.dk.com**

# INHALT

## Karrieremanagement



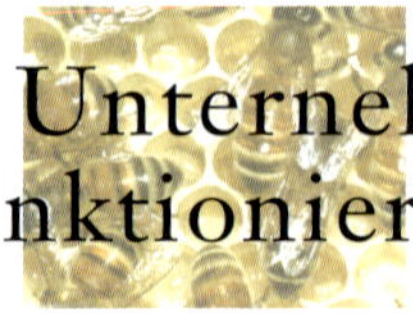

## Wie Unternehmen funktionieren

Aufgaben des Managements

Internationales Management

# Mitwirkende

## PAUL DONKERSLEY

### Persönliches Selbstmanagement

Paul Donkersley ist Autor mehrerer erfolgreicher Bücher über Managementthemen, darunter der Bestseller *Britain's Top Employers*. Im Jahr 1999 gründete er die »virtuelle« internationale Internetagentur Terrier, die sich mit der Konzeption und Produktion von Web-Content befasst.

## BOB GARRATT

### Das lernende Unternehmen

(Seite 35–51)

Prof. Garratt ist Geschäftsführer mehrerer Unternehmen, unter anderem von Media Projects International in London, und arbeitet als Unternehmensberater mit Schwerpunkt Organisationsentwicklung. Er bekleidet eine Gastprofessur für Corporate Governance an der Management School der Universität London. Sein Buch *The Learning Organization* erschien 1986 und wurde 2000 überarbeitet. Außerdem wurde von ihm veröffentlicht *The Fish Rots from the Head: The Crisis in Our Boardrooms* (1996).

## TERRY GASKING

(FCCA, MIMIS, MIMgt, FRSA)

### Finanzmanagement

Der Managementberater Terry Gasking hat sich seit 1989 darauf spezialisiert, Unternehmen bei der Verwertung ungenutzter Vermögensteile zu unterstützen, um ihre Produktivität zu steigern und die Motivation der Beschäftigten zu verbessern. Er verfasste *How to Master Finance* (1999) und *Perfect Financial Ratios* (1993), zwei Einführungen in das Finanzwesen.

## COLIN BARROW

### Ressourcenmanagement

(Seite 90–99)

Colin Barrow ist Vorsitzender der Enterprise Group an der Cranfield School of Management und Leiter des Business Growth and Development Programmes. Er blickt auf eine vielseitige Lehrtätigkeit zurück und war Gastprofessor an der Suffolk University in Boston, Massachusetts. Er hat zahlreiche Führungspositionen in der Industrie bekleidet und ist heute noch für mehrere Unternehmen als Berater tätig.

## PAUL SPENLEY

(CEng, MIEE)

### Operationsmanagement

Paul Spenley ist Gründer und Geschäftsführer von The Leading Change Partnership. Als Ingenieur und Informatiker machte er eine große Karriere im Linienmanagement und war vor allem als System- und Qualitätsmanager tätig. Er verfasste zwei Bücher und schrieb mit Robert Heller *Riding the Revolution* (2000).

## MALCOLM MCDONALD

(MA (Oxon), MSc, PhD, DLitt, FCIM, FRSA)

### Marketing und Vertrieb

Malcolm McDonald ist Professor für Marketing und stellvertretender Leiter der Cranfield School of Management. Er war lange Zeit in der Industrie tätig und ist Geschäftsführer mehrerer Unternehmen, die mit multinationalen Konzernen zusammenarbeiten. Zu seinen Bestsellern gehören *Marketing Plans: How to Prepare Them, How to Use Them* (1999) und *Key Customers: How to Manage Them Profitably* (2000). Auf Deutsch ist 1998 der Titel *Verkaufs-Management* von Malcolm McDonald erschienen.

## SUE CLEMENSON

### Mitarbeiterführung

Sue Clemenson ist Beraterin für Organisationskommunikation und Mitbegründerin von Archangel Associates. Nach Tätigkeiten in unterschiedlichen Wirtschaftsbereichen spezialisierte sie sich auf Organisationseffizienz und Mitarbeitermotivation und entwickelte Konzepte zur Gestaltung von Veränderungsprozessen in Unternehmen.

## ANGELA M. PINNINGTON

### Probleme lösen und Entscheidungen treffen

Nach einer erfolgreichen Karriere in der Pharmabranche trat Angela Pinnington als Partnerin in das Consulting- und Weiterbildungsunternehmen Kepner-Tregoe ein. Sie leitet die Büros in Großbritannien und Irland und die Weiterbildungsprogramme in Europa.

## CHRIS DOWNING

### Der Einfluss des Internets

Chris Downing berät Unternehmen im Umgang mit dem Internet. Nachdem er 20 Jahre in der Computerbranche tätig gewesen war, entwickelte er für die Firmenkunden von British Telecom Konzepte zur erfolgreichen Positionierung im Internet und bringt Unternehmensführern heute die Notwendigkeit einer Internetstrategie nahe.

## GEORGE BOULDEN

(DMS, FIMC, MIM)

### Wandel und Innovationen

George Boulden ist Geschäftsführer von ALA International Ltd., einer Consultingfirma, die Unternehmen die Bedeutung von Lernprozessen bei der Lösung betrieblicher Probleme vermittelt. Er hat zahlreiche Schriften verfasst und für die Internationale Arbeitsorganisation das Buch *Organizational Restructuring* veröffentlicht.

## TERENCE BRAKE

(MA)

### Ein globales Unternehmen führen

Terence Brake ist Präsident der US-Sektion von Transnational Management Associates (TMA). Er ist Autor von *The Global Leader: Critical Factors for Creating the World-Class Organization* (1996) und Koautor von *Doing Business Internationally: The Guide to Cross-Cultural Success* (1994). Darüber hinaus ist er ein gefragter Redner bei internationalen Konferenzen. Er hat für zahlreiche Kunden aus allen Teilen der Welt Programme entwickelt und umgesetzt.

## FONS TROMPENAARS

### Transkulturelles Management

(Koautor)

Prof. Dr. Fons Trompenaars ist Gründer von THT Consulting (Amsterdam). Als Doktorand begann er an der Wharton School in Pennsylvania die Bedeutung kultureller Unterschiede für kulturübergreifende Geschäftsbeziehungen zu erforschen, indem er Royal Dutch/Shell als »Laboratorium« heranzog. Er ist Bestsellerautor, Vortragsredner und gilt weltweit als Autorität auf dem Gebiet kulturübergreifender Werte. Außerdem ist er Gastprofessor an der Universität Nijmegen in den Niederlanden.

## PETER WOOLLIAMS

### Transkulturelles Management

(Koautor)

Dr. Peter Woolliams lehrt als Professor für International Business an der Anglia Business School, Großbritannien, und ist Gastprofessor am THT in Amsterdam. Seit 1989 arbeitet er eng mit Fons Trompenaars zusammen und ist für den Aufbau und die Auswertung der Datenbestände für ihre Forschungsarbeiten verantwortlich. Er spricht auf internationalen Konferenzen und publiziert meist gemeinsam mit Prof. Trompenaars.

# Einleitung

Nie zuvor mussten Manager so viel wissen und sich auf so unterschiedlichen Gebieten auskennen wie heute. Vor noch nicht allzu langer Zeit genügte es, wenn ein Manager sein jeweiliges Spezialgebiet beherrschte: das Finanzwesen, das Marketing, die Informationstechnologie oder das Personalwesen. Kenntnisse in anderen Disziplinen waren nicht notwendig. Das Management gliederte sich in getrennte Aufgabenbereiche – obwohl offensichtlich war, dass keiner dieser Bereiche ohne das Zusammenwirken mit den anderen adäquat, geschweige denn gut funktionieren konnte.

Heute betrachtet man diese Trennung als kontraproduktiv. Wenn alle betrieblichen Abläufe mit den Bedürfnissen der Kunden beginnen und mit deren Befriedigung enden, muss jeder Manager die Prinzipien und die Praxis des Marketings verstehen. Wenn »Wertschöpfung« ein vordringliches Ziel ist, muss jeder Angehörige des Managements die Grundzüge der finanziellen Mechanismen kennen – das Prinzip von Gewinn und Verlust. Wenn die Mobilisierung von Top-Mitarbeitern der Schlüssel zu Top-Ergebnissen ist, muss jeder Manager ein Experte zur Förderung des »Humankapitals« werden.

Wenn die Effizienz all dieser Managementgebiete von der Anwendung der neuesten Informations- und Kommunikationstechnologien abhängt, können Manager den IT-Bereich nicht länger den Spezialisten überlassen. Das Internet durchdringt alle Bereiche. Manager, die gelernt haben, mithilfe der nahezu unbegrenzten Möglichkeiten des World Wide Web im Cyberspace zu kommunizieren, es zu analysieren und die Bedürfnisse der Kunden zu erfüllen, sind jenen überlegen, die diese Notwendigkeit noch nicht erkannt haben.

Doch Wissen allein genügt nicht. Im Management geht es um das Handeln. Auf der Grundlage besseren Wissens effizienter handeln zu lernen ist das Ziel des modernen Managements und auch die Absicht, die dieses Buch verfolgt. In den einzelnen Kapiteln werden neben den hier angesprochenen viele weitere Themen behandelt, die für den Erfolg des Unternehmens und des Individuums gleichermaßen von zentraler Bedeutung sind. Paradoxerweise kann der einzelne Mitarbeiter seine Ziele und Absichten nur durch die Aktivitäten des Kollektivs verwirklichen. Mit anderen und durch sie arbeiten zu lernen ist daher eine der Hauptaufgaben des Managers.

Das Buch bietet eine umfassende Einführung in das moderne Management und erschließt Managern den Zugang zu Disziplinen, die ihr Tätigkeitsgebiet beeinflussen und durch deren Beherrschung sie ihre Aktivitäten zum Erfolg führen können. So wird etwa die Ablaufplanung, die bisher spezialisierten Stabskräften vorbehalten war, zu einem Muss für alle Angehörigen der Leitungsebene. Aber auch »Stabsmanager« müssen in der Lage sein, zu planen und laufende Aktivitäten zu organisieren, um die angestrebten Ziele zu erreichen. Heute ist die strikte Trennung zwischen Stabs- und Führungskräften, die militärische Wurzeln hat, ohnehin überholt. Ähnliches gilt im Hinblick auf den Finanzbereich. Jeder Manager muss heute die Kosten und die Erträge seiner Managementeinheit voll unter Kontrolle haben, ohne auf Finanzspezialisten zurückgreifen zu müssen. Solche Spezialisten werden nach wie vor für die Prüfung, die Konsolidierung und die Analyse benötigt, ihre Hauptaufgabe jedoch besteht darin, die geschäftlichen und finanziellen Modelle zu entwerfen und umzusetzen, die ein Unternehmen voranbringen.

Der Begriff »Geschäftsmodell« ist ein relativ neuer Bestandteil des Vokabulars, das Managern vertraut sein sollte. Das Manager-Handbuch erklärt die wichtigsten Begriffe der »New Economy« und zeigt, was sich tatsächlich hinter so häufig verwendeten Ausdrücken wie »Total Quality Management« (TQM) oder »Business Process Re-engineering« (BPR) verbirgt. In der Welt des Managements probiert man immer wieder neue »Rezepte« aus und erhebt sie mitunter zu Allheilmitteln, um später feststellen zu müssen, dass die Ergebnisse dennoch hinter den Erwartungen zurückblieben – Ernüchterung ist stets die Folge.

Solche Ideen mögen als Moden erscheinen, doch können sie auch nützliche Erkenntnisse liefern. Im »Total Quality Management« (TQM) etwa kommen fundamentale Realitäten zum Ausdruck, etwa dass sich Prozesse aller Art stetig und nachhaltig verbessern lassen; dass diese Verbesserungen nur erreichbar sind, wenn die vorher und nachher erzielten Ergebnisse präzise gemessen werden; dass mit Planung und Umsetzung jene Mitarbeiter betraut werden sollten, die unmittelbar davon betroffen sind; dass die Einbeziehung der Betroffenen dem gesamten Unternehmen einen Schub verleihen kann und für die Beschäftigten wie auch für die Führung förderlich ist.

Das verbreitete Bestreben, Abläufe zu straffen und zu rationalisieren, bezieht sich meist nicht auf die Leitungsebene. Das ist ein schwerer Fehler, denn der Kunde ist »König« des Unternehmens. Die Qualität des Produkts und die Abläufe, mit denen er konfrontiert wird, sind für ihn von zentraler Bedeutung. Qualitätsverbesserungen haben unmittelbar Einfluss darauf, welche Produkte oder Dienstleistungen er erwirbt und welche Preise er dafür zu zahlen bereit ist. Unabhängig davon, ob ein Unternehmen TQM anwendet oder nicht, es kann diese Triebkraft weder leugnen noch ignorieren.

Ähnlich verhält es sich mit dem »Business Process Re-engineering«. Mittels BPR werden Prozesse analysiert und rekonstruiert, angefangen mit den Bedürfnissen der Kunden und ihrer Erfüllung. Kosten werden dabei nicht in absoluten Größen gesenkt, sondern im Verhältnis zum erzielten Preis – und zum Wettbewerb. Dieses Buch möchte Ihnen die Kenntnisse liefern, die erforderlich sind, um sich gegen die Konkurrenz zu behaupten, die heute in allen Branchen immer zahlreicher und entschlossener wird. Und auch in den kommenden Jahren wird der Wettbewerb nicht nachlassen, sondern sich vielmehr verschärfen.

Die wichtigsten Instruktionen in diesem Buch beziehen sich daher auf das Handeln. Die Autoren haben sich bemüht, nicht nur aufzuzeigen, was vom Management zu tun ist, sondern auch, wie es zu tun ist. Früher hielten viele Manager es nicht für nötig, Fachliteratur zu lesen oder sich weiterzubilden: Ihre Aufgabe bestand schlicht darin, innerhalb eines abgesteckten Tätigkeitsfelds zu handeln. Dieses Handbuch berücksichtigt, dass Ideen und Wissen heute zum unverzichtbaren Handwerkszeug eines effizienten Managers gehören.

Der Herausgeber und die Autoren hoffen, dass Sie dieses Handbuch als praktischen Führer für Ihr tägliches Handeln nutzen werden und auch als Ratgeber für konstruktives Denken und die Planungsprozesse, auf denen ein erfolgreiches Unternehmen beruht.

ROBERT HELLER

Robert Heller ist Mitbegründer der Zeitschrift *Management Today* und entwickelte die britischen Magazine *Campaign* und *Accountancy Age*. Seit dem Bestseller *The Naked Manager* (1971) gehört er international zu den führenden Wirtschaftsautoren. Im Verlag Dorling Kindersley erschienen von ihm mehrere Titel in der Reihe *Basiswissen Fit im Job* sowie *Erfolgreiches Management* (mit Tim Hindle). Auf Deutsch wurde außerdem 1998 *Auf der Suche nach Spitzenleistungen in Europa* veröffentlicht. Er ist ein weltweit gefragter Redner und Berater.

Robert Heller verfasste »Visionen und Aufgaben beschreiben« und »Image und Ansehen bewahren« im Kapitel »Das lernende Unternehmen« und »Grundlagen der Unternehmensplanung«, »Aktionsplan«, »Qualitätsmanagement« und »Für Feedback sorgen« im Kapitel »Ressourcenmanagement« sowie das Kapitel »Kommunikation«.

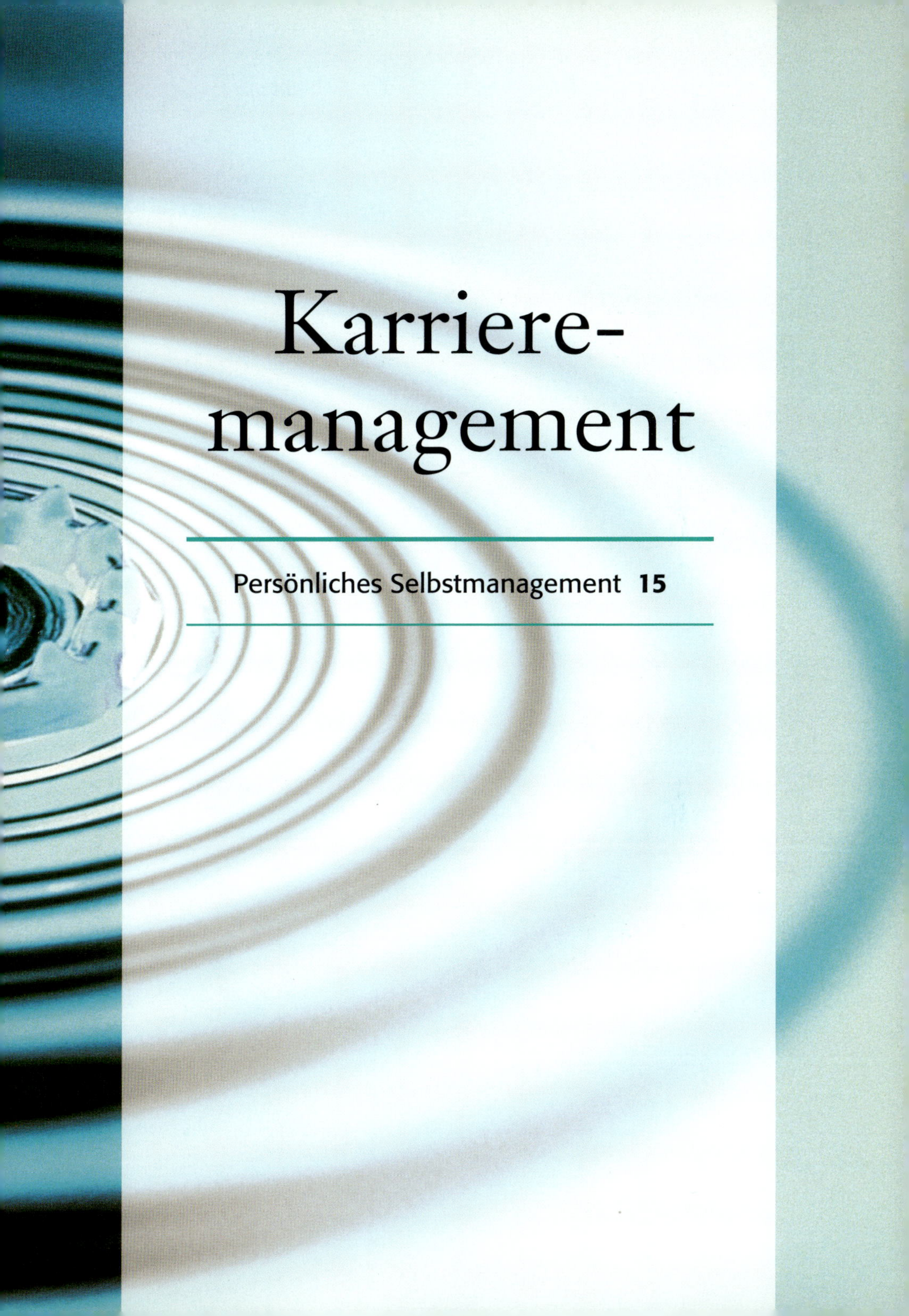

# Karriere-management

Persönliches Selbstmanagement **15**

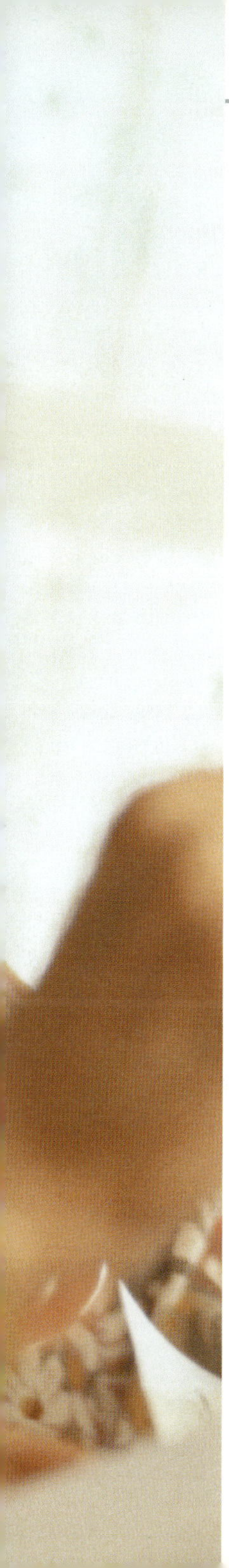

# PERSÖNLICHES SELBST-MANAGEMENT

**Beruflicher Erfolg lässt sich durchaus mit persönlichen Interessen, Fertigkeiten und Zielen vereinbaren. Dazu muss man allerdings sein Arbeitsleben fortlaufend aktiv und effizient managen.**

Klassische Laufbahnen gehören der Vergangenheit an: Sie können nicht mehr davon ausgehen, dass Ihr Unternehmen die Organisation Ihrer Karriere übernimmt. Heute liegt es an Ihnen, Ihre Ziele zu definieren und zu verwirklichen.

Planung ist unverzichtbar: Sie müssen festlegen, was Sie wollen und wie Sie es erreichen wollen. Es ist entscheidend, sich die nötigen Fertigkeiten anzueignen, in fachlicher wie in sozialer Hinsicht. Sie haben bessere Chancen, wenn Sie ein authentisches persönliches Profil entwickeln, das Ihnen hilft, das passende Unternehmen zu finden. In jedem neuen Job gibt es spezifische Wege zum Erfolg. Ein persönlicher Weiterbildungsplan kann Ihnen aufzeigen, wie Sie vorankommen können. Und wenn eine Aufgabe Sie nicht mehr befriedigt, gilt es zu erkennen, wann die beste Zeit zur beruflichen Veränderung gekommen ist.

**IN DIESEM KAPITEL**

# Karriereplanung

**Karriereplanung erschöpft sich nicht darin, die Phasen des Berufslebens vorzuzeichnen. Es geht vielmehr darum, die Kontrolle über sein berufliches Schicksal selbst in die Hand zu nehmen. Dazu müssen Sie wissen, was Sie erreichen wollen.**

## BERUF UND PERSÖNLICHKEITSENTWICKLUNG

Ihre Arbeitsverhältnisse und die Folge, in der Sie sie antreten, strukturieren Ihre Karriere. Im Rahmen dieser Struktur werden Sie bestimmte Lerntechniken formeller und informeller Art entwickeln.

Von den erlernten Fähigkeiten hängt es ab, welche Jobs künftig für Sie in Frage kommen. Andererseits beeinflusst Ihre Arbeit auch, was Sie lernen. Manche Menschen geraten in eine berufliche Sackgasse, indem sie sich hoch spezialisierte Fertigkeiten auf einem Arbeitsgebiet aneignen, das keine Weiterentwicklung zulässt. Andere erwerben Fertigkeiten und sammeln Erfahrungen, die zunehmend gefragt sind, und verbessern so ihre Karrierechancen erheblich. Beide Wege können sich durch Zufall oder Glück auftun, doch wenn man die Abläufe begreift, kann man sie beeinflussen.

## KARRIERESICHERHEIT

Ein Arbeitsplatz ist heute keine »Lebensstellung« mehr. »Arbeitsplatzsicherheit« bedeutet »Karrieresicherheit«. Arbeitgeber und Arbeitnehmer haben erkannt, dass berufliche Mobilität Vorteile bietet.

Es liegt im Interesse des Unternehmens, dass Sie Ihre Karriere zielstrebig verfolgen. Karrierefördernde Maßnahmen nützen auf vielfältige Weise auch den Betrieben. Von Arbeitnehmern wird heute erwartet, dass sie sich in ihrem Job voll engagieren.

Wenn Sie bereit sind sich weiterzubilden und die Firma dafür Ressourcen bereitstellt, können Sie Ihre Karriere zum gegenseitigen Nutzen voranbringen.

## SELBSTERKENNTNIS

Bevor Sie Maßnahmen planen, die Ihr berufliches und privates Leben beeinflussen, müssen Sie sich selbst kennen. Selbsterkenntnis ermöglicht Ihnen Kontrolle. Sie können sich auf vielfache Weise selbst helfen. Nützlich sind zum Beispiel Persönlichkeitstests; Sie können sie jederzeit selbst durchführen. Sprechen Sie offen mit Kollegen und ermuntern

**Vorteile des Karrieremanagements**
*Wenn Sie die Planung Ihrer Karriere selbst in die Hand nehmen, erreichen Sie mehr Zufriedenheit und Kontrolle sowohl in Ihrem Arbeits- als auch im Privatleben. Ihnen wird bewusst, was Sie im Beruf wirklich erreichen wollen, und Sie können Mittel zur Umsetzung dieser Ziele schaffen.*

Sie diese zu einem ehrlichen Feedback, um herauszufinden, wie Sie auf andere wirken. Sie müssen sich selbst gründlich kennen lernen und sowohl Ihre Stärken als auch Ihre Schwächen realistisch einzuschätzen in der Lage sein.

Heute wird zunehmend die Bedeutung der so genannten »emotionalen Intelligenz« herausgestellt. Gute persönliche Beziehungen sind die Voraussetzung für Glück und Erfolg, im Beruf wie im Privatleben. Emotional gebildete Menschen kennen sich selbst gut, wissen andere zu schätzen und können sich in sie hineinversetzen.

### ZU TRÄUMEN WAGEN

Sie müssen sich Karriereziele setzen, die realistisch und erreichbar, aber auch ehrgeizig sein sollten. Träumen Sie ruhig. Geben Sie sich nicht mit kurzfristigen Zielen zufrieden, die leicht zu realisieren sind. Denken Sie weiter voraus: Nehmen Sie sich etwa vor, bis zu einem bestimmten Zeitpunkt in das leitende Management oder die Betriebsführung aufzusteigen.

Nutzen Sie Ihren Verstand. Wenn Sie Ihre geistigen Fähigkeiten auf Ihr Ziel konzentrieren, erhöhen sich Ihre Chancen, es auch zu erreichen. Viele erfolgreiche Manager und Unternehmer hatten

## BEDEUTUNG VON VERÄNDERUNGEN ANTIZIPIEREN

In einer gut gemanagten Karriere werden Sie Ihre Jobs wechseln, wenn Ihnen Zeit und Gelegenheit günstig erscheinen. Doch berufliche Veränderungen können einem auch aufgezwungen werden. Das ist belastend und kann negative Reaktionen auslösen. Lernen Sie daher mit solchen Empfindungen umzugehen.

Unabhängig von der Ursache der Veränderung werden Sie von Zweifeln und Angst geplagt werden. Dennoch müssen Sie sich Ihre Perspektive bewahren. Fast jeder ist in einer solchen Situation emotional aufgewühlt und durchläuft die hier dargestellte »Veränderungskurve«: Zunächst reagieren Sie geschockt und ablehnend und verlieren Ihr Selbstbewusstsein. Auch Depressionen können auftreten.

Entscheidend ist es, allmählich zu akzeptieren, dass die Situation nicht mehr rückgängig zu machen ist. Sie beginnen nach vorn zu blicken. In dieser Phase können Sie Ihre Bedürfnisse, Ziele und Möglichkeiten überprüfen.

Im Lauf der Zeit erkennen Sie, was die Veränderung für Sie bedeutet, und in der letzten Phase übertragen Sie Ihre Lernerfahrungen auf andere Situationen in Ihrem privaten und beruflichen Leben.

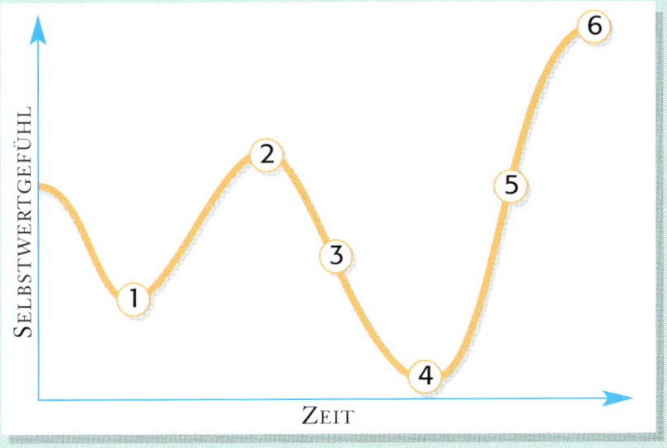


VERÄNDERUNGSKURVE

**Veränderungskurve**
*Eine wichtige Zäsur im Leben, wie der Verlust des Arbeitsplatzes, hat emotionale Auswirkungen. Die anfänglichen negativen Gefühle werden allmählich durch Akzeptanz und Anpassung und ein wachsendes Bewusstsein für die neuen Chancen ersetzt.*

**LEGENDE**

**1** Schock
**2** Leugnen
**3** Selbstzweifel
**4** Erschütterung
**5** Akzeptanz und Reflexion
**6** Lernerfahrung und Wachstum

schon in jungen Jahren eine klare Vorstellung von ihrer künftigen Laufbahn und ihren Erfolgen. Zielstrebiges und positives Denken kann zu zielstrebigem und positivem Handeln führen.

### GRENZEN ÜBERWINDEN

Weiterbildung oder zusätzliche Qualifizierung sollte selbstverständlich sein. Beschränken Sie sich nicht darauf, nur im Rahmen von Berufsbezeichnungen oder spezifischen Funktionen zu denken. Überprüfen Sie Ihre erworbenen Fähigkeiten dahingehend, ob sie auch in einem anderen Kontext angewendet werden könnten, etwa für Führungsaufgaben, zur Problemlösung oder dem Projektmanagement. So werden sich Ihnen plötzlich Berufswege erschließen, die Sie bislang für unerreichbar hielten.

# Aneignung der notwendigen Fertigkeiten

**Viele Unternehmen haben als Reaktion auf weit reichende wirtschaftliche Umwälzungen die Methoden und Formen ihrer Arbeitsorganisation verändert. Sie müssen die nötigen Fertigkeiten erwerben, um mit diesen Entwicklungen zurechtzukommen und sich auf dem Arbeitsmarkt zu behaupten.**

### GLOBALE TRENDS UND NÜTZLICHE FERTIGKEITEN

Durch die Veränderungen auf dem Weltmarkt tun sich auch berufliche Chancen auf. Während einige Unternehmen durch Akquisition und Wachstum expandieren, schrumpfen andere durch Entflechtung, Personalabbau und Outsourcing. Privatfirmen, aber auch Unternehmen der öffentlichen Hand übertragen Funktionen auf Zulieferer oder Partner und eröffnen so unternehmerisch denkenden Menschen neue Möglichkeiten.

Auch die Arbeitswelt wird durch die neuen Technologien revolutioniert. Heute können kleine Unternehmen auch mit multinationalen Konzernen konkurrieren. Das Internet hat die Faktoren Standort, Distribution, Telearbeit und Absatzkette grundlegend neu definiert.

Da sich die Unternehmensstrukturen im Zuge dieser Veränderungen zunehmend abflachen, wird es künftig weniger vorgezeichnete Berufslaufbahnen geben. Expandierende Unternehmen werden von Bewerbern spezifische Fertigkeiten und berufliche Erfahrungen verlangen.

Zu diesen entscheidenden Neuentwicklungen gehören:

- das »Total Quality Management«, das dazu führt, dass Unternehmen viel enger mit den Kunden kooperieren und sich bemühen, stets die gewünschte Qualität zu bieten,
- ein strafferes Management der Absatzkette, was eine reduzierte Lagerhaltung zur Folge hat.

Organisatorisches Lernen, Teamarbeit, Problemlösung und Einbeziehung der Mitarbeiter gewinnen dadurch stärker an Bedeutung. Von den Beschäftigten erwartet man heute breiter gefächerte Qualifikationen als in der Vergangenheit. Spezialisten, die sich auf ein einziges

**INFORMATIONEN MAXIMIEREN**
- Notizen durch entsprechende Lektüre ergänzen
- Zitieren Sie korrekt
- Ziehen Sie passende Zitate heran, um Thesen und Behauptungen zu stützen
- Benutzen Sie Material aus mehreren Quellen und formulieren Sie stichhaltige Argumente

**IDEEN UND KONZEPTE ANALYSIEREN**
- Identifizieren Sie die Ideen und Konzepte, welche Theorien zugrunde liegen
- Unterscheiden Sie zwischen Beweis, Argument und Hypothese
- Bewerten Sie Ideen und Konzepte
- Erkennen Sie den Unterschiede zwischen einer Behauptung und einem Argument
- Erkennen Sie Unstimmigkeiten und Widersprüche in Argumenten

**SYNTHESEN ERSTELLEN**
- Bringen Sie neue Ideen und Konzepte in Bezug zu älteren
- Verbinden Sie Theorie und Praxis
- Integrieren Sie Erkenntnisse aus Studien
- Organisieren und strukturieren Sie Ideen, Konzepte und Theorien zu einem Ganzen

**KRITISCH DENKEN**
- Untersuchen Sie Probleme aus unterschiedlichen Perspektiven
- Hinterfragen Sie etablierte Sichtweisen, Ideen und Konzepte
- Beurteilen Sie den Wert von Sichtweisen, Konzepten und Ideen
- Bilden Sie sich eine eigene fundierte Meinung

**Intellektuelle Fertigkeiten entwickeln**
*Entwickeln Sie Qualifikationen weiter, um Informationen bewerten und verarbeiten zu können. Verbessern Sie Ihre analytischen Fähigkeiten, lernen Sie, Argumente effektiv zu strukturieren, und bleiben Sie offen für neue Ideen.*

Gebiet konzentrieren, werden verdrängt durch Generalisten, die Lösungen für viele Probleme entwickeln und umsetzen.

Vor allem technisch hoch qualifizierte und stark spezialisierte Beschäftigte erkennen, dass sie sich auch mit den Prinzipien des modernen Managements vertraut machen müssen.

Durch diese Entwicklungen haben sich neue Karrieremuster herausgebildet. Die meisten Menschen müssen heute damit rechnen, dass sie sich im Laufe ihres Berufslebens mehrmals werden neu orientieren müssen (nicht immer freiwillig) und dass sie begleitend dazu immer wieder Phasen der Weiterbildung durchlaufen werden.

## DIE RICHTIGEN FERTIGKEITEN

Die im Studium erworbenen Kenntnisse und Qualifikationen müssen beim Eintritt ins Berufsleben weiterentwickelt werden, um den intellektuellen, fachlichen und persönlichen Erfordernissen der modernen Arbeitswelt zu entsprechen.

## ERLERNBARE PERSÖNLICHE FERTIGKEITEN

Die meisten Qualifikationen sind berufsbezogen, aber es gibt auch persönliche Fertigkeiten, über die ein Manager heute verfügen sollte. Sie sind beim Arbeitsplatzwechsel von unschätzbarem Wert, denn sie ermöglichen es Ihnen, Ihre Erfahrungen im neuen Job einzubringen.

## ERLERNBARE PERSÖNLICHE FERTIGKEITEN

| FERTIGKEIT | ANWENDUNG |
|---|---|
| **Kommunikation** | ■ Berichte, Dokumente, Mitteilungen und andere schriftliche Materialien für ein Zielpublikum aufbereiten<br>■ Überzeugend sprechen in formellem und informellem Rahmen |
| **Organisation** | ■ Verfügbare Ressourcen erkennen und effektiv nutzen<br>■ Möglichkeiten der flexiblen Handhabung von Zeitmanagement und Produktionsabläufen entwickeln<br>■ Die Erfordernisse komplexer Aufgaben erkennen |
| **Informations-management** | ■ Informationen sammeln (z. B. Statistiken, Marktforschung) und effektive Speicherungs- und Abfragesysteme entwickeln<br>■ Informationen interpretieren, analysieren und zu nutzbaren Erkenntnissen zusammenfassen |
| **Technologie** | ■ Daten beschaffen, speichern und abfragen (z. B. Textverarbeitung, E-Mail, Webseiten, Datenbanken, Tabellenkalkulation, Grafiken)<br>■ Informationen aus unterschiedlichen Quellen wirksam nutzen |
| **Selbstmanagement** | ■ Initiative, Selbstmotivation und Einfallsreichtum demonstrieren<br>■ Autonom Entscheidungen treffen und Probleme lösen<br>■ Fortschritte beurteilen und die eigenen Leistungen überprüfen, bewerten und daraus lernen |
| **Teamarbeit** | ■ Kooperativ in Teams arbeiten, Entscheidungen gemeinsam treffen und sich mit anderen abstimmen<br>■ Vor Entscheidungen Meinungen zum Thema einholen und die Ideen anderer bei der anstehenden Aufgabe berücksichtigen<br>■ Sich auf verschiedene Rollen im sich wandelnden Umfeld einstellen<br>■ Die Stärken und Schwächen der Gruppe und die eigene Leistung im Team beurteilen |

### SELBSTVERANTWORTUNG

»Selbstverantwortung« ist ein beliebtes Schlagwort. Es bezeichnet eine Art von Persönlichkeit und eine bestimmte Art des Arbeitens: unternehmerisch denkende und selbstsichere Menschen, die stets globale, nationale und lokale Entwicklungen im Blick haben.

Solche Menschen suchen aktiv nach neuen Chancen und können Rückschläge verkraften. Sie finden Spaß an ihrer Tätigkeit, unabhängig davon, ob sie selbstständig oder angestellt sind. Sie können sowohl unabhängig als auch im Team arbeiten und bewähren sich vor allem in Zeiten des Umbruchs. Diese Qualitäten wissen Arbeitgeber sehr zu schätzen.

Sie müssen keine eigene Firma haben, um unternehmerisch zu denken. Auch als Angestellter in einer großen Organisation kann man unternehmerische Eigenschaften an den Tag legen. Einige davon kennen Sie zweifellos: Begeisterungsfähigkeit, Zuversicht, Einfallsreichtum, Anpassungsfähigkeit, Aufgeschlossenheit, Flexibilität und die Fähigkeit, mit Risiken und Stress umzugehen. Dazu kommen ausgezeichnetes Zeitmanagement, organisatorische Fähigkeiten und, nicht zu unterschätzen, eine gewisse Gelassenheit und Humor.

### FIT FÜR DIE »NEW ECONOMY«

Die mit dem Internet verbundenen technologischen Umwälzungen haben viele Aspekte der Wirtschaft und des Alltagslebens verändert. Das Internet beeinflusst Unternehmen auf vielfältige Weise, und die neue Arbeitswelt erfordert unterschiedliche spezifische Fertigkeiten.

Kaum ein Manager wird sich zum vollqualifizierten Computerprogrammierer oder IT-Systemanalytiker weiterbilden müssen. Doch sicher ist, dass Sie Ihre Aufgaben als Manager besser bewältigen können, je fundierter Ihre Kenntnisse in der Informationstechnologie und im Umgang mit Computern sind.

Als Manager müssen Sie sich der Bedeutung des Internets und seines Potenzials zur Veränderung der wirtschaftlichen Abläufe bewusst sein. Auch wenn Sie selbst nicht über die erforderlichen technischen Fertigkeiten verfügen, müssen Sie so viel davon verstehen, dass Sie Menschen führen können, die sie besitzen.

# Ein persönliches Profil entwickeln

**Bevor Sie eine Karriere beginnen, sollten Sie Ihr persönliches Profil schärfen. Benennen Sie Ihre Fertigkeiten und Erfahrungen und ermitteln Sie Ihre Stärken und Schwächen. Setzen Sie diese dann in Bezug zum Arbeitsgebiet und entscheiden Sie sich für jene Optionen, die Ihnen die besten Entfaltungsmöglichkeiten bieten.**

## SELBSTEINSCHÄTZUNG

Die realistische Selbsteinschätzung ist eine entscheidende Voraussetzung für die Planung der beruflichen Zukunft. Sie kann mehr Handlungsmöglichkeiten und neue Chancen eröffnen. Sie sollten die entsprechenden Angaben schriftlich festhalten und sie regelmäßig aktualisieren.

Ihre Prioritäten zu benennen und die in der Vergangenheit gemachten Erfahrungen festzuhalten dürfte Ihnen relativ leicht fallen. Schwieriger ist es dagegen, die eigene Persönlichkeit und eigene Einstellungen zu analysieren. Sie müssen sich einige selbstkritische Fragen stellen, um herauszufinden, wer Sie wirklich sind und wie weit Sie noch von der Person entfernt sind, die Sie gern sein möchten.

### Prioritäten

Versuchen Sie zu klären, was für Sie wirklich wichtig ist und wie sich diese Prioritäten in Ihr Berufsleben integrieren lassen. Beginnen Sie mit folgenden Fragen:

- Ist die Arbeit für Sie ein Mittel zum Zweck oder Selbstzweck?
- Ist es wichtig für Sie, eine Arbeit zu haben, in der Ihre persönlichen Interessen zur Geltung kommen?
- Wie ehrgeizig sind Sie? Möchten Sie unbedingt an die Spitze kommen?
- Halten Sie die Freizeit für wichtiger als die Arbeit?
- Geht es Ihnen in erster Linie um Geld?
- Ist es wichtig für Sie, außerhalb der Arbeit andere Interessen zu verfolgen?
- Halten Sie es für lohnenswert, Freizeit für die Weiterbildung zu opfern?

### Arbeitserfahrungen

Führen Sie alle Ihre bisherigen Arbeitsverhältnisse auf. Vermerken Sie dabei Ihre jeweilige Position und Ihre wichtigsten Aufgaben und ob Sie in einem Team oder allein gearbeitet haben.

**Fertigkeiten und Fähigkeiten**

Erstellen Sie eine Liste aller Fertigkeiten, die Sie sich in der Freizeit oder im Beruf angeeignet haben. So haben Sie vielleicht bestimmte funktionelle Fertigkeiten erworben, etwa im Umgang mit Informationen oder Menschen, in der Personalführung oder der Problemlösung.

**Leistungen**

Stellen Sie Ihre besten Leistungen zusammen. Typische Beispiele dafür sind:

- Aushandeln eines schwierigen Vertrags,
- Finanzierung akquirieren,
- Lösen strategischer Probleme,
- Etwas schneller/besser/ häufiger als andere erledigen,
- Ausgezeichnet werden für beständig hohe Arbeitsqualität,
- Preise gewinnen,
- Übertreffen von Zielen,
- Führen von erfolgreichen Teams.

**Ein persönliches Profil erstellen**

*Um sich auf dem Arbeitsmarkt effektiv präsentieren zu können, sollten Sie Ihr persönliches Profil erstellen. Seien Sie dabei in allen Bereichen so ehrlich und objektiv wie möglich.*

**Persönliche Einstellungen**

Die Art Ihres Auftretens und Ihre Beziehungen zu anderen geben deutliche Hinweise darauf, mit welchen Tätigkeiten Sie am besten zurechtkommen werden. Versuchen Sie herauszufinden, wie Sie sich in verschiedenen Situationen verhalten. Folgende Fragen helfen Ihnen, sich über bestimmte Einstellungen klar zu werden:

- Schöpfen Sie Kraft aus dem Zusammensein mit anderen Menschen?
- Sind Sie lieber allein?
- Denken Sie laut oder brauchen Sie Zeit, bevor Sie etwas sagen?
- Verfolgen Sie wenige Interessen intensiv oder mehrere nur flüchtig?
- Teilen Sie persönliche Informationen bereitwillig mit anderen?
- Bevorzugen Sie ein geordnetes, strukturiertes Leben?
- Sind Sie spontan und stets offen für Neues?
- Sind Sie zufriedener, wenn Entscheidungen getroffen sind?
- Versuchen Sie das Leben eher zu verstehen, statt es zu kontrollieren?

**Prioritäten**
Benennen Sie, was in Ihrem Leben wirklich wichtig ist.

**Arbeitszufriedenheit**
Benennen Sie befriedigende Aspkete Ihrer Arbeit.

**Berufserfahrung**
Listen Sie Ihren beruflichen Werdegang auf.

**Entscheidungsfindung**
Beschreiben Sie Ihre Art, Entscheidungen zu treffen.

**Fertigkeiten und Fähigkeiten**
Sowohl beruflich als auch privat erworbene Kenntnisse

**Informationsverarbeitung**
Analysieren Sie, wie Sie Informationen verarbeiten.

**Persönliche Einstellungen**
Klären Sie, wie Sie mit der Umwelt interagieren.

**Leistungen**
Führen Sie Ihre eindrucksvollsten Leistungen auf.

**Informationsverarbeitung**
Wir werden mit Informationen überschüttet. Finden Sie heraus, wie Sie mit dieser Informationsflut umgehen:

- Konzentrieren Sie sich darauf, was Sie über die fünf Sinne aufnehmen, also auf das Reale und Konkrete?
- Schätzen Sie die Vorstellungskraft?
- Beurteilen Sie eine Situation nach ihrer Bedeutung und ihren möglichen Konsequenzen?
- Können Sie aus vielen Informationen die wichtigsten herausfinden?

**Art der Entscheidungsfindung**
Ein maßgeblicher Anteil der Arbeit eines Managers besteht im Fällen von Entscheidungen. Menschen treffen Entscheidungen entweder rational oder intuitiv oder in einer Mischung dieser beiden Herangehensweisen. Zum Beispiel:

- Stützen Sie sich stets auf die Logik und auf objektive Analysen?
- Sind Sie stark von persönlichen Werten beeinflusst?
- Vertrauen Sie Ihrem Instinkt?
- Verlassen Sie sich auf einen festen Standard?
- Können Sie mit Vieldeutigkeit und veränderten Prioritäten umgehen?

**Arbeitszufriedenheit**
Benennen Sie Aspekte Ihrer Arbeit, die Ihnen besonders gefallen. Wenn Sie »Qualitätsmomente« ermitteln können, in denen Ihnen die Arbeit besondere Erfüllung bietet, verfügen Sie über wichtige Voraussetzungen für Arbeitszufriedenheit.

---

# Das richtige Unternehmen finden

**Unternehmen unterscheiden sich nach der Unternehmensart, -größe und ihrer Firmenphilosophie. Sie müssen das Ihnen entsprechende Unternehmen finden. Da Ihre Wahl entscheidende Auswirkungen auf Ihre Karriere und Ihre persönliche Entwicklung hat, sollten Sie sorgfältig alle Möglichkeiten abwägen.**

## WORAN ERKENNT MAN DAS »RICHTIGE« UNTERNEHMEN?

Diese Frage ist individuell unterschiedlich zu beantworten. Das »richtige« Unternehmen bietet Ihnen alles, was Sie brauchen, um das Gefühl zu bekommen, einen wichtigen Beitrag leisten zu können. Es verfolgt zudem Ziele, die auch Ihnen viel bedeuten.

Lassen Sie sich nicht allzu sehr von schriftlichen Präsentationen eines Unternehmens beeinflussen; darin wird häufig eine Welt beschrieben, die der betrieblichen Realität nicht entspricht. Was sind die wichtigsten Werte des Unternehmens? Was wird man von Ihnen konkret erwarten, wenn Sie als wertvoller Mitarbeiter anerkannt werden wollen? Mit welchen Herausforderungen werden Sie konfrontiert werden?

Hüten Sie sich auch vor so genannten unabhängigen Berichten über die angeblich attraktivsten Unternehmen einer Branche. Die beste Quelle für wirklich unabhängige Informationen sind Menschen, die bereits in dem betreffenden Unternehmen gearbeitet haben oder noch in ihm arbeiten. Suchen Sie das Gespräch mit solchen Mitarbeitern oder ehemaligen Mitarbeitern. Auch Berufsberater und Jobvermittler können unparteiische Informationen liefern.

**Mund-propaganda** | **Karriere-beratung**

**INTERNE UND EXTERNE QUELLEN**
Wichtige Einblicke in ein Unternehmen ermöglichen Ihnen gegenwärtige oder frühere Mitarbeiter der Firma sowie unparteiische Berufsberater.

**Unternehmens-broschüren** | **»Unabhängige« Untersuchungen**

**GEWICHTETE INFORMATIONEN**
Werbebroschüren eines Unternehmens können nützliches Hintergrundwissen liefern, sind darüber hinaus aber meist unzuverlässig.

**Sich über ein Unternehmen informieren**
*Versuchen Sie einen Blick hinter die Kulissen zu werfen, um etwas über die tatsächliche Arbeitsrealität des Unternehmens zu erfahren, für das Sie sich interessieren.*

## ABSTIMMUNG DER EIGENEN FERTIGKEITEN AUF DAS UNTERNEHMEN

Welche Firma sagt Ihnen zu? Berücksichtigen Sie dabei folgende Faktoren:

- Größe,
- profitabel/nicht profitabel arbeitend,
- Produktion oder Dienstleistung,
- Art der Produkte oder Dienstleistung,
- Veränderungsgeschwindigkeit,
- etabliertes oder junges Unternehmen,
- Handhabung der individuellen Karriereförderung,
- international oder national tätig.

Formulieren Sie Ihre Fertigkeiten und Ziele und prüfen Sie, inwieweit diese mit dem betreffenden Unternehmen in Einklang zu bringen sind. Fragen Sie sich:

- Was sind Ihre Interessen, Stärken und Schwächen?
- Welche Kollegen wünschen Sie sich?
- Wo möchten Sie arbeiten?
- In welcher Art von organisatorischem Zusammenhang wollen Sie arbeiten?
- Was erwarten Sie sich finanziell?
- Was wissen Sie im Augenblick über den Arbeitsmarkt?
- Was wollen Sie darüber hinaus wissen?

## WANDEL DER ARBEITSSTRUKTUREN

Viele Unternehmen sind zu flachen, offenen Strukturen übergegangen. Sie haben die Fixkosten gesenkt, indem sie die Kernbelegschaft reduziert und viele Aufgaben ausgelagert haben. Auch die Managementebenen wurden abgebaut, und von den verbliebenen Mitarbeitern erwartet man, dass sie »mit weniger mehr leisten«. Traditionelle, vertikale Hierarchien wurden durch horizontale Entwicklungsperspektiven ersetzt: Beschäftigte müssen sich vielseitige Fähigkeiten aneignen, um ihren beruflichen Aufstieg zu fördern.

## PERSÖNLICHE UND MANAGEMENT-WEITERBILDUNG

Unternehmen lassen sich auch nach den Weiterbildungsmöglichkeiten, die sie anbieten, unterscheiden. So gibt es Großunternehmen, die wegen des multinationalen Aktionsradius einheitliche Verfahren entwickelt haben. Ihre etablierten Programme können durch flexiblere Module ergänzt werden, doch im Allgemeinen ist die Weiterbildung stark strukturiert.

Andererseits praktizieren immer mehr Firmen Karriere-Selbstmanagement, horizontale Fortbildung und offenes Lernen.

Idealerweise liegen Aus- und Weiterbildung in der Verantwortung des Einzelnen, wobei jedoch das Unternehmen die dazu nötigen Ressourcen bereitstellt. Die beiden wichtigsten Fragen lauten:

- Meint es das Unternehmen ernst, wenn es ankündigt, Programme zur selbstständigen Fortbildung einzuführen, oder wird damit nur ein modisches Schlagwort aufgegriffen?
- Sind die nötigen Voraussetzungen wirklich vorhanden?

### KARRIEREBRÜCKEN UND VORÜBERGEHENDE VERSETZUNGEN

Fähige Manager werden Karriere machen. Wichtig ist, die Brücken zu finden, die es ermöglichen, von einer Karriereleiter zur anderen zu gelangen. Karrierebrücken führen zu neuen Erfahrungen und bauen auf vorhandenen Qualifikationen auf.

Bei einer vorübergehenden Versetzung verlassen Beschäftigte ihren Hauptjob für eine bestimmte Zeit, um sich neues Wissen anzueignen, bleiben jedoch mit ihrer bisherigen Stelle in Verbindung. Dabei kann es sich um eine andere Abteilung, eine andere Funktion im Unternehmen, vielleicht eine Aufgabe im Ausland oder auch um eine andere Firma handeln.

Wenn Sie über Karrierebrücken schreiten und Erfahrungen bei Sondereinsätzen sammeln, müssen Sie manchmal vorübergehend auch einen Schritt zurück machen. Die persönliche Weiterentwicklung sollte niemals von der Erlangung beruflicher Positionen oder von kurzfristigen Einkommenssteigerungen abhängig gemacht werden.

### VERHÄLTNIS ZWISCHEN ARBEIT UND FREIZEIT

Beschäftigte erwarten heute zunehmend ein ausgewogenes Verhältnis zwischen Arbeit und Privatleben. Das lässt sich erreichen durch Gleitzeit, Heim- oder Telearbeit, Teilzeitarbeit, Verträge über freie Mitarbeit und Jobsharing. Diese Methoden werden von modernen Unternehmen praktiziert, die im Gegenzug von den Mitarbeitern maximale Leistung erhalten.

**Modelle des beruflichen Aufstiegs**

*Auf einer herkömmlichen Karriereleiter steigt man empor, bis man alle Möglichkeiten ausgeschöpft hat. Flexiblere Strukturen eröffnen mehr persönliche Entwicklungschancen und berufliche Erfahrungen.*

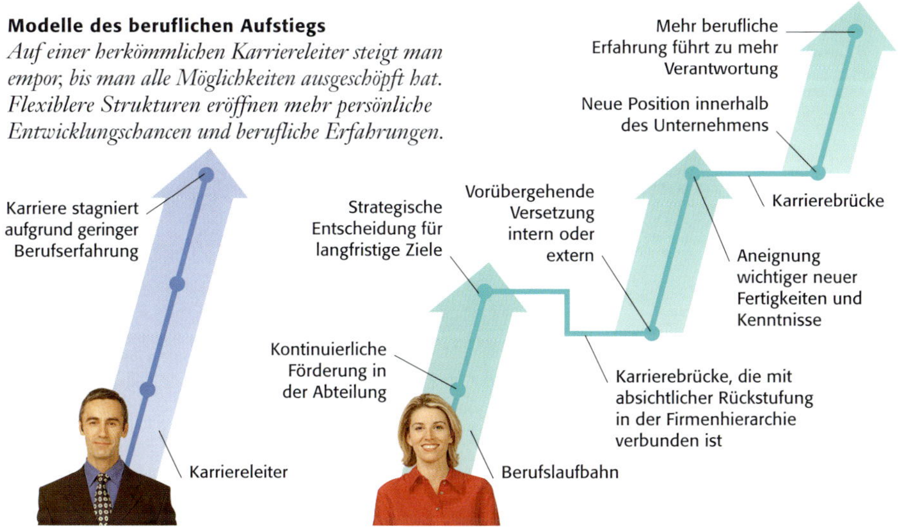


LINEARER AUFSTIEG

FLEXIBLER AUFSTIEG

# Erfolgreich im neuen Job

**Wenn Sie eine neue Stelle angetreten haben, liegen die größten Schwierigkeiten noch vor Ihnen. Sie wollen Ihre Kenntnisse und Fertigkeiten unter Beweis stellen, aber Sie müssen sich auch an die eingespielten Abläufe und Methoden im neuen Unternehmen anpassen.**

### DER ARBEITSANTRITT

Viele Firmen haben Einweisungsprogramme, die neuen Mitarbeitern helfen, sich mit der betrieblichen Praxis vertraut zu machen und ihre Kollegen kennen zu lernen. Diese Einweisung wird als eigenständiger Prozess neben der eigentlichen Arbeitsaufnahme betrachtet.

Sie müssen die internen Abläufe des Unternehmens kennen lernen, die Firmenpolitik und die Arbeitsorganisation. Zugleich müssen Sie sich vertraut machen mit den Verbindungen nach außen, zu den Unternehmen, mit denen Ihre Firma geschäftliche Beziehungen unterhält.

### DEMONSTRIEREN SIE IHREN WERT

Es genügt bei weitem nicht, nur gute Arbeit zu leisten. Wenn Sie wollen, dass Ihre Kollegen Sie anerkennen und Respekt vor Ihren Fähigkeiten und Leistungen zeigen, müssen Sie:

- sichtbar sein,
- Ihren Beitrag zur Erreichung der Unternehmensziele herausstellen.

Eine hilfreiche Methode, um herauszufinden, was andere Menschen über Sie denken, ist das »Johari-Fenster«. Sie beruht auf dem Gedanken, dass es bestimmte Dinge gibt, die Sie über sich selbst wissen, und andere, die Sie nicht wissen; auch die Mitmenschen wissen einiges über Sie und einiges nicht. Wenn Sie jene Fertigkeiten in den Vordergrund stellen, die für das Unternehmen, in dem Sie arbeiten, besonders wichtig sind, können Sie Ihre Kompetenz eindrucksvoll unterstreichen.

**Die Rolle des Unternehmens definieren**

- *Prioritäten für den neuen Manager festlegen*
- *Verfahren entwickeln, durch die neue Manager mit ihren Mitarbeitern Erwartungen austauschen können*
- *Unterstützung bieten bei mangelndem Wissen oder Erfahrung*

**MANAGER** → **FUSS FASSEN** Die Arbeit und die Mitarbeiter kennen lernen → **VERTIEFUNG** Operationen übernehmen und langfristige Strategien formulieren → **REORGANISIEREN** Die Abteilung auf Ihren Arbeitsstil und Ihre Strategie ausrichten →

**Ihren Vorgesetzten informieren**

*Halten Sie Ihren Vorgesetzten oder Mentor stets auf dem Laufenden, doch vermeiden Sie den Eindruck, ständig seine Zustimmung zu wollen*

**Phasen der Einarbeitung in einen neuen Job**
*Ihre Rolle wird sich in fünf Phasen herausbilden. Sichern Sie sich die Unterstützung des Unternehmens, Ihrer Vorgesetzten und Mitarbeiter, während Sie Ihre Position im neuen Job definieren.*

**Das »Johari-Fenster«**

*Diese Methode arbeitet mit dem Wissen, das wir und andere über uns haben. »Öffentlich« ist der Bereich, den andere sehen; »Blind« ist, was wir nicht über uns wissen; »Verborgen« verkörpert jene Aspekte von uns, die andere nicht kennen können, wenn wir sie ihnen nicht aufzeigen. »Unbekannt« ist unser Potenzial.*

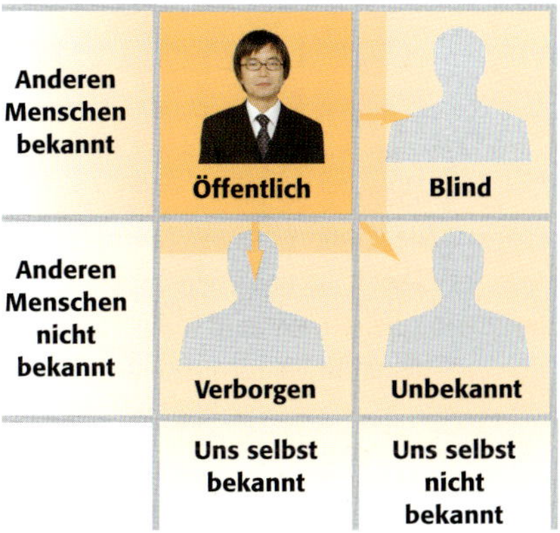


## VOM UMGANG MIT ANDEREN MENSCHEN PROFITIEREN

Andere Menschen können maßgeblich dazu beitragen, Ihre Arbeitseffizienz zu fördern und Ihnen die Anerkennung einzubringen, nach der Sie streben. Ein persönlicher Mentor (ein Berater, der Ihre Karriere begleitet) kann:

- Ihr Anwalt im Unternehmen sein,
- Ihnen bei der Karriereplanung helfen,
- Ihnen helfen, aus Erfahrung zu lernen,
- Sie bei Ihren Schritten anleiten.

Theoretisch kann jeder Kollege Ihr Mentor sein, meist aber hat er eine Führungsposition. Wählen Sie jemanden, mit dem Sie gerne zusammenarbeiten und dessen Stil und Persönlichkeit Ihnen liegen.

**Zusammenarbeit mit Vorgesetzten**
*Achten Sie darauf, was Ihre Vorgesetzten von Ihnen erwarten. Um Ihre Vorstellungen durchzusetzen, brauchen Sie die Unterstützung der Leitung.*

**KONSOLIDIERUNG**
Die neue Struktur etablieren und Operationen mit Zielen verbinden

**FEINABSTIMMUNG**
Aufgrund von Kunden-Feedback Veränderungen vornehmen

**Feedback einholen**
*Ermitteln Sie in jeder Phase, was Mitarbeiter und Kunden von Ihnen erwarten, und nutzen Sie deren Feedback als Anregung.*

Idealerweise ist Ihr Linienmanager Ihr Anwalt – aber ein Vorgesetzter, der Sie nicht leiden kann, könnte Ihren Aufstieg zu behindern versuchen. Auch die Beziehung zu einem Mentor will aktiv gepflegt werden. Halten Sie Ihren Vorgesetzten auf dem Laufenden, beachten Sie aber auch seine Prioritäten und Bedürfnisse.

## NETZWERKE UND »AKTIONSZENTREN«

Beziehungen aufzubauen ist genauso wichtig wie gute Arbeitsleistungen zu erbringen. Soziale Fähigkeiten sind absolut unverzichtbar, und der Aufbau von Netzwerken erschließt wertvolle Kontakte.

Sie sollten die entscheidenden »Aktionszentren« in Ihrer Firma kennen, die das Unternehmen vorantreiben. In manchen Firmen werden Schlüsseljobs nach einem »Ampelsystem« gekennzeichnet. Gelb repräsentiert die Positionen, die für Veränderungen zuständig sind. Rot symbolisiert Mitarbeiter, die als herausragend gelten, während Grün für jene steht, die über exzellente Fähigkeiten verfügen, ihr Potenzial aber wegen kurzer Betriebszugehörigkeit noch nicht entfalten konnten. Es überrascht nicht, dass man die »Aktionszentren« gerne mit Mitarbeitern aus den Kategorien Rot oder Grün besetzen.

# Einen persönlichen Weiterbildungsplan entwickeln

**Ein persönlicher Weiterbildungsplan legt fest, welche Kenntnisse Sie erwerben müssen, um beruflich voranzukommen, und bildet den Rahmen für die Umsetzung Ihrer Ziele. So können Sie Ihre Stärken besser ausspielen.**

## LERNERFORDERNISSE BESTIMMEN

Analysieren Sie, in welchen Bereichen Sie sich Kenntnisse aneignen müssen, indem Sie Ihre berufliche Position überprüfen und definieren, was Sie anstreben. Arbeitsleistung lässt sich anhand zahlreicher Schlüsselbereiche messen:

- Kunden: interne und externe Kunden und Abnehmer zufrieden stellen,
- Operationen: Prozesse oder Systeme managen,
- Finanzen: Gewinne steigern oder Produktionskosten senken,
- Technik: spezifische Fähigkeiten,
- Ressourcen: Verantwortung für Mitarbeiter, Material und Maschinen,
- Menschen: Mitarbeiter führen, motivieren und überwachen,
- Teamarbeit: effizient mit anderen zusammenarbeiten,
- Information: Informationen interpretieren und in Wissen umsetzen,
- Innovation: Verbesserungen für betriebliche Abläufe entwickeln,
- Effizienz: Motivation, Organisationsfähigkeit, Flexibilität demonstrieren.

In jedem Bereich werden bestimmte Fertigkeiten verlangt, die man sich aneignen kann. Diese Fertigkeiten müssen unter »realen« Bedingungen praktisch erprobt werden, damit man das erforderliche Kompetenzniveau erreicht.

## LERNZIELE FESTLEGEN

Sie müssen klare Lernziele formulieren, einen entsprechenden Plan aufstellen und exakt bestimmen, was Sie lernen wollen, welches Qualifizierungsniveau nötig ist und wie Sie Lernfortschritte messen können. Hilfreich ist das **SMART**-Modell:

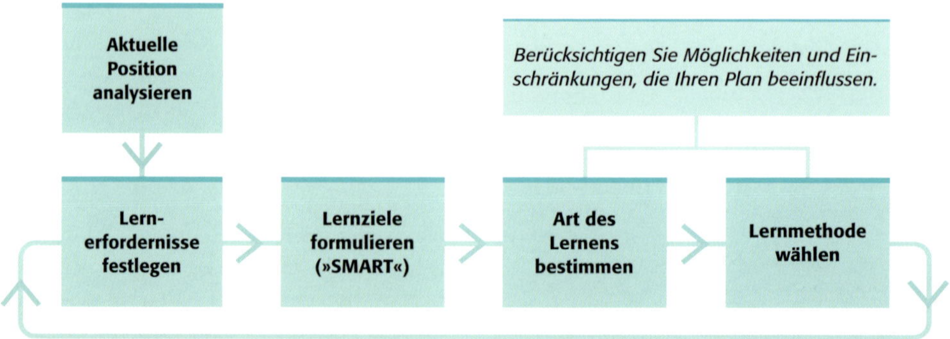


**Die Stufen Ihres Entwicklungsplans**
*Bei der Ausarbeitung Ihres Plans sollten Sie so objektiv und realistisch wie möglich sein und Ihre langfristigen Ziele im Auge behalten. Führen Sie eine Checkliste über Ihre Entwicklung und überwachen Sie Ihre Fortschitte in den Kerngebieten.*

**VERPFLICHTUNG**
Seien Sie aufrichtig. Wie motiviert sind Sie?

→

**ZEIT**
Haben Sie wirklich genug Zeit für alle Maßnahmen?

→

**GELD**
Können Sie Ihren Plan finanzieren?

→

**UNTERSTÜTZUNG**
Finden Sie Unterstützung in Ihrem sozialen Umfeld?

**Möglichkeiten und Beschränkungen abwägen**
*Um Ihren Plan erfolgreich umzusetzen, müssen Sie realistisch Ihre Möglichkeiten einschätzen, aber auch die Einschränkungen, die Ihre Handlungsfähigkeit begrenzen. Diese werden durch die jeweiligen persönlichen Umstände bestimmt.*

- **S**pezifisch: Konzentrieren Sie sich auf ein bestimmtes Gebiet.
- **M**essbar: Definieren Sie Ihre Ziele, um Ihre Fortschritte bewerten zu können.
- **A**ngemessen: Sie müssen davon ausgehen, dass Sie die Ziele erreichen.
- **R**elevant: Die Ziele sollten notwendig und wichtig sein, um zu motivieren.
- **T**erminbezogen: Setzen Sie sich realistische Zeitvorgaben.

## ART DES LERNENS BESTIMMEN

Es liegt allein an Ihnen, wie und wann Sie sich das nötige Wissen aneignen. Es gibt eine Vielzahl von Möglichkeiten.

Sie können allein arbeiten, mit selbst bestimmtem Tempo, in ruhiger Umgebung, Sie können sich aber auch für das Lernen in einer offenen, lebendigen Gruppe entscheiden. Vielleicht kommen Sie besser mit einem straff strukturierten Lernprogramm zurecht oder eher mit einer lockeren, flexibleren Struktur.

Es wird sowohl mit traditionellen Lehrmethoden (Kurse, Hausaufgaben, Diskussionen usw.) als auch mit modernen Techniken (computergestütztes Lernen, Multimedia, Videos usw.) gearbeitet. Verschaffen Sie sich einen Überblick über die verfügbaren Möglichkeiten und wählen Sie die für Sie praktikabelste.

## LERNMETHODE WÄHLEN

Wenn Sie wissen, was Sie lernen müssen und mit welchen Mitteln Sie das Wissen erwerben wollen, müssen Sie die für Sie geeignete Methode finden. Die Methode sollte dem Thema, Ihrer Persönlichkeit und Ihrer Situation entsprechen.

### Qualifikationen

Berufsqualifizierende Kurse können ganztags, stundenweise oder nach einem Baukastensystem durchgeführt werden. Sie erfordern ein hohes Maß an Disziplin und Motivation, vor allem wenn sie berufsbegleitend sind. Doch die erlernten Qualifikationen können viele Türen öffnen.

### Trainingskurse

Diese Methode wird bei berufsbezogener Weiterbildung am häufigsten eingesetzt. Die meisten Unternehmen bieten ihren Beschäftigten kostenlose Kurse zur Verbesserung beruflicher Fertigkeiten an.

### Ausbildung am Arbeitsplatz

Mit erfahrenen Kollegen zusammenzuarbeiten und von ihnen zu lernen ist seit jeher die effektivste Lernmethode und wird es auch bleiben, insbesondere für aufnahmebereite, lernwillige Menschen.

### Spezielle Projekte

Einsätze bei speziellen Aufgaben oder zeitlich befristeten Projekten bieten eine Möglichkeit, erlerntes Wissen und erworbene Fertigkeiten praktisch anzuwenden und neue Erfahrungen zu sammeln. Solche Gelegenheiten können zwischen zwei Jobs, aber auch während eines laufenden Beschäftigungsverhältnisses genutzt werden.

**Fernkurse**
Ein Fernkurs bedeutet freie Zeiteinteilung, setzt aber auch viel Selbstdisziplin voraus. Gelegentlich werden Kolloquien veranstaltet. Sie ermöglichen es den Teilnehmern, aus der isolierten Lernsitutation herauszutreten, sich mit den Kollegen und Tutoren zu treffen, Ideen auszutauschen und Fragen zu stellen.

**Computergestützte Ausbildung**
Diese Methode ähnelt den Fernkursen hinsichtlich Flexibilität und Selbstdisziplin, nutzt jedoch IT und das Internet.

**Lesen**
Lesen ist eine schnelle und beliebte Form, sich Wissen anzueignen, führt jedoch nicht zur Entwicklung von Fertigkeiten.

**Förderung durch einen Mentor**
Ein Mentor oder Coach hilft motivierten Menschen, ihre Arbeitsweise zu verbessern, indem er sie fördert und fordert und Feedback liefert.

### ÜBERPRÜFUNG DES PLANS

Ein Plan ist nur nützlich, wenn seine Umsetzung überprüft wird. Sie müssen eine Checkliste führen und Ihre Fortschritte kontrollieren. Folgende Techniken eignen sich gut zum Selbstmanagement:

- Formulieren Sie ein klares und realistisches Ziel, das Sie erreichen wollen.
- Setzen Sie sich für die Erreichung des Ziels einen festen Termin.
- Quantifizieren Sie das Wunschergebnis.
- Halten Sie Ihre Erfolge und Ihre Fehlschläge fest.
- Legen Sie sich öffentlich fest (erzählen Sie von Ihrem Ziel und dem Termin und bitten Sie um Nachfragen.)

Überprüfen Sie gelegentlich Ihren Plan und zögern Sie nicht ihn anzupassen. Hilfreich ist auch, Ihr Selbstmanagement-Projekt mit jemandem zu besprechen, mit dem Sie regelmäßig beruflich zu tun haben – einem Kollegen oder Mentor.

# Die Kündigung

**Die Entscheidung, einen Job zu kündigen, kann schwerer fallen als der Antritt einer neuen Stelle. Sie müssen Ihre gegenwärtige Situation beurteilen und Ihre künftigen Optionen abschätzen. Eine solch weit reichende Entscheidung muss wohl überlegt getroffen werden.**

### WAS VERANLASST SIE ZUM BLEIBEN?

Gibt es gegenwärtig etwas, das Sie in Ihrer Firma hält? Die meisten Menschen werden durch die Art ihrer Arbeit motiviert, nicht allein durch das Gehalt. Geld ist wichtig beim Anwerben neuer Mitarbeiter, fördert jedoch nicht unbedingt deren Unternehmenstreue. Dafür sind vielmehr eine interessante und abwechslungsreiche Arbeit, weit gehende Autonomie und ein gutes Arbeitsklima entscheidend sowie die Aussicht auf eine Verbesserung der Position – die Chance, strategischen Einfluss zu gewinnen, unabhängig von der Stellung in der Hierarchie – und die Möglichkeit, sich weiterzuentwickeln. Folgende Fragen können weiterhelfen:

- Wird Ihre Arbeit geschätzt?
- Tragen Sie dazu bei, den Wert Ihres Unternehmens zu erhöhen?
- Bietet die Firma Ihnen etwas, das Sie als Bereicherung empfinden?
- Sind Sie noch von Ihrem Job fasziniert?
- Freuen Sie sich am Morgen darauf, zur Arbeit zu gehen?

### NACH VORNE BLICKEN

Wenn Sie die gegenwärtige Aufgabe nicht befriedigt, betrachten Sie Ihr Unternehmen unter längerfristigem Aspekt und beantworten Sie sich folgende Fragen:

- Welche Zukunftspläne hat Ihre Firma?
- Welche Veränderungen sind notwendig, um diese Pläne zu verwirklichen?
- Geben diese Pläne Aufschluss darüber, wie sich künftig die Arbeitsbedingungen gestalten werden?
- Welche Rolle könnten Sie unter diesen Umständen spielen?
- Welche Ziele können Sie erreichen?
- Wo werden Sie arbeiten?
- Wem werden Sie unterstellt sein und wer wird Ihnen unterstellt sein?
- Welche Möglichkeiten für beruflichen Aufstieg wird es geben?
- Wo werden Sie in drei, fünf oder zehn Jahren stehen?

Fallen die Antworten nicht allzu ermutigend aus, ist es wahrscheinlich Zeit für Sie, sich eine neue Stelle zu suchen. Vergessen Sie nicht: Der beste Job ist nicht unbedingt der, der am besten bezahlt wird. Wenn Sie eine Aufgabe finden, die Ihnen besonders zusagt, werden Sie wahrscheinlich auch erfolgreicher sein.

### DER RICHTIGE ZEITPUNKT

Es kann Zeit raubend sein, sich nach einer neuen Arbeit umzusehen, während Ihr alter Job Sie noch voll beansprucht. Daher ist es sinnvoll, strategisch vorzugehen.

Sie können zum Beispiel regelmäßig Bewerbungen versenden, was einen gewissen Zeit- und Arbeitsaufwand an den Abenden und Wochenenden sowie Verschwiegenheit in der Firma erfordert. Viele Beschäftigte jedoch, die zu einem Arbeitsplatzwechsel entschlossen sind, kündigen ihre alte Stellung, auch wenn sie noch keine neue gefunden haben. Das sorgt nicht nur für klare Verhältnisse, sondern kann auch wertvolle Freiräume für eine gründliche Jobsuche schaffen.

## JOBSUCHE IM INTERNET

Das Internet bietet Jobsuchenden zahlreiche Möglichkeiten. Durch die Entwicklung des E-Commerce und die Nutzung des World Wide Web als Marketing- und Informationsmedium sind viele neue Arbeitsplätze entstanden. Doch für diese Positionen gibt es nur wenige von Anfang an geeignete Bewerber. Viele der dafür erforderlichen Fertigkeiten müssen erst erlernt werden und können nicht aus vorherigen Arbeitsverhältnissen übertragen werden.

Doch auch wenn das Internet wenig Bezug zu Ihrem spezifischen Berufswunsch hat, bietet es Informationen über Firmen, Karrierechancen und Stellenangebote.

### AKTIV WERDEN

Gehen Sie zielstrebig vor. Meist werden Entscheidungen vom Bauch und vom Kopf her getroffen. Wenn Sie alle Optionen, Kriterien und Prioritäten aufgeführt haben, überdenken Sie sie noch einmal und nehmen Sie dann etwas Abstand. Sie müssen ein gutes Gefühl bei Ihrer Entscheidung haben – die Zuversicht, dass Sie sie auf der Grundlage optimaler Informationen und im vollen Bewusstsein der Konsequenzen getroffen haben.

Denken Sie immer daran, dass es Ihre eigene Entscheidung ist. Lassen Sie kein Bedauern aufkommen. Der Vorteil einer selbstständigen Karriereplanung besteht darin, dass Sie selbst es sind, der die Kontrolle ausübt und dem stets Wahlmöglichkeiten offen stehen. Mit diesem Bewusstsein können Sie optimistisch in die Zukunft blicken.

# Wie Unternehmen funktionieren

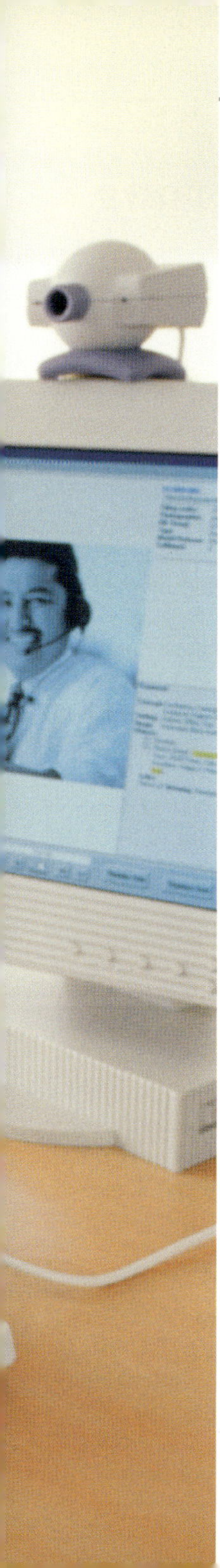

# DAS LERNENDE UNTERNEHMEN

**Mit dem Wandel zum Informationszeitalter gilt es, traditionelle Vorstellungen über Unternehmensführung und Unternehmensstrukturen gründlich zu hinterfragen. Wenn althergebrachte Sicherheiten sich auflösen, sind Unternehmen gezwungen sich anzupassen, anderenfalls gehen sie unter.**

Künftig werden die Mitarbeiter und ihre Lernfähigkeit die Unternehmen bestimmen. Inhaber von Führungspositionen müssen sich jener neuen Entwicklungen bewusst sein, die ihre Gemeinschaft, den Markt und ihre Jobs beeinflussen. Unverändert bleibt die grundlegende Bedeutung des Kunden: Er ist der Schlüssel zu geschäftlichem Erfolg.

Jedes Unternehmen muss sich wandelnden Prozessen stellen und bereit sein sich neu zu strukturieren, besonders, wenn es sich in einem komplexen globalen Umfeld bewegt. Das strategische Denken und die organisatorischen Fähigkeiten müssen stets auf ihre Tauglichkeit überprüft werden. Bei der Formulierung der Aufgaben sollte sich ein Unternehmen von seinen ureigenen Visionen und Werten leiten lassen, aber auch sein Image im Blick behalten.

**IN DIESEM KAPITEL**

# Notwendigkeit zur Veränderung

**Ein Unternehmen im traditionellen Sinne war ein fest gefügtes, hierarchisch strukturiertes Gebilde, in dem ganz eindeutige Grenzen zwischen »Innenwelt« und »Außenwelt« gezogen wurden. Doch dieses Bild ist überholt. Um den heutigen Anforderungen zu genügen, müssen Unternehmen lernen schnell auf Veränderungen zu reagieren, die sie zu Innovationen zwingen.**

## NEUE ANFORDERUNGEN AN DAS MODERNE UNTERNEHMEN

Ein Unternehmen kann heute nicht mehr als statisches System betrachtet werden, denn es ist Teil eines turbulenten und komplexen globalen Umfelds, das sich rasch wandelt. Dies zieht unmittelbare organisatorische Probleme nach sich und erfordert eine Neubestimmung dessen, was unter »organisatorischem Gestalten« verstanden werden soll, weil:

**Klassische pyramidenförmige Hierarchie**
*Dieses Organisationsmodell beherrschte lange das Wirtschaftsleben. Ganz oben stand die Unternehmensführung, die ihr Wissen sukzessive an die untergeordneten Ebenen weitergab. Ganz unten befanden sich die Kunden: jene Menschen, denen das Unternehmen seine Existenz verdankt.*

- überkommene hierarchische Strukturen mit dieser neuen, dynamischen Weltsicht nicht kompatibel sind,
- der Zweck von Unternehmen zunehmend darin gesehen wird, Risiken zu minimieren und Aufgaben zu lösen, die kleine Gruppen oder Einzelne nicht bewältigen können,
- viele herkömmliche Managementkonzepte sich nicht in ausreichendem Maß mit organisationstechnischen Fragen befasst haben.

Inzwischen hat man erkannt, dass unternehmerische Strukturen und Abläufe entwickelt werden müssen, die diesen Veränderungen wirksam begegnen können. Unternehmen müssen sich sowohl auf veränderte Kundenbedürfnisse als auch auf Veränderungen im politischen, wirtschaftlichen, sozialen und technologischen Bereich einstellen.

Zudem müssen die Unternehmen flexibler werden. Um ihre Reaktionsfähigkeit zu verbessern, müssen alle Mitarbeiter in ihren Kompetenzbereichen und darüber hinaus in einen ständigen Lernprozess eingebunden werden.

Allein die Mitarbeiter können sowohl mit harten, zahlenbezogenen Fakten umgehen, die von betrieblichen Kontrollinstanzen geliefert werden, als auch die »weichen« Faktoren erfassen und Veränderungen des Kundenverhaltens und der Umwelt erkennen. Das ist die Voraussetzung für ausgewogene Urteile, die zugleich auf Vernunft und Werten beruhen.

Die Entwicklung eines »lernenden Unternehmens« ist heute das Ziel vieler Geschäftsführer. Ein innerbetriebliches »Lernklima« sorgt sowohl im Unternehmen als auch außerhalb des Betriebs für einen effizienten und transparenten Informationsaustausch. Das Wissen der Mitarbeiter kann sich in einer verbesserten Qualität der Prüfungsabläufe, der Risikobewertung und der Entscheidungsfindung niederschlagen.

## WIE VERÄNDERTE INFORMATIONSSTRÖME MACHT BEEINFLUSSEN

Moderne Informationsströme spielen eine entscheidende Rolle bei der Aufweichung überkommener Hierarchien. Heute können sich Beschäftigte und Kunden gleichzeitig innerhalb und außerhalb eines Unternehmens wiederfinden, etwa indem sie sowohl Angestellte als auch Kunden sind, und sie können in jeder dieser Positionen eine lernende Rolle einnehmen.

Dieser kontinuierliche, in beide Richtungen verlaufende Informationsfluss verändert die Machtposition von Managern unwiderruflich. Früher konnten sie die Verbreitung von Informationen in einem Unternehmen weitgehend steuern, doch nun bilden sich neue Formen der Informationsweitergabe heraus.

So flachen die althergebrachten, hierarchischen Strukturen in Unternehmen zunehmend ab. Heute gibt es zwischen der Spitze und der Basis großer Betriebe meist nur noch vier bis sechs Zwischenebenen. Der traditionelle Ansatz, der von einem »Oben« und »Unten« ausgeht und Kommando und Kontrolle in den Vordergrund stellt, gilt nur noch begrenzt.

Doch die freien Informationsströme werfen auch neue Fragen auf. Worin besteht beispielsweise heute die Aufgabe eines Managers, wenn immer mehr Arbeitsgruppen Zugang zu immer mehr Informationen haben und dadurch in die Lage versetzt werden, sich selbst zu managen? Wie soll ein Manager in einer flachen Hierarchie seine Karriere planen? Die früher stereotyp nach oben gerichtete Perspektive wird durch eine diagonale oder tangentiale Karriereperspektive ersetzt, wobei dem Selbstmanagement wachsende Bedeutung zukommt.

## IMPLOSION DES MANAGEMENTS

Mit dem Zusammenwachsen der Computer- und Telekommunikationstechnologie können Informationen gleichzeitig in alle Teile eines Unternehmens gelangen. Eine große Zahl von »Managern« zu beschäftigen, die den Informationsfluss kontrollieren, ist heute ein nicht mehr zu rechtfertigender Kostenfaktor.

Der Begriff »Management« muss daher neu definiert werden – doch die Manager werden nicht völlig verschwinden. Jedes Unternehmen braucht leitende Angestellte, die die menschlichen und technologischen Systeme entwerfen, installieren und überwachen und dadurch seine Weiterentwicklung gewährleisten.

Mit dem Rückgang der Manager wächst die Zahl der sich selbst managenden Arbeitsgruppen. Doch deren Input und Output bedarf weiterhin einer übergeordneten Koordination und Kontrolle durch das Unternehmen.

## KONSEQUENZEN FÜR DIE UNTERNEHMENSGESTALTUNG

Künftig wird der Kernbereich des organisatorischen Gestaltens wahrscheinlich durch vier Faktoren beeinflusst werden.

**Förderung von Vielfalt**

Wenn Arbeitnehmer in der Informationsgesellschaft zunehmend »ihre eigenen Manager« werden, wird dem systematischen Lernen eine entscheidende Bedeutung zukommen. Man wird überlegen müssen, wie die menschlichen Ressourcen für Unternehmen besser erschlossen und genutzt werden können.

**Abbau der Grenzen**

Unternehmen werden »virtueller« werden, da der Kostendruck sie zwingt Personal abzubauen. Sie werden Arbeiten auslagern, zunehmend befristete Arbeitsverträge schließen und einige Mitarbeiter nur projektbezogen engagieren. So verwischt die Abgrenzung zwischen innerhalb und außerhalb des Unternehmens.

**Mit dem Wandel Schritt halten**

Ständiges Lernen wird auf allen Ebenen der neuen Organisationshierarchie nötig sein, damit ein Unternehmen dem rasanten Wandel begegnen kann.

**Befreiende Systeme**

Neue Lernsysteme müssen ein offenes und kritisches Klima fördern, und zwar sowohl innerhalb der Unternehmensebenen als auch zwischen ihnen.

### BALANCE HALTEN

Ein Unternehmen muss das richtige Verhältnis finden zwischen Effektivität (die der Kunde wahrnimmt) und Effizienz (worauf sich Management und Buchhaltung konzentrieren). Daher müssen die Systeme zur Entwicklung der organisatorischen Leistungsfähigkeit gut durchdacht und regelmäßig überprüft werden.

Die traditionelle Organisationslehre arbeitet mit streng segmentierten funktionalen Disziplinen, die sich kurzfristiger Denkansätze zur Problemlösung bedienen. Die weiterreichenden organisatorischen Konsequenzen berücksichtigt sie ebenso wenig wie den äußeren Kontext. Doch dieser Ansatz verschwindet, ebenso wie jene Unternehmen, die noch an ihm festhalten. Um sich zu behaupten, müssen Unternehmen sich den Herausforderungen ständiger äußerer Umwälzungen stellen und neue Fähigkeiten entwickeln.

# Unternehmen im Wandel

**Um in Zeiten des wirtschaftlichen Wandels zu bestehen, braucht eine Organisation die Bereitschaft zur Anpassung. Neue Konzepte und neue Techniken bringen neue Grenzen mit sich. Erfolg wird davon abhängen, wie schnell man diese Grenzen erkennt und wie man auf sie reagiert.**

### ORGANISATORISCHER KONTEXT

Nicht nur zwischen Unternehmen und ihrer Außenwelt lösen sich die überkommenen Grenzen auf. Computer und Telekommunikation verwischen auch die traditionelle Unterscheidungen zwischen »Einzelhandel« und »Großhandel« oder zwischen »Unternehmen« und »Regierung«. Immer anspruchsvollere Kunden, ihr hoher Informationsgrad und die modernen Vertriebswege erfordern es, diese Vorstellungen gründlich zu überdenken.

Zunächst geht es darum, die Voraussetzungen für wirtschaftlichen Erfolg in diesem neuen Umfeld zu ermitteln. Dann muss man sich organisatorisch darauf einstellen und die eigenen Grenzen neu bestimmen.

Unabhängig davon, ob Sie als Manager in einem traditionellen Industriebetrieb oder in einem schnell wachsenden Dienstleistungsunternehmen tätig sind, die Grundlagen des Geschäfts bleiben immer gleich: die Entwicklung und Herstellung sowie der Verkauf und Vertrieb von Produkten oder Dienstleistungen. Ungewohnt ist jedoch die wachsende Bedeutung neuer Strukturen und Abläufe, die nötig sind, um diesen Anforderungen gerecht zu werden.

Doch das erfordert einen nachhaltigen Wandel der Problemlösungsverfahren, die vom Management verfolgt werden. Man muss vom »Entweder-oder«- zum »Sowohl-als-auch«-Denken, von einem bipolaren zu einem integrativen Ansatz übergehen. Viele Manager sind darauf jedoch noch nicht vorbereitet.

### INTEGRITÄT DER ORGANISATION AUFRECHTERHALTEN

Wie viele Internet-Unternehmen der Gründerzeit schmerzhaft erfahren mussten, ist es noch niemandem gelungen, die Gesetze der Wirtschaft länger als einige Monate außer Kraft zu setzen. Man sollte sich daher wieder zwei fundamentale Wahrheiten ins Gedächtnis rufen, die seit Jahrhunderten gelten und sich auch in schwierigen Zeiten bewährt haben:

- Der Kunde geht vor.
- Die Aufmerksamkeit des Kunden zählt.

Allein auf den Kunden kommt es an. Nicht der »Markt« kauft etwas, sondern Menschen. Durch das Internet hat man heute die Möglichkeit, sich umfassend zu informieren, wodurch die Güter einem starken Konkurrenzdruck unterliegen: Lässt sich ein Produkt von verschiedenen Anbietern nur durch den Preis unterscheiden, wird das günstigste gekauft werden.

Es kommt also darauf an, im Bewusstsein des Verbrauchers gezielte Aufmerksamkeit zu erzeugen. Ihr Angebot muss unterscheidbar sein und ein überzeugendes Preis-Leistungs-Verhältnis aufweisen. So bleibt Ihnen der Kunde erhalten (was Ihre Umsatzaufwendungen senkt) und ist bereit einen kleinen Aufpreis zu bezahlen (und Ihre Gewinnspanne zu erhöhen).

Dieses Vorgehen, das auf Kernkompetenzen abstellt, hilft dabei, der Strategie der »Kostenführerschaft« Paroli zu bieten,

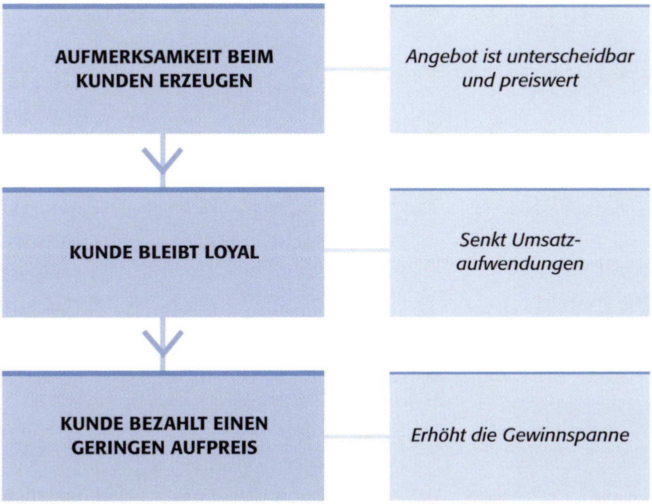


**Kundenbindung aufbauen**
*Kunden erwarten Qualität, Service und ein gutes Preis-Leistungs-Verhältnis. Moderne Unternehmen berücksichtigen, dass die Kunden mittels Internet Zugang zum globalen Markt haben, auf dem der einzige Unterschied zwischen konkurrierenden Erzeugnissen häufig nur der Preis ist. Haben Sie dagegen ein einzigartiges Angebot, werden Ihnen die Kunden erhalten bleiben und sogar etwas mehr bezahlen. Nur so ist Gewinnsteigerung möglich.*

die von Großkonzernen verfolgt wird und zu Niedrigpreisen und geringen Gewinnspannen führt. Kleine Anbieter scheitern, weil sie mit den so genannten »Global Players« nicht mithalten können. Nach dem Modell von der Service-Gewinn-Kette gewinnt der Kunde nur dann den Eindruck eines für ihn vorteilhaften Preis-Leistungs-Verhältnisses, wenn man sich darum bemüht, seine Loyalität zu erhalten und ihm guten Service bietet.

Jeder Kunde trifft seine Kaufentscheidung sowohl mit dem Verstand als auch mit dem Gefühl. Er sollte in die Lage versetzt werden, sich selbst und Dritte davon zu überzeugen, das Produkt Ihrer Fima zu erwerben, weil er rational den Nutzen der Ware erkannt hat und sich auch emotional einiges davon verspricht. Ein gutes Management muss also Strukturen aufbauen und eine Organisationskultur schaffen, die es ermöglichen, Produkte zu liefern, die den Ansprüchen der Kunden in Bezug auf die Qualität, den Preis und die Lieferzeit entsprechen.

Auf diese Weise entsteht die Grundlage für eine langfristige Kundenbindung, woraus sich mit der Zeit ein »Markenimage« entwickeln kann – ein entscheidendes Instrument, will man mittels der Differenzierungsstrategie überleben.

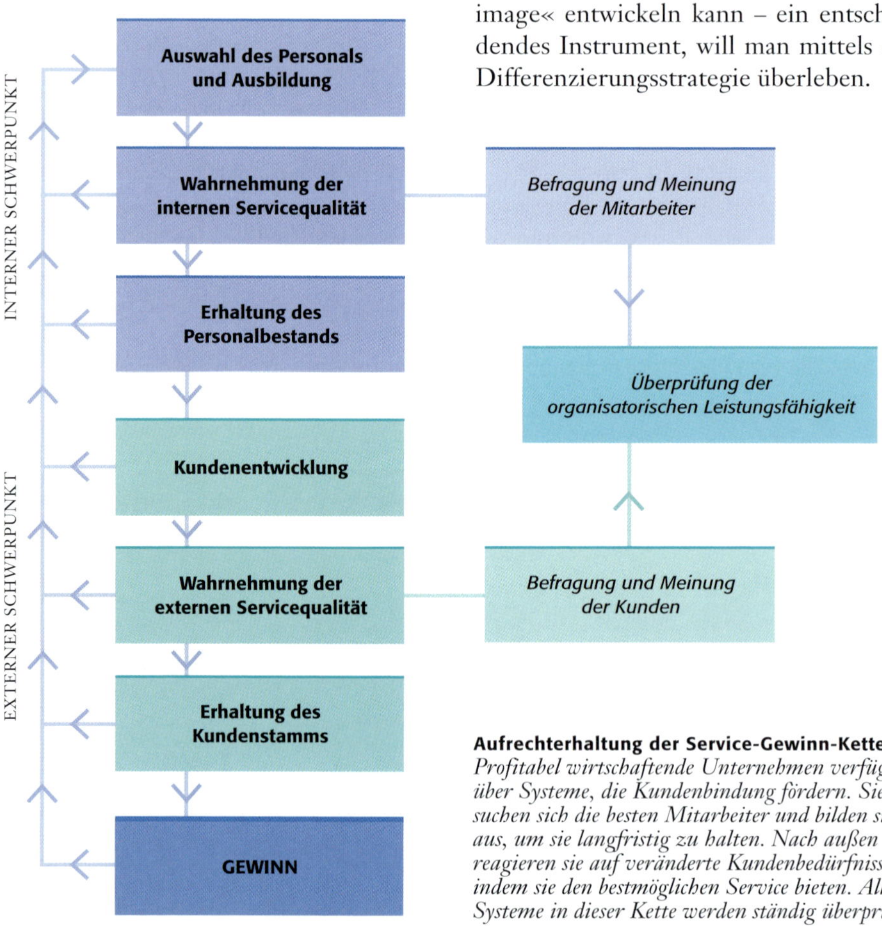


**Aufrechterhaltung der Service-Gewinn-Kette**
*Profitabel wirtschaftende Unternehmen verfügen über Systeme, die Kundenbindung fördern. Sie suchen sich die besten Mitarbeiter und bilden sie aus, um sie langfristig zu halten. Nach außen reagieren sie auf veränderte Kundenbedürfnisse, indem sie den bestmöglichen Service bieten. Alle Systeme in dieser Kette werden ständig überprüft.*

# Turbulenzen und Komplexität meistern

**In einer Welt, die geprägt ist von einem permanenten Wandel, rasanten technologischen Entwicklungen und einem rapide wachsenden Informationsfluss, verändern sich die Anforderungen an die Mitarbeiter ebenfalls kontinuierlich. Der Arbeitnehmer ist heute gefordert nach der beruflichen Ausbildung permanent weiterzulernen.**

## KUNDENWÜNSCHE MÜSSEN IM MITTELPUNKT STEHEN

Aufgrund der modernen Computer- und Telekommunikationstechnologie müssen in automatisierten Großfertigungsanlagen nicht mehr nur standardisierte Produkte hergestellt werden. Jetzt kann jedes Erzeugnis »auf den Kunden zugeschnitten werden«. Das zeigte sich nach der Übernahme der Autofirma Jaguar durch Ford. Es kam zu einer Steigerung der Stückzahlen und der Qualität und die Autos wurden nun unter Berücksichtigung der individuellen Kundenwünsche gefertigt.

Dienstleistungsunternehmen, deren Mitarbeiter direkt mit den Endkunden zu tun haben, können durch die neue Kommunikationstechnologie individueller auf Kundenwünsche eingehen. Dafür muss das Personal sowohl im zwischenmenschlichen Umgang als auch im Hinblick auf Problemlösungskompetenz gut geschult sein. Kümmert man sich stärker um die Schnittstelle zwischen dem Unternehmen und der Außenwelt, kann auch die Kundenbindung zunehmen.

Ist die zentrale Lenkung abgebaut, und werden im Unternehmen mehrere parallel laufende Projekte abgewickelt, müssen die Manager geschickte Projektmanager werden, die im gesamten Unternehmen einsetzbar sind. Somit fällt ihnen eine Doppelrolle zu, denn sie müssen

- eine ständige dynamische Spannung zwischen der Aufgabenerfüllung und dem sozialen Prozess erzeugen, durch den das Projekt erfolgreich durchgeführt werden kann
- und zugleich dafür sorgen, dass innerbetrieblich hoch qualifiziertes, erfahrenes Personal herangebildet wird.

## ABLÄUFE DEZENTRALISIEREN

Die Kompetenz, Lernprozesse anzustoßen, indem man die gesamte Entscheidungsfindung an der Auswertung der Kundenbedürfnisse ausrichtet, sollte auf die unterste Organisationsebene verlagert werden: zu jenen Beschäftigten, die am häufigsten direkten Kontakt mit den Kunden haben. Diese Mitarbeiter sind es nämlich, die durch ihre täglichen Entscheidungen das Bild der Kunden von der Effizienz des Unternehmens prägen. Daher ist es unbedingt nötig, auf allen Unternehmensebenen eine Kultur des bewussten Lernens zu entwickeln.

Das hat zur Folge, dass sich alle innerbetrieblichen Arbeitsgruppen zunehmend selbst managen. Ihre neu erworbenen Erkenntnisse geben die Mitarbeiter der einzelnen Abteilungen im Unternehmen horizontal und vertikal an andere Arbeitsgruppen bzw. Abteilungen weiter. Schließlich lernen sie ihre Arbeit im Verhältnis zur Organisation als Ganzes einer regelmäßigen kritischen Prüfung zu unterziehen.

### ZYKLEN ANPASSEN

Im Zuge der Dezentralisierung wird meist auch organisatorischer Ballast abgeworfen. So kann etwa die Notwendigkeit entfallen, ein auf zwölf Monate bezogenes Budget aufzustellen. Nur wenige Arbeitsgruppen lassen sich in einen Zwölf-Monats-Zyklus zwängen. Manche Projekte dauern nur zwei Monate, andere nur wenige Wochen.

Die Zwölf-Monats-Periode ist bezüglich des Jahresabschlusses erforderlich, doch im Hinblick auf die Budgetaufstellung gibt es keine derartigen Vorschriften. So eine lange Zeitspanne mag wohl verwaltungstechnisch angenehm sein, ist aber ansonsten hinderlich. Zwölf Monate sind in der Regel zu lang für operatives Lernen und zu kurz für strategische Planungen. Es ist besser, den Budgetzyklus an die Erfordernisse der Arbeitsgruppen anzupassen, während die Buchhaltung die jahresbezogenen Finanzdaten ermittelt.

### MACHT DELEGIEREN

Operative Macht zu delegieren mag Managern in Führungspositionen schwer fallen. Es verlangt von ihnen sich einem persönlichen Lernprozess zu unterziehen und ein positives Organisationsklima zu schaffen, in dem die Ergebnisse dieses Lernens weitergegeben werden können. In kleineren Betrieben lässt sich dies oft relativ leicht bewerkstelligen, in großen Abteilungen und Konzernen erfordert es jedoch zielgerichtete und nachhaltige Anstrengungen der Führungsebene.

Ein Beispiel dafür lieferte der Ölkonzern BP Amoco mit der Einführung einer personalisierten Homepage für jeden Mitarbeiter im Intranet. Im Laufe von fünf Jahren verbesserte sich dadurch die Lernkultur im Unternehmen entscheidend. Ursprünglich horteten viele Mitarbeiter Informationen, doch dank dieser Innovation gingen sie zunehmend dazu über, ihr Wissen mit anderen zu teilen.

Hat jemand ein Problem, wird es heute akzeptiert (und auch belohnt), wenn er sich über das Intranet an Kollegen wendet. Er kann nachfragen, ob jemand dieses Problem kennt, und wenn ja, welche Lösungsversuche sich unter welchen Bedingungen als erfolgreich erwiesen haben. Unabhängig von der Art der Frage, ob es sich um eine defekte Pipeline in Alaska handelt oder um steuerliche Probleme in Kasachstan, die Mitarbeiter können auf das Wissen des gesamten Konzerns zurückgreifen, sowohl in technischen als auch organisatorischen Belangen.

### LERNEN LERNEN

Fördert man solche Lernprozesse und Organisationskulturen, kann sich im Lauf der Zeit ein Unternehmenswert herausbilden, der sich durch das Revans-Axiom ausdrücken lässt. Demzufolge kann ein Organismus nur dann überleben, wenn seine Lerngeschwindigkeit (L) mindestens ebenso groß oder größer ist als die Veränderungsgeschwindigkeit (V), die in seiner Umgebung vorherrscht:

$$L \geq V$$

Dies ist von zentraler Bedeutung für die Lösung organisatorischer Fragen.

In schwierigen Zeiten kommt es entscheidend darauf an, dass dieser Zusammenhang auf allen Unternehmensebenen erkannt wird: im Vorstand, aber auch auf der Ebene der Abteilungsleiter, im Außendienst, beim Wartungspersonal und den Beschäftigten im Call-Center.

Dieses neue Denken ist eine Notwendigkeit für Manager, die künftig erfolgreich Unternehmen führen wollen.

# Organisationsformen der Zukunft

**Der moderne Markt erfordert eine radikale Abkehr von den überkommenen hierarchischen Organisationsstrukturen. Heute müssen die Unternehmen ihre Mitarbeiter dazu anregen, sich weiterzubilden, über die Grenzen ihres Arbeitsbereichs hinauszublicken und vor allem stets kundenfreundlich zu agieren.**

### NACHTEILE EINER PYRAMIDENFÖRMIGEN HIERARCHIE

Häufig denkt man bei Unternehmen an eine Pyramidenstruktur, in der alle Autorität von einer omnipotenten Führungsfigur ausgeht. Natürlich gibt es in jedem Unternehmen Hierarchien, die auf einer Vernetzung unterschiedlicher Kompetenzen beruhen, doch pyramidenförmige Hierarchien laufen Gefahr, in Zeiten, die eine rasche Anpassung an die sich schnell wandelnden Anforderungen notwendig machen, zu scheitern.

**Umgedrehte Pyramide**
*Dieses Modell stellt die althergebrachte Organisationsstruktur auf den Kopf und verändert die Unternehmensprioritäten dadurch radikal. Jetzt steht der Kunde in der Hierarchie ganz oben und tauscht sich in »Augenblicken der Wahrheit«, die entscheidend sind für sein Verhältnis zum Unternehmen, mit dem Personal aus.*

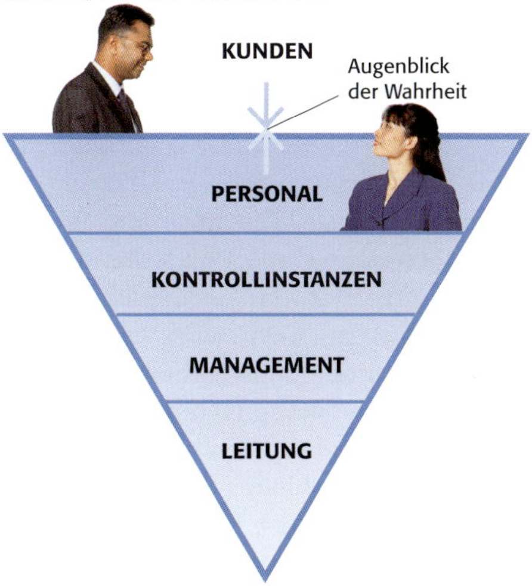


Pyramidenförmige Strukturen blenden ihre eigentliche Existenzberechtigung aus: den Kunden beziehungsweise den Konsumenten oder den Bürger. Sie tauchen in keinem Organisationsplan und keiner Leistungsbeschreibung auf. Dabei handelt es sich bei ihnen um jene Menschen, die die Erzeugnisse oder die Dienstleistungen bezahlen und dadurch für die Gehälter der Mitarbeiter des Unternehmens aufkommen.

Das Führungspersonal muss sich künftig an dem Leitmotiv orientieren, dass »der Kunde immer Vorrang hat«. Wer für die Produkte oder die Dienstleistungen bezahlt, hat Anspruch darauf, dass seine Bedürfnisse aufmerksam registriert werden und man sich gewissenhaft bemüht sie zu erfüllen.

Wie lassen sich solche Denkstrukturen herbeiführen? Wie sollen wir unsere Unternehmen in der Zukunft gestalten?

### PYRAMIDE ZUGUNSTEN DER KUNDEN AUF DEN KOPF STELLEN

Ein wirksamer Ansatz ist es, die Pyramide einfach auf den Kopf zu stellen, wodurch dem Kunden automatisch die Position an der Spitze eingeräumt wird.

Diese Vorstellung mag konservativen Unternehmen ziemlich revolutionär erscheinen. Sie illustriert, dass alles, was in einem Unternehmen geschieht, zum Wohle des Kunden erfolgt, nicht zu dem der Manager und Beschäftigten innerhalb des Betriebs. Dahinter steht eine

## AUSWIRKUNGEN AUF DAS MANAGEMENT

Mit dem Modell der umgekehrten Pyramide gewinnen die Abteilungsleiter, die dem Personal mit direktem Kundenkontakt vorstehen, zunehmenden Einfluss auf die täglichen Entscheidungen. Sie benötigen also mehr internen Ermessensspielraum, um ihre Arbeitsgruppen positiv motivieren und schulen zu können. Aber auch nach außen brauchen sie einen größeren Handlungsspielraum, um sich um die Anliegen der Kunden kümmern zu können. Die Manager auf dieser Ebene, die besonders sensibel sein müssen für die sich verändernden Kundenbedürfnisse, spielen eine entscheidende Rolle in der Erfassung der äußeren Einflüsse.

Die mittleren und höheren Managementebenen sind weniger mit dem Tagesgeschäft des Unternehmens befasst. Ihre Aufgabe besteht in der Planung und Durchführung der operativen Risikobewertung und der Aufrechterhaltung der Kontrollsysteme. Sie müssen Zusammenhänge erkennen und dürfen sich in ihrem Denken nicht auf eine einzige funktionale Disziplin beschränken. Ob im Finanzwesen, im Verkauf oder in der Personalabteilung, sie müssen sich eine übergeordnete Sichtweise aneignen, um als Teil einer integrierten, in ihren Gliederungen wechselseitig abhängigen Organisation zu wirken.

Da die Weitergabe von Informationen immer mehr über automatisierte Systeme erfolgt und Hierarchien aus Kostengründen zunehmend flacher werden, treibt das Modell der umgekehrten Pyramide die Auflösung etablierter Managementstrukturen auf allen Unternehmensebenen voran.

andere Denkweise, als sie heute noch allgemein vorherrscht. Die umgedrehte Pyramide zeigt, dass der Kunde tatsächlich Vorrang hat. Diese Erkenntnis hat natürlich Folgen für die Prioritäten des Unternehmens.

### MITARBEITERN MIT KUNDENKONTAKT DEN RÜCKEN STÄRKEN

Beschäftigte, die direkt mit den Kunden zu tun haben, spielen eine zentrale Rolle im Modell der umgedrehten Pyramide. Von ihren Interaktionen mit den Kunden hängt es ab, ob diese dem Unternehmen treu bleiben oder nicht.

Das erfordert einen grundlegenden Einstellungswandel. Nicht mehr allein die brillanten Visionen und Werte der Unternehmensführung und auch nicht eine kluge Geschäftsstrategie beeinflussen die Stimmungen der Kunden und ihre Kaufbereitschaft. Die Kunden begegnen der Unternehmensführung nur selten, doch sie haben häufig Kontakt mit anderen Mitarbeitern: mit den Verkäufern, der Auftragsannahme oder dem Kundendienst. Diese Beschäftigten stehen gewissermaßen an vorderster Front.

Sie sind wesentlich dafür verantwortlich, wie Kunden ein Unternehmen oder eine Marke wahrnehmen. Mangelhaft ausgebildetes Personal kann Kunden abschrecken, daher muss man in deren Fortbildung investieren. Wer direkten Kontakt zu den Kunden hat, muss über Fähigkeiten zur Problemlösung verfügen und im zwischenmenschlichen Umgang geschult sein. So verbessert sich die Qualität des Kundenkontakts. Wer außerdem für ein regelmäßiges Feedback durch die Kunden sorgt, kann auch die Lerngeschwindigkeit des Unternehmens steigern.

Personal mit Kundenkontakt sollte zudem ein Ermessensspielraum eingeräumt werden. Es sollte in einem gewissen Rahmen zu flexiblem Handeln ermächtigt werden, um auch individuelle Anliegen der Kunden bearbeiten zu können.

# Ein lernendes Unternehmen gestalten

**In einem so genannten lernenden Unternehmen sind alle Führungskräfte aktiv in zwei integrale Kreise organisatorischen Lernens eingebunden: in die Zielformulierung des Unternehmens und in das operative Geschäft. Für diese zentrale Tätigkeit ist strategisches Denken von ganz entscheidender Bedeutung.**

## AUFGABEN DER FÜHRUNGSKRÄFTE NEU DEFINIEREN

Im Modell der umgekehrten Pyramide ist die Unternehmensleitung kaum sichtbar, weil sie keine operative Rolle spielt. Sie erfüllt wichtige Aufgaben in der Ziel- und Strategieformulierung, doch auf diese Funktionen geht dieses Modell nicht ein.

Ein Modell, das die Rolle der Firmenleitung und des Managements integriert, ist das Konzept des lernenden Unternehmens. Es baut auf der Kopf stehenden Pyramide auf, verkörpert aber die gesamte Organisation, die es als eine Verbindung aus drei kontinuierlichen »Lernschleifen« betrachtet.

Um die Stabilität der Organisation zu erhalten, legt dieses Modell großen Wert darauf, dass ein Lernkreis weiterhin seine tägliche Routinearbeit erledigt. Er muss insbesondere mit Planabweichungen umgehen können, was die Effizienz der

**»Lernschleifen« verstehen**
*Hier sind die drei Lernschleifen, die im Unternehmen wirken, so gegliedert, dass die Funktionen der Beschäftigten und der Geschäftsführung deutlich werden. Angestellte führen die Arbeiten aus, die Leitung kümmert sich um Ziele und Strategien.*

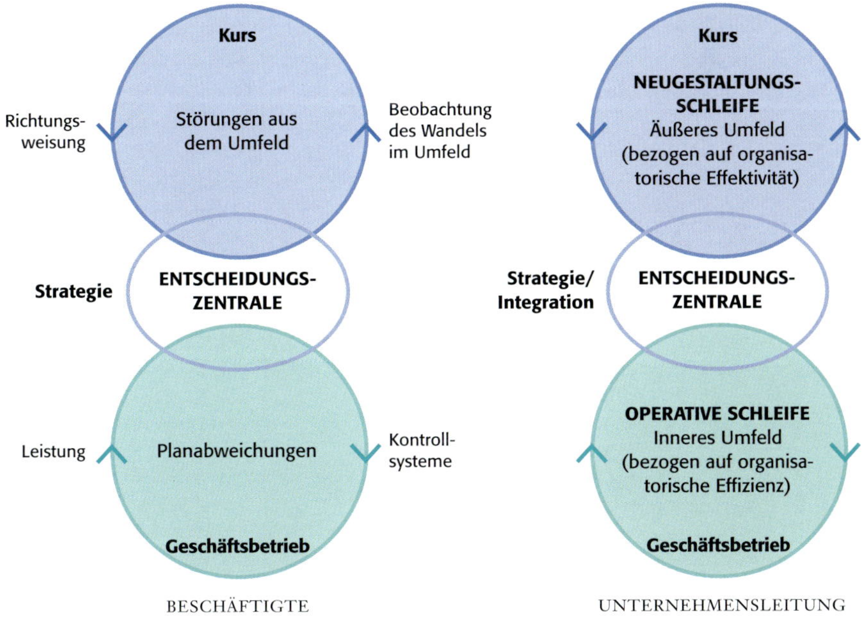

Organisation steigert. Im Interesse einer gesunden Unternehmensentwicklung müssen die Führungskräfte für ein Gleichgewicht sorgen zwischen organisatorischer Effizienz (wie sie das Management definiert) und organisatorischer Effektivität (wie sie die Kunden erfahren).

Die Geschäftsführung beeinflusst dieses Gleichgewicht durch Anpassungen an die Zielformulierungs- und Strategiekreise. Sie befasst sich mit Störungen, die durch das Umfeld verursacht werden (Zielformulierung), und der daraus resultierenden Positionierung des Unternehmens im Markt (strategisches Denken).

Da sie die Verantwortung für die gesamte Organisation trägt, muss sich die Unternehmensleitung immer wieder vergewissern, dass ihre Lerngeschwindigkeit mindestens so groß oder größer ist als die Geschwindigkeit der Veränderung im Umfeld. Sie muss nicht nur die sich verändernden Kundenbedürfnisse besser verstehen lernen, sondern auch die Wettbewerbsbedingungen schärfer erfassen und auf Veränderungen der politischen, sozialen und technologischen Trends achten.

## AUFGABEN DER LEITUNGS- UND KONTROLLORGANE

Die Informationen, die aus dem Lernkreis für die Zielformulierung hervorgehen, werden durch die »Lernende Führung« in den Strategielernkreis übernommen. Dies führt zu qualitativ verbesserten Informationen (die vor allem durch das Personal mit direktem Kundenkontakt erbracht werden) und verbesserter Risikobewertung durch die Führungsebene. Somit können die begrenzten Ressourcen des Unternehmens in einem sich wandelnden Umfeld bestmöglich eingesetzt werden.

## NOTWENDIGKEIT KONTINUIERLICHEN STRATEGISCHEN DENKENS

In diesem neuen System ist strategisches Denken, nicht strategische Planung, das wichtigste Erfordernis für die Führungsebene. Um es zu fördern, muss man verstehen, dass strategisches Denken an einem entscheidenden Dilemma der Unternehmensleitung ansetzt, nämlich der Frage: »Wie können wir das Unternehmen voranbringen und zugleich die Kontrolle darüber behalten?«

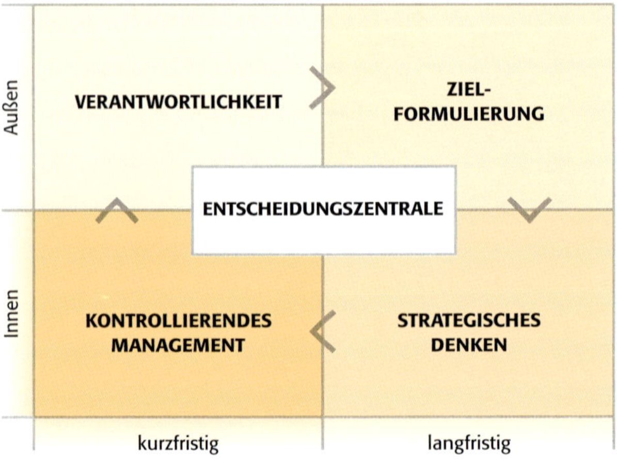


**Modell der »Lernenden Führung«**
*In diesem Modell steht die Unternehmensleitung oder die Entscheidungszentrale des Unternehmens in der Mitte der Organisation und nicht isoliert an der Spitze einer Pyramide. Sie ist sozusagen der zentrale Prozessor der Organisation geworden, der Informationen aus inneren und äußeren Quellen verarbeitet. So kann sie im operativen und Zielfindungsbereich effektiv lernen, bevor sie strategische Entscheidungen trifft.*

Die Leistung der Unternehmensführung wird an ihrer Fähigkeit gemessen, ihre Strategien zu realisieren und dadurch zu lernen, dieses grundlegende Dilemma immer wieder aufzulösen. Doch Strategien und Lernergebnisse anhand von Feedback umzusetzen ist für viele Inhaber von Führungspositionen ungewohnt. Sie befassen sich lieber mit den täglichen Mikroabläufen der Organisation (und ziehen die »weichen« Fakten heran), um anschließend mittels rationaler Analyse die Entwicklung zu bewerten.

Solche Menschen ärgern sich meist, wenn ihnen »harte« Tatsachen dazwischenkommen (die ihnen die Konsequenzen ihrer Handlungen aufzeigen). In einer Zeit, in der man sich übermäßig auf die kurzfristigen, finanziellen Aspekte konzentriert, neigen viele Firmenleiter dazu, alle Kosten herunterzufahren – um schließlich Schiffbruch zu erleiden.

### KURZFRISTIGE EINSPARUNGEN KÖNNEN RISKANT SEIN

Eine rigorose Politik der Kostensenkung mag vorübergehend die Effizienz eines Unternehmens steigern, kann jedoch auf längere Sicht seine Effektivität – die für die Kunden eine zentrale Rolle spielt – beeinträchtigen.

Der gedankenlose Abbau der »Erfahrungsbasis« des Unternehmens schwächt zudem die Lernbereitschaft und führt am Ende zum Verlust des »organisatorischen Gedächtnisses«. In dieser Situation wissen dann nur noch wenige Mitarbeiter, wie das Unternehmen eigentlich funktioniert. Schließlich sind alle gezwungen all das mühsam neu zu lernen, was früher allgemein bekannt war. Das ist ein zeit- und kostenaufwändiger Prozess, der in der Regel alle Effizienzziele zunichte macht.

### FOLGEN DER ENTFREMDUNG

In der Dienstleistungsbranche, wo die Politik des Gesundschrumpfens exzessiv betrieben wurde – etwa bei den Großbanken oder den Fluglinien –, laufen die Kunden in Scharen davon. Nicht weil sie eine bessere Alternative hätten, sondern weil die emotionale Bindung an den Dienstleister zerstört worden ist.

Mittel- und langfristig kann dieser Vertrauensverlust gravierende wirtschaftliche Folgen nach sich ziehen. Zunächst steigen die Umsatzaufwendungen dramatisch, weil Neukunden gewonnen werden müssen, um den bisherigen Umsatz annähernd aufrechtzuerhalten (was zu einer deutlichen Verringerung der Gewinnspanne führt). Zum anderen wird auch der bislang noch loyale Kundenbestand unsicher und die Kunden suchen für ihre Bedürfnisse den jeweils günstigsten Anbieter, häufig über das Internet.

Durch das Zusammenspiel von erhöhten Umsatzaufwendungen, zunehmender Kundenabwanderung und dem Verlangen der Kunden nach Niedrigstpreisen kann ein Betrieb in ernste Schwierigkeiten geraten. Diese wirtschaftlichen Aspekte der organisatorischen Leistungsfähigkeit werden auf der Führungsebene oft nicht diskutiert. Vielfach hält man die Finanzen für den einzigen Maßstab und nimmt dann entsetzt zur Kenntnis, dass weiter denkende Unternehmen wesentlich ausgewogenere organisatorische Maßnahmen entwickeln.

### ORGANISATORISCHES LEISTUNGSPOTENZIAL

In der Tabelle auf Seite 49 werden zwölf organisatorische Fähigkeiten aufgeführt, die in einem Unternehmen nutzbringend eingesetzt werden können. Eine Maßnahme etwa beruht auf der Vorstellung, dass sich die Erwerbsarbeit in zwei Komponenten aufteilen lässt: die Aufgabe an sich (mit der die meisten zufrieden sind) und den emotionalen Prozess (der vielen Unbehagen bereitet).

Aufgaben müssen klar definiert und der Arbeitsprozess sozial erträglich gestaltet sein, sodass die Mitarbeiter bereit sind zusammenzuarbeiten. Wo dies nicht gegeben ist, kann sich keine »Lernkultur« entwickeln. Stattdessen entsteht eine »Schuldzuweisungskultur«, die dem Unternehmen schadet. Dieser emotionale Aspekt der Arbeit wird häufig zu wenig beachtet und oft schlicht ignoriert.

# Umstrukturierung zur leistungsfähigen Organisation

**Die organisatorische Leistungsfähigkeit eines Wirtschaftsunternehmens wird durch die zahlreichen komplexen Interaktionen zwischen seiner Innen- und Außenwelt bestimmt und davon, wie jeder einzelne Mitarbeiter sein Arbeitsgebiet, seine Aufgaben und seine Beziehungen in seinem Arbeitsumfeld empfindet. Es ist der Mensch, nicht das System, der über Qualität und Quantität des Arbeitsergebnisses entscheidet.**

## AUFGABENFELDER

In der organisatorischen Gestaltung lassen sich nach innen gerichtete und nach außen gerichtete Aufgabenfelder unterscheiden. Zu den internen Aufgabenfeldern gehören:

- klare Definition der Verantwortung,
- klar definierte Abläufe,
- finanzielle Belohnungen.

Die externen Aufgabenfelder umfassen:

- Arbeitsqualität,
- Wettbewerbsorientierung.

## DER SOZIAL-EMOTIONALE PROZESS

Die entscheidenden »weichen« Bereiche des sozial-emotionalen Prozesses können die Führungskräfte mit Personalverantwortung nur indirekt beeinflussen. Man kann günstige Bedingungen, ein günstiges emotionales Klima und auch eine angenehme Organisationskultur schaffen, doch am Ende werden die Abläufe von den einzelnen Mitarbeitern selbst bestimmt.

In der Regel vollziehen sich diese Prozesse für die meisten Manager unsichtbar, dennoch sind sie so tief greifend, dass sie letztlich das Ergebnis der Arbeit prägen. Im internen Bereich gehören dazu:

- persönliche Belohnungen,
- persönliche Leistungsindikatoren,
- Gruppenleistungsindikatoren.

Im externen Bereich zählen dazu:

- Anpassungsfähigkeit der Organisation,
- Kundenorientierung.

Eine wichtige Rolle spielen zwei weitere Fähigkeiten, die eine Organisation zusammenhalten und vorantreiben und die sich wechselseitig beeinflussen:

- Führung,
- Lernklima.

Die organisatorische Kapazität sollte regelmäßig überprüft werden. Auch muss der Leitung und der Belegschaft regelmäßig veranschaulicht werden, wo das Unternehmen heute steht und wohin es sich entwickeln soll. So lässt sich der Hand-

**Modell der zwölf organisatorischen Fähigkeiten**
*Das Modell konzentriert sich auf die Aufgaben, die in einem Unternehmen zu erfüllen sind, und auf die emotionalen Prozesse bei den Beschäftigten, die diese Aufgaben ausführen. Aufgaben und emotionale Prozesse werden aus der inneren und der äußeren Perspektive betrachtet, woraus sich zehn spezifische Fähigkeiten ergeben. Die übrigen – Führungsorientierung und Lernklima – sind eng miteinander verflochten und wirken als treibende Kraft im Unternehmen.*

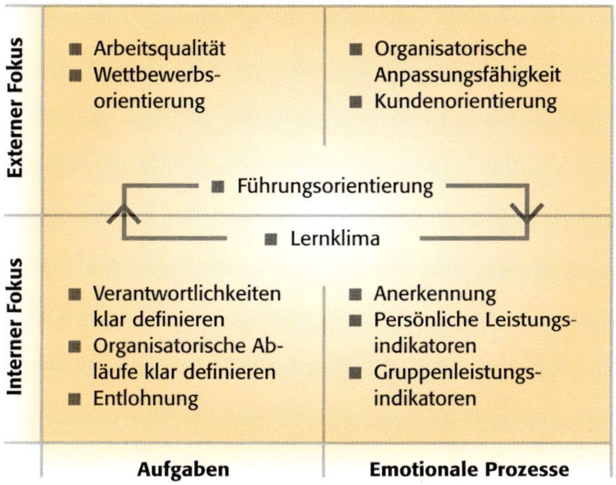


lungsplan für die kontinuierlichen Anpassungsprozesse innerhalb des Unternehmens ableiten, die eine Reaktion auf den Wandel des äußeren Umfelds darstellen.

Da organisatorisches Gestalten in Zukunft stark vom Modell der umgekehrten Pyramide und dem Lernmodell beeinflusst wird, müssen Manager, die in Führungspositionen aufsteigen wollen, sich mit dieser Komplexität vertraut machen.

## KOMPLEXE ANPASSUNGSSYSTEME IM GRIFF HABEN

Gerade Managern, die es gewohnt sind rational und faktenbezogen zu denken, fällt es meist schwer, »harte« und »weiche« Aspekte des organisatorischen Gestaltens zu bewerten. Sie sind voll und ganz damit beschäftigt, ihr Unternehmen »virtueller« zu machen, indem sie Personal abbauen und Aufgaben auslagern. Die Welt wird komplexer und absolute Sicherheit wird es in Zukunft nicht mehr geben.

Die Komplexitätstheorie liefert aufschlussreiche Antworten auf einige Fragen der Unternehmensführung. Sie geht davon aus, dass eine so starke globale Interdependenz besteht, dass nichts mehr berechenbar ist. Dieser Ansatz beruht auf folgenden vier Grundannahmen:

**Zufall als Ursache**
Man kann nicht vorhersagen, was geschehen wird, auch wenn der Input einem vertraut erscheint. Das Ergebnis wird durch Zufallsauswahlen im System bestimmt. Das heißt nicht, dass nun alles passieren kann, denn auch Einschränkungen wirken als Entscheidungen. In einem komplexen Anpassungssystem bringen nicht unveränderliche Gesetzmäßigkeiten, sondern der Zufall ein bestimmtes Ergebnis hervor.

**Auch Gewinner können verlieren**
Evolution heißt, dass eine Organisation durch eine andere ersetzt wird, wenn sie sich nicht auf neue Herausforderungen einstellen und mit der Veränderungsgeschwindigkeit nicht Schritt halten kann. Doch auch wenn sie diesen Wandel erkennt und versteht, wird sie nicht automatisch siegen. Chaotische Instabilitäten können über Feedback oder natürliche Auslese dazu führen, dass eine momentane Stärke abnimmt (im Gegensatz zur verbreiteten Annahme, Auslese stabilisiere stets vorhandene Stärke).

**Organisationen als Strukturen und Prozesse**
Dieser Punkt greift die Idee der organisatorischen Leistungsfähigkeit auf und betont die Wechselwirkung beider Aspekte. Eine effektive Struktur und ein effektiver Prozess bedingen sich gegenseitig.

**Rationalität als Begrenzung**
Man kann auch erfolgreich sein, ohne sich stets auf rationale Planung zu konzentrieren, wenn man seine strukturelle Position innerhalb und außerhalb einer Organisation versteht und lernt die Chancen und Risiken, die diese Position mit sich bringt, optimal zu nutzen.

## HERAUSFORDERUNG DES WANDELS NUTZEN

Viele Führungskräfte werden diese Annahmen der Komplexitätstheorie beunruhigen, wurden sie in ihrem bisherigen Berufsleben doch von der Orientierung auf Problemlösungen, von Rationalitätsdenken und Faktenbezogenheit geprägt. Aufgrund dieser Denkweise sind sie nicht darauf vorbereitet, mit einer irrationalen, unberechenbaren Außenwelt und einer zunehmend »virtueller« werdenden Innenwelt umzugehen. In Zeiten wachsender Unsicherheit rücken viele daher die Rationalität noch stärker in den Vordergrund – was in der heutigen Situation jedoch nicht weiterhilft.

Lernende Unternehmen sind darauf eingestellt, mit solchen Herausforderungen fertig zu werden, und Maßnahmen zur Verbesserung der organisatorischen Leistungsfähigkeit helfen effektive organisatorische Antworten zu finden. Diese Versuche sind wichtig, um zu verstehen, wie sich begrenzte organisatorische Ressourcen in einer zunehmend komplexen Welt einsetzen lassen.

## MANAGEMENT INNERHALB UND AUSSERHALB DES UNTERNEHMENS

Im Informationszeitalter, das von allen kontinuierliche Weiterbildung fordert, werden die Menschen immer mehr zu ihrem eigenen Ausbilder: eine grundlegende Tatsache, die alle angehenden Manager und Unternehmer berücksichtigen müssen. Sie zwingt uns, unsere Vorstellungen über Unternehmen zu überdenken, damit natürliches Lernen ermöglicht wird und das Potenzial der Menschen besser freigesetzt und genutzt werden kann.

Eins der entscheidendsten Elemente ist die bewusste Veränderung der Problemlösungsverfahren, weg von einer Überbetonung der Berechenbarkeit und Sicherheit. Das bedeutet organisatorische Kompetenzen zu fördern, die Beweglichkeit demonstrieren, und Vielfalt zu tolerieren, denn nur so lassen sich Kreativität und eine effektivere Umsetzung der Ziele erreichen.

## UNTERNEHMEN UND KONTROLLE

Manchem mögen diese Ausführungen überflüssig erscheinen. Werden die Unternehmen denn nicht weitermachen wie bisher, wobei die Schwachen untergehen und die Starken Gewinne und Überschüsse erwirtschaften werden? Warum soll man es nicht starken Managern überlassen, ihre Betriebe im Rahmen der gesetzlichen Möglichkeiten selbst zu gestalten?

Diese Sichtweise war bis zum Ende des 20. Jahrhunderts akzeptabel, doch haben sich die Zeiten geändert und Unternehmen müssen Vorkehrungen treffen, denn sie geraten zunehmend unter Druck:

- Schon seit längerer Zeit sehen sich die Unternehmen mit dem Vorwurf des Mangels an Effektivität und Effizienz konfrontiert.

## ANPASSUNG AN ENTWICKLUNGSPROZESSE

Die Umgestaltung traditoneller Unternehmensstrukturen erfordert radikales Umdenken:

- Statt nach Sicherheit zu verlangen, müssen Komplexität und Vielfalt akzeptiert werden.
- Nicht nur pragmatisches Management ist gefragt, auch mehr »Köpfchen« bei der Arbeit ist notwendig.
- Logischer Reduktionismus muss durch kreatives »Sowohl-als-auch«-Denken abgelöst werden.
- Statt organisatorische Strukturen überzubetonen, muss die Bedeutung organisatorischer Prozesse erkannt und akzeptiert werden.
- Unternehmen sind nicht mehr als mechanische Strukturen zu betrachten, sondern als wechselseitig abhängige, von Menschen belebte Systeme.
- Unternehmen sind nicht länger auf festgefügte Hierarchien zu reduzieren, sondern müssen als komplexe, entwicklungsfähige lernende Systeme begriffen werden.
- Es müssen Arbeitsgruppen eingerichtet werden, die sich selbst managen und auch ohne eine übergeordnete Leitung funktionieren.
- Nicht mehr abgeschottete, funktionelle Gruppen sollen im Vordergrund stehen, sondern integratives Arbeiten und Denken.
- Alle Mitarbeiter müssen als aktive und geschätzte Mitglieder innerhalb der lernenden Organisation integriert werden.

- Durch die Missachtung der Kunden und der Aktionäre hat sich das politische Klima stark verändert und Rufe, dass »etwas geschehen muss«, werden immer lauter.

In vielen Ländern zwingt die Politik die Unternehmen zu Modifikationen, sei es durch Gesetze über die Bilanzierung von Verbindlichkeiten oder über Rechenschaftspflichten, sei es durch verschärfte Buchprüfungsvorschriften. Bislang wird von Unternehmen meist nur eine Jahresbilanz verlangt, doch das wird bald nicht mehr genügen. In Zukunft dürften zumindest für folgende drei Bereiche jährliche Berichte gefordert werden:

- finanzielle Entwicklung,
- Entwicklung im Unternehmensumfeld,
- soziale Entwicklung.

Manager, die sich im 21. Jahrhundert mit organisatorischen Aufgaben befassen, werden sich ernsthaft mit diesen Fakten auseinander setzen müssen. Einige multinationale Konzerne wie etwa Shell International berichten bereits auf diese Weise. Sie haben sich auf durchgreifende Maßnahmen in diesen drei Leistungsbereichen verständigt und lassen ihre Zahlen durch unabhängige externe Prüfer kontrollieren. Darin spiegelt sich ein verändertes Denken und es belegt, dass die Grenzen zwischen Unternehmen und ihrer Außenwelt zunehmend verschwimmen.

Die Einführung derartiger Rechenschaftspflichten lenkt das Augenmerk auf den wachsenden Einfluss von Interessengruppen, die bessere Leistungen von den Unternehmen erwarten. Zu ihnen gehören nicht nur die Aktionäre, sondern auch die Kunden, die Beschäftigten, die Zulieferer, das Unternehmensumfeld und lokale Gruppen.

Während Aktionäre direkten Einfluss auf die Prioritäten und die Kontrolle eines Unternehmens haben, können die übrigen Interessengruppen nur indirekt Druck auf die Unternehmen ausüben. Dieser Druck wird nicht nachlassen, im Gegenteil: Interessengruppen werden ein wachsendes Mitspracherecht darüber gewinnen, was Unternehmen in Zukunft tun können und was nicht.

Die Geschichte hat gezeigt, dass Führungskultur in einer Zivilgesellschaft auf den Grundwerten Berechenbarkeit, Rechtschaffenheit und Transparenz beruht. Diese Werte gelten sowohl für die Regierungs- als auch die Unternehmensebene. Auf ihnen müssen unsere Unternehmen auch künftig aufbauen, damit sie prosperierende, wechselseitig abhängige und vitale Teile unserer Gesellschaft werden. Wirtschaftsunternehmen können nicht länger in der Isolation existieren. Angesichts der neuen Technologien und Prozesse erscheint es durchaus möglich, dass Unternehmen künftig demokratischer sein werden als heute.

# Visionen und Aufgaben beschreiben

**Unternehmen unterscheiden sich durch ihren Zweck und ihre Ziele und die Art, wie sie dafür sorgen, dass dieser Zweck erreicht werden soll. Werden der Unternehmenszweck beziehungsweise die Ziele und die darauf gerichteten Handlungsweisen deutlich artikuliert, hat ein Unternehmen größere Erfolgschancen.**

## UNTERNEHMENSZWECK, VISION UND AUFGABEN BESTIMMEN

Der Zweck eines Unternehmens kann es sein, »Shareholder-Value zu schaffen« oder »die Gesundheitsversorgung in einer bestimmten Region zu verbessern«. Die Vision ist eine langfristige Vorstellung davon, wie sich das Unternehmen in seinem Umfeld entwickeln soll, etwa »das erste ›grüne‹ Pharmaunternehmen zu werden«. Die Aufgabe schließlich ist das Ziel oder eine Reihe von Zielen, durch deren Erreichung die Vision verwirklicht werden soll.

Eine Vision zu formulieren und eine Aufgabenbeschreibung zu verfassen genügt nicht. Eine Vision hat nur dann einen Wert, wenn sie ausdrücklich aufzeigt, wohin der Weg führen soll. Je präziser, realistischer und nachvollziehbarer sie ist und je mehr sie von den Beschäftigten und den Anteilseignern akzeptiert wird, desto brauchbarer ist sie.

Die meisten Aufgabenbeschreibungen werden ihrem Anspruch nicht gerecht. Obwohl sie eine langfristige Herausforderung für alle Beschäftigten darstellen sollen, werden sie oft von einer Führungsperson allein entworfen. Der Wortlaut ist häufig beliebig austauschbar mit den Aufgabenbeschreibungen anderer Unternehmen. Vage Formulierungen und unklare Botschaften haben zur Folge, dass die Aufgabenbeschreibung nur schwer im Gedächtnis zu behalten ist.

### CHECKLISTE

- ✔ *Ziel und Aufgaben sollten im Team erarbeitet, nicht von oben verordnet werden,*
- ✔ *sollten allgemeine Zustimmung finden,*
- ✔ *sollten auf das Unternehmen zugeschnitten und nicht austauschbar sein,*
- ✔ *sollten konzentriert und spezifisch sein, nicht allgemein und weitschweifig,*
- ✔ *sollten leicht zu verstehen und zu behalten sein.*

### EINE GUTE VISIONSBESCHREIBUNG

TradeCom® wird die weltweit führende Internet-Agentur werden, indem sie unschlagbare Qualitäts-, Produktivitäts- und Innovationsstandards setzt.

**Visionsbeschreibung formulieren**
*Die Vision sollte kurz und bündig formuliert sein. In einfachen Worten sollte das Unternehmensziel deutlich werden – unter Verwendung von Superlativen – und die Schritte zu seiner Erreichung benannt werden.*

**Aufgabenbeschreibung formunlieren**
*Die Aufgabenbeschreibung beruht auf der Vision, doch beide unterscheiden sich. Die Aufgabenbeschreibung formuliert die Ziele, durch die eine Vision verwirklicht werden soll. Diese Ziele sollten spezifiziert sein und eine dynamische, erfolgsorientierte Einstellung vermitteln. Zudem müssen sie realistisch sein: Das Unternehmen muss über die Infrastruktur und die Ressourcen verfügen, die nötig sind, um die Ziele erreichen zu können.*

### EINE GUTE AUFGABENBESCHREIBUNG

TradeCom® strebt an von den Kunden hinsichtlich seiner Produkte und Dienstleistungen als das »beste Unternehmen« eingestuft zu werden.

Alle operativen Schlüsselabläufe werden ständig überwacht, die Effizienz jährlich um zehn Prozent gesteigert.

Wir werden uns bemühen in drei Jahren die Hälfte unseres Umsatzes und Gewinns durch neue Produkte und Dienstleistungen zu erwirtschaften.

## EINE VISION ERARBEITEN

Zunächst muss eine Arbeitsgruppe ermitteln, wo das Unternehmen momentan steht und wie es von seinen Partnern wahrgenommen wird: den Kunden, den Beschäftigten, den Zulieferern und der allgemeinen Öffentlichkeit.

Dann muss festgelegt werden, welche Entwicklung das Unternehmen anstrebt, das heißt, wie es sich verändern möchte. Ein Beispiel für solch einen Prozess ist die Firma Honda, die unter ihrem Gründer Soichiro Honda für Motorräder weltberühmt war. Hondas Vision war nun das gleiche Ansehen und denselben Welterfolg mit Autos zu erzielen und zu einem führenden Autohersteller zu werden.

Die Vision sollte in Worten ausgedrückt werden, sie muss aber auch in etwas Greifbares übersetzt werden. Das Schlagwort »führende Position« impliziert eine bestimmte Größe, eine Modellreihe, die Beherrschung der Technologie, Cash-Flow, Marktanteile und Profitabilität. Zudem sollte eine Vision die geplanten Aktivitäten des Unternehmens wiedergeben. Daimler-Benz definierte seine Vision zu breit: als Transportunternehmen, nicht als Autobauer.

## VON DER VISION ZUR AUFGABE

Eine Vision, die sich in konkrete, messbare Ziele umsetzen lässt, bringt auch eine überzeugende Aufgabenbeschreibung hervor. Sie fasst die wichtigsten Unternehmensziele zusammen.

Weder die Formulierung der Vision noch die Aufgabenbeschreibung sind bereits eine Strategie, doch zusammen ergeben sie den strategischen Rahmen. Viele Aufgabenbeschreibungen lesen sich wie Visionen unter einer anderen Bezeichnung. Soll die Firma zum »größten, profitabelsten und angesehensten Lieferanten von Spezialwerkzeugen werden, die in allen für die Kunden wichtigen

Aspekten führend sind«, muss die Arbeitsgruppe entscheiden:

- was unter Größe zu verstehen ist,
- welche Profitabilitätsziele erreicht werden müssen,
- wie Ansehen erlangt und gemessen werden soll,
- was für die Kunden von Bedeutung ist,
- wie die Fima im Hinblick auf die oben genannten vier Elemente abschneidet.

Sind diese Fragen geklärt, kann die Aufgabenbeschreibung erfolgen, wobei die Ziele deutlich herausgestellt werden müssen. Die Entwürfe der Vision und der Aufgabenbeschreibung müssen breit diskutiert werden und die Arbeitsgruppe sollte Einwendungen und Vorschläge berücksichtigen, bevor sie die Endfassung formuliert. Dieser Text ist so kurz wie möglich zu halten, ohne jedoch auf die nötige Klarheit zu verzichten.

Schließlich sollte man auch bedenken, dass sich die Umstände verändern und Unternehmen nicht selbstgefällig werden dürfen. Die Beschreibungen müssen daher jährlich überprüft und nötigenfalls überarbeitet werden.

Als Ryuzaburo Kaku sein Ziel, »den Fuji zu besteigen«, erreicht hatte, indem er die Firma Canon zum »führenden Unternehmen Japans« gemacht hatte, nahm er sich vor »den Mount Everest zu erklimmen« und Canon zum »führenden Unternehmen der Welt« zu machen. Der Name des Bergs hatte sich geändert, die Visionen und Werte aber nicht.

# Image und Ansehen bewahren

**Die Art, wie ein Unternehmen von seinen Kunden eingeschätzt und beurteilt wird, beeinflusst in vielfacher Hinsicht seinen Erfolg. Man muss begreifen, dass Wahrnehmungen eine Sache des Betrachters sind, nicht des Managements, und dass das Handeln viel mehr aussagt als Worte.**

### WAHRNEHMUNGEN MESSEN

Viele Unternehmen versuchen die Reaktionen ihrer Zielgruppe zu messen. Marktforschung ist sicherlich wichtig, genügt alleine jedoch nicht.

Quantitative Erhebungen, die mittels Fragebogen und auf der Grundlage einer breiten Datenbasis durchgeführt werden, müssen durch qualitative Forschungen mit einer repräsentativen Stichprobe (um auch die Kundeneinstellungen zu erfassen) und durch Befragungen der Mitarbeiter ergänzt werden. Wie die Betriebsangehörigen ihr Unternehmen und dessen Management bewerten, hat großen Einfluss auf die Unternehmensleistung und die Kundenzufriedenheit.

Auch hier sollte man quantitativ und qualitativ vorgehen. Manche Ergebnisse dürften ernüchternd sein. Widerstehen Sie der Versuchung, schlechte Nachrichten zu unterdrücken. Vielleicht sind Sie der Meinung, dass die Kunden oder die Beschäftigten Unrecht haben mit ihrer Kritik. Doch Wahrnehmung ist Realität. Entweder die Kritik ist berechtigt, dann müssen Sie die Fehler abzustellen versuchen, oder sie ist unbegründet, dann müssen Sie sich bemühen der negativen Wahrnehmung durch wirksame Öffentlichkeitsarbeit den Boden zu entziehen.

### ZIELE SETZEN

Quantitative Erhebungen sind hilfreich bei der Definition von Bezugsmarken, an denen die Entwicklung gemessen werden kann. Doch jede ergriffene Maßnahme muss auch richtig eingeordnet werden.

Die Aussage »gut« für die Servicequalität mag schön klingen. Doch ist gut nicht gut genug. Wer Ihren Service dagegen als »ausgezeichnet« bewertet, wird mit sechsmal höherer Wahrscheinlichkeit später wieder zu Ihnen kommen. Die Zahl treuer Kunden (und Beschäftigter) ist in dieser Hinsicht sehr aufschlussreich.

### WERTE MIT LEBEN ERFÜLLEN

Für Images gibt es kein Patentrezept. Auch angesehene Firmen können diesbezüglich Probleme bekommen.

Schwierig wurde es etwa für den Pharmakonzern Johnson & Johnson, als ein Verbrecher eine Charge Schmerzmittel vergiftete. In eine Krise geriet auch Ford, als der Pinto mit schweren Unfällen in Verbindung gebracht wurde. Fords Versuche, die Probleme abzustreiten und anderen die Schuld zuzuweisen, wurden zu einem Musterbeispiel kontraproduktiver Öffentlichkeitsarbeit. Johnson & Johnson dagegen zeigte, wie man besonnen mit solchen Katastrophen umgehen kann, indem der Konzern das Problem sofort eingestand und rasch behob.

Eine angemessene Reaktion kann durch schriftlich niedergelegte Leitsätze gefördert werden, in denen die Grundüberzeugungen und Verhaltensregeln eines Unternehmens festgehalten sind. Dieses Papier sollte unter Einbeziehung der Beschäftigten ausgearbeitet und an alle Betroffenen verteilt werden. Ein gutes Beispiel dafür bieten Einzelhändler, die Rückgaben ohne Einschränkungen akzeptieren und den Kaufpreis erstatten. Diese Praxis orientiert sich an den Leitsätzen »Der Kunde ist immer im Recht« und »Dem Kunden vertrauen«.

Leitsätze auszuarbeiten ist wesentlich einfacher als sie auch anzuwenden. Verhaltensweisen und Äußerungen des Führungspersonals und von Beschäftigten, die diesen Wertorientierungen entsprechen, sollten gefördert und belohnt werden. Handlungen jedoch, die ihnen zuwiderlaufen, müssen sofort geahndet werden, sonst leidet das Ansehen des Unternehmens und die Kunden wandern zu einer anderen Firma ab, die lernfähiger ist.

### EXPERTENRAT EINHOLEN

Vergewissern Sie sich der Unterstützung von Fachleuten, wenn Sie quantitative und qualitative Erhebungen durchführen, deren Ergebnisse auswerten und Kontrollprogramme einrichten. Eine gute Public-Relations-Beratung kann ihre Erfahrungen und vielfältigen Kontakte einbringen, um das Image Ihres Unternehmens zu verbessern. Viele PR-Firmen leisten hervorragende Arbeit für Kunden, die bereit sind zuzuhören und die begriffen haben, dass das Produkt (Ihr Unternehmen und seine Arbeit) den versprochenen Nutzen auch tatsächlich bieten muss.

Die Zugänglichkeit und Aufnahmebereitschaft des Top-Managements ist von großer Bedeutung, wenn PR-Berater einem Unternehmen ein besseres Image und mehr Ansehen verschaffen sollen. Auch Ausbildung in Pressearbeit und Schulung für Fernsehinterviews können hilfreich sein. Doch das stärkste Argument ist die Wahrheit: Wird die Wahrheit aufrichtig verkündet, haben die PR-Profis eine gute Chance, ihre Versprechen umzusetzen.

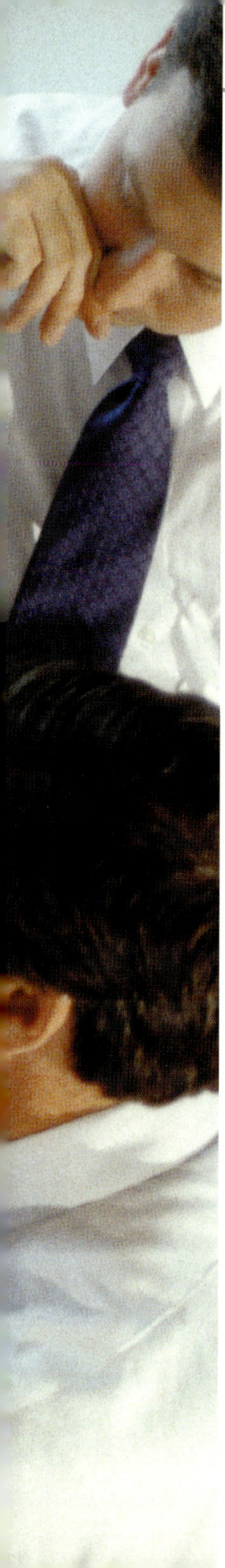

# FINANZ-MANAGEMENT

**Unabhängig von seinem spezifischen Fachgebiet muss ein Manager auch mit den Grundlagen des Finanzwesens vertraut sein. Das ist nötig um sicherzustellen, dass das Finanzwesen den Erfordernissen der Organisation entspricht und das Unternehmen Gewinne erwirtschaftet oder wenigstens die laufenden Kosten deckt.**

Wer in ein Unternehmen investiert, möchte Geld verdienen. Die Eigentümer erwarten einen Ertrag aus ihrer Investition. Als Manager müssen Sie die Methoden zur Kontrolle der Finanzen und zur Überprüfung der Ertragslage kennen. Auch sollten Sie mit Inhalt und Aufbau der jeweils erforderlichen Dokumente vertraut sein.

Als Erstes müssen Sie die verschiedenen Finanzierungsquellen kennen und wissen, wie man den Cash-Flow überwacht. Sie müssen wissen, wie das Budget erstellt und entsprechend dem Plan kontrolliert wird, und mit den Methoden der Kostenrechnung und der Preiskalkulation vertraut sein. Zudem müssen Sie wissen, wie die Eigentümer ihre Vergütung erhalten und wie man die stets gegenwärtigen Unternehmensrisiken vermindern kann.

**IN DIESEM KAPITEL**

# Unternehmensfinanzierung

**Die Firmenleitung muss dafür sorgen, dass das Unternehmen nicht in Liquiditätsschwierigkeiten gerät, bevor es seine Produkte beziehungsweise Dienstleistungen verkaufen kann und Zahlungseingänge erfolgen. Die Erschließung von Finanzierungsquellen ist daher die vordringlichste Aufgabe.**

## ANGEMESSENE FINANZIERUNG

Ein Unternehmen benötigt Arbeitsmittel, etwa Fabrikgebäude und Maschinen, Fahrzeuge und Computer. Diese Gegenstände bezeichnet man als Kapitalgüter (Güter, die länger als zwölf Monate genutzt werden). Zunächst ist zu entscheiden, ob diese Gegenstände gekauft oder geleast werden sollen.

Dann müssen die Kosten des für die Herstellung benötigten Materials berechnet werden, ebenso die laufenden Betriebskosten, die für die Tage oder Wochen bis zu den Zahlungseingängen abzudecken sind.

Wird den Kunden ein längeres Zahlungsziel eingeräumt oder wird das Lager mit fertigen Produkten gefüllt, muss der Zeitraum finanziell überbrückt werden, der bis zu den Zahlungen verstreicht. Die Aufwendungen für diese Gegenstände bezeichnet man als Betriebskapital.

In der Unternehmensfinanzierung wird zunächst überprüft, welche Beträge die Eigentümer aufbringen können, welche Kredite sie aufnehmen können und

### ERLÄUTERUNG DER SCHLÜSSELBEGRIFFE

| BEGRIFF | DEFINITION |
|---|---|
| **Vermögensgegenstand** | Gegenstand im Besitz des Unternehmens, der einen Geldwert darstellt |
| **Buchprüfung** | Überprüfung der Bücher des Unternehmens, entweder durch einen firmeninternen oder einen externen Buchprüfer. Der Buchprüfer erstellt einen Bericht, in dem er die Richtigkeit der Buchhaltung bestätigt oder auf Mängel hinweist. |
| **Abschreibung** | Wertminderung eines Vermögensgegenstands durch Abnutzung |
| **Eigenkapital** | Wert des Unternehmens für die Anteilseigner. Es umfasst den Nominalwert aller ausgegebenen Anteile zuzüglich der Rücklagen und entspricht dem Substanzwert des Unternehmens. |
| **Anlagevermögen** | Ein Wertgegenstand, den das Unternehmen länger als ein Jahr nutzen möchte |
| **Verbindlichkeiten** | Geldwerte Verpflichtungen des Unternehmens (Schulden) |
| **Rücklagen** | Wertzuwachs, der nicht bar an die Anteilseigner ausgezahlt wird (z. B. einbehaltene Gewinne, Neubewertung von Immobilien) |
| **Betriebskapital** | Wert des Kapitals, das im Tagesgeschäft des Unternehmens gebunden ist (z. B. Lagerbestände, Außenstände bei Kunden, Nebenkasse, Bankguthaben; abzüglich Schulden bei Lieferanten, Steuern usw.) |

worin die jeweiligen Vorteile und Kosten von Kauf oder Leasing bestehen.

In der Regel versuchen Unternehmen langfristige Investitionen mit langfristigen Finanzierungen abzudecken, während sie kurzfristige Finanzierungen, etwa Überziehungskredite, zur Abdeckung von Betriebskapitalkosten einsetzen. Firmengebäude werden daher oft über Hypothekenkredite finanziert, Anlagen und Maschinen mit langfristigen Krediten, Fahrzeuge durch Mietkauf oder Leasing.

### GELDQUELLEN

Banken sind nicht die einzigen potenziellen Geldgeber auf dem Finanzmarkt. Institute zur Baufinanzierung (Bausparkassen) können Ihnen Kredit gewähren, wenn Sie genügend Sicherheiten bieten. Auch Handelsbanken und Venture-Capital-Gesellschaften sind auf der Suche nach Investitionsmöglichkeiten und können ein interessantes Finanzierungsangebot unterbreiten.

Viele Unternehmensgründer meiden jedoch Wagniskapitalgeber, weil diese im Gegenzug für ihre Finanzierung meist eine größere Beteiligung am Unternehmen verlangen. Doch sind 60 Prozent von etwas Werthaltigem immerhin besser als 100 Prozent Eigentum an einer Idee, die nie umgesetzt wird.

Nur selten bekommt man etwas ohne Gegenleistung, und die Vertreter Ihres Finanzierungspartners möchten daher aus der Geschäftsbeziehung mit Ihnen und Ihrer Firma natürlich auch selbst einen Nutzen ziehen. Die Bankangestellten, mit denen Sie um ein Darlehen feilschen, tragen den Titel »Kundenberater«, aber ihre Aufgabe besteht darin, den Gewinn ihres Arbeitgebers zu steigern, nicht Ihren Profit zu mehren.

### KREDITSICHERHEITEN

Die Sicherheiten, die ein Kreditgeber verlangt, bestehen in der Regel aus einem Anspruch auf die Verwertung von Vermögensgegenständen des Unternehmens oder des Privateigentums des Unternehmers. Geldgeber wollen das Hauptrisiko beim Kreditnehmer belassen und sichern sich die vorhandenen Vermögenswerte. Normalerweise kann man erst wieder darüber verfügen, wenn das Darlehen getilgt ist. Das erlaubt es dem Kredit gewährenden Institut, die Vermögenswerte zu veräußern, wenn der Schuldner den Kredit nicht zurückzahlen kann oder mit den Zinszahlungen in Verzug gerät.

Die Kreditbedingungen sind frei verhandelbar, sodass man durch geschickte Verhandlungsstrategie die Schuldenlast eines jungen Unternehmens beträchtlich verringern kann.

### KOSTEN TEILEN

Eine Möglichkeit, ohne Schulden auszukommen, wäre, die Anteilseigner (oder die Teilhaber einer GmbH) zu bitten, ein neues Projekt zu finanzieren. Dieser Weg mag manchem Manager sehr attraktiv erscheinen, aber kaum jemand investiert Geld in eine Firma, ohne einen Ertrag daraus erwarten zu können. Die Gesellschafter verlangen in der Regel, dass ein Unternehmen nach Durchführung eines neuen Projekts wesentlich mehr wert sein soll als vorher, oder sie wollen eine deutliche Anhebung der Dividende (der jährlichen Zahlung, die sie pro Anteil erhalten) – oder auch beides.

### WEITERE MÖGLICHKEITEN

Es gibt viele Finanzierungsinstrumente, doch der Schlüssel zum Erfolg ist Ihr Verhandlungsgeschick. Das können Sie etwa nutzen, um eine Wandelschuldverschreibung herauszugeben. Investoren verleihen manchmal Geld zu einem sehr niedrigen Zinssatz oder auch zinslos, wenn sie dafür das Recht erhalten, ihr Darlehen zum Zeitpunkt der Rückzahlung (oder auch früher) in Firmenanteile zum aktuellen oder zu einem festgelegten Wert umzuwandeln.

Dieses Verfahren ist für Kapitalgeber durchaus reizvoll, denn sie bekommen die Chance, am Erfolg eines Unternehmens teilzuhaben, zumal der Wert ihrer Anteile später den ursprünglichen Kreditbetrag deutlich übersteigen kann. Erwirtschaftet das Unternehmen hingegen nicht die geplanten Gewinne, erhalten die Investoren zumindest ihr Geld wieder zurück, vielleicht zuzüglich geringer Zinsen.

Unabhängig von der vereinbarten Finanzierungsform entstehen Kosten und müssen Rückzahlungen geleistet werden. Die effizienteste und angenehmste Methode ist natürlich die Selbstfinanzierung des Wachstums durch eine erfolgreiche Geschäftstätigkeit.

Überprüfen Sie, bevor Sie die nächsten Schritte unternehmen, alle Einzelheiten, und hinterfragen Sie genau, ob Sie infolge Ihrer Begeisterung für ein Projekt die Dinge nicht zu rosig sehen. Ob es sich um eine Entscheidung in einem Großkonzern handelt, bei der es um Millionen geht, oder um eine kleine Investition, die Sie für sich selbst tätigen – wenn Sie überzeugt sind, dass das Risiko überschaubar ist und der Einsatz sich lohnt, dann versuchen Sie Ihr Glück.

# Finanzkontrolle

**Mit dem Bargeld vom Geschäftskonto oder einem Überziehungskredit werden die Löhne und Gehälter bezahlt, Lieferantenrechnungen beglichen und alle für den Betriebsablauf nötigen Anschaffungen getätigt. Jedes Unternehmen muss über seine Einnahmen und Ausgaben Buch führen.**

## DEN CASH-FLOW VERSTEHEN

Die Überwachung der liquiden Mittel unterliegt der Buchhaltung, doch die ist nur effizient, wenn die leitenden Mitarbeiter einer Firma einbezogen werden.

Neben den bereits beschriebenen Finanzierungsmethoden fließt einem Unternehmen außerdem Geld zu durch die Umsätze (indem Kunden Produkte kaufen und bezahlen) oder – bei nicht gewinnorientierten Unternehmen bzw. Wohlfahrtsorganisationen – aufgrund von Sammlungen und Spenden.

Meist verstreicht einige Zeit, bis ein Unternehmen für seine Ware die Bezahlung erhält. Ähnliches gilt für den Einkauf. Die meisten Firmen »schlagen auf« und verkaufen Waren teurer, als sie sie eingekauft haben. Daher schulden ihnen ihre Kunden in der Regel mehr Geld, als sie selbst ihren Lieferanten zahlen müssen.

Die Differenz zwischen Verbindlichkeiten und Außenständen verändert sich täglich und muss überwacht werden. Wenn Kunden in Zahlungsverzug geraten, hat ein Unternehmen vielleicht bald nicht mehr genügend Geld, um seine Lieferanten zu bezahlen. Sind Lohn- und Gehaltszahlungen gefährdet, kann die Firma Liquiditätsprobleme bekommen, unabhängig davon, wie erfolgreich sich die Umsätze entwickeln.

Viele Unternehmen verfahren nach dem Prinzip, Lieferantenrechnungen möglichst spät zu bezahlen. Theoretisch könnten die Lieferanten ihre Preise erhöhen, um diese Zahlungsverzögerungen auszugleichen. In der Praxis bestimmt der Markt den Verkaufspreis. Und je größer die Marktmacht der Kunden, desto unwahrscheinlicher ist es, dass ein Lieferant seine Preise anhebt, um verspätete Zahlungseingänge zu kompensieren.

### FINANZIERUNGSINSTRUMENTE

Es gibt eine Reihe von Instrumenten, die Unternehmen helfen können, wenn sie Probleme mit der Zahlungsmoral ihrer Kunden haben. Ist auch Ihr Unternehmen davon betroffen, sollten Sie sich mit diesen Möglichkeiten näher befassen. Häufig gewählt werden Kontokorrentkredit und Forderungsabtretung.

Bei einem Kontokorrentkredit erhalten Sie das Geld, das Sie brauchen, aber die Bank setzt eine Obergrenze für die Kreditlinie fest. In einer schwierigen Wirtschaftslage oder bei stark steigenden Umsätzen kann ein Unternehmen ganz schnell an diese Grenze stoßen.

Bei der Forderungsabtretung werden die Außenstände, die eine Firma bei ihren Kunden hat, einem Dritten übertragen, der dafür dem abtretenden Unternehmen nach Ausstellung einer Rechnung sofort einen Teil dieses Betrags zur Verfügung stellt. Diese dritte Partei (in der Regel eine Bank) wird Eigentümer der Forderung und zieht das Geld häufig auch selbst von den Kunden ein. Kann sie einen ausstehenden Betrag nicht oder nur teilweise einziehen, wird sie die nächste Vorauszahlung um die entsprechende Summe kürzen.

Jede dieser Methoden ist mit Kosten verbunden, und diese Aufwendungen müssen Sie bei Ihrer Preiskalkulation berücksichtigen. Die meisten Unterneh-

**Kassenbuch**

*Auf dem Bankkonto des Kassenbuchs werden alle Banktransaktionen, ausgestellte und eingereichte Schecks, Kredite und dergleichen aufgezeichnet. Das Kassenbuch umfasst auch ein Kassakonto, auf dem alle Geldbewegungen festgehalten werden.*

## BANKKONTO DER XYZ GMBH

| Eingänge | | Zahlungen | |
|---|---|---|---|
| 1. Jan. von Gesellschaftern | 20 000,00 | 3. Jan. an Ausrüstungslieferant | 12 000,00 |
| | | 5. Jan. an Warenlieferant | 5 000,00 |
| | | 7. Jan. Löhne | 3 000,00 |
| | | 9. Jan. Aufwendungen | 2 000,00 |
| 10. Jan. von Kunde A | 4 000,00 | 10. Jan. an Warenlieferant | 5 000,00 |
| 10. Jan. Saldo (Übertrag) | 3 000,00 | | |
| SUMME | 27 000,00 | | 27 000,00 |
| | | 11. Jan. Saldo (Übertrag) | 3 000,00 |
| | (Soll) | | (Haben) |

Auf dieser Seite des Kassenbuchs stehen die Einnahmen der Firma.

Auf dieser Seite werden die Ausgaben des Unternehmens aufgeführt.

Die Differenz zwischen Einnahmen und Ausgaben wird hier saldiert.

men versuchen ihr Betriebskapital so gering wie möglich zu halten. Häufig werden säumige Kunden schriftlich oder telefonisch gemahnt. Manche Firmen bedienen sich sogar der Hilfe professioneller Inkassobüros. Viele Unternehmen bereinigen regelmäßig die Liste ihrer Außenstände (eine Liste, auf der die Beträge aufgeführt werden, die Kunden dem Unternehmen schulden).

### GELDSTRÖME AUFZEICHNEN

Um die Geldbewegungen festzuhalten, führt die Buchhaltung im Kassenbuch ein Kassakonto und ein Bankkonto. In seiner einfachsten Form listet dieses Buch alle Einnahmen auf der linken Seite und alle Ausgaben auf der rechten auf. Die linke Seite wird als Soll bezeichnet, die rechte als Haben. Einzahlungen auf das Bankkonto erscheinen als Belastung, Zahlungsausgänge als Gutschrift. Das ist genau anders herum, als man es von seinem Kontoauszug gewohnt ist, und sorgt bei jenen, die sich erstmals mit Buchhaltung befassen, häufig für Verwirrung.

Am Monatsende oder am Ende einer Woche (oder gegebenenfalls täglich) wird das Konto saldiert. Aus dem in vorstehendem Beispiel ermittelten Saldo ergibt sich, dass die Firma 3000 Euro mehr ausgegeben hat, als eingenommen wurden.

# Budgets und Prognosen

**Unter Budget versteht man die finanzielle Umsetzung eines Handlungsplans, bezogen auf einen bestimmten Zeitraum in der Zukunft. Die Prognose dagegen ist eine Schätzung der Ergebnisse, die ein Unternehmen in einem bestimmten Zeitraum erreichen kann.**

### BUDGET

Kein modernes Unternehmen kann seine Entwicklung dem Zufall überlassen. Die Führungsebene sollte sich auf eine Strategie verständigen, durch deren Umsetzung wenigstens jene Rendite erwirtschaftet werden kann, die von den Eigentümern erwartet wird. Anschließend sollte diese Strategie in konkrete Handlungspläne für alle Abteilungen umgesetzt werden, damit nach einer Konsolidierung das erwünschte Ergebnis erreicht oder übertroffen werden kann.

Der konsolidierte Plan – das Budget – dient dann als Messlatte, um die Fortschritte zu überprüfen, die im Lauf des Jahres erzielt werden. Da ein Jahr eine ziemlich lange Zeit ist, sind viele Unternehmen dazu übergegangen, die Budgets für die einzelnen Abteilungen entsprechend den Absatz- oder Produktionszyklen in monatliche Perioden aufzuspalten.

Durch die exakte Aufzeichnung aller Umsätze und Ausgaben und den Vergleich der aktuellen Ergebnisse mit dem Plan kann das Unternehmensmanagement frühzeitig erkennen, welche Geschäftsbereiche sich nicht wie erwartet entwickeln. Daher können sich die Manager dieser Problembereiche besonders annehmen. In Bereichen, die sich weniger gut entwickeln, können sie frühzeitig Maßnahmen zur Problembeseitigung ergreifen, während sie jene Gebiete, die besser laufen als geplant, zusätzlich fördern können.

## BUDGETBEWERTUNG DER XYZ GMBH

**Rechnungsperiode (Tag/Monat/Jahr)**

| | | Ist-Betrag | Budget | Abweichung |
|---|---|---|---|---|
| Umsatz im Budgetierungszeitraum | Umsatzerlöse | 11 000 | 12 000 | (1 000) |
| Kosten für Herstellung und Verkauf | Umsatzkosten | 7 800 | 8 000 | 200 |
| Verkaufserlöse abzüglich Umsatzkosten | **BRUTTOGEWINN** | 3 200 | 4 000 | (800) |
| | **GEMEINKOSTEN** | | | |
| | Löhne und Gehälter | 780 | 800 | 20 |
| Nicht produktbezogene Kosten und laufende Ausgaben | Aufwendungen | 220 | 220 | 0 |
| | Vertrieb und Marketing | 600 | 460 | (140) |
| | Auslieferung | 330 | 300 | (30) |
| | Verwaltung | 290 | 200 | (90) |
| | Gebäudekosten | 500 | 500 | 0 |
| | GEMEINKOSTEN GESAMT | 2 720 | 2 480 | (240) |
| Der Gewinn des Unternehmens. In diesem Beispiel bleibt der Gewinn des Unternehmens hinter dem Budget zurück. | **BETRIEBSGEWINN** | 480 | 1 520 | (1 040) |
| | Zinszahlungen | 220 | 200 | (20) |
| | Steuern | 78 | 400 | 322 |
| Der Budgetsaldo zeigt, dass das Unternehmen einen Verlust gegenüber dem Budget ausweist. | **GEWINN NACH STEUERN** | 182 | 920 | (738) |

**Budgetbewertung**
*Mit diesem Instrument zur Kontrolle der Finanzen werden die Ergebnisse mit den Planzahlen verglichen, wodurch Abweichungen analysiert und korrigiert werden können. Das Budget definiert die Effizienz der Unternehmensstrategie.*

Indem man die Ergebnisse überwacht und mit dem Budget vergleicht, hat man einen Überblick über die finanzielle Entwicklung, bezogen auf Abteilungs-, Gruppen- oder Unternehmensebene.

### BUDGETBEWERTUNG

Üblicherweise werden die Ergebnisse für den aktuellen Monat im Vergleich zum Budget auf der linken Seite aufgeführt, während die Zahlen für den bisherigen Jahresverlauf nach Ist-Betrag, Budget und Abweichung unterteilt auf der rechten Seite stehen.

Die Entwicklung der Zahlen sollte dem Management Hinweise darauf liefern, wie die Ergebnisse in den kommenden Monaten ausfallen werden. Auf der Grundlage dieser Schätzungen kann eine Budgetbewertung mit einer Prognose für das Jahresgesamtergebnis erstellt werden. Eine Prognose kann sich auf jeden beliebigen Zeitraum in der Zukunft beziehen und das gesamte Budget, einen Teil davon oder die Ergebnisse eines bestimmten zeitlich befristeten Projekts betreffen.

# Buchführung für Manager

**Aktionäre erwarten einen Ertrag aus ihren Anteilen. Die Aufgabe der Unternehmensführung und des Managements ist es daher, für diesen Ertrag zu sorgen. Zu diesem Zweck erstellen sie ein Budget, entwickeln Prognosen und führen Bücher.**

## ERTRÄGE ERWIRTSCHAFTEN

Legt man bei einer Bank Geld an, bekommt man Zinsen und kann sich die ursprüngliche Summe wieder auszahlen lassen. Erwirbt man dagegen Anteile an einem Unternehmen, ist das Geld festgelegt. Man bekommt es nur zurück, wenn man die Anteile verkauft oder die Firma aufgelöst wird.

Aktionäre erwarten daher eine Rendite, die die Bankzinsen übersteigt. Sie wollen den Wert ihrer Anteile wachsen sehen, um sie mit Gewinn verkaufen zu können, oder sie erwarten, dass ihnen eine hohe Dividende als Bargeld ausgezahlt wird; meist spekulieren sie auf beides.

Das Finanzwesen spielt eine entscheidende Rolle im Unternehmensmanagement. Ein angehender Manager muss daher die wichtigsten Dokumente des Finanzmanagements kennen. Die konkrete Führung der Bücher kann man den dafür ausgebildeten Spezialisten überlassen, aber Manager müssen wenigstens mit den Grundzügen der Buchführung vertraut sein und mit dem Inhalt der Buchungsunterlagen umgehen können.

Nach den weltweit geltenden Buchführungsregeln werden Kosten und Einnahmen in drei Hauptdokumenten erfasst: der Bilanz, der Gewinn- und Verlustrechung sowie der Kapitalflussrechnung.

## BILANZ

Die Bilanz führt alle Vermögenswerte eines Unternehmens sowie dessen Verbindlichkeiten auf, woraus das Reinvermögen ersichtlich wird. Zunächst werden die Aktiva aufgeführt, unterschieden nach Anlagevermögen und Umlaufvermögen (kurzfristig), des Weiteren die kurz- und langfristigen Verbindlichkeiten. Der dritte Teil der Bilanz gibt Auskunft über das Eigenkapital sowie über die kurz-, mittel- und langfristigen Darlehen, wodurch die Finanzierungsgrundlagen des Unternehmens deutlich werden.

Die Aktiva können mit ihren Anschaffungskosten, dem Veräußerungserlös oder dem Abschreibungswert erfasst werden. In der Bilanz sollte angegeben sein, welchen Wert man zugrunde gelegt hat.

Zum Eigenkapital gehört hauptsächlich das Grundkapital, das dem Nominalwert aller Anteile entspricht (die Zahl der ausgegebenen Anteile multipliziert mit dem gedruckten Geldwert). Dieser Nennwert spiegelt jedoch nicht den Marktwert wider (den Wert, zu dem die Aktien an der Börse gehandelt werden) oder den Wert, zu dem das Unternehmen neue Anteile ausgeben könnte, denn dieser würde näher am Marktwert liegen.

Neben der Summe des Nennwerts der Aktien werden daher auch die Kapitalrücklagen zum Eigenkapital gerechnet. (Eine Aktie mit dem Nennwert 2 Euro kann an einen neuen oder alten Anteils-

## BILANZ DER XYZ GMBH

**Bezogen auf (Tag, Monat, Jahr)**

| | | | |
|---|---|---|---|
| Vermögensgegenstände des Unternehmens, die länger als ein Jahr genutzt werden sollen (Kapitalgüter) | **Anlagevermögen** | | |
| | Grundstücke und Gebäude | 10 000 | |
| | Anlagen und Maschinen | 16 500 | |
| | Fahrzeuge | 6 500 | 33 000 |
| Vermögensgegenstände, die nicht dauernd dem Geschäftsbetrieb dienen (Bestandteil des Betriebskapitals) | **Umlaufvermögen** | | |
| | Lagerbestände | | |
| | Forderungen | 16 500 | |
| | Kassenbestände | 1 000 | |
| | Bankguthaben | 500 | 18 000 |
| Verpflichtungen des Unternehmens, also jene Beträge, die im Laufe der nächsten zwölf Monate zurückzuzahlen sind (Teil des Betriebskapitals) | **Kurzfristige Verbindlichkeiten** | | |
| | Offene Rechnungen (bei Lieferanten) | (6 000) | |
| | Überziehungskredit | (4 000) | |
| | Steuerzahlungen | (450) | |
| | Dividendenzahlungen | (150) | 10 600 |
| Umlaufvermögen abzüglich kurzfristiger Verbindlichkeiten | NETTOUMLAUFVERMÖGEN | 7400 | |
| Anlagevermögen zuzüglich Betriebskapital | INVESTIERTES KAPITAL | | 40 400 |
| | **Eigenkapital** | | |
| | Grundkapital | 8 000 | |
| | Rücklagen | 5 500 | 13 500 |
| Kredite, die langfristig zurückgezahlt werden müssen | **Langfristige Kredite** | | |
| | Anleihegläubiger | 10 000 | |
| | Finanzinstitute | 7 500 | |
| | Banken | 9 400 | 26 900 |
| Gesamtbetrag des Eigenkapitals zuzüglich aller langfristigen Kredite | GESAMTFINANZIERUNG | | 40 400 |

| | | |
|---|---|---|
| INVESTIERTES KAPITAL | | 40 400 |
| **Langfristige Kredite** | | |
| Anleihegläubiger | 10 000 | |
| Finanzinstitute | 7 500 | |
| Banken | 9 400 | 26 900 |
| NETTOVERMÖGEN | | 13 500 |
| **Eigenkapital** | | |
| Grundkapital | 8 000 | |
| Rücklagen | 5 500 | |
| EIGENKAPITAL GESAMT | | 13 500 |

**Bilanz**
*Oben: Die Bilanz gibt das Reinvermögen eines Unternehmens zu einem bestimmten Zeitpunkt an. Links: Zieht man die langfristigen Kredite vom investierten Kapital ab, ergibt sich das Nettovermögen. Das Nettovermögen entspricht immer dem gesamten Eigenkapital.*

eigner etwa für 10 Euro verkauft werden. Der Wert, der unter »Nominalkapital« aufgeführt wird – der nominelle Wert der Anteile –, steigt dadurch um 2 Euro pro verkaufter Aktie, der Wert »Rücklagen« erhöht sich um 8 Euro.)

Einbehaltene Gewinne aus der Vergangenheit sowie Neubewertungen von Grundstücken oder Vermögensgegenständen gehören ebenfalls zu den Rücklagen.

Der Wert der Aktien an den Finanzmärkten schwankt täglich, manchmal sogar minütlich. Der Marktwert (auch als Marktkapitalisierung bezeichnet) errechnet sich aus der Gesamtheit der emittierten Aktien, multipliziert mit dem Preis, der bei der Wertfeststellung an der Börse ermittelt wurde. Dieser Wert erscheint nicht in der Bilanz.

### GEWINN- UND VERLUSTRECHNUNG

Ein Unternehmen sollte seine Planungen dahingehend ausrichten, dass der Betrag, den es für die Lieferung von Gütern und Dienstleistungen einnimmt, jenen übersteigt, den es für deren Herstellung und Vertrieb zu bezahlen hat. Sind die Einnahmen höher als die Kosten, macht das Unternehmen Gewinn. Ist das nicht der Fall, schreibt es Verluste.

Die Gewinn- und Verlustrechnung beginnt normalerweise mit den Einnahmequellen, die als Umsatz oder schlicht als Einnahmen bezeichnet werden. Davon werden dann die Kosten für die Herstellung der Produkte (Material-, Arbeits- und Fertigungskosten) abgezogen, woraus sich der Bruttogewinn beziehungsweise Bruttoverlust ergibt (die Bruttospanne).

Davon subtrahiert man die restlichen laufenden Kosten, also Gemeinkosten oder Aufwendungen wie Miete, Strom, Verwaltung usw. Der verbleibende Betrag ist der Betriebsgewinn (oder -verlust), auch Gewinn vor Steuern genannt.

Davon subtrahiert man anschließend den Zinsaufwand beziehungsweise addiert die Ertragszinsen. Schließlich werden noch die zu zahlenden Steuern abgezogen und es ergibt sich der Gewinn (oder Verlust) nach Steuern (der Gewinn oder Verlust, der den Aktionären gehört).

Auf dieser Grundlage lässt sich die Dividende (jener Teil des Gewinns, der den Aktionären ausgezahlt wird) errechnen.

Der verbleibende Betrag (einbehaltene Gewinne) wird im Unternehmen verwendet und den Rücklagen hinzugefügt, die in der Bilanz als Bestandteil des Eigenkapitals ausgewiesen werden.

Die Bezeichnungen können sich je nach Unternehmenstyp unterscheiden, die Grundlagen jedoch sind einheitlich.

Materialkosten werden fortgeschrieben, indem man den Eröffnungsbestand zu Beginn der Rechnungsperiode zum Materialeinkauf addiert, der im Laufe der Periode getätigt wurde, und so den Abschlussbestand ermittelt. Die Kosten, die sich daraus ergeben, sollten den Materialverbrauch während des Jahres widerspiegeln.

Direkte Kosten wie Arbeit, Material und Fertigungskosten, die zur Bereitstellung eines Produkts oder einer Dienstleistung nötig sind, werden vom Umsatz abgezogen, was den Bruttogewinn ergibt.

Subtrahiert man die indirekten Kosten, etwa für Verwaltung, erhält man den Betriebsgewinn (Gewinn, der durch die Geschäftstätigkeit erwirtschaftet wurde).

Nachdem die Zinsen und die Steuerlast berücksichtigt wurden, ergibt sich der Gewinn nach Steuern, der unter den Anteilseignern aufgeteilt werden kann.

## GEWINN- UND VERLUSTRECHNUNG DER XYZ GMBH

**Für das Geschäftsjahresende am (Tag, Monat, Jahr)**

| Erläuterung | Position | | |
|---|---|---|---|
| Rechnungen und Barverkäufe | Umsatzerlöse | | 100 000 |
| Betrifft verkaufte Produkte, nicht die eingekauften. Schwankungen der Lagerbestände beeinflussen diese Kosten nicht. | **Umsatzkosten** | | |
| | Material | 27 000 | |
| | Arbeitskosten | 22 000 | |
| | Fertigungskosten | 15 000 | 64 000 |
| Maximaler Gewinn | BRUTTOGEWINN(SPANNE) | | 36 000 |
| Kosten des laufenden Geschäftsbetriebs | **Gemeinkosten (Aufwendungen)** | | |
| | Verwaltung | 8 000 | |
| | Vertrieb | 7 000 | |
| | Auslieferung | 5 500 | |
| | Kommunikation | 1 500 | |
| | Gebäude | 3 300 | |
| | Management | 2 400 | |
| | Sonstige Kosten | 1 300 | 29 000 |
| Die entscheidende Messlatte für den Erfolg des Managements und der Beschäftigten | BETRIEBSGEWINN | | 7 000 |
| | Zinsaufwendungen/Zinserträge | 2 600 | |
| | Steuern | 1 400 | 4 000 |
| Gewinne, die den Anteilseignern bzw. Aktionären gehören | GEWINN NACH STEUERN | | 3 000 |
| | Dividendenzahlung | 400 | |
| | Dividendenvorschlag | 600 | 1 000 |
| Jener Teil des Gewinns, der nach Ausschüttung der Dividenden an die Aktionäre im Unternehmen verbleibt | EINBEHALTENE GEWINNE | | 2 000 |

**Gewinn- und Verlustrechnung**
*Sie erfasst Einnahmen und Ausgaben für einen bestimmten Zeitraum, meist einen Monat oder ein Jahr. Zieht man vom Bruttogewinn die Gemeinkosten ab, ergibt sich der Betriebsgewinn, ein wichtiges Maß für den Erfolg des Managements.*

### CASH-FLOW

Gewinn ist nicht verfügbares Geld. Der Gewinn, den ein Unternehmen erwirtschaftet, ist am Ende der Rechnungsperiode mehr wert als am Anfang. So kann die Gewinn- und Verlustrechnung einen Gewinn ausweisen, dennoch kann dem Unternehmen das Geld ausgehen. Bargeld ist das tatsächlich in der Kasse oder auf dem Bankkonto vorhandene Geld.

Hält ein Unternehmen seinen Lagerbestand konstant, zahlen alle Kunden bar, werden auch alle Lieferanten und Beschäftigten bar bezahlt und wird nichts abgeschrieben, kann der Betriebsgewinn dem Zuwachs des Geldbestands entsprechen. Bei jedem Verkauf wird Bargeld eingenommen, bei jedem Einkauf Bargeld ausgegeben. Da Unternehmen (in der Regel) zu einem höheren Preis verkaufen als sie einkaufen, entspricht der Geldzuwachs am Jahresende dem Gewinn.

**Kapitalflussrechnung**

*Bei dem vielleicht wichtigsten Dokument – und dem am häufigsten vernachlässigten – geht es um das Geld, mit dem Rechnungen und Löhne bezahlt werden. Es erfasst alle Geldeingänge und -ausgänge über einen bestimmten Zeitraum.*

In den meisten Unternehmen jedoch schwankt der Wert der Lagerbestände, ebenso die Zahlungsfristen, die Kunden in Anspruch nehmen, und die Fristen, nach denen die Firma ihre Lieferanten bezahlt. Diese Faktoren müssen berücksichtigt werden, will man ermitteln, ob ein Unternehmen seinen Bargeldbestand erhöht (positiver Cash-Flow) oder vermindert hat (negativer Cash-Flow).

In der Gewinn- und Verlustrechnung sollte auch ein Posten für die Abschreibung von Fahrzeugen, Maschinen und anderen Vermögensgegenständen vorge-

## Kapitalflussrechnung der XYZ GmbH

**Für das Geschäftsjahresende am (Tag, Monat, Jahr)**

| | | | |
|---|---|---|---|
| Betriebsgewinn aus der Gewinn- und Verlustrechnung | Betriebsgewinn | 7 000 | |
| | Wertberichtigungen für Sachgüter (z. B. Abschreibungen) | 1 700 | |
| Wertberichtigungen, um die Geldströme wiederzugeben | **Wertberichtigungen für Veränderungen des Betriebskapitals** | | |
| | - Erhöhung/+ Minderung der Gesamtschulden | (750) | |
| | + Erhöhung/- Minderung der Gesamtforderungen | 440 | |
| | - Erhöhung/+ Minderung des Lagerbestands | (300) | |
| | - Geldabfluss durch Restrukturierung | (1 200) | (110) |
| Tatsächliche Einnahmen, die durch den Geschäftsbetrieb erzielt wurden | NETTO-GELDZUFLUSS DURCH GESCHÄFTSTÄTIGKEIT | | 6 890 |
| | Zinserträge/Zinsaufwendungen | (2 600) | |
| | Dividendeneinnahmen und -zahlungen | (400) | (3 000) |
| | NETTO-GELDZUFLUSS/-ABFLUSS DURCH INVESTITIONEN UND SCHULDENDIENST | | 3 890 |
| Diese Zahl beruht auf den Gewinnen der Vorjahre | Steuern | (800) | |
| | Netto-Geldzufluss/Netto-Geldabfluss durch Investitionstätigkeit | (4 600) | (5 400) |
| | NETTO-GELDZUFLUSS/-ABFLUSS VOR FINANZIERUNG | | (1 510) |
| | Anleihenausgabe | 5 000 | |
| | Darlehenstilgung | (3 000) | 2 000 |
| Differenz zum Bankguthaben am Jahresanfang | ERHÖHUNG/VERMINDERUNG DER BARLIQUIDITÄT | | 490 |

sehen werden. Wenn Sie etwa ein Auto kaufen, entrichten Sie den Preis zum Zeitpunkt des Kaufs. Ein Jahr später ist das Auto weniger wert, da es eine Wertminderung erfahren hat und nicht mehr zum ursprünglichen Preis verkauft werden kann. Unternehmen müssen die Wertminderung solcher Investitionsgüter entsprechend der Abnutzung ausweisen.

Man reduziert den Wert des Fahrzeugs oder anderer Aktiva in der Bilanz und führt die Wertminderung oder Abschreibung in der Spalte »Aufwendungen« der Gewinn- und Verlustrechnung auf.

In der Kapitalflussrechnung müssen diese Güter daher unter »Abschreibungen« wieder in der Gewinnspalte eingetragen werden, um zu ermitteln, ob es in der Rechnungsperiode einen positiven oder negativen Cash-Flow erzielt hat.

Während des Jahres oder Rechnungszeitraums hat das Unternehmen eventuell neue Aktiva angeschafft oder alte verkauft. Der Wert, der dem Unternehmen dadurch zugeflossen ist beziehungsweise den es abgegeben hat, erscheint nicht in der Gewinn- und Verlustrechnung. Lediglich der Gewinn oder der Verlust durch den Verkauf wird eingetragen.

Im Lauf eines Jahres hat ein Unternehmen vielleicht auch einen zusätzlichen Kredit aufgenommen oder ein bestehendes Darlehen zurückgezahlt.

Um die Barliquidität zu ermitteln, muss eine Kapitalflussrechnung erstellt werden, die mit dem Bruttogewinn oder Umsatzüberschuss beginnt, der in der Gewinn- und Verlustrechnung ausgewiesen ist. Dann werden alle genannten Faktoren in die Rechnung eingebracht.

# Kostenrechnungssysteme

**Der Verkaufspreis von Produkten sowie Dienstleistungen wird normalerweise vom Markt festgesetzt. Durch die Kostenkalkulation wird daher nicht etwa der Verkaufspreis ermittelt, sondern gewährleistet, dass ein Produkt zu einem Preis hergestellt werden kann, der deutlich unter dem Marktpreis liegt.**

## KOSTENRECHNUNG UND GEWINNE

Viele Kunden glauben, ein Produkt habe irgendeinen zusätzlichen Wert, wenn sie dafür mehr bezahlen sollen als für vergleichbare Erzeugnisse von Wettbewerbern. Entscheidend ist die Wahrnehmung des Kunden, nicht der tatsächliche Wert eines Produkts. Das ist einer der Hauptgründe dafür, dass riesige Summen für die Werbung ausgegeben werden. Die Umsätze, die Sie erzielen, und der Preis, den Sie verlangen können, hängen eng damit zusammen, wie die Kunden den Wert Ihres Produkts einschätzen.

Kostenrechnungssysteme sollen ermitteln, an welcher Stelle welche Kosten entstehen, und dabei helfen, sie zu kontrollieren und den Gewinn für die Unternehmenseigner zu maximieren.

Das Budget-Kontrollsystem zielt darauf ab, die Kosten auf der Ebene des Gesamtunternehmens, der Abteilungen oder bezogen auf die einzelnen Kostenstellen zu überwachen. Mittels eines Kostenrechnungssystems sollen die Kosten aufgeschlüsselt und jedem hergestellten Produkt oder jeder erbrachten Dienstleistung zugeordnet werden.

Manche Kosten sind relativ leicht einem bestimmten Produkt zuzuweisen. Das Material, das für die Herstellung eines Produkts benötigt wurde, lässt sich erfassen und dem Produkt zuordnen und nötigenfalls auch durch die Anzahl der hergestellten Einheiten teilen, um so die Materialkosten pro erzeugter oder verkaufter Einheit zu ermitteln. Durch die Zeit, die für die Herstellung eines Produkts aufgewendet wurde, kann man die direkten Arbeitskosten, bezogen auf jede produzierte Einheit, errechnen.

Doch es gibt noch viele weitere Kosten, bei denen eine exakte Zurechnung entweder nicht möglich oder zu teuer und zu schwierig ist. Zum Beispiel:

- Wie viel Zeit hat ein Mitarbeiter auf ein bestimmtes Produkt aufgewendet?
- Welcher Anteil der Betriebsgemeinkosten soll diesem Produkt zugerechnet werden?
- Wie viel Zeit verwendete ein Vertriebsmitarbeiter für den Verkauf dieses Produkts und welcher Anteil seiner Reisekosten entfiel darauf?
- Welcher Anteil der Buchhaltungskosten soll dem Produkt zugerechnet werden?
- Welcher Anteil der Verwaltungskosten soll dem Produkt zugeordnet werden?

In diesen Fällen nimmt die Buchhaltung eine Schätzung vor, die jedoch sehr ungenau sein und dann falsche Rückschlüsse zur Folge haben kann.

### VOLLKOSTENRECHNUNG

Bei der Vollkostenrechnung werden alle angefallenen Kosten auf ein Produkt oder eine Reihe von Produkten verrechnet.

Die Stückkostenrechnung ist die Analyse der Kosten für jede Produktionseinheit in einem bestimmten Zeitraum.

Eine Stückkostenrechnung für ein Produkt unter Verwendung der Vollkostenrechnung könnte daher etwa so aussehen wie die hier dargestellte Stückkalkulation (*siehe S. 71*).

Direkte Kosten sind Kosten, die unmittelbar einem bestimmten Produkt zuzurechnen sind.

Indirekte Kosten sind jene, die man nicht unmittelbar einem Produkt zurechnen kann oder bei denen die Ermittlung der Zurechenbarkeit teurer wäre als die Einsparung, die man dadurch erzielen könnte. Ein gewisses Maß an Ungenauigkeit ist daher unvermeidlich.

### GRENZPLANKOSTENRECHNUNG

Die Grenzplankostenrechnung oder Teilkostenrechnung ermittelt die Kosten, die abhängig sind vom Volumen (variable Kosten), und errechnet den Beitrag, den ein Produkt zu den indirekten Kosten (Fixkosten) und zum Gewinn leistet.

Variable Kosten verändern sich mit dem Absatz bzw. der Produktion. Je mehr man produziert, desto höher sind sie.

Fixkosten entwickeln sich unabhängig vom Produktions- oder Absatzvolumen. Oft werden sie auch als Periodenkosten bezeichnet, denn ihre Entwicklung wird stärker von der Zeit als vom Volumen bestimmt. Miete muss für einen bestimmten Zeitraum bezahlt werden, unabhängig von der Produktionsmenge; Gehälter werden monatlich gezahlt, ohne Bezug auf die Produktionsmenge, usw. In diesem System versucht man also nicht fixe Kosten bestimmten Produkten zuzurechnen.

Halbvariable Kosten werden häufig jenen Kosten zugeschlagen, die entweder einen Zeit- oder Volumenbezug haben.

Viele Unternehmen bedienen sich eines gemischten Kostenrechnungssystems.

## STÜCKKALKULATION FÜR SPEZIALWERKZEUGE

| | | | |
|---|---|---|---|
| Rechnungsperiode | **Jahr** | | **pro Stück** |
| Preis, zu dem ein Produkt/eine Dienstleistung verkauft wird | Verkaufspreis | | 60,00 |
| Kosten, die direkt dem Produkt/der Dienstleistung zugerechnet werden können | **Direkte Kosten** | | |
| | Material | 12,00 | |
| | Arbeitskosten | 16,00 | |
| | Aufwendungen | 4,00 | |
| | DIREKTE KOSTEN (GESAMT) | 32,00 | |
| | Fertigungsgemeinkosten | 10,00 | |
| | FERTIGUNGSKOSTEN | | 42,00 |
| Differenz zwischen Fertigungskosten und Verkaufspreis | BETRIEBSGEWINNSPANNE | | 18,00 |
| Kosten, die nicht direkt dem Produkt/der Dienstleistung zugerechnet werden können | **Indirekte Kosten** | | |
| | Auslieferung | 1,70 | |
| | Vertrieb | 1,50 | |
| | Werbung | 3,60 | |
| | Verwaltung | 1,40 | |
| | Abschreibung (Gebäude und Fahrzeuge) | 1,00 | |
| | Finanzierung | 1,50 | |
| | Management | 0,30 | |
| | INDIREKTE KOSTEN (GESAMT) | | 11,00 |
| Verkaufspreis, abzüglich direkter und indirekter Kosten, ergibt den Betriebsgewinn. | BETRIEBSGEWINN | 7,00 | |

**Vollkostenrechnung**
*Durch das Verfahren lässt sich der Betriebsgewinn für ein Produkt auf Stückkostenbasis ermitteln. Im Beispiel oben bleibt nach Abzug der direkten und indirekten Kosten nur noch ein Betriebsgewinn von 7 Euro bei einem Verkaufspreis von 60 Euro.*

### WEITERE KOSTENRECHNUNGSSYSTEME

Treue Anhänger hat noch immer die auslastungsorientierte Kostenrechnung. Diese Methode besitzt den Vorteil, dass sie Fixkosten von Kostenstellen auf einer nutzen-, nicht einer stückbezogenen Basis den Produktionseinheiten zurechnet.

In einem auf Stückkosten beruhenden System werden die Kosten der Anzahl der produzierten Einheiten zugerechnet. In einem nutzenbasierten System untersucht man, welcher Nutzen aus der Tätigkeit einer Kostenstelle entsteht und wer die Nutznießer sind. Dann werden die Kosten im Verhältnis zum Nutzen zugerechnet.

Dieses Verfahren und seine Mischformen können dabei helfen, besonders

## Stückkalkulation für Spezialwerkzeuge

| | Jahr | Sondereinheiten | Standardeinheiten | Einfache Einheiten | Gesamt |
|---|---|---|---|---|---|
| | Prognose | | | | |
| Umsatzprognose | Produktionseinheiten | 1 000 | 5 000 | 8 000 | 14 000 |
| | **Stückwert** | | | | |
| | Verkaufspreis | 60,00 | 50,00 | 40,00 | |
| Kosten, die mit steigender Produktion ebenfalls steigen | **Variable Kosten** | | | | |
| | Material | 12,00 | 10,00 | 9,00 | |
| | Arbeitskosten | 16,00 | 15,00 | 14,50 | |
| | Aufwendung | 4,00 | 4,00 | 3,50 | |
| | VARIABLE KOSTEN | 32,00 | 29,00 | 27,00 | |
| Beitrag jedes Produkts zur Deckung der fixen Kosten des Unternehmens | Deckungsbeitrag | 28,00 | 21,00 | 13,00 | |
| Gesamter Gewinnbeitrag | DECKUNGSBETRAG | 28 000 | 105 000 | 104 000 | 237 000 |
| Kosten, die nicht direkt dem Produkt zugerechnet werden können; sie beziehen sich mehr auf die Zeit als auf die Anzahl der produzierten Güter. | **Fixkosten** | | | | |
| | Fertigungsgemeinkosten | | | | 105 000 |
| | Auslieferung | | | | 16 000 |
| | Vertrieb | | | | 18 000 |
| | Marketing | | | | 23 000 |
| | Verwaltung | | | | 13 000 |
| | Abschreibung (Gebäude und Fahrzeuge) | | | | 10 000 |
| | Finanzierung | | | | 22 000 |
| | Management | | | | 10 000 |
| | FIXKOSTEN (GESAMT) | | | | 217 000 |
| Betriebsgewinn oder -verlust wird hier ausgewiesen. | BETRIEBSGEWINN | | | | 20 000 |

kostenintensive Abläufe innerhalb eines Unternehmens zu ermitteln. Hat man von einer Kostenstelle den Eindruck, dass die dort verbuchten Kosten viel höher sind als die anderswo aufzuwendenden, sollte über den internen Zulieferer sofort eine Kostenbeschränkung verhängt werden, um dessen Abläufe zu verbessern, oder man versucht diese Leistung von einem externen Anbieter einzukaufen.

**Grenzplankostenrechnung**

*Hier werden die Kosten, die direkt einem Produkt zugerechnet werden können, von jenen getrennt, die sich in Abhängigkeit von der Zeit verändern. So können die Veränderungen des Betriebsgewinns, die durch Schwankungen der Produktionsmenge verursacht werden, schnell ermittelt werden.*

# Kennziffern

**In den Geschäftsbüchern finden sich eine Reihe von Bezugsgrößen, die, wenn man sie miteinander vergleicht, dem Management wertvolle Informationen über das Unternehmen liefern können. Durch die fachgerechte Kombination dieser Vergleiche können die Kennziffern zu einem der wertvollsten Instrumente der Unternehmensleitung werden.**

### CASH-MANAGEMENT

Wie lange benötigen Kunden (also Debitoren oder Schuldner), bis sie ihre Rechnungen bezahlen? Die Kennziffer für die durchschnittliche Zahlungseingangsfrist lässt sich folgendermaßen ermitteln:

$$\frac{\text{Forderungen}}{\text{Lagerumschlag}} \times \text{Tage der Rechnungsperiode}$$

Die meisten Kunden zahlen so spät wie möglich!

Die durchschnittliche Zahlungseingangsfrist sollte monatlich überprüft werden. Gegebenenfalls müssen Maßnahmen ergriffen werden, um sie zu verkürzen. Dadurch kommt Geld in die Kasse, das sonst unnötig in Kundenkrediten gebunden ist, und häufig können auch Überziehungskredite vermieden werden.

Auch Lieferantenkredite können so überwacht werden. Vergleicht man den Wert der Schulden, der in der Bilanz ausgewiesen ist (Verbindlichkeiten oder Kreditoren), mit dem Gesamtbetrag der Zahlungen an Lieferanten, der in der Gewinn- und Verlustrechnung aufgeführt ist, erhält man einen Hinweis darauf, wie viel Zeit sich das Unternehmen lässt, bis es Lieferantenrechnungen bezahlt. Die durchschnittliche Zahlungsfrist errechnet sich so: Verbindlichkeiten aus Lieferungen und Leistungen, multipliziert mit der Zahl der Tage der Rechnungsperiode, geteilt durch die Käufe in diesem Zeitraum.

Zahlungseingangsfrist, Zahlungsfrist und Dauer der Lagerzeit sind entscheidende Kennziffern für die Kontrolle des Cash-Managements. Sie können die finanzielle Entwicklung eines Unternehmens stark beeinflussen.

### ANTEILSEIGNER

Gesellschafter investieren Geld in ein Unternehmen, weil sie sich einen finanziellen Ertrag erwarten. Eine wichtige Kennziffer ist daher die Rendite, die sie durch ihr Investment erzielen.

Der Gewinn nach Zinsen und Steuern ist jener Betrag, der für die Eigentümer übrig bleibt, nachdem alle Umsätze und Kosten verbucht wurden und eine Rückstellung getätigt wurde für die fälligen Zins- und Steuerzahlungen.

Das Eigenkapital (der Nominalwert der ausgegebenen Anteile zuzüglich der Rücklagen) drückt den Gesamtwert der Einlagen der Eigentümer aus.

Der Gewinn nach Zinsen und Steuern in Prozent des Eigenkapitals liefert eine Kennziffer für den Ertag, den die Eigentümer erwarten können – die Eigenkapitalrendite. Sie gibt an, mit welcher Rate sich das eingesetzte Eigenkapital verzinst:

$$\frac{\text{Gewinn nach Steuern}}{\text{Eigenkapital}} \times 100$$

Demzufolge würde etwa ein Gewinn von 13 400 Euro bei einem Eigenkapital von 80 000 Euro eine Eigenkapitalrendite von 16,75 Prozent ergeben – ein Verhältnis, das viele Firmen anstreben.

Der Gewinn je Aktie ist eine wichtige Kennziffer für Aktionäre. Sie drückt aus, welcher Teil des erwirtschafteten Werts auf einen Anteilschein entfällt. Die Formel dazu lautet:

$$\frac{\text{Gewinn nach Steuern}}{\text{Zahl der ausgegebenen Aktien}}$$

Die Dividende pro Aktie errechnet sich wie folgt:

$$\frac{\text{Dividenden}}{\text{Zahl der ausgegebenen Aktien}}$$

Eine weitere wichtige Kennziffer ist die des Kurs-Gewinn-Verhältnisses (KGV). Es lässt sich folgendermaßen ermitteln:

$$\frac{\text{Kurswert der Aktie}}{\text{Gewinn pro Aktie}}$$

Unter dem Gewinn ist der für das Vorjahr ausgewiesene oder für das laufende Jahr prognostizierte Gewinn zu verstehen, der an der Börse ermittelte Kurswert orientiert sich an künftigen Erwartungen. Je höher das KGV ist, desto zuversichtlicher sind die Aktionäre bezüglich der weiteren Geschäfts- und Gewinnentwicklung.

#### GEWINNSTEUERUNG

Die wichtigste Kennziffer zur Gewinnsteuerung wird von den Unternehmen viel zu selten herangezogen: der Ertrag

### BERECHNUNG DER KENNZIFFERN

| | |
|---|---|
| **Zahlungseingangsfrist =** | $\frac{\text{Forderungen}}{\text{Lagerumschlag}} \times \text{Tage der Rechnungsperiode}$ |
| **Zahlungsfrist =** | $\frac{\text{Verbindlichkeiten}}{\text{Einkäufe}} \times \text{Tage der Rechnungsperiode}$ |
| **Eigenkapitalrendite =** | $\frac{\text{Gewinn nach Steuern}}{\text{Eigenkapital}} \times 100$ |
| **Gewinn je Aktie =** | $\frac{\text{Gewinn nach Steuern}}{\text{Zahl der ausgegebenen Aktien}}$ |
| **Dividende pro Aktie =** | $\frac{\text{Dividenden}}{\text{Zahl der ausgegebenen Aktien}}$ |
| **Kurs-Gewinn-Verhältnis (KGV) =** | $\frac{\text{Kurswert der Aktie}}{\text{Gewinn pro Aktie}}$ |
| **Ertrag aus investiertem Kapital =** | $\frac{\text{Betriebsgewinn}}{\text{Investiertes Kapital}} \times 100$ |
| **Umsatzrendite =** | $\frac{\text{Betriebsgewinn}}{\text{Gesamtumsatzerlös}} \times 100$ |

aus investiertem Kapital (Eigenkapital der Eigentümer plus Darlehen).

Das investierte Kapital (Eigenkapital zuzüglich langfristige Darlehen) ist der Wert, der dem Management tatsächlich zur Verfügung steht. Das Management muss einen hohen Ertrag (Gewinn vor Steuern) auf das investierte Kapital erwirtschaften, um zum einen die Zinsen und Steuern bezahlen zu können und zum anderen den Gewinnerwartungen der Eigentümer zu entsprechen.

Die Rendite aus investiertem Kapital wird so berechnet:

$$\frac{\text{Betriebsgewinn}}{\text{Investiertes Kapital}} \times 100$$

Eine wichtige Kennziffer ist auch die Umsatzrendite. Problematisch ist allerdings, dass sie vom Umsatzvolumen abhängt, aber die Umsatzzahlen durch sie nicht ausgedrückt werden. Der Umsatz kann zurückgehen, während die Umsatzrendite steigt, was sich nachteilig für das Unternehmen auswirken kann.

Dadurch wird die Bedeutung der Umsatzrendite zwar nicht entwertet, aber man sollte vorsichtig mit ihr umgehen und stets auch das Umsatzvolumen heranziehen.

Die Berechnungsformel für die Umsatzrendite lautet:

$$\frac{\text{Betriebsgewinn}}{\text{Gesamtumsatzerlös}} \times 100$$

# Vergütung der Eigentümer

**Die meisten Investoren erwarten sich eine maximale Rendite von ihrem finanziellen Engagement an einem Unternehmen, mindestens jedoch einen Ertrag, der ihrem Risiko entspricht. Wenn sie geliehenes Geld zur Verfügung stellen, streben sie eine Rendite an, die über den aufzuwendenden Kreditzinsen liegt.**

### VERTEILUNG DER GEWINNE

Gewinne werden nicht immer an die Anteilseigner ausgeschüttet. Oft verlangt das Management, dass Gewinne für Investitionen verwendet werden (und für eine Erhöhung seines Einkommens entsprechend der erzielten oder prognostizierten Gewinnsteigerung).

Unternehmer erwarten eine Wertsteigerung. Die lässt sich etwa durch niedrige Dividendenzahlungen erreichen (wobei der Großteil des Gewinns im Unternehmen verbleibt, um künftiges Wachstum zu finanzieren), aber wie schon das Sprichwort sagt: »Ein Spatz in der Hand ist besser als eine Taube auf dem Dach.« Man sollte seine Gewinne manchmal auch ruhig mitnehmen!

### DIVIDENDEN

Dividenden sind eine Gewinnausschüttung an die Eigentümer eines Unternehmens und bilden daher die direkteste Art einer Vergütung für ihr Investment. In den meisten Unternehmen jedoch bemüht man gern »die Taube auf dem Dach« und behält einen Großteil der Gewinne ein.

Ist die Dividendenrendite niedrig, können die Aktionäre am Unternehmenserfolg nur teilhaben, wenn sie entweder Aktien verkaufen oder sich Geld leihen, für das sie ihr im Wert gestiegenes Aktienpaket als Sicherheit hinterlegen.

Ein Aktionär hofft immer darauf, dass der Finanzmarkt (die Börse, an der die

Aktien gehandelt werden) das Potenzial eines profitabel wirtschaftenden Unternehmens erkennt und dadurch der Kurs der Aktien steigt. Doch darauf kann man sich nicht verlassen.

Wer schnell Geld braucht, sollte sich an Unternehmen halten, die eine großzügige Dividendenpolitik betreiben und einen Großteil der Gewinne ausschütten.

**KAPITALWACHSTUM**

Manche Aktionäre (vor allem besser Verdienende, die einem hohen Steuersatz unterliegen und nicht jederzeit Zugriff auf ihr Geld haben müssen), sind stärker daran interessiert, ihre Investition wachsen zu sehen, um die Früchte irgendwann in der Zukunft zu ernten.

Wenn das Unternehmen gewährleisten kann, dass die einbehaltenen Erträge genauso schnell oder schneller als bei vergleichbaren Firmen steigen, begnügen sie sich vielleicht mit einer niedrigen Dividendenausschüttung.

Steigt der Wert der Aktien, können die Aktionäre sie verkaufen – wenn sie das Geld brauchen oder sie zu der Auffassung gelangt sind, dass der Aktienkurs seinen Gipfel erreicht hat.

Die Marktkapitalisierung eines Unternehmens wird ermittelt, indem man die Zahl der ausgegebenen Aktien mit deren aktuellem Kurs multipliziert.

**BÖRSENEMISSION**

Viele Unternehmensgründer erwägen den Gang an die Börse, sobald ihre Geschäftsergebnisse oder ihre Kreditwürdigkeit dies erlauben. Die Börsenemission eines Unternehmens, dessen Anteilsscheine an der Börse eingeführt und damit öffentlich gehandelt werden können, bezeichnet man auch als »Going Public«.

Ein Unternehmen, das einen hohen Gewinn pro Aktie erwirtschaftet und eine ausgezeichnete Kapitalrendite aufweist, zieht das Interesse von investitionswilligen Finanzinstituten und Privatanlegern auf sich. In der Regel steigt dann der Aktienkurs. Wenn viele Leute dasselbe Gut kaufen wollen, erhöht sich dessen Preis. Wenn viele jedoch gleichzeitig verkaufen wollen, beginnt der Preis zu fallen. Ganz genauso verhält es sich bei den Aktien.

Ein erfolgreiches Unternehmen, das an die Börse geht, kann viel Geld einnehmen durch die Ausgabe von Aktien zu einem Preis, der wesentlich über dem Nennwert liegt (wenn es etwa auf 5 Euro lautende Aktien für 20 Euro verkauft). Das Geld, das der Firma durch den Börsengang zufließt, kann sie für weiteres Wachstum nutzen, während alle existierenden Aktien nun zum höheren Preis von 20 Euro bewertet werden (dem Kurs, zu dem sie gehandelt werden).

**ÜBERZEICHNUNG VON AKTIEN**

Hätte ein Gesellschafter beispielsweise 5000 Anteilscheine der XYZ GmbH bei deren Gründung für den Nominalwert von 3 Euro gekauft, hätte er 15 000 Euro bezahlen müssen. Vier Jahre später geht die XYZ AG an die Börse und emittiert eine viel größere Anzahl von Aktien zu einem Preis von je 15 Euro. Die Emission ist überzeichnet (es gibt mehr Nachfrage, als Aktien zur Verfügung stehen). Die 5000 Aktien des Aktionärs der ersten Stunde sind nun 75 000 Euro wert – oder mehr, falls die starke Nachfrage den Kurs weiter nach oben treibt.

Für die Arbeit, die der Gesellschafter in den Anfangsjahren in die Firma investiert hat, wurde er vielleicht zusätzlich durch Aktienoptionen entlohnt (das Recht, weitere Aktien zu einem festgesetzten Preis zu erwerben).

Die meisten Aktienoptionsprogramme beziehen sich auf den Preis der Aktie am Tag der Option. Alle neu erworbenen Aktien werden dann jedoch zum »Marktpreis« bewertet.

Die Vorteile, die ein Börsengang bietet, sind offensichtlich.

Man sollte allerdings nie vergessen, dass kaum jemand ein Unternehmen gründet oder in eines investiert, ohne einen angemessenen Ertrag zu erwarten; die meisten Investoren verlangen sogar einen höchstmöglichen Ertrag.

# Risikomanagement

**Unternehmensentscheidungen sind häufig mit großen Risiken verbunden. Vor einer Investition sollte daher unbedingt eine Wahrscheinlichkeitsrechnung angestellt werden, um diese Risiken zu erfassen und nach Möglichkeit zu minimieren. Neue Projekte müssen daher unter verschiedenen Voraussetzungen kalkuliert und genau überwacht werden.**

## BUDGET

Die Budgeterstellung ist sicher das umfangreichste Risikomanagementsystem, das von Unternehmen angewendet wird.

Durch die Erfassung der Umsatzerlöse und der Produktions- und Verwaltungskosten kann das Unternehmen monatlich eventuelle Planabweichungen ermitteln und eine Prognose für die Entwicklung bis zum Jahresende treffen.

Ergeben die Prognosen, dass der Gewinn nach Steuern hinter den Erwartungen der Eigentümer zurückbleiben wird, können im Laufe des Jahres die nötigen Maßnahmen ergriffen werden.

## PROJEKTRISIKEN

Während eines Geschäftsjahrs kann sich die Gelegenheit ergeben, sich in einem neuen Projekt zu engagieren. Je wichtiger dieses Vorhaben ist, desto gravierender kann der Schaden für das Unternehmen sein, wenn es schief geht. Daher ist es unabdingbar, vor der Entscheidung die finanziellen Auswirkungen eines Projekts präzise zu kalkulieren.

Es gibt zunächst zwei Schlüsselfragen:

- Wie genau können die Kosten und die Einnahmen geschätzt werden?
- Wie exakt kann man den Zeitbedarf ermitteln?

Überall dürfte man laufende Großprojekte finden, bei denen Kosten- und Zeitplanung längst nicht mehr einzuhalten sind und/oder die Einnahmen deutlich niedriger liegen als erwartet. Die Entschuldigungen für solche Fehlentwicklungen sind immer dieselben.

Trotz der Lehren, die man aus dem wirtschaftlichen Scheitern der Concorde, des Millennium Dome in London oder des Eurofighter-Projekts hätte ziehen können, werden in den meisten Projekten, die einem Unternehmensmanagement zur Entscheidung vorgelegt werden, den meisten Rüstungsprojekten und den meisten Entwicklungsprojekten in der Dritten Welt die Kosten und der Zeitbedarf unter- und die erwarteten Erträge überschätzt. Stets müssen die Projektmanager später feststellen, dass

## WAHRSCHEINLICHKEIT BERECHNEN

Ein Manager sollte zu einem geplanten Projekt stets zwei oder drei alternative Antworten anbieten können, etwa folgendermaßen:

- Bei einem Preis von 500 Euro pro Einheit sind wir zu 60 Prozent sicher, dass wir im ersten Jahr 45 000 Stück verkaufen können.
- 30 Prozent von uns glauben, dass wir 35 000 Stück verkaufen können.
- Zehn Prozent sind der Meinung, dass wir im ersten Jahr 50 000 absetzen werden.

**Und für die ersten drei Jahre:**

- 40 Prozent glauben, dass wir 180 000 Stück in den ersten drei Jahren verkaufen.
- 30 Prozent glauben, dass wir 160 000 absetzen werden.
- 20 Prozent meinen, dass wir 150 000 verkaufen können.
- 10 Prozent halten 200 000 für möglich.

Ähnliche Überlegungen können zu Ausgaben und Terminen einzelner Projektabschnitte anstellt werden. Darüber hinaus ist es möglich, eine Wahrscheinlichkeitshierarchie zu erstellen:

**Erstes Jahr:**

- 45 000 werden von 60 Prozent der Experten erwartet (45 000 x 60 % = 27 000).
- 35 000 werden von 30 Prozent der Experten angenommen (35 000 x 30 % = 10 500)
- 50 000 werden von 10 Prozent der Experten erwartet (50 000 x 10 % = 5000).

Im Schnitt halten es die Experten für wahrscheinlich, dass 42 500 Stück (die Menge aus der Addition der einzelnen Summen: 27 500 + 10 500 + 5000) im ersten Jahr abgesetzt werden. Entsprechende Berechnungen für die ersten drei Jahre ergeben eine Stückzahl von 170 000.

sich ihre Annahmen als unrealistisch erwiesen haben.

### RISIKEN REDUZIEREN

Ein Risiko lässt sich vermindern, wenn man jede Abteilung auffordert zu einem neuen Produkt eine Schätzung über die Absatzzahlen für die ersten zwölf Monate und die ersten drei Jahre abzugeben und auch einen realistischen Preis zu nennen. Auch die Dauer der Herstellungsphasen und die Kosten kann man auf diese Weise schätzen lassen. Durch die Wahrscheinlichkeitsfunktion können Abweichungen bei den Schätzungen eingegrenzt und vielleicht die Projektplaner davon abgehalten werden, ihre Schätzungen an festen Kriterien auszurichten, von denen sie wissen, dass sie akzeptiert werden. Erfolg ist dadurch jedoch noch nicht garantiert.

### TERMINPLANUNG

Planungsprozesse zeitlich exakt abzustimmen kann sehr schwierig sein. Manche Großprojekte, in die Millionen investiert wurden, sind zeitlich so stark in Verzug, dass sie bei ihrer Fertigstellung schon überholt sein werden.

Manche Projekte werden nie so funktionieren, wie es ursprünglich vorgesehen war. Und einige haben das Unternehmen, das sie in Angriff nahm, in den Ruin getrieben, bevor sich die immensen investierten Summen auch nur ansatzweise auszahlen konnten.

Durch eine Wahrscheinlichkeitsüberprüfung kann man Abweichungen bei der Einschätzung des Zeitbedarfs eingrenzen. Sie müssen je drei Businesspläne ausarbeiten, um den Risiken Rechnung zu tragen, mit denen Ihr Unternehmen in unterschiedlichen Situationen konfrontiert sein könnte. Sie brauchen

- eine wahrscheinliche,
- eine pessimistische und
- eine optimistische Variante.

Im wahrscheinlichen Szenario wird Ihr Projekt in der vorgesehenen Zeit abgeschlossen; die pessimistische Annahme geht davon aus, dass der Termin überschritten wird und höhere Kosten anfallen als vorgesehen. In der optimistischen Variante wird es früher fertig als geplant und bleibt unter den Kosten. Die Budgets, die für diese Varianten aufgestellt werden müssen, weichen stark voneinander ab, doch die Mitarbeiter wissen wenigstens, worauf sie sich einstellen müssen.

Die Auswirkung der Zeit auf ein Projekt lässt sich wie folgt illustrieren: »Wenn Ihnen jemand 1000 Euro schuldet, ohne Zinsen zahlen zu müssen, würden Sie dann diese 1000 Euro lieber jetzt oder in fünf Jahren zurückhaben wollen?«

Die meisten werden ihr Geld sofort haben wollen. Einige werden argumentieren, wenn sie diese 1000 Euro zur Bank bringen würden, könnten sie zusehen, wie daraus im Laufe der fünf Jahre 1276 Euro werden (vorausgesetzt der Zinssatz beträgt fünf Prozent pro Jahr). Die 1000 Euro, die man jetzt zurückbekommt, sind also in fünf Jahren 1276 Euro wert, weil hier der Zinseszinseffekt wirkt.

Aus einer anderen Perspektive betrachtet sind diese 1276 Euro, die man in fünf Jahren ausgezahlt erhält, jedoch genauso viel wert wie die 1000 Euro, die man heute bekommt, wenn die Inflationsrate fünf Prozent im Jahr beträgt.

Geld, das später ausgezahlt wird, ist also weniger wert als derselbe Betrag heute. Vor diesem Hintergrund wurde ein System des diskontierten Cash-Flows entwickelt, das man zur Kostenkalkulation von Projekten heranziehen kann, bei denen mit Geldeingängen in der Zukunft operiert wird. Durch dieses Verfahren werden künftige Geldeinnahmen auf den heutigen Geldwert abgezinst. Keines dieser Systeme kann eine Zukunft ohne Risiken garantieren, aber sie können dabei helfen, die Risiken zu bewerten und vielleicht auch zu mindern.

### WEITERE RISIKEN

Es gibt noch weitere Risiken, die man in den Griff bekommen muss. Verpflichtungen entstehen aus Gesundheits- und Sicherheitsproblemen, aus mangelhaften Produkten oder Dienstleistungen, aus Fehlverhalten von Beschäftigten, schlechter Beratung und dergleichen. Ein Risiko ganz ausschalten zu wollen ist häufig jedoch mit einem höheren Kostenaufwand verbunden, als das Risiko selbst an Kosten verursachen könnte.

Risiken sollte man nicht nur hinsichtlich ihrer finanziellen Folgen bewerten, sondern auch stets im Hinblick auf die rechtliche und moralische Stellung des Unternehmens.

Unternehmen bestehen aus Menschen und deren Fähigkeit, exakte Einschätzungen zu treffen und das Unternehmen auf einen Erfolg versprechenden Kurs zu bringen. Wer diese herausragenden Tugenden besitzt, muss immer noch lernen Menschen zu führen und Organisationen zu leiten.

Um für die Eigentümer einen angemessenen Ertrag zu erwirtschaften, müssen Manager die finanziellen Auswirkungen dieser Handlungen genau kennen.

Diese Ausführungen sollten Ihnen Möglichkeiten aufzeigen, wie Sie die Finanzen besser in den Griff bekommen und die Risiken vermindern können.

Das Finanzmanagement kann Erfolg nicht garantieren, aber es kann die Messung der wirtschaftlichen Leistung eines Unternehmens wesentlich erleichtern. Und es ist eine große Hilfe dabei, die Ziele des Unternehmens zu erreichen.

# RESSOURCEN-MANAGEMENT

**Aufgabe eines Managers ist es, die ihm zu Gebote stehenden Ressourcen optimal einzusetzen, um den Unternehmenszweck zu fördern. Zu den wichtigsten Ressourcen gehören nicht nur die Anlagen und Maschinen, das geistige Kapital und die Finanzen, sondern vor allem auch die Menschen, die all diese Vermögenswerte mit Leben erfüllen.**

Erfolgreiches Ressourcenmanagement beruht auf effektiver Planung: Zuerst kommt die Strategie, dann der Aktionsplan. Die Einführung des Total Quality Management (oder eines anderen Konzepts zur Qualitätssicherung) hilft Ihnen die vorhandenen Ressourcen optimal zu nutzen, während ein System zur Kontrolle der Umsetzung Ihres Plans für Feedback sorgt und Ihnen rasches Reagieren ermöglicht.

Da Menschen die wichtigste Ressource eines Unternehmens sind, ist es von entscheidender Bedeutung, die richtigen Mitarbeiter zu finden und sie an den Betrieb zu binden. Wie viele und welche Art von Mitarbeitern man benötigt, muss sorgfältig geplant werden, um den gegenwärtigen Bedürfnissen eines Unternehmens und seinen in die Zukunft gerichteten Zielen gerecht zu werden.

**IN DIESEM KAPITEL**

# Grundlagen der Unternehmensplanung

**Wenn man nicht weiß, wohin es gehen soll, wird man das Ziel auch nicht erreichen. Das ist die ebenso simple wie unumstößliche Weisheit, die als Begründung jeder Planung dient. Effektive Planung beginnt daher mit einer Strategie: der Entscheidung über die Ziele der Organisation.**

## DAS ZIEL FESTLEGEN

Eine Strategie muss klar und präzise formuliert und allen Mitarbeitern bekannt sein, die an der Umsetzung beteiligt sind. Sie bezieht sich auf die langfristige Orientierung eines Unternehmens. Auf dem Weg zu diesem Endziel sind zunächst verschiedene Wegmarken oder Etappenziele zu erreichen. Nur so können sich die Zwischenergebnisse einstellen, die für die Umsetzung der Strategie erforderlich sind. Diese Ergebnisse müssen messbar sein, sonst lassen sich die entscheidenden Fragen nicht beantworten:

- Wie erfahren die Menschen, was von ihnen erwartet wird?
- Wie können die Planer feststellen, ob die angestrebten Ziele erreicht sind?

Jede Zielformulierung beginnt mit einer Analyse und einer Vorausschau, entscheidend jedoch ist die Durchführung der beschlossenen Maßnahmen. Völlig verfehlt wäre es daher, eine Planung selbstherrlich von oben vorzugeben, ohne die mittleren und unteren Managementebenen und andere davon betroffene Beschäftigte einzubeziehen.

Schließlich sollen diese Menschen die Maßnahmen umsetzen. Auf ihr Wissen über die Faktoren, die das Ergebnis beeinflussen, müssen die Planer zurückgreifen, wenn sie ihre Prognosen mit dem Geschäftskonzept abgleichen, das die wirtschaftliche Begründung des Plans enthält.

## DEN PLAN ANALYSIEREN

Häufig entwickeln Planer ein zu optimistisches Konzept, indem sie von einem Wunschergebnis ausgehen. Wenn eine feste Zahl von Einheiten verkauft werden muss, um bestimmte im Budget vorgesehene Ausgaben zu rechtfertigen, wird dieser Anspruch zu einer Prognose, und so ist das Scheitern meist schon programmiert. Eine nüchterne Analyse des Plans muss folgende Fragen beantworten:

- Sind die Annahmen, die dem Plan zugrunde liegen, realistisch?
- Wodurch könnten sie hinfällig werden?
- Wie wahrscheinlich ist es, dass ein Ereignis eintritt, das sie zunichte macht?

Man sollte erst einen Plan entwickeln, wenn alle ihm zugrunde liegenden Annahmen auf ihre Gültigkeit überprüft sind. Es gibt keine hundertprozentige Sicherheit, man trifft stets nur Voraussagen. Doch die Unsicherheit lässt sich auf ein erträgliches Maß reduzieren.

In der Analyse bestimmt man die Grenzen, die den Aufbau und den operativen Teil des Plans beeinflussen. Ein Beispiel wäre die Kapazität der Produktionsanlagen. Ein Plan, der auf einer Verdoppelung der Produktion beruht, ist offensichtlich hinfällig, wenn die Kapazitäten des Betriebs bereits voll ausgelastet sind. Man kann ihn nur weiterverfolgen, wenn die Kapazitäten erweitert oder externe Zulieferer herangezogen werden.

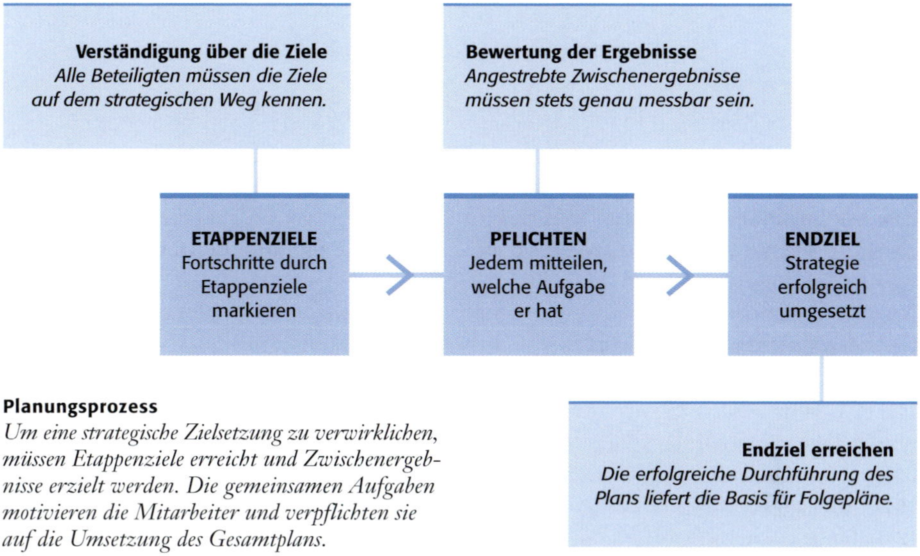


**Planungsprozess**
*Um eine strategische Zielsetzung zu verwirklichen, müssen Etappenziele erreicht und Zwischenergebnisse erzielt werden. Die gemeinsamen Aufgaben motivieren die Mitarbeiter und verpflichten sie auf die Umsetzung des Gesamtplans.*

Begrenzungsfaktoren für jeden Plan sind
- Zeit,
- Geld,
- Arbeitskräfte.

Der Plan muss enthalten, was hinsichtlich dieser drei Faktoren vorgeschlagen wird und welche Maßnahmen zur Beseitigung von Defiziten ergriffen werden können. Sicherheitshalber sollten Spielräume eingebaut werden, vor allem bezüglich des Zeitbedarfs, doch dieser Luxus wird immer unerschwinglicher in Zeiten, in der die Umsetzungsgeschwindigkeit die Qualität eines Plans zunehmend bestimmt.

### AUFBAU DES PLANS

Delegieren ist eine entscheidende Voraussetzung für erfolgreiches Planen und bedeutet weit mehr als das Übertragen von Aufgaben an andere. Es umfasst die Aufteilung der Gesamtaufgabe in Einzelaufgaben, die von spezialisierten Teams unabhängig voneinander ausgeführt werden können. Alle Elemente eines Plans müssen auf diese Weise gegliedert werden und nach ihrer Umsetzung wieder ein geschlossenes Ganzes ergeben. Doch diese Vorgehensweise wird häufig vernachlässigt. Die Folgen sind Konfusion, Kontrollverlust und verstärkte Fehleranfälligkeit. Ein Plan ist immer nur so gut wie die Summe seiner Einzelteile und wie die Qualität des Denkens, das seiner Erstellung zugrunde lag.

Vieles hängt bei der Planung von Kreativität, Enthusiasmus und guten Ideen ab – Eigenschaften, die sich nur schwer quantifizieren lassen. Für das Einbeziehen eines größeren Personenkreises spricht auch, dass dadurch der Austausch von Ideen verbessert und die Bindung an die gemeinsamen Ziele verstärkt wird.

Ergebnisse sollten stets professionell präsentiert werden. Außerdem sollte der Plan anhand einer Computersimulation (Durchspielen bzw. -rechnen verschiedener Szenarien) in jedem Fall überprüft werden. Ein geschickter und vorausschauend agierender Manager wird stets so einen Realitätscheck durchführen.

# Aktionsplan

**Der Erfolg eines Plans hängt von den Handlungen ab, die aus ihm abgeleitet werden. Ist durch die strategische Planung das Ziel bestimmt worden, muss man einen Aktionsplan ausarbeiten, der die einzelnen Maßnahmen zur Erreichung dieses Ziels definiert.**

### VERANTWORTLICHKEITEN

Aktionspläne sollen für alle Bestandteile des Gesamtplans und alle Mitarbeiter erstellt werden. Diese Pläne sind von entscheidender Bedeutung und müssen klar umrissen werden.

Jeder muss wissen, was von ihm und dem Team verlangt wird und weshalb, wie und wann etwas zu geschehen hat. Es genügt nicht, den Beschäftigten nur ein Papier mit einer Beschreibung ihrer Aufgaben in die Hand zu drücken. Auch persönliche Anweisungen sind wichtig, damit die Rollen geklärt werden können und sich ein besseres Verständnis für die Beziehungen im Planungsprozess entwickelt.

Terminvorgaben sind unverzichtbarer Bestandteil eines Aktionsplans. Sie sollten realistisch sein und allgemeine Anerkennung finden. Außerdem müssen sie ständig überwacht werden, um sicherzustellen, dass sie noch einzuhalten sind. Damit besitzt man auch ein zusätzliches Kontrollinstrument.

### WIRKSAME KONTROLLE

Je besser der Aktionsplan, desto weniger muss kontrollierend eingegriffen werden. Zu strenge Überwachung kann kontraproduktiv wirken. Andererseits können sich unzureichende Kontrollen als fatal erweisen. Aufeinander abgestimmte Aktionen und Messungen (zur Leistungsbewertung) erzeugen einen automatischen Kontrollmechanismus, mit dessen Hilfe die Unternehmensführung dafür sorgen kann, dass der Plan nicht hinter den Vorgaben zurückbleibt oder in entscheidenden Bereichen versagt.

Für diese Kontrollen ist ein kontinuierlicher Informationsfluss nötig, der auf gewissenhaft ausgewählten statistischen Daten beruhen muss, um die Fortschritte sichtbar zu machen und die Planannahmen auf ihre Tauglichkeit zu überprüfen. Die Schlüsseldaten sollten zugänglich sein (ein Intranet ist in diesem Zusammenhang sehr nützlich). So kann sich jeder Mitarbeiter ein Bild von der Entwicklung machen und besitzt die nötigen Instrumente, um zur erfolgreichen Umsetzung des Plans beizutragen.

Doch ein Aktionsplan ist kein in Stein gemeißeltes Gesetz. Da sich die Wirklichkeit selten entsprechend einem Plan entwickelt, sind gegebenenfalls Revisionen der Grundannahmen nötig und entscheidend für den Erfolg.

So gesehen besteht ein Aktionsplan aus einer Reihe von Plänen, denn er verarbeitet auch neue Entscheidungen, die

### CHECKLISTE

- ✔ *Legen Sie fest, welche Annahmen modifiziert oder fallen gelassen werden müssen.*
- ✔ *Ermitteln Sie, welche Zwischenziele sich als unrealistisch erwiesen haben.*
- ✔ *Überprüfen Sie, wo die Ressourcen sich als unzureichend herausgestellt haben.*
- ✔ *Finden Sie heraus, welche Planrevisionen nötig sind.*

im Laufe der Entwicklung getroffen werden müssen.

### ÜBERRASCHUNGEN EINKALKULIEREN

Ein Aktionsplan muss alle Eventualitäten berücksichtigen. Dazu gehört ein Szenario, in dem Planabweichungen durchgespielt werden, die auch Fragen danach aufwerfen, ob ein Projekt abgebrochen, neu organisiert oder fortgesetzt werden soll. Jede Planung muss Termine enthalten, an denen man entscheidet, ob man sie fortführt oder abbricht. Entscheidet man sich für Abbruch, muss man den Aktionsplan neu erarbeiten. Häufig heißt es dann: »Wir sind schon so weit gekommen, dass es dumm wäre, jetzt aufzuhören.« Lassen Sie sich davon nicht beirren. Überprüfen Sie den Plan von Grund auf und beantworten Sie diese Frage:

- »Wenn wir vorher schon gewusst hätten, was wir jetzt wissen, wären wir dann genauso vorgegangen?«

Auch wenn die Antwort »Nein« lautet, ist ein Abbruch vielleicht nicht die richtige Reaktion. Entscheidend ist vielmehr die Antwort auf eine weitere Frage:

- »Können wir mit dem jetzigen Kenntnisstand eine Alternative entwickeln, mit der wir das gleiche Ziel erreichen oder sogar übertreffen können?«

So lässt sich ein Scheitern oft noch vermeiden. Vorschnell aufzugeben oder blind einen fehlerhaften Plan weiterzuverfolgen sind zwei Seiten der gleichen Medaille. Gute Planer suchen nach dem Mittelweg zwischen beiden Extremen.

Auch kleine Fehler können verheerende Folgen haben, daher ist ein sorgfältiger Umgang mit den einzelnen Fakten entscheidend für das Gelingen eines Aktionsplans. Doch das allein genügt nicht. Die Kunst besteht darin, sich sowohl auf die Bäume als auch auf den Wald zu konzentrieren und dadurch zu verhindern, dass sich der Einzelne zu sehr in den Details seiner Aufgabe verzettelt.

Aktionspläne sind nicht nur Dokumente, sondern auch lebendige menschliche Erfahrungen. Ihr Erfolg hängt von persönlichen Beziehungen und Begabungen ab, wobei Führungsqualitäten die wichtigste Rolle spielen.

### NEU ANFANGEN

Einen vom Scheitern bedrohten Plan noch zum Erfolg zu führen setzt Führungskraft und analytische Fähigkeiten voraus. Die Erstanalyse ist eine schonungslose Manöverkritik. Was ist schief gelaufen und warum? Vermeiden sie Schuldzuweisungen.

Idealerweise gibt es noch alternative Optionen. In der zweiten Analyse untersucht man diese Alternativen und ihre finanziellen Auswirkungen. Bezieht sich der Plan etwa auf ein neues Produkt, untersucht man, welche Umsätze und Gewinne (oder Verluste) sich bei Ausrichtung auf einen anderen Markt erzielen lassen.

Zum Vergleich der Optionen bedarf es der Finanzanalyse. Die Zahlen müssen einen Zeitraum von drei Jahren abdecken. Zeigen die neuen Berechnungen, dass im ersten Jahr niedrigere Kosten als im alten Plan anfallen, im zweiten kein Verlust mehr verzeichnet wird und sich im dritten bereits ein Gewinn einstellt, lässt sich ein Umschwenken rechtfertigen.

Um ein Projekt neu auszurichten, sind ausgeprägte Führungsqualitäten notwendig. Nach einem Neustart sollte man sich vor allem auf die Zahlen des ersten Jahrs konzentrieren. Bewegen diese sich im Rahmen der Erwartungen, besteht Anlass zur Hoffnung, dass auch der Rest des Plans aufgehen wird.

# Qualitätsmanagement

**Das so genannte Total Quality Management (TQM) umfasst alle Bestandteile des Planungsprozesses. Es erstreckt sich auf alle Aktionspläne und Aktivitäten und bezieht alle Arbeitsgruppen, Untergruppen und Einzelpersonen der Organisation mit ein. Ein gutes Qualitätsmanagement trägt unbedingt zur Optimierung des Ressourceneinsatzes bei.**

TQM umfasst auch die Suche nach Messgrößen für alle übrigen Aktivitäten, denn was nicht gemessen werden kann, lässt sich auch nicht verbessern. Der Einsatz von Messinstrumentarien ist wichtiger Bestandteil der Fachausbildung, die wiederum für erfolgreiches Qualitätsmanagement unverzichtbar ist.

## STRATEGISCHE ZIELSETZUNG

Total Quality Management beginnt mit einem strategischen Ziel. Dieses Ziel kann regelmäßig (etwa jedes Jahr) überprüft und angepasst werden, aber der Kontext bleibt unverändert: eine kontinuierliche Verbesserung aller Verfahren und Produkte (oder Dienstleistungen) zu erreichen, bis das Unternehmen in jedem Aspekt, der für die Kunden wichtig ist, eine führende Position erlangt hat.

Da sich das Programm nie erschöpft, sind stets Verbesserungen möglich, sowohl in der Planung der Wertschöpfungskette als auch in ihrer operativen Umsetzung. Die Wertschöpfungskette verbindet alle Aktivitäten des Unternehmens und führt zur Schaffung von Wert für die Endnutzer. Das letzte Glied der Kette (also der zufriedene Verbraucher) ist zugleich ihr Anfang. Die Planer entwickeln die Wertschöpfungskette im Hinblick auf die Bedürfnisse der Kunden.

Daher ist Kundenzufriedenheit eines der entscheidenden Messinstrumente für die Bewertung und Optimierung der Unternehmensleistung. Die Resonanz der Kunden wird gewöhnlich durch quantitative Erhebungen erfasst, die allerdings in jedem Fall durch qualitative Interviews ergänzt werden sollten.

## MITARBEITERZUFRIEDENHEIT

Gute Ausbildung und transparente Planungsverfahren fördern die Zufriedenheit der Mitarbeiter wesentlich, die wiederum entscheidend dazu beiträgt, die Endnutzer zufrieden zu stellen. Die Bezeichnung »Endnutzer« bezieht sich nicht nur auf externe Kunden. Auch die Bedürfnisse interner Nutzer, etwa einzelner Abteilungen, müssen befriedigt werden, indem der Service ständig verbessert wird.

## SIX-SIGMA-PROZESS

Um die Mitarbeiterzufriedenheit zu fördern, müssen die Beschäftigten unter Bezeichnung der angestrebten Ziele in die Auswahl von Projekten, die planerische Umsetzung und die Qualitätsprüfung einbezogen werden. Die Mobilisierung des Potenzials der Mitarbeiter – vom Management bis zu ungelernten Arbeitskräften – ist konstitutiv für das TQM, stellt jedoch auch die größte Herausforderung bei dessen Umsetzung dar.

Es verlangt eine neue Unternehmenskultur und die Einführung anspruchsvoller Verfahren wie »Six-Sigma«, eine aus dem TQM hervorgegangene Methode, die die Konzentration auf die Erfüllung höchster Qualitätsanforderungen unterstützt. So soll die Fehlerquote pro einer

**PROBLEMIDENTIFIKATION**
Identifizieren Sie das Problem korrekt, damit der Lösungsversuch nicht scheitert.

**PROBLEMANALYSE**
Die Qualität der Analyse ist entscheidend für das richtige Verständnis der Schlüsselfaktoren.

**ENTWICKLUNG MÖGLICHER LÖSUNGEN**
Erarbeiten Sie Alternativlösungen, um sich einen Überblick über die Optionen zu verschaffen.

**ENTSCHEIDUNG FÜR EINE LÖSUNG**
Überzeugen Sie alle Beteiligten, dass die gewählte Lösung die beste ist.

**UMSETZUNG DER LÖSUNG**
Weisen Sie den Menschen und Arbeitsgruppen klare Verantwortlichkeiten zu.

**BEWERTUNG DER ERGEBNISSE**
Überprüfen Sie, ob die Ergebnisse den Erwartungen der gewählten Option entsprechen.

**Einsatz eines Qualitätssicherungskonzepts**
*Total Quality Management (TQM) zielt auf eine kontinuierliche Verbesserung aller Verfahren und Produkte, indem es Arbeitsgruppen (und auch Einzelne) in die Lage versetzt, Probleme methodisch anzugehen und Prozesse zu analysieren und zu bewerten, um effizientere Arbeitsmethoden zu entwickeln.*

Million Teile oder Operationen auf maximal 3,4 gesenkt werden, ein Ziel, das ohne rigorose und nachhaltige Anstrengungen nicht zu erreichen ist.

### STATISTISCHE WERKZEUGE

Produktionsbetriebe, die sich moderner Methoden der Qualitätssicherung bedienen, benötigen zuverlässige statistische Informationen. Die statistischen Verfahren, die hier zur Anwendung gelangen, lassen sich so zusammenfassen:

- Ideen entwickeln und Informationen sammeln,
- Aktionen planen,
- Zustimmung fördern,
- Daten analysieren und darstellen.

Dazu gehören Kreis- und Liniendiagramme, aber auch Ursache-Wirkungs-Diagramme, Histogramme, mit denen sich die Häufigkeit bestimmter Ergebnisse darstellen lässt, die Pareto-Analyse *(siehe S. 121)*, durch die man die wenigen wichtigen von den zahlreichen unwichtigen Faktoren trennen kann, Streudiagramme, die die Variation zweier Zufallsvariablen darstellen, und Prozesssteuerungs-Diagramme.

### BASISPROZESSE

Alle Instrumente und Techniken sind dem PDCA-Zyklus untergeordnet, der ständige Verbesserung als einen Vier-Phasen-Prozess definiert (Plan, Do, Check, Act – Planen, Tun, Prüfen, Anpassen). Er kann die gesamte Organisation einschließen, Arbeitsgruppen oder Einzelpersonen. Auch wenn das TQM-Konzept nicht gänzlich vom Unternehmen übernommen wird, sind drei seiner Grundprinzipien entscheidend für jeden effektiven Ressourceneinsatz: Entwerfen, Mobilisieren und Überprüfen. Entwerfen Sie einen Plan dessen, was Sie erreichen wollen, gewinnen Sie alle Beschäftigten für diese Ziele und überprüfen Sie regelmäßig und präzise Ihre Fortschritte.

**Der PDCA-Zyklus**
*Der PDCA-Zyklus (oder Shewart-Zyklus) ist ein Basisprozess im TQM-Konzept. Jeder Verbesserungsplan zieht eine Umsetzung nach sich; der Ermittlung von Abweichungen folgt deren Korrektur.*

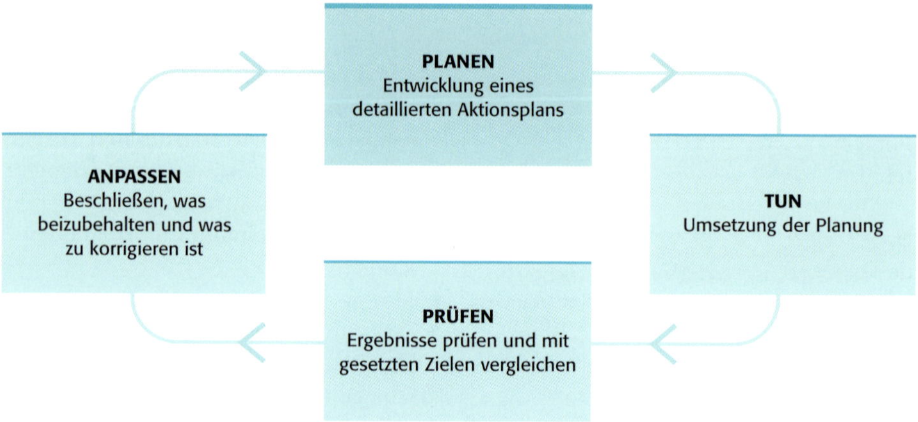


# Für Feedback sorgen

**Bei der Umsetzung eines Plans wird es zwangsläufig zu Fehlern kommen. Ob es sich dabei um große oder kleine Abweichungen handelt, stets ist das Management auf ein genaues Feedback angewiesen, um Maßnahmen zur Problembehebung ergreifen zu können.**

### SCHNELL REAGIEREN

Wenn ein Plan scheitert, muss man ihn anpassen oder revidieren, um den Veränderungen zu begegnen. Schnelle Reaktion ist notwendig, da es sonst zu Zeitverzug kommt, der häufigsten Planabweichung. Notfallplanungen, in denen potenzielle Probleme einkalkuliert sind, ermöglichen rasches Handeln. Aber auch Notfallpläne können durch unerwartete Ereignisse beeinträchtigt werden und müssen dann ebenfalls revidiert werden. Es bedarf daher eines verlässlichen, in Echtzeit operierenden Systems zur Erfassung von Informationen über Fortschritte und Probleme, um pragmatische Lösungen für Notfälle zu entwickeln. Veranlassen Sie regelmäßige Meetings der wichtigen Entscheidungsträger, in denen folgende Fragen beantwortet werden sollten:

- Was sind die entscheidenden Daten?
- Wie werden die Informationen gewonnen und überprüft?
- Wie erfolgt die Präsentation?

### CPA-METHODE

Ein wichtiges Planungsinstrument ist die CPA-Methode (Critical Path Analysis). Diese Netzplantechnik arbeitet mit Diagrammen, die Operationen in ihrer Abfolge darstellen. Sie zeigen auf, wann eine Aktivität beendet sein muss, bevor eine andere beginnen kann. Überprüft man die

Entwicklung anhand der CPA-Methode, werden Abweichungen schnell sichtbar.

Gute Pläne sehen Spielräume vor, um mit Zwischenfällen fertig zu werden, aber das hilft nicht, wenn unvorhergesehene Ereignisse den ursprünglichen Plan gefährden. Durch eine Abweichungsanalyse lässt sich ermitteln, was schief gelaufen ist und weshalb. Die Ursachen können in Fehlern im Ursprungsplan oder dessen fehlerhafter Umsetzung liegen.

Die Frage nach dem Warum muss so lange gestellt werden, bis eine befriedigende Antwort gefunden wird. Nun gilt es, herauszufinden, ob der Fehler systemimmanent oder spezifisch war. Auch bei einer falschen Personalentscheidung bleibt immer noch zu klären, weshalb diese falsche Entscheidung getroffen wurde. Eine Abweichungsanalyse ermöglicht Verbesserungen, die eine Wiederholung von Fehlern zu vermeiden hilft.

Es ist wichtig, diese intensive Fehlersuche gewissenhaft zu betreiben, denn auch Mitarbeiter, die nicht direkt am Projekt beteiligt waren, können aus dem Feedback, das sie erhalten, lernen und für eigene Projekte daraus Nutzen ziehen.

#### TROUBLESHOOTING

Nutzen Sie bei besonders schwer wiegenden Abweichungen die Hilfe von Experten, die die Probleme auf ihren Kern zurückführen können. Diese müssen genauestens darüber informiert werden, was in welchem Zeitraum von ihnen erwartet wird. Außerdem benötigen sie:

- die Ermächtigung, ein geeignetes Team zusammenzustellen,
- angemessene Ressourcen zur Bewältigung der Aufgabe,
- ein eindeutiges Berichtswesen.

Der Umgang sollte durch Gespräch und Konsens bestimmt sein, nicht durch Befehl und Kontrolle. Die Spezialisten sollten freie Hand bekommen, denn mit großer Wahrscheinlichkeit handelt es sich um ein akutes Problem; Handlungen wirken nicht auf dem Papier, sondern nur in der realen Welt. Nur allzu häufig behindern Vorgesetzte gute Aktionspläne durch unnötige Einmischungen.

### IMPULSE AUFRECHTERHALTEN

Für die erfolgreiche Umsetzung eines Plans ist es entscheidend, die Motivation der Gruppenmitglieder aufrechtzuerhalten – vor allem auf der Führungsebene. Erlaubt man den einzelnen Mitgliedern nicht ihre Verantwortungen wahrzunehmen und werden sie nicht in die Planung und Umsetzung eingebunden, treten zwangsläufig Probleme auf. Motivation hängt nicht nur von Erfolg ab. Auch das Angehen und die Lösung von Problemen kann befriedigend sein. Jedes Teammitglied muss das Gefühl haben, dass die Probleme und der Plan es selbst betreffen, wenn seine Motivation erhalten bleiben soll.

Handelt es sich bei dem Plan nicht um das Alltagsgeschäft des Unternehmens, muss die Führung Vorschläge entwickeln, was nach der Umsetzung des Plans geschehen soll:

- Soll die Arbeitsgruppe aufgelöst werden?
- Kommt ein Folgeprogramm, für das alle Teammitglieder oder ein Teil der Gruppe eingesetzt werden können?
- Wenn ja, ist es ein neues Projekt oder eines, das auf dem abgeschlossenen aufbaut?

Die Frage der Kontinuität ist auch wichtig, wenn sich der Plan auf das gesamte Unternehmen bezieht. Doch gerade Anschlussplanungen zu entwerfen wird häufig versäumt. Denken Sie daran, dass die Ressourcen der Organisation schließlich ständig und in jeder Hinsicht verbessert werden sollten.

# Personalbeschaffung

**Wenn ein Unternehmen wächst, braucht es neue Leute, die neue Aufgaben übernehmen und ausscheidende Mitarbeiter ersetzen. Mit einer entsprechenden Planung kann man dafür sorgen, dass man die richtigen Leute zur richtigen Zeit bekommt und an die richtigen Plätze stellt.**

## UNTERNEHMENSZIELE ÜBERPRÜFEN

Beginnen Sie mit der Prüfung Ihrer kurz- und mittelfristigen Unternehmensziele. Wollen Sie etwa den Umsatz steigern, hat dies Auswirkungen auf die Vertriebsressourcen. Die genauen Folgen hängen davon ab, wie dieser Umsatzzuwachs erzielt werden soll. Soll der Einzelhandelsabsatz im Inland steigen, muss ein weiterer Verkäufer eingestellt werden, während für Verkäufe im Ausland zusätzlich Fremdsprachenkenntnisse erforderlich sind.

## GENAUE STELLENBESCHREIBUNG

Bevor Sie mit der Suche nach einem Mitarbeiter beginnen, müssen Sie die Aufgaben und die Verantwortlichkeiten der Stelle festlegen. Die Stellenbeschreibung sollte auch die messbaren Ergebnisse beinhalten, die Sie erwarten. Wenn sie einen Verkäufer einstellen wollen, müssen Sie beispielsweise festlegen, welche Absatzzahlen erreicht werden sollen, wie viele Kunden er betreuen soll usw.

## PERSONENPROFIL ERSTELLEN

Nach der Stellenbeschreibung können Sie die Anforderungen an den Mitarbeiter beschreiben, den Sie sich für diese Position wünschen. Bei einem Verkäufer sind kommunikative Fähigkeiten und das äußere Erscheinungsbild wichtig, aber auch die persönlichen Lebensumstände, denn ein Außendienstmitarbeiter muss häufig längere Reisen unternehmen.

## STELLENAUSSCHREIBUNG

Auch eine Stellenanzeige muss gründlich durchdacht werden. Beschreiben Sie die Stelle, geben Sie die Bezeichnung an, sagen Sie, wem der Stelleninhaber berichten muss, worin seine Aufgaben bestehen werden, und nennen Sie Konditionen, wie Bezahlung, Arbeitszeit usw. Führen Sie auch die wichtigsten Qualifikationen

### INTERNE PERSONALBESCHAFFUNG

| VORTEILE | NACHTEILE |
|---|---|
| ■ Sie kennen die Stärken und Schwächen des Kandidaten.<br>■ Sie wissen, dass sich der Bewerber in Ihre Unternehmenskultur einfügt.<br>■ Der Kandidat steht Ihnen jederzeit zu einem Bewerbungsgespräch zur Verfügung.<br>■ Der Kandidat dürfte das Unternehmen so gut kennen, dass er sofort anfangen kann.<br>■ Sie können anderen Mitarbeitern zeigen, dass sich jeder in Ihrem Unternehmen um eine bessere Position bemühen kann. | ■ Andere Mitarbeiter könnten verärgert sein, wenn ein Kollege befördert wird.<br>■ Scheitert der Kandidat in seinem neuen Job, will oder kann er vielleicht nicht mehr an seine frühere Stelle zurückkehren.<br>■ Bei einem Fehlschlag haben Sie die doppelte Arbeit bei der Besetzung der Stellen.<br>■ Sie versäumen eine Gelegenheit, frischen Wind und neue Ideen in die Firma zu bringen.<br>■ Sie verzichten darauf, nach außen zu signalisieren, dass Ihre Firma erfolgreich expandiert. |

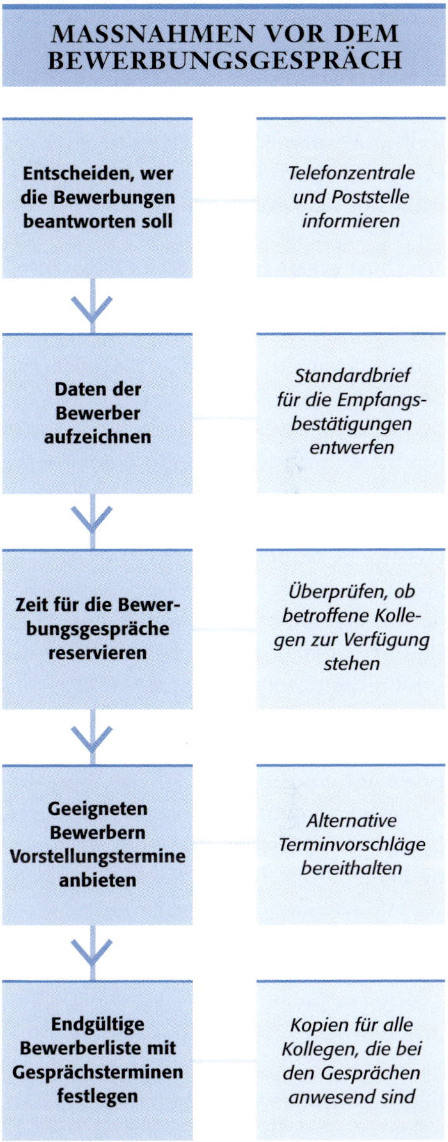


auf, die erwünscht sind, insbesondere Berufserfahrungen und Spezialkenntnisse wie etwa Fremdsprachen.

Eine Stellenanzeige soll nicht nur Zuschriften von qualifizierten Bewerbern erbringen, sondern bereits auch jene ausschließen, die nicht in Frage kommen.

Sie können die Stelle im Betrieb und auch extern ausschreiben. Versäumen Sie nicht zu prüfen, ob sich nicht einer Ihrer Mitarbeiter für die neue Stelle eignet, auch wenn dafür vielleicht eine Weiterbildung nötig wäre.

Die Form der externen Ausschreibung hängt von der Art der freien Stelle ab. Das Internet ist ein wichtiges Hilfsmittel bei der Rekrutierung von Personal und eignet sich besonders bei der Suche nach hoch qualifizierten Fachkräften oder Bewerbern aus dem Ausland. Wenn Sie allerdings nach Aushilfskräften suchen, bringt der Aushang am schwarzen Brett eines Supermarkts wahrscheinlich mehr.

Zeitungsanzeigen sind die beliebteste Form der externen Personalsuche, doch sollte man die Publikation sorgfältig auswählen. Lokalzeitungen sind geeignet, wenn Sie Mitarbeiter aus der näheren Umgebung suchen, doch wenn es um Fachkräfte mit besonderer Qualifikation geht, eignen sich Fachzeitschriften besser.

Bei der Besetzung von Schlüsselpositionen können Sie auf die Dienste von Personalberatern oder Headhuntern zurückgreifen. So bleiben Sie anonym und Sie haben Zugang zu besonderen Auswahlverfahren, die Ihnen bei der Entscheidung eine wichtige Hilfe sein können, wie etwa Persönlichkeitstests.

## VORAUSWAHL

Melden sich mehr qualifizierte Bewerber, als Sie zu Vorstellungsgesprächen einladen können, müssen Sie anhand von Ausscheidungskriterien eine Vorauswahl treffen. Als Ausscheidungsschwelle sollte ein bestimmter Standard definiert werden, unterhalb dessen Bewerber nicht mehr in Frage kommen.

Vorausgesetzt es melden sich genügend Interessenten, sollten am Ende mindestens drei Bewerber in die engere Wahl kommen. Da Vorstellungsgespräche viel Zeit in Anspruch nehmen, sollte die Zahl von acht Kandidaten nach Möglichkeit nicht überschritten werden.

### BEWERBUNGSGESPRÄCH

Ein Bewerbungsgespräch zu führen ist keine leichte Aufgabe. Planen Sie es daher gründlich: Lesen Sie das Bewerbungsschreiben noch einmal durch, bevor Sie den Kandidaten empfangen, und notieren Sie sich jene Fragen, die geklärt werden müssen. Legen Sie sich alle Informationen zurecht, die Sie während des Gesprächs brauchen.

Im Gespräch überprüfen Sie zunächst den Lebenslauf des Kandidaten. Viele Bewerber sagen zwar nicht unbedingt die Unwahrheit, neigen aber dazu, ihre bisherigen Leistungen zu übertreiben. Auch ist es möglich, dass sie bestimmte Begriffe anders verstehen als Sie. So glauben Vertriebsleute manchmal, sie hätten große Abschlüsse getätigt, obwohl sie sie tatsächlich nur abgewickelt haben, nachdem andere sie akquiriert hatten.

Sie sollten auch dafür sorgen, dass sich die Bewerber im Gespräch wohl fühlen, sodass sie in die Lage versetzt werden, ihre wahren Qualitäten darzustellen.

Idealerweise sollten Mitarbeiter, die künftig mit dem Bewerber zusammenarbeiten werden, diesen in der Bewerbungssituation kennen lernen können.

Bieten Sie die Stelle dem geeignetsten Bewerber an, aber behalten Sie sich einen oder zwei noch in Reserve. Sie brauchen eine Ersatzmöglichkeit, sollte der Kandidat Ihrer Wahl absagen. Holen Sie stets Referenzen ein, vorzugsweise telefonisch. Nehmen Sie die Zeugnisse nicht unbedingt für bare Münze.

Bleiben Sie mit Bewerbern, für die Sie sich entschieden haben, in Kontakt, bis sie die Stelle antreten. Halten Sie sie über aktuelle Entwicklungen auf dem Laufenden und laden Sie sie zu betrieblichen Zusammenkünften ein.

### INTEGRATION

Wenn der neue Mitarbeiter seine Stelle angetreten hat, müssen Sie dafür sorgen, dass er sich schnell einarbeitet. Das lässt sich durch ein individuelles Eingliederungsprogramm fördern, das die Abläufe im Unternehmen transparent macht. Setzen Sie ihm kurzfristige Ziele, prüfen Sie seine Leistungen in kurzen Intervallen und helfen Sie ihm, wenn nötig.

Ein Integrationsprogramm sollte:

- dafür sorgen, dass neue Mitarbeiter sich im Betrieb zu Hause fühlen und sich als Teil des Teams empfinden,
- grundlegendes unternehmensbezogenes Wissen vermitteln,
- den Aufbau von Netzwerken fördern,
- die Grundlage für ein ausgewogenes Arbeitsprogramm schaffen, das die Ausbildungserfordernisse berücksichtigt,
- »Grundregeln« entwickeln für das Verhältnis zwischen dem neuen Mitarbeiter und seinen Vorgesetzten.

Dazu sollten üblicherweise gehören:

- eine Anfangsbesprechung, in der Ziele vereinbart werden und festgestellt wird, welche Kenntnisse sich der neue Mitarbeiter noch aneignen muss,
- Informationsunterlagen, in denen das Unternehmen, seine Produkte und die Belegschaft vorgestellt werden,
- das Bekanntmachen mit Kollegen,
- ein Terminplan für regelmäßige Besprechungen.

# Vergütungssysteme

**Jedes Unternehmen sollte seine Mitarbeiter gerecht und leistungsbezogen entlohnen und ihnen Leistungsanreize bieten. Ein effektives Vergütungssystem fördert nicht nur die Bindung der Beschäftigten an die Firma und ihre Identifikation, sondern erhöht auch die Motivation.**

## ARBEITSPLATZBEWERTUNG UND »MARKTÜBLICHER LOHNSATZ«

Um einen Arbeitsplatz zu bewerten, muss man ihn unter verschiedenen Gesichtspunkten analysieren, vor allem in Bezug auf Komplexität, erforderliche Qualifikationen, mögliche Gefährdungen und seine Bedeutung für das Unternehmen.

Ferner muss man den »marktüblichen Lohnsatz« ermitteln, der für vergleichbare Arbeitsplätze in ähnlichen Betrieben gilt. Natürlich gibt es Unterschiede zwischen den Arbeitsplätzen, die den Lohnsatz beeinflussen. Die Arbeitszeit, die konkreten Arbeitsbedingungen, die Arbeitsplatzsicherheit, der Anspruch auf eine betriebliche Altersversorgung unterscheiden sich von Betrieb zu Betrieb. Man benötigt ein Verfahren, um die in der jeweiligen Region geltenden Lohnsätze zu ermitteln, und ein System, das hilft Abweichungen der Arbeitsbedingungen zwischen Ihrem Unternehmen und ähnlichen Firmen zu beseitigen.

Weichen Sie zu stark vom herrschenden Lohnsatz ab, wird die personelle Fluktuation in Ihrem Betrieb zunehmen.

## LEISTUNGSBEZOGENE GEHÄLTER

Unterschiedliche Arbeitsgebiete führen zu unterschiedlichen messbaren Ergebnissen. Diese Resultate gilt es zu ermitteln, um dann eine Skala zu entwickeln, in der der Basissatz angegeben ist sowie darüber liegende Entlohnungsniveaus, die bei Erreichung bestimmter Ziele greifen. Unternehmen nutzen verschiedene Formen leistungsbezogener Vergütung, wie etwa Provisionen, Gewinnbeteiligungen, Aktienoptionsprogramme und ergebnisabhängige Bonuszahlungen. Die Bedingungen, unter denen man solche Systeme einsetzt, müssen sorgfältig geprüft werden, damit Sie die richtige Mischung aus Zielen und Belohnungen finden, die sich motivationsfördernd auf die Mitarbeiter auswirkt.

Belohnungen für besondere Fähigkeiten kann man gewähren, wenn jemand ein bestimmtes Qualifikationsniveau erreicht hat. Sie beziehen sich nicht auf Ergebnisse (etwa verbesserte Leistungen), doch man muss überzeugt sein, dass die Ausbildung bestimmter Fertigkeiten zu besseren Ergebnissen führen wird.

Alle Mitarbeiter müssen verstehen, wie das Vergütungssystem funktioniert und wie die Gehälter berechnet werden. Halten Sie sich so weit wie möglich an messbare Ergebnisse: etwa einen bestimmten Umsatz oder das Erreichen einer bestimmten Qualifikationsstufe.

Diese Standards müssen realistisch sein und die Entlohnung muss in einem akzeptablen Verhältnis zur geleisteten Arbeit stehen. Wenn niemand jemals diese Vorgaben erfüllt und in den Genuss der höheren leistungsbezogenen Vergütung kommt, werden die Mitarbeiter ihre Bemühungen bald einstellen. Schlimmer noch, sie werden sich als Versager empfinden und ihre Leistungen werden noch weiter abfallen.

## CHECKLISTE

- ✔ *Erklären Sie die Regeln, damit jeder weiß, wie das Vergütungssystem funktioniert.*
- ✔ *Formulieren Sie spezifische und, wenn möglich, quantifizierbare Ziele.*
- ✔ *Machen Sie die Vergütung transparent, damit alle wissen, was jeder Einzelne oder jede Gruppe verdient.*
- ✔ *Achten Sie darauf, dass die Vergütung den Anforderungen entspricht und es sich lohnt, sich anzustrengen.*
- ✔ *Die Mitarbeiter müssen sicher sein, dass ihr Gehalt richtig berechnet wird.*
- ✔ *Stecken Sie Ziele nie zu hoch, sonst wird niemand versuchen sie zu erreichen.*
- ✔ *Belohnen Sie gute Ergebnisse so schnell wie möglich.*

### LEISTUNG BELOHNEN

Besondere Ziele, für deren Realisierung Mitarbeiter mit einer Prämie zu ihrem Gehalt belohnt werden, müssen hoch gesteckt, aber erreichbar sein, was bisweilen ein gewisser Widerspruch sein kann.

Daher empfiehlt es sich, zunächst eher konservativ zu planen. Doch außergewöhnliche Leistungen sind nur durch neue Denkansätze zu erzielen. Die Frage lautet nicht »Wie schaffen wir es, den Umsatz um 20 Prozent im Jahr zu steigern?«, sondern »Wie gelingt es uns, ihn um 20 Prozent im Monat zu erhöhen?«

Beides lässt sich wohl am besten verbinden, wenn man eine Bandbreite festlegt, statt ein festes Ziel vorzugeben. Statt zu verlangen »Verkaufen Sie 10 000 Bücher«, lautet die Aufgabe »Verkaufen Sie zwischen 9000 und 12 000 Exemplaren.«

Wird ein hoch gestecktes Ziel nur knapp verfehlt, sollte man trotzdem das höhere Gehalt bezahlen, um leistungsbereite Mitarbeiter nicht zu demotivieren. Das wäre gewissermaßen eine »Inspirationsdividende«. Arbeitsgruppen sollten ermuntert werden sich höhere Ziele zu setzen, als sie es von sich aus tun würden, denn auch wenn sie diese nicht erreichen, können sich beträchtliche Leistungsverbesserungen einstellen.

### PRÄMIEN UND BEIHILFEN

Darunter versteht man alle Arten von Zuwendungen, die nicht zum Grundgehalt gehören und nicht unmittelbar an Leistungen gekoppelt sind.

Diese Zusatzleistungen, etwa Betriebsrenten, bessere Arbeitsbedingungen oder zusätzliche Krankenversicherungen, können ebenfalls dazu beitragen, Beschäftigte an ein Unternehmen zu binden.

Auch Einkaufsrabatte für Produkte des Unternehmens, flexible Arbeitszeiten, Fahrkostenzuschüsse, Firmenwagen sowie Sport- und Fitnesseinrichtungen im Betrieb zählen zu den besonderen Zuwendungen, die Beschäftigte in bestimmten Branchen erwarten können.

### IDEELLE BELOHNUNG

Geld ist nicht alles. Häufig tragen gerade nichtgehaltsbezogene Belohnungen dazu bei, gute Resultate zu erbringen. Darunter fällt die Anerkennung von Leistungen, vom einfachen »Dankeschön« bis zu Auszeichnungen einzelner Mitarbeiter oder Teams. Auch Preise, wie zusätzliche Urlaubstage oder Theaterkarten, ebenso Urkunden und Pokale, sind sehr begehrt.

Eine abwechslungsreiche Gestaltung der Arbeit sowie die Schaffung von Möglichkeiten, Verantwortung zu übernehmen und sich persönlich weiterzuentwickeln, sollten darüber hinaus das Vergütungs- und Prämiensystem Ihres Unternehmens abrunden.

#### BEWERTUNG VON VERGÜTUNGS- UND PRÄMIENSYSTEMEN

Wenn Sie die Qualifizierungserfordernisse zu hoch ansetzen, entmutigen Sie Ihre Mitarbeiter. Ihre Leistungen werden nachlassen und sie werden sich früher oder später nach einem anderen, attraktiveren Arbeitsplatz umsehen.

Halten Sie fest, wie viele Leute jährlich Ihr Unternehmen verlassen, und sorgen Sie dafür, dass diese Zahl nicht steigt. Fragen Sie sie vor dem Ausscheiden, ob Ihr Vergütungssystem einen Einfluss auf ihre Entscheidung hatte.

Bei der Festsetzung der Gehälter sind folgende Fragen zu klären:

- Was ist Ziel des Vergütungssystems? Sollen Mitarbeiter für gute Leistungen besonders belohnt werden?
- Werden Tarifgehälter gezahlt?
- Wie soll das Vergütungssystem den Beschäftigten erklärt werden?
- Wie werden Gehaltsentscheidungen getroffen? Wer ist daran beteiligt?
- Wie soll das Verhältnis Geld/geldwerte Vorteile gestaltet werden?
- Wird nach Leistung oder nach Dauer der Betriebszugehörigkeit vergütet?
- Inwieweit sollen Leistungen besonders anerkannt werden?
- Wie soll der Vergütungsplan gemanagt werden, wenn er aufgestellt ist?

# Personalplanung

**Durch die Personalplanung wird die Zahl der Mitarbeiter den Erfordernissen des Unternehmens angepasst. Dies muss einerseits längerfristig geschehen, aber Sie müssen auch in der Lage sein, auf kurzfristige Bedürfnisse und voraussehbare Auftragsspitzen oder -rückgänge angemessen zu reagieren.**

#### PERSONALBEDARF ANALYSIEREN

Bei der Personalplanung geht es um quantitative und qualitative Erfordernisse und damit um folgende grundlegende Fragen:

- Wie viele Mitarbeiter braucht das Unternehmen?
- Welche Qualifikationen und Fähigkeiten müssen diese besitzen?

Die Personalplanung befasst sich nicht allein mit Zahlen, sondern auch damit, wie die Mitarbeiter beschäftigt werden und wie man sie fördert, um die Effektivität der Organisation zu steigern.

#### PLANUNGSZIELE

Im Businessplan werden die Ziele, etwa der angestrebte Umsatz oder die Produktionsmenge, festgelegt. Er beschreibt die unterschiedlichen Aktivitäten des Unternehmens und bestimmt, welche fortgeführt und welche aufgenommen werden.

Diese Planung ergibt, wie viele Mitarbeiter für die verschiedenen Tätigkeiten nötig sind und wann sie mit der Arbeit beginnen müssen. Je länger es dauert, bis Sie Personal gefunden und ausgebildet haben, desto weiter im Voraus müssen Sie planen. So kann es etwa einen Monat dauern, bis Sie eine geeignete Fachkraft finden, und einen weiteren Monat, bis diese aus ihrem bestehenden Arbeitsverhältnis ausscheiden kann. Dann vergeht weitere Zeit für die Einarbeitung.

Nach etwa zwei Monaten kann ein neuer Mitarbeiter die optimale Leistung erbringen und seinen Teil zur Errei-

**PLANUNG DES PERSONALBEDARFS**

| Mitarbeiter | Mitarbeiter aktuell | Zusätzlich benötigt | Mögliche Abgänge | Neueinstellungen |
|---|---|---|---|---|
| Verkauf | 10 | 5 | 1 | 6 |
| Fertigung | 30 | 10 | 5 | 15 |
| Verwaltung | 5 | 1 | 1 | 2 |
| GESAMT | 45 | 16 + | 7 = | **23** |

Gegenwärtiger Verkaufsleiter ungeeignet, soll entlassen werden.

Eine Mitarbeiterin sucht Arbeitsplatz näher am Wohnort.

Personalbedarf

**Personalbedarf planen**
*Die Firma muss 16 Leute einstellen, um ihre Ziele für das kommende Jahr zu erreichen. Man weiß bereits, dass sieben Leute ausscheiden werden, daher müssen 23 neue Kräfte eingestellt werden.*

chung der Unternehmensziele beitragen. Für die Rekrutierung eines Außendienstmitarbeiters brauchen Sie vielleicht vier Monate, dann dauert es weitere drei Monate, bis er mit Ihren Verkaufsstrukturen und Produkten vertraut ist. Wenn Sie nicht ein oder zwei Jahre im Voraus planen, werden Sie kaum den Bestand an qualifiziertem Personal aufbauen können, der für Ihre Ziele erforderlich ist.

Sie müssen außerdem damit rechnen, dass immer wieder Beschäftigte aus den verschiedensten Gründen aus Ihrem Unternehmen ausscheiden. Zur Berechnung dieses Faktors können Sie die Fluktuationsquote und/oder die Beschäftigungs-Stabilitäts-Quote heranziehen:

**Fluktuationsquote**
Zu diesem Zweck teilt man die Zahl der jährlichen Firmenaustritte durch den durchschnittlichen Personalbestand eines Jahres und multipliziert das Ergebnis mit dem Faktor 100. Daraus ergibt sich ein bestimmter Prozentsatz. Verliert zum Beispiel eine Abteilung, die durchschnittlich 80 Leute beschäftigt, zehn Mitarbeiter, beträgt ihre Fluktuationsquote 12,5 Prozent.

**Beschäftigungs-Stabilitäts-Quote**
Die Fluktuationsformel ist zwar einfach zu handhaben, kann aber irreführend sein. Sie sagt nichts aus über die Art der ausscheidenden Mitarbeiter. Die Beschäftigungs-Stabilitäts-Quote hingegen setzt die Zahl der Mitarbeiter, die ein oder mehrere Jahre in den verschiedenen Aufgabenbereichen arbeiten, ins Verhältnis zur Gesamtzahl der Mitarbeiter, die Sie mit diesen Qualifikationen beschäftigen. Durch Multiplikation des Ergebnisses mit dem Faktor 100 errechnet sich ein bestimmter Prozentsatz. Anhand dessen können Sie ersehen, ob die Fluktuationsrate bei den länger im Betrieb Beschäftigten oder eher bei den Neueingestellten höher ist und in welchen Bereichen die meisten Abgänge zu verzeichnen sind.

Gemäß dem oben angesprochenen Beispiel sähe die Rechnung dann so aus:

$$\frac{50}{80} \times 100 = 62{,}5\ \%$$

Betrug die Stabilitätsquote im vergangenen Jahr noch 75 Prozent, so zeigt sich deutlich, dass immer mehr langjährige Mitarbeiter das Unternehmen verlassen.

Wenn die Unternehmensziele definiert und die voraussichtliche Fluktuationsquote ermittelt sind, kann der Personalbedarf geplant werden.

### OUTSOURCING

Fast alle Arbeitsabläufe lassen sich auslagern. Webseiten kann man von Agenturen erstellen und pflegen lassen, Technologie kann man mieten. Die Kundenbetreuung kann man einem Call-Center übertragen und Online-Banken konkurrieren mit herkömmlichen Banken um die elektronische Abwicklung von Zahlungsvorgängen. Fast alle übrigen Aufgaben des Geschäftsbetriebs, von der Personalbeschaffung bis zur Buchführung und zur Lohn- und Gehaltsabrechnung, können externen Dienstleistern übertragen werden.

Kann man Leistungen außerhalb des Unternehmens billiger einkaufen, sollte man das auch tun. »Outsourcing« ist auch für Bereiche zu erwägen, in denen es zwar nicht billiger ist, aber unnötige Komplikationen zu vermeiden hilft. Natürlich müssen Sie sich davon überzeugen, dass der externe Service Ihren Qualitätsanforderungen genügt. Holen Sie auf jeden Fall Referenzen ein und vereinbaren Sie eine Probezeit, bevor Sie den Auftrag endgültig vergeben.

### TEILZEIT UND ZEITARBEIT

Schwankt der Personalbedarf vorübergehend oder saisonal, bieten sich Teilzeitbeschäftigte oder Zeitarbeitsverträge an.

Über Teilzeitarbeit lassen sich oft qualifiziertere Bewerber finden, als man auf dem allgemeinen Arbeitsmarkt erwarten kann. Hoch qualifizierte und erfahrene Pensionäre oder Mütter, die eine erfolgreiche Karriere aufgegeben haben, suchen oft nach einer Gelegenheit, vorübergehend wieder ins Berufsleben zurückzukehren oder eine Teilzeitbeschäftigung aufzunehmen. Manchmal empfiehlt es sich auch, eine Ganztagsstelle auf zwei Teilzeitmitarbeiter aufzuteilen. So lässt sich die Kontinuität in den Arbeitsabläufen aufrechterhalten, Mitarbeiter können ihre Arbeit ihren persönlichen Bedürfnissen anpassen und verschiedene Begabungen können nutzbar gemacht werden.

Vermitteln Sie Teilzeitkräften und Zeitarbeitern das Gefühl, dass sie vollwertige Mitglieder des Teams sind, führen Sie ein Einführungsprogramm durch und ordnen Sie ihnen Ansprechpartner aus dem Kreis Ihrer Vollzeitbeschäftigten zu. Geben Sie ihnen nicht nur Hilfsarbeiten,

### CHECKLISTE

- ✔ *Langfristigen Businessplan erstellen*
- ✔ *Besorgen Sie sich verlässliche Daten darüber, wie viele Leute jedes Jahr ausscheiden und weshalb.*
- ✔ *Beziffern Sie die wahrscheinlichen Auswirkungen von Ausbildung, Motivation und Investitionen auf die verschiedenen Bereiche des Betriebs.*
- ✔ *Berücksichtigen Sie die für Personalsuche und -ausbildung aufzuwendende Zeit.*
- ✔ *Beauftragen Sie jene Mitarbeiter, die für die Erreichung der Ziele zuständig sind, auch mit der nötigen Personalplanung.*
- ✔ *Statten Sie die Linienmanager mit den Informationen aus, die sie für gute Personalentscheidungen brauchen.*
- ✔ *Treffen Sie Vorkehrungen für saisonale Auftragsschwankungen oder andere Faktoren, die kurzfristig den Personalbedarf beeinflussen.*

sondern lassen Sie sie an Projekten teilhaben. Würdigen und loben Sie die Leistungen der Teilzeitkräfte und laden Sie sie ebenfalls zu Betriebsfesten ein.

### PERSONALPLANUNG DURCH WEN?

Derjenige, der für die Umsetzung der Unternehmensziele verantwortlich ist, sollte auch die entsprechende Personalplanung übernehmen. In der Praxis sind dies die Linienmanager. Sie allein haben Zugang zu den entscheidenden Informationen, etwa über Effizienzverbesserungen, die durch Ausbildung, Motivation oder Kapitalinvestitionen erreicht werden können. Sie müssen sich die nötigen Fähigkeiten und Kenntnisse aneignen, um eine effektive Personalplanung erstellen zu können.

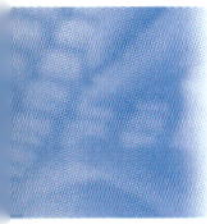

# Leistungsmessung

**Was man nicht messen kann, lässt sich nicht bewerten und auch nicht verbessern. Die Entwicklung und Anwendung aussagekräftiger Leistungsmaßstäbe hilft die Effizienz eines Unternehmens zu steigern.**

### LEISTUNGSMASSSTÄBE FESTLEGEN

Jede Tätigkeit enthält Elemente, die sich unter Leistungsgesichtspunkten messen lassen. Diese Leistungsmaßstäbe müssen so gewählt werden, dass sie der Organisation wirtschaftlichen Nutzen bringen, denn ein falsch definierter Maßstab kann zu unerwünschten Ergebnissen führen.

Werden etwa Vertriebsmitarbeiter nur nach der Zahl ihrer Telefonate oder der Zahl der neu gewonnenen Kunden gemessen, wenden sie einen Großteil ihrer Zeit dafür auf, um jeden Preis Neukunden zu akquirieren, und vernachlässigen dabei die Pflege der Altkunden. Ein Maßstab, der auf dem Bruttogewinn, der Kundenbindung und der Akquisitionstätigkeit fußt, eignet sich hier weitaus besser.

### WAS SOLL GEMESSEN WERDEN?

Alles, was die Leistungsfähigkeit eines Unternehmens betrifft, sollte auf den Prüfstand kommen. Dazu gehören:

- Produktionsmenge,
- Absatzzahlen,
- Netto- und Bruttogewinn (absolut und prozentual),
- Fehlzeiten und Einhaltung der Arbeitszeit,
- Arbeitsunfälle,
- Personalfluktuation,
- Termingenauigkeit,
- Umsetzung von Entwicklungszielen für einzelne Mitarbeiter und Teams,
- Markterfolg neuer Produkte,
- Erhaltung des Kundenbestands,
- Neukundenakquisition.

### DIE RICHTIGEN ZIELE SETZEN

Leistungsmessung beginnt mit der Zielsetzung. Ziele können sich auf die Ergebnisse beziehen, die erreicht werden sollen, oder auf den Beitrag, der zur Umsetzung organisatorischer, funktioneller oder individueller Vorgaben geleistet werden soll. Sie können sich aber auch auf die persönliche Weiterentwicklung beziehen oder auf Lernvorgaben, die eine Leistungsverbesserung ermöglichen sollen.

Bei der Formulierung angemessener Leistungsmaßstäbe kann man sich an der Kurzformel **SMART** orientieren:

- **S**pezifisch: klar und unmissverständlich (die Mitarbeiter sollen ihr bisheriges Leistungsniveau übertreffen),
- **M**essbar: hinsichtlich Zeit, Qualität, Quantität, Kosten und Standards,
- **A**ngemessen: Ziele sollen für einsatzwillige Mitarbeiter erreichbar sein, aber dennoch anspruchsvoll,
- **R**elevant: für die allgemeine Zielsetzung des Unternehmens,
- **T**erminbezogen: Alle Ziele müssen mit einem Anfangs- und Abschlussdatum versehen sein und sollten zwischenzeitlich überprüft werden.

### ZIELE ÜBERPRÜFEN

Anhand von sieben Fragen können Sie ermitteln, wie es um Ihre Ziele bestellt ist:

1. Sind allen Mitarbeitern messbare Ziele vorgegeben, die sich unmittelbar auf die Leistungsfähigkeit der Organisation auswirken?
2. Haben Sie Zielsetzungen für Ihren Teil der Organisation?
3. Was geschieht, wenn Mitarbeiter die Ziele erreichen, übertreffen oder verfehlen?
4. Wie sollen die Ziele erreicht werden?
5. Wie oft werden sie geprüft und revidiert?
6. Weshalb wurden bestimmte Zeiträume gewählt?
7. Wie ermitteln Sie, ob sich die Mitarbeiter für ihre Ziele einsetzen?

### GRUPPENLEISTUNG MESSEN

Die Leistungen unterschiedlicher Arbeitsgruppen müssen verschieden gemessen werden, was diese Aufgabe erschwert. Sie müssen genau wissen, was Sie erreichen wollen, um den besten Weg zu Ihrem Ziel zu finden. Das ist aus mindestens drei Gründen oft schwierig:

- Oft ist nicht klar, welche Ergebnisse eigentlich gemessen werden sollen. Die meisten Teams verwenden die nahe liegenden Maßstäbe, ohne zu fragen, welche Ergebnisse sie erbringen sollen und wie sie feststellen können, ob sie gute Arbeit geleistet haben.
- Oft ist unklar, wie die Leistungsmessung durchgeführt werden soll. Nicht alles lässt sich anhand von Zahlen messen, zum Beispiel Kreativität.
- Leistung sollte sowohl in Bezug auf den einzelnen Mitarbeiter als auch auf das Team gemessen werden.

### BEWERTUNG VON ERGEBNISSEN

Leistungsmaßstäbe sollen Informationen darüber liefern, ob angestrebte Ergebnisse erzielt worden sind und in welchem Umfang einzelne Mitarbeiter dazu beigetragen haben. Achten Sie darauf, dass die Daten, die Sie verwenden, genau, verlässlich, relevant, objektiv und zeitnah verfügbar sind. Bemühen Sie sich darum, dass die Betroffenen diesen Informationen ebenfalls vertrauen.

Sorgen Sie dafür, was vor allem bei finanzbezogenen Maßstäben wichtig ist, dass die Betroffenen verstehen, was die Informationen bedeuten und wie sie zustande gekommen sind.

Nachfolgend einige Richtlinien zur Bewertung von Ergebnissen:

- Maßstäbe sollten sich auf Ergebnisse, nicht auf Ziele beziehen.
- Ergebnisse sollte der betroffene Stelleninhaber kontrollieren können.
- Maßstäbe sollten immer objektiv und überprüfbar sein.
- Zur Bewertung von Ergebnissen müssen Daten verfügbar sein.
- Ergebnisse sollten häufig überprüft werden, auf jeden Fall kurz nach dem betreffenden Ereignis.

# OPERATIONS-MANAGEMENT

**Um betriebliche Prozesse effektiv zu steuern, muss sich das Management auf die entscheidenden Faktoren Kosten, Qualität und Lieferservice konzentrieren. Ein auf die Außenwirkung orientiertes Verständnis des Operationsmanagements ist Voraussetzung, um das Unternehmen auf die Kundenbedürfnisse auszurichten.**

Das Management muss wissen, wie die betrieblichen Abläufe organisiert und die entscheidenden Maßnahmen für die verschiedenen Bereiche umgesetzt werden, wie die Wertschöpfungskette funktioniert, und es sollte sich mit dem Beschaffungswesen auskennen. Unabdingbar ist es, einen soliden Produktionsplan zu erstellen, Prognosen auf die Nachfrage zu beziehen und Lagerbestände auf die Kapazität abzustimmen. Von großer Bedeutung ist die Notwendigkeit einer »schlanken« Fertigung, das heißt, Effizienz zu maximieren und unnötige Kosten zu minimieren. Ferner gilt es Wege zu finden, neue Technologien möglichst Gewinn bringend im Unternehmen einzusetzen.

Ein leistungsfähiges Kommunikationssystem ist ebenso wichtig für ein Unternehmen. Alle Mitarbeiter müssen Zugang zu den für sie relevanten Informationen haben.

**IN DIESEM KAPITEL**

# Gestaltung der Wertschöpfungskette

**Das Management der Wertschöpfungskette setzt die Kenntnis der gesamten Leistungsabläufe und der innerbetrieblichen Regeln zur Auftragsdurchführung voraus. Ein Manager sollte wissen, welcher Wert in welchem Abschnitt der Kette hinzugefügt wird, wenn er Ziele und Maßnahmen festlegt, und stets überprüfen, wo Anpassungen notwendig sind.**

### WERTSCHÖPFUNGSKETTE

Die Wertschöpfungs- oder Leistungskette besteht aus verknüpften Prozessen, durch die ein Unternehmen seine Einnahmen erwirtschaftet. Das Management ist für deren reibungslosen Ablauf verantwortlich, indem es die internen Regeln zur Auftragsdurchführung umsetzt und den entscheidenden Input gibt. Der in jeder Phase der Leistungskette geschaffene Wert muss beziffert werden.

### BESCHREIBUNG DER PROZESSTEAMS

Zunächst müssen die Teams, die für die einzelnen Abläufe zuständig sein sollen, definiert werden. Der Input ist stets mit bestimmten Spezifikationen hinsichtlich Qualität und Lieferservice verbunden, weshalb man sich mit dem internen Zulieferer auf entsprechende Maßnahmen verständigen muss. Die Maßnahmen für den Output müssen dagegen mit dem internen Abnehmer abgestimmt werden.

Man muss die Rolle der Produktionsteams innerhalb der internen Abläufe verstehen und außerdem klären, was sie für den externen Abnehmer leisten.

Ferner müssen Sie wissen, welche Kernkompetenzen für die Erfüllung der Kundenbedürfnisse nötig sind. Auch Problemlösungsmethoden *(siehe S. 115)* und Verbesserungen sind unverzichtbar. Sie sollten stets auf die Erfordernisse einer beschleunigten Produktion, kürzerer Stückzeiten und ständiger Qualitätsverbesserung ausgerichtet werden.

Die Prozessteams müssen die entscheidenden Arbeiten hinsichtlich Qualität und Lieferservice durchführen und schaffen dadurch Werte in der Leistungskette.

> **DEFINITIONEN**
>
> **Innerbetriebliche Auftragsdurchführung** *bestimmt Qualität, Lieferservice und Kosten der Prozesse in der Leistungskette.*
>
> **Leistungskette:** *Gesamtheit der Abläufe, durch die Kundenbedürfnisse erfüllt werden; sie bezieht Menschen inner- und außerhalb der Organisation ein.*

### DEN PROZESS UNTERSTÜTZEN

Prozessunterstützungsteams stehen den verschiedenen Prozessteams (Finanzen, Personalentwicklung usw.) in der Leistungskette zur Seite. Auch hier finden die Regeln zur Auftragsdurchführung hinsichtlich Qualität und Lieferservice Anwendung. Diese Regeln können sich auf den Personalbereich, das Finanzwesen oder technische Funktionen beziehen. Regeln zur Auftragsdurchführung sollte man mithilfe von tabellarischen Darstellungen der Teamaufgaben und detaillierter Checklisten zu den Qualitäts- und Liefererfordernissen erarbeiten. Sie ermöglichen eine regelmäßige Kontrolle der Abläufe.

Auch außerhalb der Organisation sollte man mit Prozessteams arbeiten. Das setzt eine flache Hierarchie voraus, in der Arbeitsgruppen entsprechend den auf die Kundenbedürfnisse bezogenen Abläufen organisiert werden. Bei diesem Ansatz müssen auch die Lieferanten, die Vertriebswege und die Verkaufsstellen einbezogen werden.

Mithilfe dieses umfassenden Konzepts lassen sich sowohl Vertriebs- als auch Lieferantenvereinbarungen treffen. Die Leistungskette beginnt daher mit dem Endabnehmer, führt über die Vertriebswege in das Unternehmen, dann zu den Lieferanten und erfasst auch den Forschungs- und Entwicklungsbereich.

Behandeln Sie Subunternehmer wie Prozessteams, die ihre eigenen Qualitäts- und Lieferparameter erfüllen müssen.

### DEN KUNDEN IM BLICK

Alle Prozessteams müssen beschreiben können, was sie tun, weshalb sie es tun und für welche internen Abnehmer ihre Arbeit bestimmt ist – nur so lässt sich auf allen Ebenen eine Konzentration auf den Kunden durchsetzen. Sie müssen auch die Qualitäts- und Lieferparameter darlegen können, nach denen sie arbeiten. Ferner sollten sie sich darum bemühen, Qualität und Lieferservice durch Problemlösung zu verbessern.

Durch die Anwendung dieses Prinzips verschwinden die Unterschiede zwischen den Menschen inner- und außerhalb der Organisation. Es erstreckt sich auf die gesamte Leistungskette: den Einkauf ebenso wie den Vertrieb.

Alle Mitarbeiter des Unternehmens müssen mit Teamaufgabenübersichten und Checklisten ausgestattet werden und sollen darauf bedacht sein, die Leistungsfähigkeit ihrer Einheiten im Hinblick auf die vereinbarten Qualitäts- und Liefermaßnahmen zu verbessern.

### BESTANDTEILE DER WERTSCHÖPFUNGSKETTE

**BESCHAFFUNG**

↓

**LIEFERANTEN**

↓

**HERSTELLUNG**

↓

**VERKAUF**

↓

**VERTRIEBSWEGE**

↓

**KUNDEN**

### ANPASSUNGSPROZESSE

Bei der Anpassung der Unternehmensabläufe wird die Leistungskette neu strukturiert. Aktivitäten, die keinen Wertschöpfungsbeitrag leisten, werden abgestellt. Die bestehenden Abläufe werden für jedes Funktionsteam im Hinblick auf In- und Output sowie die Ressourcenkontrolle aufgezeichnet. Auch diese Erfassung muss beim Endabnehmer beginnen.

In jeder Funktion muss für den Abnehmer zusätzlicher Wert in Bezug auf Qualität und Service geschaffen werden. Bringt ein Prozess keinen Nutzen für den Kunden, sollte man ihn aus der Kette entfernen, um die Abläufe zu straffen.

# Beschaffung und Vertrieb

**Für das Management des Beschaffungswesens benötigt man Rahmenabkommen mit Lieferanten, gleichzeitig muss man lange Lieferzeiten handhaben können. Zur Organisation des Vertriebs gilt es Prognosen umsetzen zu können, den Kundendienst zu optimieren und die Lagerbestände so gering wie möglich zu halten.**

## FESTLEGUNG DER EINKAUFSPOLITIK

Das Beschaffungswesen sollte alle Lieferanten als wichtigen Bestandteil des Unternehmens betrachten.

Ziel muss es sein, langfristige Beziehungen zu Lieferanten aufzubauen, die auf Leistung und nicht allein auf dem Preis beruhen. Das setzt auf beiden Seiten Verständnis für die Abläufe und Erfordernisse und ein gemeinsames Bemühen zu stetiger Qualitätsverbesserung voraus. Der Lieferant muss:

- die Produkterfordernisse kennen,
- den Lieferantenfragebogen ausfüllen,
- technische Unterstützung suchen,
- sich regelmäßig überprüfen lassen.

Anschließend muss man sich auf bestimmte Produktkriterien und Liefermodalitäten einigen. Beide Parteien müssen eine Rahmenvereinbarung entwerfen und sich auf einen Qualitätssicherungsplan verständigen. Darin wird festgelegt, wie eine gleich bleibende Produktqualität gewährleistet werden kann.

In der dritten Phase werden Lieferant und Produkt vom Unternehmen endgültig akzeptiert. Dies setzt voraus, dass der Lieferant einen Qualitätskontrollprozess installiert hat. Üblich ist der Standard ISO 9000. Dann kann das Unternehmen das ausgewählte Produkt durch vereinbarte Tests und eine Lieferantenbeurteilung überprüfen. Abhängig vom Umfang des Auftrags und den verwendeten Technologien muss gegebenenfalls der gesamte Qualitätssicherungsprozess auditiert werden. Der nächste Schritt besteht in der Überwachung der weiteren Entwicklung. Auch Zuverlässigkeitsüberprüfungen sollten kontinuierlich durchgeführt werden.

**Der richtige Umgang mit Lieferanten**
*Lieferanten sind als integraler Bestandteil der Organisation zu betrachten. Es gilt eine vertrauensvolle Zusammenarbeit aufzubauen, die beiden Seiten Vorteile bietet und langfristig den Lieferanten an das Unternehmen bindet.*

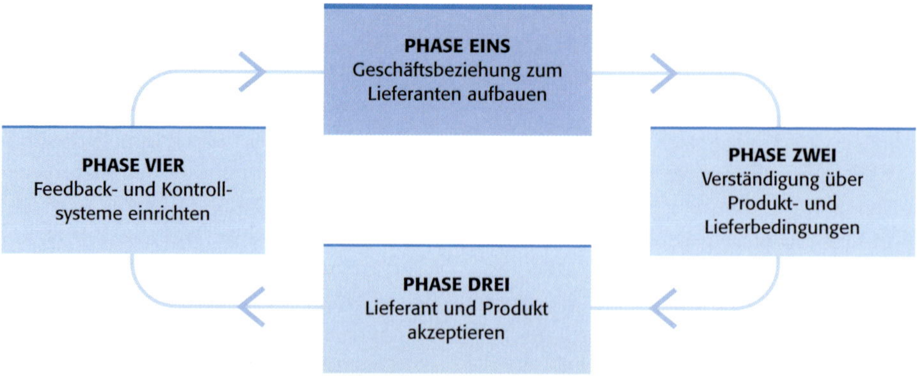

In der vierten Phase richtet man Feedback-Möglichkeiten ein. Spezifische Systeme zur Erfassung von Ausfällen und Fehleranalysen werden aus dem allgemeinen Qualitätsverbesserungsplan abgeleitet. Der Schlüssel zur Lieferantenkontrolle besteht darin, eine langfristige Geschäftsbeziehung aufzubauen, die für beide Seiten von Nutzen ist. Für den Lieferanten bietet dies zahlreiche Vorteile:

- unabhängige Überprüfung seiner internen Qualitätssicherungssysteme,
- schnelles Feedback bei Problemen,
- Praxisinformation über vom Kunden genutzte Produkte,
- Verbesserung der Produktqualität,
- unabhängige Überprüfung der Ausführungsqualität der Erzeugnisse.

Wenn alle Kriterien aus der Rahmenvereinbarung und dem Qualitäts- und Produktionsplan erfüllt sind, kann das Unternehmen dem Partner schließlich den Lieferantenstatus zusprechen (d. h., ihn ohne Inspektion akzeptieren).

## SCHLÜSSELMASSNAHMEN FESTLEGEN

Welche Beschaffungsmaßnahmen ein Unternehmen ergreift, hängt von der Verfügbarkeit der benötigten Ware und seiner Materialbereitstellungsplanung ab. Langfristige Lieferabkommen sind wichtig bei Produkten mit langer Lieferzeit, die mit einem gewissen Risiko behaftet sind, sodass die Partner reibungslos zusammenarbeiten müssen.

Für die Entwicklung neuer Produkte ist ein Lieferabkommen zwingend. Ob ein in der Entwicklung befindliches Produkt einwandfrei ist, können die Entwickler aber erst feststellen, wenn es in das größere System eingebunden ist. Daher muss die Beschaffungsabteilung möglichst flexible Lieferabkommen aushandeln.

Ein gut funktionierendes Distributionswesen erfordert den Abgleich der Prognosen mit der Nachfrage, die Verzahnung des Kundendiensts mit der Auslieferung und eine weit gehende Reduzierung des Lagerbestands.

Die wichtigsten Maßnahmen auf der Vertriebsseite sind die Optimierung der Lagerverwaltung und des Lieferservice für den Endabnehmer. Auch wenn Sie an Verteilerstellen liefern und den Endnutzer gar nicht zu Gesicht bekommen, muss Ihnen bewusst sein, dass die Wahrnehmung des Kunden das entscheidende Kriterium ist. Dies erfordert engen Kontakt mit der Vertriebskette.

Es kommt entscheidend darauf an, Prognosen mit den Vertriebspartnern abzustimmen und eine Verkürzung von Lieferfristen zu erreichen. Rahmenvereinbarungen mit Vertriebspartnern müssen genauso sorgfältig formuliert werden wie langfristige Lieferantenabkommen. Verteilerstellen zu unterhalten lohnt sich nur, wenn sie Werte schaffen; Vertriebspartner sollten daher einen schnellen und effizienten Kundenservice bieten. Außerdem brauchen Sie ein Überwachungssystem, um die Prognosen auf die tatsächliche Entwicklung abzustimmen.

Die gesamte Kommunikation in der Beschaffungs- und Vertriebskette sollte über das Internet bzw. Intranet zugänglich sein. So können Informationen in Echtzeit schnell und relativ preiswert von allen Beteiligten genutzt werden.

### DEFINITION

**ISO 9000:** *International anerkannte Norm für die Qualität von Systemen. Viele Großunternehmen bestehen auf einer ISO-Zertifizierung ihrer Lieferanten.*

# Produktionsplanung

**Produktionsplanung setzt genaue Prognosen voraus. Sie umfasst eine Produktionsprozessplanung, eine Materialbereitstellungsplanung und eine Optimierung der Lagerverwaltung: Bestände sind auf das nötige Minimum zu reduzieren, Kapazitäten zu belegen und Maßnahmen umzusetzen.**

## PRODUKTIONSPROZESSPLANUNG

Die Produktionsprozessplanung stimmt die Prognosen auf den kurzfristigen Bedarf ab und legt genau fest, was jeder Mitarbeiter im Planungszeitraum zu tun hat.

Wird das Material entsprechend einer Produktionsprozessplanung bereitgestellt, erfolgt sein Verbrauch in der richtigen zeitlichen Abfolge und die Fertigung verläuft nach den Erfordernissen des Systems. Weil bei der Erstellung einer Produktionsprozessplanung auch die Kapazitäten berücksichtigt werden, überschreitet der Bedarf für die in Woche eins vorgesehene Produktion nicht den Bestand an verfügbaren Arbeitskräften und/oder Ausrüstung. Innerbetriebliche Abnehmer (Kundendienst/Entwicklung/Vertrieb) können sich zudem auf eine termingerechte Lieferung von Produkten, Bauteilen oder Rohstoffen verlassen.

## SCHLÜSSELFAKTOREN ERKENNEN

Darüber hinaus sorgt eine Produktionsprozessplanung dafür, dass Fertigungsbestandteile stets in ausreichender Zahl zur Verfügung stehen. Zum anderen stellt sie sicher, dass die für die Produktion in der jeweils nächsten Woche erforderlichen Kapazitäten vorhanden sind.

Die wichtigsten Messgrößen sind der Prozentsatz an Fertigungsbestandteilen, die für die Produktion der Woche eins nicht verfügbar waren, und der Prozentsatz der geplanten, aber nicht fertig gestellten Produktion für Woche eins. Die erfolgreiche Implementierung eines Systems zur Produktionsprozessplanung setzt Folgendes voraus:

**Beispiel einer Produktionsprozessplanung**
*Dieses Schema zeigt den typischen Ablauf bei der Vorbereitung und Herstellung eines Produkts, wobei kontinuierliche Überwachungsmechanismen (kurz- wie langfristiger Art) eingebaut wurden.*

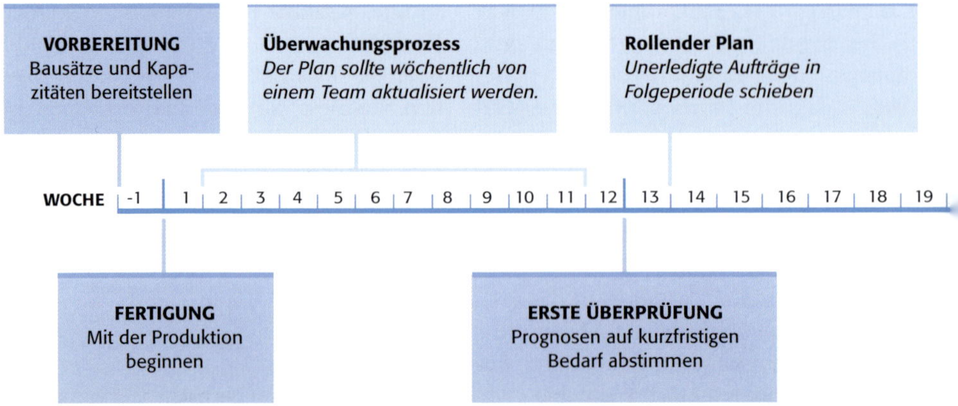

**Effektive Prognosen**

Um eine fristgerechte Lieferung zu gewährleisten, müssen aussagekräftige Prognosen erstellt werden, die zukunftsweisend sein sollten. Man kann für alle Produkttypen Prognosen entwickeln, sofern genügend substanzielle Informationen zur Verfügung stehen. Prognosen müssen regelmäßig überprüft und angepasst werden, damit das Unternehmen schnell auf Marktveränderungen reagieren und überhöhte Lagerhaltung oder inakzeptable Lieferfristen vermeiden kann.

**Produkte ohne Prognosen**

Für Produkte, deren Lieferzeitraum nicht von der Produktionsprozessplanung abgedeckt wird, deren Beschaffungs- und Produktionszeit den Planungszeitraum überschreitet, muss keine Prognose erstellt werden. Diese Aufträge müssen ins System eingegeben werden, damit das nötige Material beschafft werden kann.

Auch der Liefertermin, der dem Kunden mitgeteilt wird, sollte realistisch sein. Wird das Produkt in die Produktionsprozessplanung aufgenommen, gilt dieses Datum als verbindlicher Termin.

Um sicherzustellen, dass Liefertermine eingehalten werden können, sollten Sie die Beschaffungszeiten des Materials genau analysieren. Produkte, deren Beschaffungszeiten außerhalb des Rahmens der Produktionsprozessplanung liegen, können Sie in einen zusätzlichen langfristigen Plan aufnehmen, der jedoch den Zeitraum von 30 Wochen nicht überschreiten sollte. Durch Überwachung des langfristigen Plans wird gewährleistet, dass notwendige Veränderungen der Produktionskapazität vom Management so früh wie möglich erkannt und die nötigen Ressourcen beschafft werden können.

Durch Anpassungen des langfristigen Plans lassen sich zudem größere Schwankungen der projektierten wöchentlichen Produktionsmenge vermeiden.

Schließlich sollten Sie gegebenenfalls Prioritäten beim Einkauf von Fertigungsbestandteilen mit langen Beschaffungszeiten festlegen. Wenn die im langfristigen Plan vorgesehenen Lieferfristen für solche Güter vom Markt nicht akzeptiert werden, wäre zu erwägen einige dieser Komponenten auf Lager zu nehmen.

Rücken Produkte/Prognosen aus dem Langfristplan in den Zeithorizont der Produktionsprozessplanung, werden sie in diese aufgenommen. Sie verpflichten sich dadurch das Produkt in einer bestimmten Weise zu einem festen Termin herzustellen, wodurch einerseits Kosten verursacht werden, aber auch, was Ziel Ihrer Arbeit ist, ein messbarer Wert geschaffen wird.

Werden Erzeugnisse bestellt, für die es keine Prognosen gibt und deren Beschaffungs- und Herstellungszeit in den Rahmen der Produktionsprozessplanung fällt, können sie in diese aufgenommen werden, vorausgesetzt die nötigen Kapazitäten stehen bereit oder können verfügbar gemacht werden.

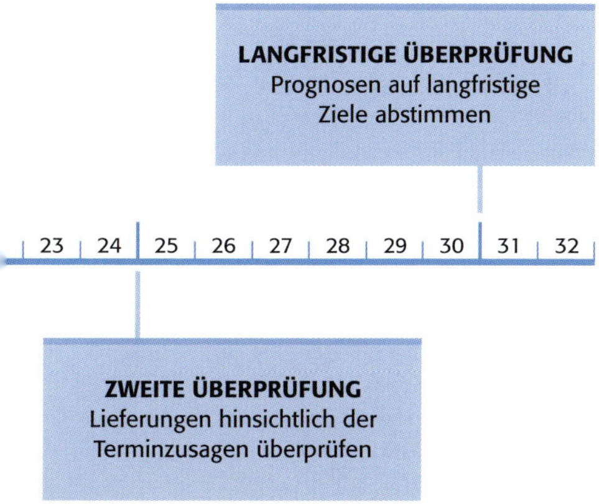

**Kapazitätsplanung**

Man muss die Kapazitäten überblicken, damit sich durch die Produktionsprozessplanung keine Ressourcenkonflikte ergeben. Kapazitätenkonflikte treten meist hinsichtlich der Arbeitskräfte, der Lieferanten und (in geringerem Ausmaß) der Prüfeinrichtungen auf. Die Kapazität lässt sich anhand der wöchentlichen Lieferungen des Vormonats grob abschätzen.

Geplante Kapazitätenkonflikte sind zulässig, sofern ein Engpass vor Beginn von Woche eins behoben ist. Beseitigen Sie alle Kapazitätenprobleme, die das Unternehmen daran hindern könnten, den Erwartungen der Kunden zu entsprechen.

**Bereitstellung**

Richten Sie ein »Bereitstellungslager« ein, damit die benötigten Fertigungsbestandteile für die Produktion rechtzeitig und in der erforderlichen Menge verfügbar sind. Vordringlich ist es, sich auf die Komponenten für Woche eins und zwei zu konzentrieren und bei Engpässen sofort konsequente Beschaffungsmaßnahmen einzuleiten. Nehmen Sie das Bereitstellungslager in Betrieb, bevor Sie zur allgemeinen Lagerhaltung zurückkehren. Dadurch können zugewiesene Teile entsprechend eingeordnet werden, bevor die nicht zugewiesenen Teile in das allgemeine Lager gehen. Das Bereitstellungslager ist jedoch keine langfristige Lösung. Sobald Engpässe weitgehend ausgeschaltet sind, wird es zunehmend verzichtbar.

**Datenintegrität**

Da es während der Umsetzung der Produktionsprozessplanung nicht möglich ist alle Daten auf Korrektheit zu prüfen, könnten bezüglich Lagerhaltung und Beschaffungszeiten Probleme bei der Datenintegrität auftreten. Unverzichtbar ist die absolute Genauigkeit des Lagerbestands. Die Zahlen zu den übrigen Bereichen sollte man regelmäßig überprüfen.

## MUSTER EINER PRODUKTIONSPROZESSPLANUNG

Die Produktionsprozessplanung muss wöchentlich überprüft und angepasst werden, am besten durch ein dafür geschaffenes Komitee. Sie sollte danach ausgerichtet werden, dass:

- externe Kundenbestellungen zu dem in der Auftragsbestätigung vermerkten Termin ausgeliefert werden,
- interne Anforderungen zum versprochenen Termin bedient werden (fertige Produkte, Fertigungsbestandteile, Material für die Entwicklungsabteilung),
- die Ressourcen optimal genutzt werden und keine Unterauslastung auftritt.

Die ideale Situation wäre: Keine Überwälzung aus der vorangegangenen Woche; alle Prognosen durch Kundenbestellungen und interne Anforderungen erfüllt; keine dringenden Kundenbestellungen, die zu unvorhersehbaren Lieferengpässen führen; keine Kapazitätsbegrenzungen, alle Materiallieferungen erfolgen zum vereinbarten Termin und es treten auch keine Qualitätsprobleme auf.

In der Praxis jedoch werden in allen Bereichen größere oder kleinere Probleme auftreten. Das Planungskomitee wird daher Kompromisse schließen müssen.

Es sollte möglich sein, die Planungsvorgaben in Woche eins absolut umzusetzen und in Woche zwei höchstens minimale Abweichungen zuzulassen. Doch im weiteren Verlauf wird der Anpassungsbedarf zunehmen. Eine Anpassung um bis zu 20 Prozent dürfte für das Ende der Planungsperiode erforderlich sein.

Das Komitee sollte dafür sorgen, dass Kopien der aktualisierten Planung wöchentlich an alle betroffenen Abteilungen des Unternehmens (Lager, Produktion, Beschaffung, Entwicklung und Planung) verteilt werden.

# »Schlanke« Fertigung

**Mit dem Konzept der »schlanken« Fertigung verbinden sich zwei Fragen: Wie lassen sich die Kosten für Zeit- und Materialverschwendung erfassen? Und wie kann man im Unternehmen Verbesserungsmaßnahmen für eine »Verschlankung« der operativen Abläufe einführen?**

## BEDEUTUNG DER QUALITÄTSKOSTEN

Die Ermittlung der Qualitätskosten ist eine hilfreiche Methode zur Überwachung der realen Auswirkungen einer Nichterfüllung von Erfordernissen. Die durch diese Nichterfüllung verursachten Kosten müssen gemessen werden – in Euro, nicht in Statistiken oder Prozentangaben. Die ermittelte Summe liefert eine Handhabe zur Festsetzung von Prioritäten und eine Begründung für Maßnahmen zur Behebung der ursächlichen Probleme.

Überprüft man etwa 20 Produkte, die nachgebessert werden mussten, zeigt sich vielleicht, dass zwar nur zwei besonderer Aufmerksamkeit bedurften, diese jedoch 80 Prozent der Zusatzkosten verusachten. Erfahrungsgemäß gibt es kein »wirtschaftliches Qualitätsniveau«, also keinen akzeptablen Ausgleich zwischen Qualität und Kosten. Es ist immer wirtschaftlicher, wenn kein Fehler auftritt. Man unterscheidet zwei Qualitätskosten:

- Fehlerverhütungskosten: Kosten, die durch präventive Maßnahmen anfallen.
- Fehlerfolgekosten: Kosten, die durch Fehler verursacht werden.

## BEDEUTUNG DES PROBLEMS

Ein typischer Produktionsbetrieb vergeudet 20 bis 25 Prozent seiner Gesamterlöse durch Fehlerfolgekosten. Bei einem Dienstleistungsunternehmen kann dieser Anteil bis zu 40 Prozent betragen. Gezielte Verhütungsmaßnahmen können zu einer deutlichen Senkung dieser Kosten führen. Oft wird angenommen, Qualitätskosten bezögen sich nur auf das Produkt, das der Abnehmer zu Gesicht bekommt. Doch die Ermittlung der Qualitätskosten spielt bei allen Tätigkeiten innerhalb eines Unternehmens eine wichtige Rolle. Alles, was nicht sofort richtig gemacht wird – etwa unzureichend vorbereitete Besprechungen oder unbeantwortete Telefonate – verursacht Qualitätskosten.

Diese Fehlerfolgekosten multiplizieren sich, wenn mehrere Abläufe aufeinander aufbauen, denn ein Fehler in einem frühen Prozess verursacht deutlich höhere Kosten, wenn er erst in einem späteren Stadium behoben wird. So kann etwa ein Schreibfehler in einem Angebot noch kostengünstig korrigiert werden, wenn er gleich erkannt wird. Bleibt der Fehler jedoch zunächst unkorrigiert, müssen später mehr Abteilungen, mehr Menschen und mehr Systeme in Anspruch genommen werden, um die Folgen dieses Fehlers zu beheben. Die Kosten steigen.

Zu den tatsächlich entstandenen Kosten kommen noch Kosten für verpasste Chancen. Wie viel Umsatz geht verloren aufgrund zu langer Reaktionszeiten, Irrtümer oder eines negativen Images?

Ein Manager muss sich dieser Kosten stets bewusst sein, sollte aber nicht versuchen sie zu bewerten. Sinnvoller ist es sich auf die Behebung sichtbarer Fehler zu konzentrieren. Werden diese Unzulänglichkeiten beseitigt, reduzieren sich die Einbußen durch entgangene Umsätze automatisch.

### QUALITÄTSKOSTENMETHODE

Durch Datensammlung lassen sich die wichtigsten Messgrößen ermitteln. Man richtet eine Arbeitsgruppe ein, die einen Ansatz zur Kostenerfassung entwickelt. Wenn diese Methode akzeptiert worden ist, sollte sie auf das gesamte Unternehmen angewendet werden. Am Ende kann man die Qualitätskosten beziffern.

Das erste Modell wird wahrscheinlich noch nicht alle Kosten erfassen. Das liegt daran, dass zur Identifikation von Kosten für die Fehlervermeidung und die Behebung von Fehlerfolgen alle Beschäftigten des Unternehmens einbezogen werden müssen und ihr Bewusstsein für Kosten verursachende Faktoren meist erst noch geschärft werden muss. Demonstrative Unterstützung durch das Management kann sehr hilfreich sein.

### ANALYSEN ERSTELLEN

Mithilfe der unterschiedlichsten modernen Qualitätssicherungstechniken kann man Ausfallursachen identifizieren. Sind sie erkannt, können Problemlösungsteams eingesetzt werden, die ihnen nachspüren und Verbesserungen in die Wege leiten. Diese Arbeitsgruppen werden aus der Gesamtheit der Beschäftigten rekrutiert und speziell dafür ausgebildet, erkannte Probleme zu lösen.

## Forschung und Entwicklung

**Um Forschung und Entwicklung im Unternehmen Gewinn bringend zu nutzen, muss das Management zunächst die Produktentwicklung in die operativen Prozesse einbeziehen. Es liegt ein großer Unterschied zwischen der Entwicklung von Technologien und ihrer Anwendung für bestimmte Produkte und Dienstleistungen.**

### PRODUKTENTWICKLUNG INTEGRIEREN

Die Integration der Produktentwicklung in die operativen Abläufe ist größtenteils eine Frage der Unternehmenspolitik, die vom oberen Management festgelegt wird. Diese Politik lässt sich danach beurteilen, wer als verantwortlich angesehen wird für die Entwicklung neuer Produkte. Wird die Verantwortung allein der »Technik« oder dem »Forschungs- und Entwicklungsteam« zugewiesen, stimmt etwas nicht. Die richtige Politik bezieht jeden Mitarbeiter in diesen Prozess mit ein.

Bei der Integration kommt es darauf an, dass die Strukturen und Abläufe zur Implementierung neuer Produkte alle Mitarbeiter des Unternehmens berücksichtigen. Daher muss die passende Struktur von einem Produktmanager erstellt werden, der mit Vertretern aller Abteilungen in einem Team die Produkteinführung organisiert. Alle Betroffenen können so, mittels Feedback, das Entwicklungsteam über die spezifischen Erfordernisse informieren, die sich aus ihrer Erfahrung mit den Abnehmern und aus dem Umgang mit vorhandenen Produkten im Alltagsgeschäft ergeben.

Diese Herangehensweise unterscheidet sich grundlegend von der herkömmlichen Praxis, bei der neue Produkte von der Entwicklungsabteilung an die Herstellung und von dort an die übrigen Abteilungen weitergereicht werden. Durch den innovativen Ansatz dagegen werden neue Pro-

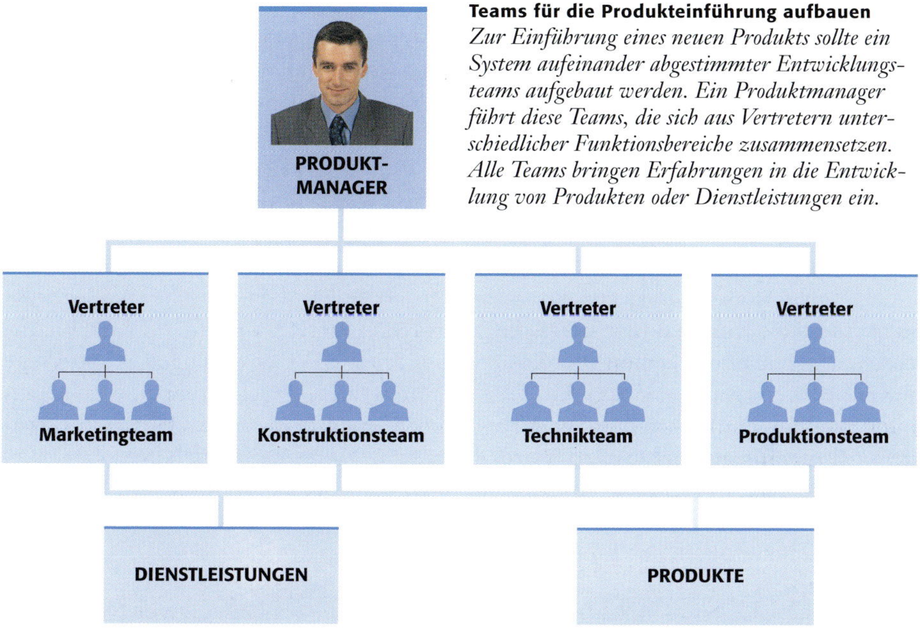


**Teams für die Produkteinführung aufbauen**
*Zur Einführung eines neuen Produkts sollte ein System aufeinander abgestimmter Entwicklungsteams aufgebaut werden. Ein Produktmanager führt diese Teams, die sich aus Vertretern unterschiedlicher Funktionsbereiche zusammensetzen. Alle Teams bringen Erfahrungen in die Entwicklung von Produkten oder Dienstleistungen ein.*

dukte zu einem ebenso grundlegenden Bestandteil des Unternehmens wie die vorhandenen. Der einzige Unterschied besteht darin, dass am Anfang für die Produkttests ein größerer Aufwand nötig ist und durch strenge Qualitätsprüfungen die Serienreife sichergestellt wird. Alle Informationen werden mit den wichtigen Lieferanten und, falls nötig, den Vertriebspartnern und den Kunden geteilt. Je näher man den Kunden ist, desto besser wird das Produkt werden.

### EINSATZ VON CHECKLISTEN

Für jede Einzelfunktion sollte eine Produkteinführungs-Checkliste erstellt werden, in der exakt aufgeführt wird, welche In- und Outputs im Hinblick auf technische Spezifikationen, Qualität, Kosten und Lieferservice erfolgen müssen. Phasenweise Überprüfungen sind nicht nötig. Der Produktmanager muss prüfen, ob die zeitlichen, qualitäts- und funktionalitätsbezogenen Erfordernisse erfüllt werden, und dafür sorgen, dass die nötigen Ressourcen bereitgestellt werden, um die Qualitätsstandards zu gewährleisten.

### TEAMAUFGABEN DEFINIEREN

Für alle Teams sollen Aufgabendiagramme erstellt werden, in denen die Verantwortlichkeiten bei der Produkteinführung exakt dargestellt sind und anhand derer sie ihre Leistungen in Bezug auf die vereinbarten Standards überprüfen können. Das gilt für den Personal-, Ausbildungs- und Finanzbereich ebenso wie für andere Abteilungen, die normalerweise nicht mit Produkteinführungen befasst sind.

Gelingt es etwa der Personalabteilung nicht, die nötigen Fachkräfte bereitzustellen, kommt die Produktentwicklung nicht voran. Bezahlt die Buchhaltung Lieferanten nicht pünktlich, dann fehlt der

Fertigung möglicherweise bald Material. Versäumen es die Ausbilder, die Beschäftigten entsprechend zu qualifizieren, leidet die Qualität der technischen Planung und Entwicklung – und dadurch auch die Qualität der Produkte.

### GESAMTPRODUKT VERSTEHEN

Der Beitrag der einzelnen Mitarbeiter zu einem neuen Produkt lässt sich am »Gesamtprodukt« ermessen, das der Kunde zu Gesicht bekommt. Dazu gehören:

- das Kernprodukt (Funktionalität, Servicequalität, die Wahrnehmung der Abnehmer hinsichtlich Lieferservice, Leistung und Kundendienst),
- der Mehrwert (der Nutzen, den die Endabnehmer durch das Produkt erwerben),
- der Beziehungsfaktor (Kunden an sich binden und ihnen helfen ihre Bedürfnisse so gut wie möglich zu erfüllen).

Häufig wird in den Unternehmen nicht zwischen Technologieentwicklung und Produkteinführung unterschieden. Technologieentwicklung bezieht sich auf die grundlegenden technologischen Erfordernisse, die vom Unternehmen erfüllt werden müssen, um sein Geschäft aufrechtzuerhalten. Dazu benötigt man Personal, das technische Kompetenz besitzt, sich aber nicht spezifisch mit Produkteinführungen, Programmmanagement oder Produkten befasst.

Entscheidend ist die Vorgabe einer richtungsweisenden Strategie durch die Führungsebene. Bevor man sich auf die Technologieentwicklung konzentrieren kann, muss das Management wissen, wer die Abnehmer sind und welche Produkte man produzieren will. Technologie kann auch von Dritten oder Forschungsorganisationen entwickelt werden, aber man muss Technologieentwicklungseinheiten einrichten, die sich so schnell wie möglich, das heißt möglichst umgehend, mit einem neuen Produkt befassen können.

Das ist unabhängig von der Art des Unternehmens. Es geht allein darum, zu verstehen, wie eine Technologie unter Berücksichtigung der spezifischen Kundenerfordernisse für ein Produkt oder eine Dienstleistung eingesetzt werden kann. Dazu braucht man Mitarbeiter, die sich hauptsächlich mit der Entwicklung der Technik beschäftigen und die Produktteams zu gegebener Zeit unterstützen können. Sie sind jedoch nicht für die zeitlichen Abläufe oder für das Gesamtprodukt zuständig; die Verantwortung dafür liegt bei der Unternehmensorganisation im Ganzen.

### LEISTUNGSMESSUNG

Die wichtigsten Messgrößen für die Unternehmensleistung sind zum einen die Lieferzuverlässigkeit, die sich unmittelbar auf die in der Umsatzprognose erwarteten Einnahmen auswirkt, zum anderen die Qualität, die sich vor allem durch die sofortige Nutzbarkeit eines Produkts durch den Abnehmer ausdrückt.

Beide Messgrößen hängen von der Art der Branche ab, beziehen sich aber stets entweder auf Lieferservice oder Qualität. Reaktionen der Kunden sollten allen Mitarbeitern in vollem Umfang zugänglich gemacht werden, sodass alle Beschäftigten erkennen können, welche Maßnahmen zur Behebung von Problemen ergriffen werden müssen, und durch ihr Feedback zur ständigen Verbesserung neuer Produkte oder Dienstleistungen beitragen können.

Durch das Konzept des »Gesamtprodukts« und die Teamaufgabendiagramme wird allen Beteiligten deutlich gemacht, welche Maßnahmen nötig sind und worin ihre jeweiligen Aufgaben bestehen.

# Einsatz neuer Technologien

**Um neue technologische Entwicklungen nutzbringend anzuwenden, muss man wissen, wie man sie strategisch im Unternehmen einsetzen kann. Auch ist es wichtig zwischen produkt- und prozessbezogenen Technologien deutlich zu trennen und deren unterschiedliche Anwendungsmöglichkeiten zu kennen.**

### TECHNOLOGIEANWENDUNG

Für die strategische Weiterentwicklung eines Unternehmens ist der Einsatz von Technologien von entscheidender Bedeutung. Eine Technologie muss dem Unternehmen helfen, d. h., das Unternehmen muss die Technologie vorantreiben, nicht umgekehrt. Eine gute Technologie zu installieren genügt nicht: Ein Unternehmen muss seine Ideen auch wirtschaftlich effektiv umsetzen.

Technologien kommen in vier Bereichen zur Anwendung:

- der strategischen Leitung,
- der Entwicklung von Produkten und Erschließung von Märkten für die nächsten drei Jahre,
- der Entscheidung, wo mit diesen Produkten oder auf diesen Märkten Gewinne erzielt werden können,
- der Zielfestlegung für ein Produkt.

### PRODUKTBEZOGENE TECHNOLOGIEN

Die Produktziele werden durch die Interaktion mit den Abnehmern bestimmt. Man muss wissen, wie die Technologie im Interesse bestehender und neuer Kunden eingesetzt und auf die Produkte und Verfahren angewendet werden kann, die diesen Kunden nutzen. Zudem muss sichergestellt werden, dass alle, die für die Entwicklung neuer Produkte und Verfahren verantwortlich sind, sich diesen Zielen verpflichtet fühlen.

Beim Einsatz einer produktbezogenen Technologie besteht der erste Schritt darin, die Entwicklung der Technologie vom Projektmanagement für spezifische Produkte zu trennen. Begabte Technologieentwickler sind nicht notwendigerweise auch am besten dafür geeignet, ein Projekt im System voranzutreiben.

In vielen Unternehmen gibt es ein Kernteam, dessen alleinige Aufgabe darin besteht, die grundlegenden, für unverzichtbar erachteten Technologieentwicklungseinheiten aufzubauen, wofür meist ein Zeitraum von drei Jahren oder mehr veranschlagt wird. Die Technologieentwicklung muss sich an den Produkterfordernissen orientieren und von Technikern durchgeführt werden, die diese Aufgabe entweder allein oder zusammen mit strategischen Partnern bewältigen können.

### PROZESSBEZOGENE TECHNOLOGIEN

Prozesstechnologie, die durch Computer Innovationen herbeiführt, orientiert sich völlig an den Bedürfnissen der Abnehmer. Im Unternehmen gibt es einen Prozess, dem zentrale Bedeutung zukommt: die Organisation der Leistungskette.

Die Automation und die Systeme werden durch Regelungen zur Auftragsdurchführung auf die Erfüllung der Markterfordernisse ausgerichtet. Die beste Lösung ist, an der Spitze eine flexible Produktionsprozessplanung und andere auf Menschen bezogene Systeme einzurichten. Sich auf mündlich verabredete Verfahren zu verlassen reicht im 21. Jahrhundert nicht mehr, um den Bedürfnissen der Endnutzer gerecht zu werden. Es müssen internetbasierte Systeme geschaffen werden, um zu gewährleisten, dass die gewünschten Informationen zum gewünschten Zeitpunkt bereitstehen. Das Internet ermöglicht eine Geschwindigkeit und Flexibilität, die die Gestaltung der Informationssysteme in einer Organisation entscheidend beeinflussen.

### GRUNDERFORDERNISSE

Bei der Technologieentwicklung kommt es auf Geschwindigkeit und Effektivität an. Wie schnell können internetbasierte Systeme aufgebaut und wie gut können sie auf die Kundenbedürfnisse ausgerichtet werden? Wie reibungslos können sich die Technologieentwicklungseinheiten auf neue Produkte einstellen?

# Information und Kommunikation

**Erfolgreiche Abläufe setzen eine transparente Informationspolitik voraus. Nur dann lässt sich eine kundenorientierte, teambezogene und durch Wissensaustausch geprägte Organisation schaffen. Es gilt strategische Aktionspläne zu implementieren, das Internet zu nutzen und Fortschritte kontinuierlich zu überwachen.**

### STRATEGISCHER AKTIONSPLAN

Zunächst muss sich das Managementteam auf den strategischen Aktionsplan verständigen. Dieser soll sich auf die drei Bereiche Kunden, Prozesse und Personal erstrecken. Sind die wichtigsten strategischen Aktionen festgelegt, muss gewährleistet werden, dass alle Manager und Teams über die entscheidenden Maßnahmen für den Team-Output informiert sind. Funktionelle Aktivitäten können nur Qualität, Lieferservice und Kosten beeinflussen, weshalb alle Maßnahmen auf diese Tätigkeiten bezogen werden sollten. Auch die Messung der Leistungen sollte folgende drei Bereiche abdecken:

- Qualität,
- Lieferservice,
- Kosten der Operation.

Die Ergebnisse des strategischen Aktionsplans werden durch die Verwendung von Aufgabendiagrammen ermittelt. Dann können mit den internen Abnehmern Regelungen zur Auftragsdurchführung vereinbart werden. Ähnliches gilt für die Personalabteilung, die Ausbildung und die übrigen Unternehmensbereiche, von denen die Leistungskette gebildet wird.

Regeln zur Auftragsdurchführung beziehen sich auf Qualität und Lieferservice, während die Kosten durch die »Ausschusskosten« definiert werden, die man in Materialverbrauch und Zeit misst. Maßnahmen müssen transparent sein, um rasche Verbesserungen herbeizuführen. Daher sollten alle Aufgabendiagramme und Regeln bezüglich der Auftragsdurchführung im Intranet abrufbar sein. Alle Mitarbeiter können sich somit über die Arbeit der Funktionsteams informieren, sodass es eigentlich nicht mehr zu internen Missverständnissen kommen dürfte. Auch hat das Managementteam Zugriff auf die wichtigsten Ergebnisse, die nach den Vorgaben des strategischen Aktionsplans erreicht werden müssen.

Zwangsläufig werden einige Maßnahmen hinsichtlich Lieferservice und Qualität nur unvollständig umgesetzt werden können. Deshalb ist das unternehmensweite Problemlösungssystem so wichtig. Alle Funktionsteams sollen regelmäßig über die Probleme diskutieren, die einer Erreichung der Kosten-, Liefer- und Qualitätsziele im Weg stehen. Es lassen sich drei Problemgruppen unterscheiden:

- vollständig unter Kontrolle des Teams (Typ V),
- teilweise unter Kontrolle des Teams (Typ T),
- nicht unter Kontrolle des Teams (Typ N).

Alle Funktionsteams sollen an Problemen vom Typ V arbeiten und bestrebt sein ihre Leistungen ständig zu verbessern durch Tätigkeiten, die sich vollständig unter ihrer Kontrolle befinden.

Ferner muss es eine Struktur für die Lösung von Typ-T-Problemen geben, die über die Funktionsteams hinausreichen: Alle Gruppen werden verpflichtet sich gegenseitig zu unterstützen. Handelt es sich jedoch um ein vielschichtiges und multifunktionales Problem, bedarf es eines »Korrektiv-Aktionsteams«. Dieses sollte sich regelmäßig zusammensetzen, um Probleme zu lösen, die mehrere Funktionen und Prozesse betreffen.

Probleme vom Typ N werden dem Managementteam anvertraut, das dafür zuständig ist, anderen bei der Erreichung ihrer Ziele zu helfen, und über vielfältige Problemlösungstechniken verfügt. Allen Führungskräften sollten eigene Seiten im Intranet zur Verfügung stehen. So können sie ihre Beiträge den Mitarbeitern zur Verfügung stellen und dafür sorgen, dass alle über die Abläufe Bescheid wissen.

### WISSEN TEILEN

Alle Mitarbeiter sind zu informieren über:

- Unternehmensstrategien,
- Produkte und Markterfordernisse,
- erzielte Fortschritte,
- die finanzielle Situation der Firma,
- die Erfordernisse für eine Leistungsverbesserung.

Früher waren diese Informationen oft dem Management vorbehalten. Inzwischen weiß man, dass die organisatorische Effizienz und die Mitarbeiterzufriedenheit deutlich gesteigert werden können, wenn die Beschäftigten über alle diese Angelegenheiten weit gehend informiert sind. Wenn man Wissen teilt, gewinnen alle und nicht zuletzt auch der Kunde.

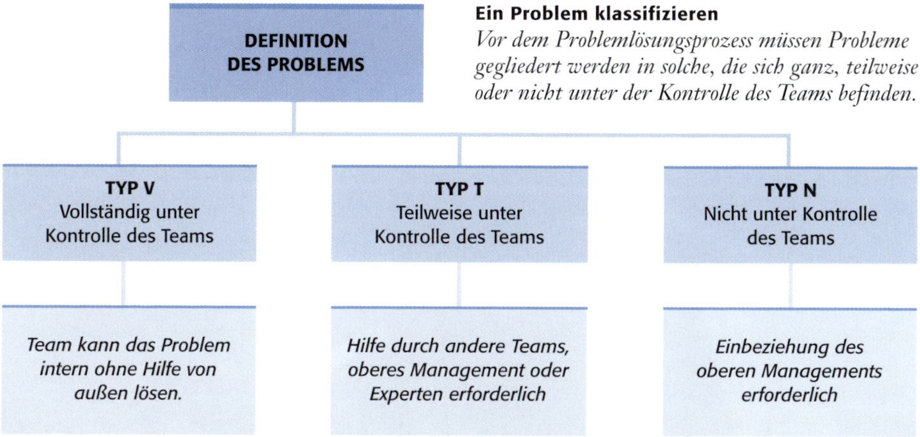


**Ein Problem klassifizieren**
*Vor dem Problemlösungsprozess müssen Probleme gegliedert werden in solche, die sich ganz, teilweise oder nicht unter der Kontrolle des Teams befinden.*

# MARKETING UND VERTRIEB

**Marketing treibt das Wachstum von Unternehmen voran. Es ist das Nervenzentrum jeder wirtschaftlichen Aktivität und bildet zusammen mit dem Vertrieb den Kern aller Handlungen eines Unternehmens im Wettbewerb. Dem Marketing liegt die Erkenntnis zugrunde, dass Gewinne nur durch die Kunden, nicht durch Produkte oder Dienstleistungen erzielt werden.**

Ein Unternehmen ist erfolgreich, wenn es die Bedürfnisse der Kunden kennt und sie zu befriedigen versteht sowie vermitteln kann, dass sein Angebot dem der Konkurrenz überlegen ist. Kunden sind Wettbewerbsvorteile. Marketing und Vertrieb sollen den für die Kunden geschaffenen Wert optimal darstellen und maximieren.

Manager müssen die Rolle des Marketings in der Organisation und die Bedeutung von Marketinginformationen verstehen. So können Marketingstrategien verfeinert und Planungen und deren Umsetzung verbessert werden. Erfolgreiche Marketingoperationen beruhen auf gelungener Marketingkommunikation und einer starken Marktposition, aber letztlich hängt geschäftlicher Erfolg von der richtigen Organisation von Marketing und Vertrieb ab und davon, den passenden Marketingmix zu finden.

**IN DIESEM KAPITEL**

# Die Rolle des Marketings im Unternehmen

**Das Marketing muss zielorientiert sein, um effektiv zu wirken. Es richtet die Ressourcen des Unternehmens auf die gewinnversprechendsten Geschäftsmöglichkeiten aus. Außerdem befasst es sich mit der Befriedigung von Kundenwünschen und der Suche nach neuen Geschäftsfeldern.**

## ANGEBOT UND NACHFRAGE

Marketing lässt sich als ein Prozess definieren, der die personellen, finanziellen und physischen Ressourcen eines Unternehmens auf die Bedürfnisse seiner Kunden ausrichtet. Den Rahmen dafür bildet seine allgemeine Wettbewerbsstrategie. Wenn Ihr Unternehmen also den Kunden eine adäquatere Erfüllung ihrer Bedürfnisse anbieten kann, genießen Sie einen Wettbewerbsvorteil.

Dieser Abstimmungsprozess ist komplex und schwierig, da man dabei mehrere Variablen unter einen Hut bringen muss. Einige dieser Variablen, wie etwa Verfügbarkeit, Erschwinglichkeit und Angemessenheit, lassen sich durch das Unternehmen kontrollieren, andere jedoch nicht, wie etwa die Zinssätze, Gesetzesänderungen oder Modetrends. Die Erwartungen der Konsumenten und Ihr Angebot erfolgreich aufeinander abzustimmen erfordert daher bedachtes und planvolles Vorgehen.

Außerdem muss man den richtigen Marketingmix finden und das Marketingumfeld ständig beobachten. Unter Marketingmix versteht man die Kombination der marketingpolitischen Instrumente, die Sie nach eigenem Ermessen gestalten können und die Ihr Angebot ausmachen, also das »Paket« aus Vorteilen und Lösungen, die Sie dem Kunden anbieten und die über die reinen Produkteigenschaften hinausgehen. Das Marketingumfeld ist die Gesamtheit der unkontrollierbaren Variablen, innerhalb derer sich das Marketing vollzieht.

## MARKETINGMIX BESTIMMEN

Wichtigste Aufgabe des Marketings ist es, den Marketingmix im Kontext des Marketingumfelds erfolgreich zu handhaben. Eine gelungene Abstimmung ist erreicht, wenn der Kunde zufrieden ist und die Ressourcen des Unternehmens effizient eingesetzt wurden.

Der Marketingmix setzt sich gewöhnlich aus vier Elementen zusammen: Produkte bzw. Dienstleistungen, Preis, Werbung und Distribution. Für eine erfolgreiche Kombination dieser Instrumente sind folgende Kriterien zu beachten:

- Die Kunden müssen Ihr Produkt (oder Ihre Dienstleistung) kennen.
- Das Produkt muss für die Kunden leicht zugänglich sein.
- Das Preis-Leistungs-Verhältnis muss Ihren Kunden attraktiv erscheinen.

Wird eines dieser Kriterien nicht erfüllt, kommt es nur schwer zu Umsätzen oder einer längeren Geschäftsbeziehung. Effizientes Marketingmanagement verbindet die Elemente Produkt, Preis, Werbung und Distribution zu einem einheitlichen Ganzen, das in der richtigen Kombination und zum richtigen Zeitpunkt der Zielgruppe präsentiert wird. Der richtige Marketingmix wird beeinflusst von der

| | |
|---|---|
| **PRODUKT (DIENSTLEISTUNG)**<br>Kann sich in Bezug auf Qualität, Größe, Funktionalität usw. unterscheiden | **PREIS**<br>Kann hoch oder niedrig sein, einen Rabatt beinhalten oder durch Kreditkonditionen beeinflusst sein |
| **DISTRIBUTION**<br>Die Vertriebskanäle für ein Produkt sowie das Serviceelement | **WERBUNG**<br>Arbeitet mit Fernsehspots, Verkaufspersonal, Public Relations und anderen Kommunikationsmethoden |

**Marketingmix**
*Um Ihr Angebot optimal auf die Erwartungen und Bedürfnisse der Konsumenten auszurichten, müssen Sie die richtige Mischung der marketingpolitischen Instrumente finden. Das ist die optimale Kombination aus Produkt (oder Dienstleistung), Preis, Werbung und Distribution.*

Gesamtheit der Variablen, die das Marketingumfeld bestimmen. Dazu gehören soziale oder kulturelle Faktoren, Entscheidungen des Gesetzgebers, Wettbewerbsbedingungen oder technologische Entwicklungen. Auch sind Veränderungen zu berücksichtigen, etwa die Tatsache, dass Lebensmittel zunehmend in den Einkaufscentern der Vororte statt beim innerstädtischen Einzelhandel gekauft werden.

Es ist wichtig, diese Trends zu erkennen und zu prognostizieren, weil sie die Marktpräsenz Ihres Unternehmens und seine Marktposition bestimmen.

»Open access« bedeutet im Zeichen der Globalisierung 24 Stunden am Tag, sieben Tage in der Woche erreichbar zu sein und relativ freier Marktzutritt für neue Anbieter. Kein Unternehmen kann es sich heute mehr leisten, die zunehmende Fragilität von Kundenbindungen und den härter werdenden Wettbewerb zu ignorieren. Prosperierende Unternehmen haben diese Situation erfolgreich gemeistert: Sie beherrschen sowohl die Handhabung des Marketingmix als auch die Ausrichtung dieses Angebots an den Bedürfnissen der Kunden.

## DAS VERHÄLTNIS ZWISCHEN MARKETING UND VERTRIEB

Die Effizienz einer Marketingstrategie lässt sich am Absatz überprüfen. Dieser darf jedoch nicht nur hinsichtlich der geplanten Volumina, sondern muss auch in Bezug auf den Gewinn gemessen werden. Unternehmen, die ihren Marktanteil nur anhand der Umsatzzahlen messen, machen einen Fehler, weil Volumen auch gegen Verluste erkauft werden kann.

Marketing und Vertrieb sind eng miteinander verbunden, müssen aber dennoch getrennt betrachtet werden. Die Vertriebsstrategie sollte an die Marketingstrategie gekoppelt sein und die Marketingstrategie sollte auch die Rolle der Vertriebsorganisation berücksichtigen.

Erfolgreiche Unternehmen setzen sich allgemeine Ziele, aus denen sie spezifische Marketingziele ableiten. Diese werden dann in konkrete Absatzziele umgesetzt. Diese Herangehensweise bietet eine Reihe von Vorteilen für das Management der Absatzorganisation. Zum einen können Unternehmens- und Marketingziele mit den konkreten Verkaufsaktivitäten koordiniert werden. Zweitens lässt sich eine

Verbindung zwischen den Kundenbedürfnissen und den Unternehmenszielen herstellen. Drittens wird das Verständnis der Auswirkungen von Absatzentscheidungen auf die Unternehmens- und Marketingstrategie gefördert, was der Effektivität des Vertriebs zugute kommt.

In einer Welt, die immer mehr Wahlmöglichkeiten bereithält, ist die Pflege der Kundenbeziehungen zunehmend wichtig. Das spiegelt sich in der wachsenden Bedeutung des Kundenbeziehungsmanagements und Beziehungsmarketings wider. Dadurch wächst die Rolle des Verkaufs. Traditionell ordnete man den Verkauf im Marketingmix dem Instrument Werbung zu, denn er umfasst auch die Kommunikation mit den Kunden. Doch zur Werbung gehören noch weitere Elemente. Anregungen zur optimalen Mischung erhält man durch Sammeln und Auswerten unterschiedlicher Marketinginformationen.

# Marketinginformationen

**Rationale Entscheidungen setzen relevante Daten voraus. Eine Hauptaufgabe der Marketingexperten besteht darin, Informationen über Entwicklungen und Tendenzen auf den Märkten bereitzustellen. So können die übrigen Abteilungen des Unternehmens Entscheidungen in ihren jeweiligen Zuständigkeitsbereichen fällen.**

### INFORMATIONEN AUSWERTEN

Bei Entscheidungen über die Unternehmenspolitik spielen häufig Marketinginformationen eine wichtige Rolle. Die Unternehmensleitung benötigt verlässliche Informationen über das Marktumfeld und die Mitbewerber, um strategische Entscheidungen zu treffen. Projektleiter müssen wissen, von welchen Faktoren der Erfolg ihrer Produkte oder Dienstleistungen abhängt, um ihre operativen Abläufe entsprechend organisieren zu können.

Marketinginformationen müssen gesammelt, aufbereitet und entsprechend den Bedürfnissen der Anwender dargestellt werden. Wenn Sie Marketinginformationen anfordern, müssen Sie zunächst genau wissen, welche Daten Sie für Ihre Entscheidungen benötigen. Ein Hauptproblem beim Aufbau von Marketinginformationssystemen besteht darin, dass oft nur unzureichend unterschieden wird zwischen Informationen, die »interessant«, und solchen, die »unverzichtbar« sind.

Die Informationssammlung kann sich auf interne und externe Felder erstrecken. Um das Marketing verbessern zu können, brauchen Sie Fakten über:

- Marktanteile,
- Marktpotenzial,
- Marktcharakteristika,
- Absatzentwicklung,
- Branchentrends,
- wirtschaftliche Prognosen,
- Konkurrenzprodukte,
- Preisstudien,
- Produkttests,
- Informationssysteme.

Marketinginformationen gelten als eine Unternehmensressource, die jedoch von zeitlich begrenztem Wert ist. Wie alle übrigen Ressourcen besitzen sie einen bestimmten Nutzwert. Je weniger ein Manager über ein Marketingproblem weiß und je größer die mit einer falschen

### KERNGEBIETE DER MARKTFORSCHUNG

| GEBIET | ASPEKT |
|---|---|
| **Kunden** | ■ Verhalten<br>■ Bedürfnisse<br>■ Reaktionen<br>■ Überzeugungen<br>■ Eigenschaften |
| **Märkte** | ■ Größe<br>■ Struktur<br>■ Dynamik<br>■ Beziehungen<br>■ Trends |
| **Wettbewerb** | ■ Marktanteil<br>■ Positionierung<br>■ Ziele<br>■ Stärken/Schwächen |
| **Umfeld** | ■ politische, wirtschaftliche, soziale und technologische Faktoren<br>■ Institutionen<br>■ Trends |
| **Unternehmensziele** | ■ Marktanteil<br>■ Marktdurchdringung<br>■ Angebotspalette<br>■ Image<br>■ Auftragsabwicklung |

Entscheidung verbundenen Risiken sind, desto wertvoller werden Informationen. Ein Marktforscher muss in erster Linie wissen, welche Entscheidungen welche Arten von Informationen erfordern, und dann sein Bestes tun, diese zu beschaffen.

## GRUNDLAGEN DER MARKETINGFORSCHUNG

Marketingforschung sollte stets mit der Auswertung vorhandener interner und externer Informationsquellen beginnen. Die Aussagekraft dieser Informationen kann außerdem durch den Einsatz von Fragebögen, Tiefeninterviews, Feldforschung, Markttests oder anderen Instrumenten erhöht werden.

In der Marketingforschung gilt es zu unterscheiden zwischen Marktdaten, Informationen und Wissen. Daten sind das Rohmaterial aus Zahlen, Fakten und der Beschreibung des zu erforschenden Objekts. Informationen sind die geordneten Daten oder Daten, die zur Beschreibung eines bestimmten Markts oder einer Leistung zusammengestellt wurden. Wissen kann man als Informationen betrachten, aus denen bestimmte Schlüsse gezogen worden sind. So ergibt etwa eine mittels des Pareto-Optimums durchgeführte Analyse der Kundschaft eines Unternehmens, die auf den Verkaufsrechnungen (Daten) beruht, eine Liste der besten Kunden bezogen auf die Umsätze des Unternehmens (Informationen), die man anschließend interpretieren und/oder erklären kann, um weitergehende Schlüsse daraus abzuleiten. So stellt die Firma vielleicht fest, dass ihre besten Kunden Finanzdienstleister aus dem Norden des Landes sind.

## AUFBAU EINES INFORMATIONSSYSTEMS

Häufig sind die Informationen, die das »Marktwissen« einer Firma ausmachen, im Unternehmen schon vorhanden, aber in fragmentierter Form. Der Aufbau eines Marketinginformationssystems, welches Datenbanken und verschieden Analyse-

### DEFINITION

**Pareto-Optimum:** *Lehrsatz, nach dem bei jeder Aktivität ein kleiner Teil das Gros der Ergebnisse bringt. So können 80 Prozent des Gewinns durch 20 Prozent der Produkte erzielt werden und 80 Prozent des Absatzes durch 20 Prozent der Kunden.*

instrumente umfasst, erschließt Ressourcen, die es ermöglichen, spezifische Informationsbedürfnisse zu befriedigen.

Ein gutes Marketinginformationssystem liefert nicht nur vollständige, aussagekräftige und relevante Informationen, sondern sorgt auch dafür, dass sie an alle Betroffenen verteilt werden. Die Integration der Einzeldaten in Datenverarbeitungszentren ermöglicht die Weitergabe von Informationen, das Erstellen von Kundenprofilen und die Entwicklung von Prognosemodellen. Diese Aktivitäten fasst man unter dem Begriff Customer Relationship Management (CRM) zusammen, das durch Software untersützt wird.

Durch Datenerhebungsinstrumente zur Ermittlung des Kaufverhaltens oder von Markttendenzen kann man die Marketingplanung verbessern und Absatzstrategien entwickeln. Onlinerecherchen erschließen auch kleinen Firmen den Zugang zu wirtschaftlich relevanten Daten und das Internet ermöglicht leichte Informationsbeschaffung und -vermittlung.

Ein Marketinginformationssystem darf sich jedoch nicht auf den Marketingbereich beschränken. Es muss mit Schnittstellen zu den vom Finanzwesen, dem Vertrieb und anderen Abteilungen verwendeten Systemen ausgestattet sein, um diese dahingehend zu verändern, dass nutzerspezifische Informationen erzeugt werden können. Ferner muss es mit entsprechenden Daten aus externen Quellen versorgt werden, um weitere entscheidungsrelevante Informationen zu liefern.

## EINRICHTUNG DES SYSTEMS

Ein Marketinginformationssystem umfasst vier grundlegende Funktionen:

**Leistungsüberwachung**

Hierbei werden Leistungsfähigkeit und Effektivität des Unternehmens geprüft. Beim Prozess der Leistungsüberwachung sollte man weit gehend Informationen aus internen Quellen heranziehen, wie beispielsweise Absatzmenge, Profitabilitätsanalysen, Produktrückgaben und registrierte Kundenbeschwerden.

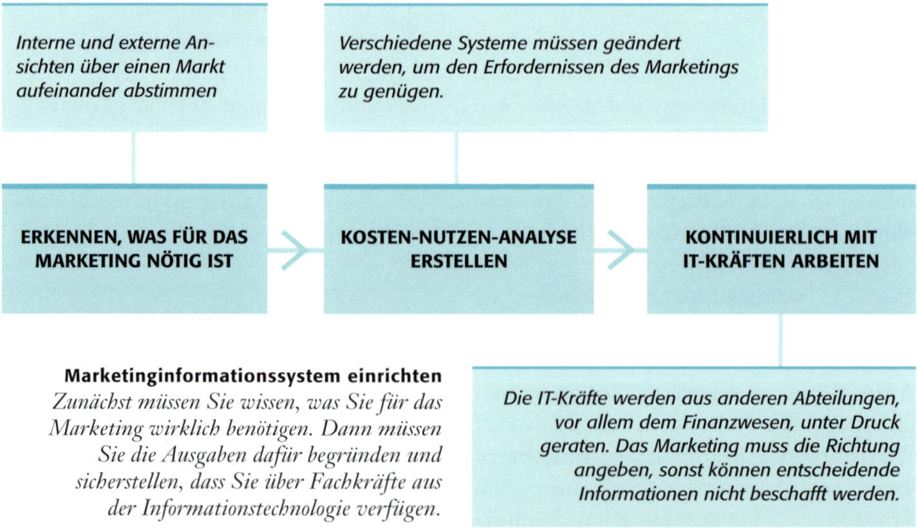


**Marketinginformationssystem einrichten**
*Zunächst müssen Sie wissen, was Sie für das Marketing wirklich benötigen. Dann müssen Sie die Ausgaben dafür begründen und sicherstellen, dass Sie über Fachkräfte aus der Informationstechnologie verfügen.*

## TYPISCHE UNTERNEHMENSZIELE UND INFORMATIONEN

| UNTERNEHMENSZIEL | SEGMENTIERUNGSMETHODE | INFORMATIONSQUELLE |
|---|---|---|
| **Markterweiterung**<br>■ neue Verkaufsstellen<br>■ neue Vertriebswege<br>■ neue Segmente | ■ geo- bzw. demografisch<br>■ Interessentenprofile<br>■ Umfrageauswertung | ■ Einwohnerverzeichnisse<br>■ Industrie- und Handelskammern<br>■ Interessentenlisten und Befragungen |
| **Marktentwicklung** | ■ Kundenprofile erstellen<br>■ Verhaltensanalyse | ■ Kassenbuch und andere Daten<br>■ Modelle aus internen Datenquellen und Marktforschung |
| **Produktentwicklung** | ■ Faktorenanalyse<br>■ Befragungen<br>■ qualitative Methoden<br>■ Diskussionsrunden | ■ Kunden und Konsumenten |

**Marktbeobachtung**

Einblicke in Entwicklungen des Marketingumfelds gewinnt man durch Auswertung externer Daten. Diese findet man etwa in Unternehmensbibliotheken, bei Agenturen oder in dem Marketing verwandten Bereichen. Fragen, die in der Marktbeobachtung eine Rolle spielen, währen etwa das Image der Mitbewerber, Gesetze, Festlegungen von Prüfnormen, technische Innovationen, Kampagnen von Interessengruppen oder Trends.

**Marktforschung**

Marktforschung ist hilfreich bei Spezialfragen oder kurzfristigen Projekten. Die Interviewer müssen mit Fragebögen umgehen, Befragungen durchführen und sie auswerten können. Entscheidend ist die Problemdefinition, auf deren Grundlage man den Erhebungsplan entwickelt. Der Plan befasst sich hauptsächlich mit der Zielgruppe, die befragt werden soll, sowie der dabei anzuwendenden Methode.

**Entwicklung von Entscheidungshilfen**

Entscheidungshilfen ermöglichen dem Marketing die Informationen umzusetzen. Dabei werden Analyseinstrumente wie Korrelationen, Cluster oder Conjoint-Analysen verwendet und man arbeitet mit Kundenprofilen, Prognosemodellen oder kompletten Planungssystemen.

Marketinginformationen sind eine entscheidende Voraussetzung für Wettbewerbsfähigkeit. Dennoch gilt:

- Keine Software kann das Urteilsvermögen und die Kreativität, die für die Entwicklung innovativer Marketingmethoden nötig sind, ersetzen.
- Daten und Informationen sind immer nur so gut wie die Spezifikationen, anhand derer sie gewonnen wurden.
- Marktforschung oder Marketinginformationssysteme werden stets mehr Fragen aufwerfen, als sie lösen.

### DEFINITIONEN

**Korrelation:**
*eine signifikante statistische Beziehung zwischen einer oder mehreren Variablen*

**Conjoint-Analyse:**
*eine Technik, bei der Variablen nach Bedeutung gewichtet werden*

**Prognosemodell:**
*ein multidimensionales Modell zur Vorhersage zukünftiger Entwicklungen*

# Marketingplanung

**Eine gründliche Marketingplanung spielt bei der Ermittlung der Prioritäten eines Unternehmens die entscheidende Rolle und ist eine effektive Hilfe für das firmeneigene Management. Ohne klare Prioritätensetzung kann ein Unternehmen leicht in interne Turbulenzen geraten und manche Chancen verpassen.**

## MARKETINGPLANUNG FESTLEGEN

In der Marketingplanung formuliert ein Unternehmen seine Wettbewerbsstrategie, die später für alle Beschäftigten verbindlich ist. Marketingplanung ist weit komplizierter als das Erstellen von Budgets oder von Prognosen und darf nicht mit diesen Prozessen verwechselt werden. Mit der Marketingplanung legt man fest, welcher Absatz in welchem Zeitraum erzielt werden soll, und schafft dadurch die Grundlage für die Umsetzung von Prognosen und Budgets.

Marketingplanung ist eine Aufgabe der Unternehmensleitung. Sie folgt einem logischen Ablauf: Eine Reihe von Aktivitäten mündet in die Formulierung von

**Einen Marketingplan vorbereiten**
*Ein Marketingplan muss sorgfältig entwickelt werden, wenn er sich bewähren soll. Die zehn hier dargestellten Schritte müssen eventuell durch Kontrolle und Feedback weiter differenziert werden.*

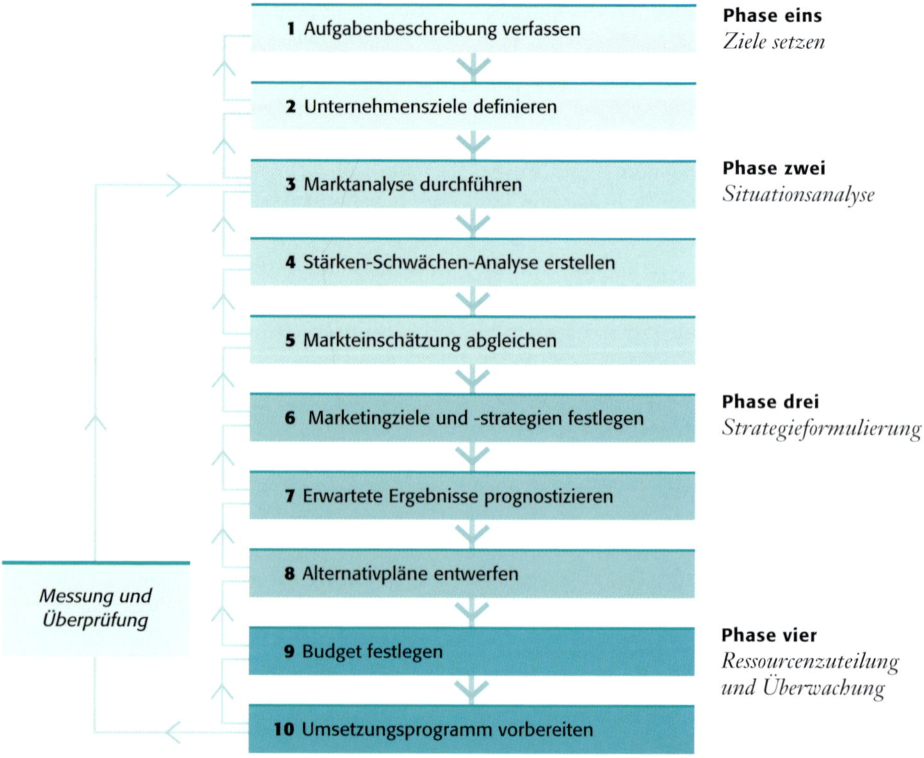

## HAUPTINHALTE EINES STRATEGISCHEN MARKETINGPLANS

| AKTIVITÄT | DETAILS |
|---|---|
| **Aufgaben-beschreibung** | Darstellung des Existenzzwecks des Unternehmens, seiner Rolle, der Kernkompetenzen und der Entwicklungsziele |
| **Finanzüberblick** | Beschreibung der finanziellen Auswirkungen der Maßnahmen in der Planungsperiode. Oft erfolgt auch eine Lückenanalyse (Ermittlung der Einnahmen- und Gewinnlücke zwischen dem erwünschten und dem erreichbaren Ergebnis). |
| **Marktüberblick** | Kurzdarstellung des Markts mit Beschreibung der Marktstrukturen, -tendenzen und der wichtigsten Marktsegmente |
| **Stärken-Schwächen-Analyse** | Hier werden die Stärken und Schwächen der Organisation im Vergleich zu den Mitbewerbern beschrieben, aber auch die Chancen und Risiken dargestellt. Diese Analyse wird für jedes Produkt oder Segment durchgeführt. |
| **Annahmen** | Einschätzung von Faktoren wie Marktwachstum und Inflation, die sich auf die Marketingziele und -strategien auswirken |
| **Marketingziele** | Hierbei handelt es sich meist um quantitative Angaben hinsichtlich Gewinn, Umsatz und Marktanteil. Sie werden in der Regel für die Produkte, die Segmente und das Unternehmen insgesamt festgelegt. |
| **Marketingstrategien** | Sie beschreiben, wie die Ziele erreicht werden sollen, und beziehen sich auf die vier Kernelemente Produkt, Preis, Werbung und Distribution. |
| **Budget** | Das Budget für den gesamten Planungszeitraum, in dem für jedes Jahr etailliert die geplanten Erlöse und die Kosten aufgeführt werden |

Marketingzielen und das Erstellen von Plänen, in denen die Schritte zur Erreichung der Ziele festgelegt werden.

Die Formalisierung dieses Prozesses hilft dabei,

- die verschiedenen Optionen zu ermitteln, die sich dem Unternehmen bieten,
- diese schriftlich niederzulegen,
- Marketingziele zu formulieren, die sich im Einklang mit den allgemeinen Zielen des Unternehmens befinden,
- die spezifischen zielgerichteten Aktivitäten zu beschreiben und im Hinblick auf die Kosten zu beziffern.

Inwieweit die einzelnen Schritte der Marketingplanung formalisiert werden müssen, hängt von der Größe und der Art des Unternehmens ab.

### EINEN MARKETINGPLAN ENTWERFEN

Im Marketingplan sollte das Bestreben, handlungsrelevante Informationen hervorzubringen, im Vordergrund stehen. Wichtig ist auch die Arbeit zeitlich zu strukturieren; versuchen Sie nicht zu viel in zu kurzer Zeit zu erreichen. Sorgen Sie dafür, dass die Beschäftigten mit den Verfahren vertraut gemacht werden.

### DEFINITION

**Marktsegment:** *Marktausschnitt, bestehend aus einer Verbrauchergruppe mit gleichen oder ähnlichen Bedürfnissen, die sich deutlich von denen anderer Konsumenten unterscheiden und durch entsprechende Angebote befriedigt werden können.*

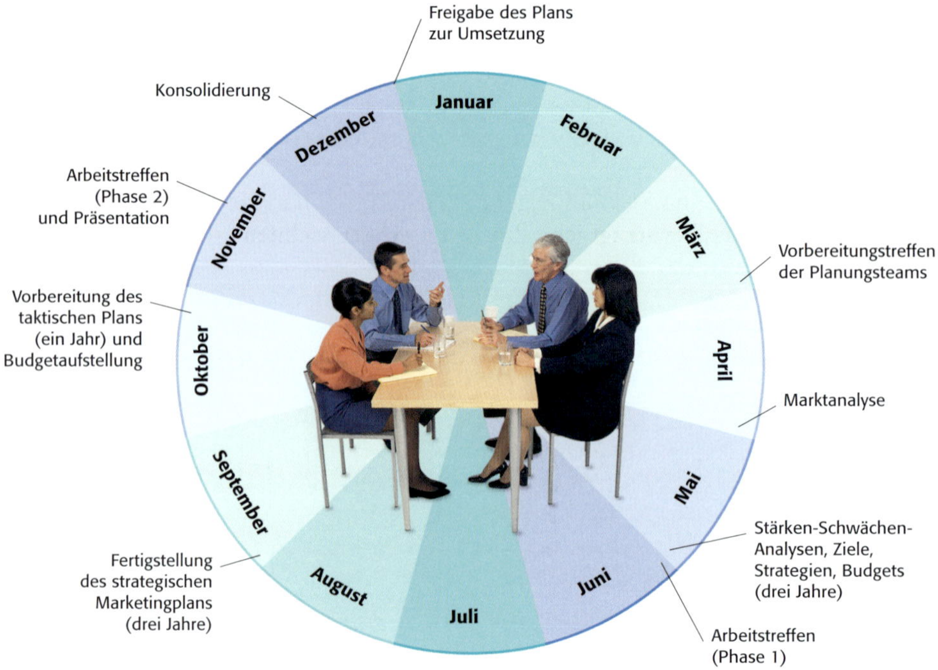

**Zeitlicher Ablauf der Marketingplanung**
*Dieses Schaubild zeigt den typischen Ablauf einer Marketingplanung. In einem fortlaufenden Zyklus werden unter Bezugnahme auf die erwünschten Ergebnisse die strategischen und taktischen Marketingpläne entwickelt.*

Es gibt zwei Arten von Marketingplänen: strategische und taktische. Ein strategischer Marketingplan beschreibt:

- wie das Management die Marktposition der Fima einschätzt im Vergleich zu den Mitbewerbern (wobei der Wettbewerbsvorteil genau definiert wird),
- welche Ziele erreicht werden sollen,
- wie man die Ziele zu erreichen beabsichtigt (Strategien),
- welche Ressourcen benötigt werden und welche konkreten Ergebnisse angestrebt werden (Budget).

Bis in die 90er-Jahre planten die meisten Unternehmen fünf Jahre im Voraus. Heute beträgt der typische Planungszeitraum drei Jahre.

Der taktische Marketingplan bezieht sich auf das erste Jahr des strategischen Plans. Er beschreibt die Maßnahmen, die zur Erreichung der Jahresziele ergriffen werden sollen, ganz detailliert und stellt deren finanzielle Auswirkungen deutlich heraus.

Inhaltlich unterscheidet sich ein taktischer Plan nicht stark von einem strategischen Marketingplan, häufig fehlen darin jedoch die Aufgabenbeschreibung, der Marktüberblick und die Analyse der Stärken und Schwächen.

Der taktische Marketingplan quantifiziert die Marketingziele und die damit verbundenen Strategien wesentlich detaillierter. Außerdem werden die Kosten für die Umsetzung der Maßnahmen im ersten Jahr eingehender aufgeschlüsselt.

### REIHENFOLGE DER PLANUNG

Erfolgreiche Unternehmen entwickeln den strategischen Marketingplan, bevor sie den taktischen Plan formulieren. Andere verzichten dagegen auf eine strategische Planung und verlassen sich stattdessen auf Absatzprognosen und Budgets. Das führt dazu, dass bevorzugt jene Produkte oder Dienstleistungen abgesetzt werden, die sich am leichtesten verkaufen lassen, und zwar an Kunden, die man am schnellsten überzeugt. Indem sie zuerst kurzfristige taktische Marketingpläne entwickeln und sie in die Zukunft extrapolieren, schreiben diese Manager aber lediglich ihre eigenen Fehler fort.

Die Qualität eines Marketingplans erweist sich nicht dadurch, dass er die Zukunft hundertprozentig vorhersagt. Er erfasst vielmehr die entscheidenden Aspekte des Planungsprozesses in einem aussagekräftigen Dokument. Dieses sollte die Hauptziele und die grundsätzliche Strategie deutlich herausarbeiten.

# Operative Marketingmaßnahmen

**Alle Marketingmaßnahmen sollen den Vertrieb optimieren und den Absatz fördern. Sie führen konsequenterweise zu einer Stärkung der Marketingkommunikation und der Marktposition des Unternehmens. Im Vordergrund stehen drei Elemente des Marketingmix: Distribution, Preis und Werbung.**

### VERTRIEBSWEGE

Die Aufgabe des Vertriebs besteht darin, dafür zu sorgen, dass die richtigen Produkte zur richtigen Zeit geliefert werden. Hier legt man fest, welche Vertriebswege oder Distributionskanäle sich für die entsprechenden Märkte oder Marktsegmente eignen und welche Arten der Auftragsdurchführung angemessen sind.

Die Wahl der Vertriebswege muss sich an dem langfristigen Gleichgewicht von Kosten und Nutzen orientieren. Das erfordert grundlegende Entscheidungen über den Einsatz von Absatzmittlern (Intermediäre) in der Distributionskette. Auch muss man die möglichen Implikationen der verschiedenen Vertriebsalternativen sorgfältig abwägen.

In den letzten Jahren haben die rasanten Entwicklungen der Kommunikationstechnologien, und hier besonders das Internet, die Vertriebswege verändert. Auch das Absatzmanagement verändert sich, was sich vor allem im zunehmenden Wechsel zwischen Desintermediation und Reintermediation äußert. Unternehmen müssen daher Ihre Absatzstrategie einer ständigen Kontrolle unterziehen und ihre Effizienz und Nachhaltigkeit überprüfen.

#### DEFINITIONEN

**Desintermediation:** *Das Unternehmen benötigt keine Absatzmittler, um den von den Kunden gewünschten Wert zu schaffen.*

**Reintermediation:** *Einsatz neuartiger Absatzmittler (z. B. internetbasierter Informationsagenten als »Infomediäre«), die mehr Wert schaffen, als durch die frühere Vertriebsstruktur möglich war*

**Auftragsdurchführung:** *Festlegung, wie das Unternehmen ein Produkt bereithält und den Abnehmer nach dem Kauf unterstützt (Lieferbarkeit und Kundendienst)*

## DIE WICHTIGSTEN DISTRIBUTIONSKANÄLE

| MARKTZUGANG | BEMERKUNG |
|---|---|
| **Einzelhandel** | Geschäfte, die direkt an die Kunden verkaufen |
| **Großhandel** | Lagert Waren und verteilt sie im Auftrag des Herstellers |
| **Vertriebspartner** | Erfüllen dieselbe Funktion wie der Großhandel |
| **Vertragshändler** | Vom Hersteller beauftragt oder in deren Besitz (z. B. Autohändler) |
| **Handelsvertreter** | Lagern keine Waren, sondern verkaufen gegen Provision |
| **Wiederverkäufer** | Passen Produkte an Kundenbedürfnisse an (z. B. IT-Branche) |
| **Versandhandel** | Händler, deren Hauptvertriebskanal Kataloge sind |
| **Direktvertrieb** | Versandhändler, der Kunden direkt anschreibt |
| **Franchising** | Händler, die die Waren von Franchisegebern vertreiben |
| **Spediteure** | Transporteure, die Waren an Groß- und Einzelhandel verteilen |
| **Verkaufsparty** | Clubs oder Einzelpersonen, die für bestimmte Produkte (z. B. Kosmetika, Haushaltswaren) bestimmter Hersteller private Verkaufspartys veranstalten |
| **Erstausrüster** | Abnehmer von Komponenten, die in eigene Produkte eingebaut und unter eigenem Namen verkauft werden (z. B. Hardware) |
| **Lizenzierte Hersteller/Dienstleister** | Von einem Auftraggeber lizenziert zur Produktion von Gütern unter eigenem Namen |

### KUNDENBETREUUNG

Die Serviceabteilung betreut den Kunden vom ersten Kontakt über den Bestelleingang bis zur Auslieferung und Inbetriebnahme des Produkts. Ziel ist es stets, den Kunden zufrieden zu stellen.

Manche Vertriebsmanager wollen allen Kunden die optimale Betreuung zukommen lassen, unabhängig davon, wie profitabel sie sind. Damit erweisen sie ihrer Firma aber wahrscheinlich einen schlechten Dienst. Es gilt ein Gleichgewicht zu finden zwischen den Kosten und dem Nutzen der Kundenbetreuung. Durch Überprüfung der Praxis der Kundenbetreuung und die versuchsweise Einführung differenzierter Betreuungsniveaus für unterschiedliche Produkte oder unterschiedliche Kunden kann das Marketing seinen Beitrag zur Profitabilität des Unternehmens steigern.

Kundenbetreuung wird zunehmend wichtiger sowohl für die Erlangung von Wettbewerbsvorteilen als auch für die Erhaltung der Kundenbindung. Zudem ist der Service häufig der einzige Aspekt, bei dem sich Unternehmen unterscheiden. Kundenbetreuung ermöglicht zudem ein verbessertes Produktangebot und steigert den Wert eines Handels. In einigen Unternehmen gilt Kundenbetreuung sogar als eigenständiger Bereich des

Marketingmix, für den individuelle Pläne und Strategien entworfen werden. Aufgrund der entscheidenden Rolle, die die Beschäftigten als Botschafter des Unternehmens spielen, und der Bedeutung geregelter Abläufe für die Leistungserbringung betrachtet man »Menschen« und »Prozesse« als zusätzliche Elemente eines erweiterten Marketingmix.

### PREISGESTALTUNG

Auch die Preise sind maßgeblich, denn sie bestimmen den Wert eines Produkts. Ein potenzieller Kunde berücksichtigt nicht nur die Kosten für den Erwerb des Produkts (Transaktionskosten), sondern auch jene, die durch seinen Besitz und Gebrauch entstehen (Lebenszykluskosten). Diese »Gesamtkosten des Eigentums« vergleicht der Kunde mit dem erzielbaren Nutzen. Der Preis und die damit verbundenen Kosten beeinflussen daher die Positionierung eines Produkts entscheidend.

Der Preis ist generell eine schwer zu handhabende Größe, denn er unterliegt zahlreichen Einflüssen, die von den Marketingzielen unabhängig sind. Dabei kann es sich um interne (von anderen Abteilungen oder der Unternehmensführung) oder externe (von Kunden, Behörden, Konkurrenten usw.) Einflüsse handeln.

#### Preispolitik

Um reelle Preise festsetzen zu können, bedarf es einer soliden Preisbildungsstrategie. Sie unterstützt die Marketingstrategie und trägt zur Profitabilität bei.

Die Preisbildung sollte die Wertsteigerungsoptionen widerspiegeln, die auf der Schaffung von Nutzen beruhen, ebenso wie die Chancen zur Kostensenkung und zur Erlangung von Kostenvorteilen. Außerdem ist die Preispolitik ein Marketinginstrument, mit dem sich kurzfristige Gewinne deutlich steigern lassen. Wird sie aber falsch gehandhabt, kann sie dem Unternehmen schaden. Man kann die Preispolitik als ein flexibles Bindeglied einsetzen, um die Marketinganstrengungen auf die Kundenbedürfnisse abzustimmen. Zu den Variablen der Preispolitik gehören:

- Preisschwellen,
- Rabattstaffel,
- Sonderangebote,
- Schlussverkäufe,
- Unterhaltskosten nach Erwerb,
- Kreditkonditionen,
- Teilzahlungen,
- Restwert,
- Leasingverträge,
- andere Finanzierungsmodelle,
- psychologische Faktoren.

Preise bewegen sich in einem Kontinuum, an dessen einem Ende niedrige Kosten/geringe Qualität/Massenware und an dessen anderem Ende hohe Qualität/hohe Kosten/Qualitätsware stehen. Am gewinnversprechendsten dürfte eine mittlere Position sein. Marktführer gehen bestimmt nicht davon aus, dass Aufträge verloren gehen, wenn man nicht zu Niedrigpreisen anbietet. Sie wissen, dass Kunden ein »Paket« aus Nutzen und Vorteilen kaufen und dass der Preis daher den Wert des gesamten Pakets widerspiegeln sollte.

### BEDEUTUNG DER WERBUNG

Werbung muss die Zielgruppe ansprechen und sie so von dem Produkt überzeugen, dass sie es kaufen. Dazu gehören Verkaufsgespräche, Direkt- und Anzeigenwerbung sowie verkaufsfördernde Maßnahmen.

Man unterscheidet in der Werbepraxis zwischen persönlicher und unpersönlicher Werbung. Persönliche Werbung besteht aus Verkaufsgesprächen, die etwa von

Außendienstmitarbeitern geführt werden. Unpersönliche Werbung erfolgt über Anzeigen und allgemeine Verkaufsförderung. Anzeigenwerbung sollte man als Investition betrachten, nicht allein als Kostenfaktor. Gelungene Kombinationen aus Werbebotschaften und Werbemedien liefern dem Unternehmen ein flexibles Repertoire, das sich entsprechend der Höhe des Budgets handhaben lässt.

Werbung im Internet stellt ein kostengünstiges und dennoch sehr effektives Medium zur direkten Interaktion mit den Kunden dar. Virtuelle Kataloge, Online-Bestellmöglichkeiten, Informationsseiten und Serviceangebote bieten Interessenten und Kunden rund um die Uhr Zugriff auf Angebote. Durch Erfassung der Seitenaufrufe von Online-Käufern und Auswertung des E-Mail-Feedbacks können Unternehmen noch genauere Kundenprofile erstellen sowie personalisierte Servicestrategien und gezielte Medienkampagnen entwickeln.

# Organisation von Marketing und Vertrieb

**Die Organisation von Marketing und Vertrieb ist keine leichte, aber eine alles entscheidende Aufgabe. Ein Hauptproblem ist die Handhabung von Verantwortlichkeit und Rechenschaftspflicht im Management des Marketingmix.**

## GESTALTUNG DES MARKETINGMIX

Ziel der Marketingmanager ist es, dem Kunden ein unwiderstehliches Angebot zu präsentieren, daher richten sie die marketingpolitischen Instrumente entsprechend aus. Doch zahlreiche Elemente des Marketingmix werden von den Unternehmensmitarbeitern außerhalb des Marketingbereichs bestimmt, da sie, wie etwa in der Produktentwicklung, spezielle Fachkenntnisse erfordern.

Marketingmanager sind für den Vertrieb der Erzeugnisse des Unternehmens verantwortlich, können jedoch nicht alle den Absatz beeinflussenden Elemente selbst kontrollieren. Dieses Problem versucht man zu beheben, indem man die Aktivitäten eines Unternehmens entsprechend den zentralen Abläufen reorganisiert, durch die entweder Wert von Lieferanten gewonnen oder Wert für die Kunden geschaffen wird.

## PROZESSORIENTIERTES UNTERNEHMEN

Dadurch verändert sich die Grundlage für die Leitung von operativen Einheiten. Anstatt etwa die einzelnen Funktionen (Finanzwesen, Personalbereich usw.) in den Vordergrund zu stellen, werden die Strukturen an den Prozessen der Produktentwicklung, der Auftragsabwicklung und der Kostensenkung ausgerichtet. Jeder Prozess wird von einem Team organisiert, das für Effizienz auf diesem Gebiet sorgen soll und für die Erreichung der gesetzten Ziele verantwortlich ist. Das Team kann weiterhin produkt- oder marktbezogen arbeiten, aber sein Auftrag wird zunehmend multifunktional verstanden (und umfasst etwa Logistik, Produktion, Vertrieb und Auslieferung). Die einzelnen Tätigkeitsphasen sind keine voneinander getrennten Operationen mehr. So werden die Marketingfunktionen von den verschiedenen Teams ausgeführt, während die Verantwortung für die einzelnen Prozesse beim übergeordneten Leitungsteam liegt.

Die Organisation verfügt auch über eine spezialisierte Marketingeinheit, die den Teams bei besonderen Fragen zur Seite steht. Dadurch wird das Marketing näher an jene Bereiche herangeführt, die es beeinflussen soll, denn für den Marketingmix ist zum großen Teil das multifunktionale Prozessteam zuständig.

Durch eine solche Neuausrichtung der Betriebsabläufe wird den Teams Marketingwissen durch Beratung oder das Heranziehen externer Spezialisten vermittelt.

### NEUER SCHWERPUNKT

Eine effiziente Organisation von Marketing und Vertrieb ist heute wichtiger denn je. Neue Entwicklungen in der Absatzkette wirken sich auf Struktur und Funktion des Marketings aus. Dazu zählen:

- der Wandel des herkömmlichen Produktmanagements, da der Einzelhandel zunehmend stärker wird und eigene »Regalstrategien« entwickelt,
- die Fortschritte des »Mikromarketings«, das Marketingmanagern ermöglicht die Differenzierung der Kunden und die Zielgruppenansprache weiter zu verfeinern,
- die gesunkene Bedeutung von Massenwerbung, da die Kunden infolge der Zunahme der Medien durch Botschaften, die auf den Massenmarkt zielen, nicht mehr ansprechbar sind,
- die Beliebtheit von Kategorienmanagement als Grundlage für die Organisation von Konsumgütermärkten.

Nachhaltige Veränderungen bringt die moderne Kommunikationstechnologie mit sich, besonders des Internet, das direkte Zugriffsmöglichkeiten und die Entwicklung der virtuellen Organisation ermöglicht. Es entsteht eine Verbindung von Technologie, Fachwissen und Netzwerken, die fast ohne physische Infrastruktur auskommt. Das Marketing spielt bei der Einrichtung und Weiterentwicklung von E-Commerce und M-Commerce eine entscheidende Rolle.

Die Frage nach der Einbindung des Marketings in die Organisationsstruktur erfordert grundlegende Entscheidungen der Geschäftsführung. Zunächst ist festzulegen, ob es eine eigene Marketingabteilung geben soll. Dann gilt es zu klären, für welche Aktivitäten sie zuständig sein soll. Anschließend muss entschieden werden, wie sie strukturiert werden soll und wer wofür verantwortlich ist. Verzichtet man auf eine eigene Marketingabteilung, ist es umso wichtiger innerhalb der Organisation starke Marketingkompetenzen zu schaffen und zu erhalten.

Organisationen können nur das Umfeld schaffen, in dem Menschen arbeiten;

### DEFINITIONEN

**Kategorienmanagement:** *Strategisches Management einer Produktgruppe, die auf Kundenbedürfnisse ausgerichtet ist. Diese Gruppe oder Kategorie wird als strategische Unternehmenseinheit mit klar definierten Profitabilitätszielen behandelt. Der Schwerpunkt liegt nicht auf einzelnen Produkten, sondern auf übergeordneten Kategorien, die durch Kundenbedürfnisse definiert werden.*

**M-Commerce:** *Abkürzung für »mobile commerce«. Transaktionen zwischen Unternehmen und Endverbrauchern werden über das Handy oder das Internet abgewickelt.*

## TYPISCHES ENTWICKLUNGSMUSTER DES MARKETINGS

**Ein-Mann-Betrieb**
Ein Auftragsnehmer, der sich auch um die technischen Belange kümmert

**Vertriebs-/Marketingteam**
Vertriebspersonal verwendet selbst entwickeltes Material zur Verkaufsförderung.

**Vertrieb mit Marketingunterstützung**
Marketing stellt Material und Informationen zur Unterstützung des Vertriebs bereit.

**Vertrieb mit Zuarbeit durch Marketingexperten**
Marketing weitet Tätigkeit aus und beschäftigt Spezialisten für die Durchführung vielfältiger Funktionen.

**Getrennte Vertriebs- und Marketingabteilungen**
Marketing übernimmt Produktmanagement und beeinflusst Vertriebsstrategie.

**Marketing- und Vertriebsdirektor**
Beauftragt mit Koordinierung der Aktivitäten

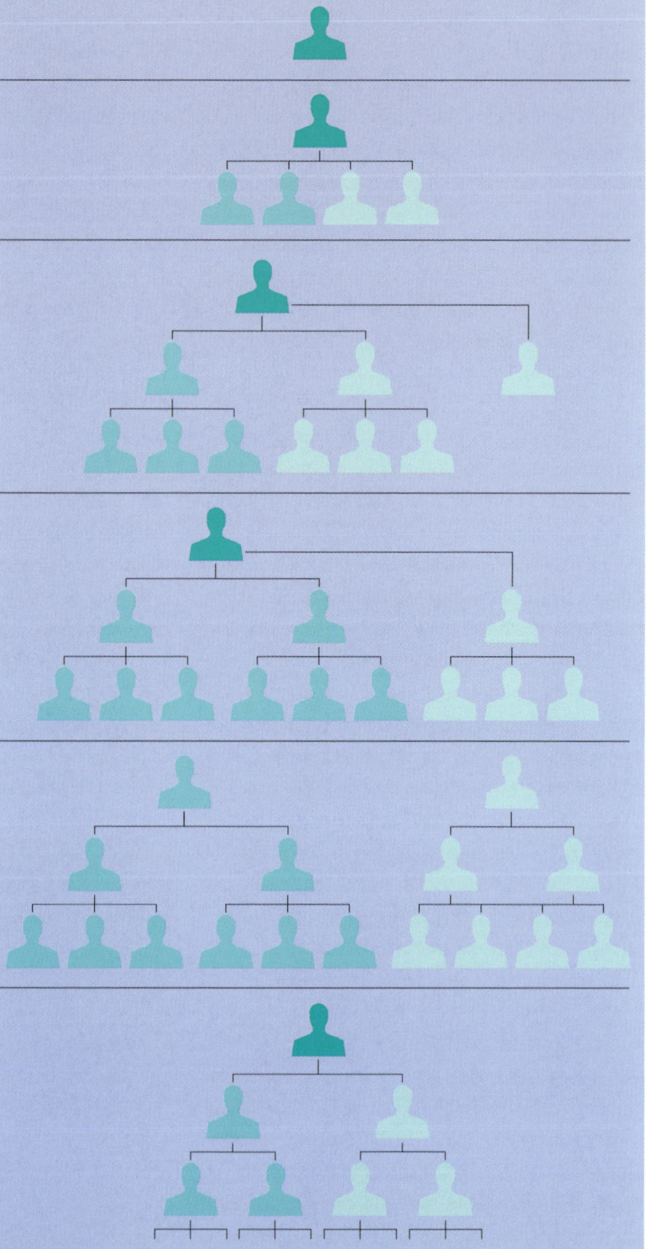

**Legende**

- *Gesamtverantwortung*
- *Marketing*
- *Vertrieb*

sie können nicht festlegen, wie diese Arbeit getan wird. Ein optimales Umfeld ermöglicht eine produktive Balance zwischen Kontrolle und Kreativität.

Struktur und Kultur eines Unternehmens beeinflussen seinen Erfolg maßgeblich. Wenn Marketing und Vertrieb in der Unternehmensführung getrennt sind, ist Marketing weitgehend eine Stabstätigkeit, während die eigentliche Entscheidungsgewalt beim Vertrieb liegt. Da beide Bereiche eng verbunden, aber grundlegend verschieden sind, müssen die Marketingpläne auf die Aktivitäten des Vertriebs abgestimmt werden. Die Geschäftsführung muss für eine vernünftige Koordination beider Gebiete sorgen, doch wird dies oft durch konkurrierende Ansprüche der einzelnen Abteilungen verhindert. Ist ein Marketingleiter sowohl für Marketing als auch für Vertrieb zuständig, lassen sich Planen und Handeln gewöhnlich leichter zur Deckung bringen.

### ENTWICKLUNG DER MARKETINGSTRUKTUR

Im Modell entwickelt sich eine Firma aus einem »Ein-Mann-Unternehmen« zu einer komplexen Organisation, die viele spezifische Aktivitäten in sich vereinigt. Durch Wachstum und eine Optimierung des Marktauftritts eröffnen sich einem Unternehmen zusätzliche Optionen.

### SCHWERPUNKTBILDUNG

Ein Unternehmen, das überregional tätig ist, muss entscheiden, ob das Marketing zentral oder dezentral organisiert werden soll. Die ideale Lösung ist ein Mittelweg, der dem Unternehmen doppelten Nutzen bietet: Das Marketing sollte so nahe wie möglich am Kunden sein, dennoch sollte man eine gewisse zentrale Marketingfunktion aufrechterhalten. So werden kostenintensive und unnötige Parallelabläufe minimiert und Skaleneffekte und effektiver Wissenstransfer optimiert.

### ORGANISATORISCHE METHODOLOGIE

Firmen mit einer eigenständigen Marketingorganisation müssen entscheiden, ob diese nach Funktionen, Produkten, Märkten, Schlüsselkunden, geografischen Gesichtspunkten oder einer Kombination dieser Elemente organisiert werden soll, um die Gefahren einer einseitigen Herangehensweise auszuschalten. Beispiele für Letzteres sind Firmen, die mit Produktmanagern arbeiten, aber die Funktionen Public Relations, Kundendienst und Planung eigenständig organisieren, oder Unternehmen, die sowohl Produkt- als auch Marktmanager in einer matrixähnlichen Struktur einsetzen.

Doch da letztlich die konkreten Markterfordernisse den Ausschlag geben, kann keine Organisationsform als überlegen eingestuft werden. Alle Organisationen müssen vielmehr achten auf:

- »Gravitationszentren« des Marketings (Schlüsselprodukte/Marktsegmente),
- Schnittstellen (Gegenwart/Zukunft, Vertrieb/Entwicklungsabteilung),
- Autorität und Verantwortlichkeit,
- Effektivität der Kommunikation,
- Flexibilität,
- menschliche Faktoren (z. B. kulturelle Unterschiede, individuelle Arbeitsgewohnheiten, Arbeitsplatzdynamik).

Noch wichtiger für die Herausbildung des Marketings zu einer wirksamen Kraft im Unternehmen sind die Einstellungen und das Vermögen der Manager und ihr Bemühen, auch andere Führungskräfte durch ihr Beispiel zu kundenorientiertem Verhalten zu veranlassen.

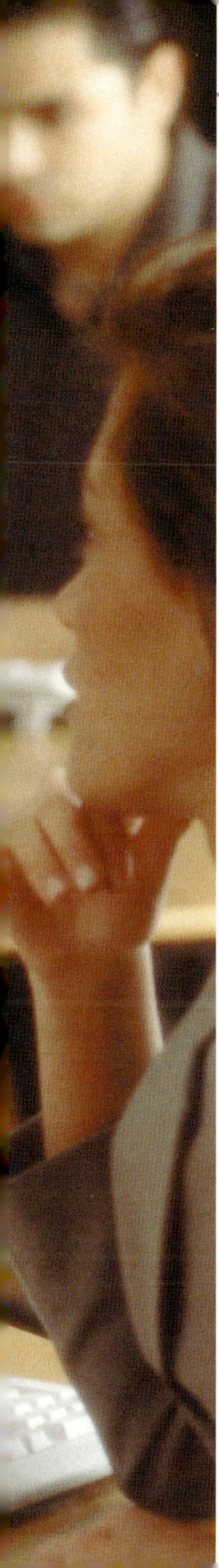



# DER EINFLUSS DES INTERNETS

**Nachdem vor kurzem noch heftig darüber gestritten wurde, ist inzwischen nicht mehr zu leugnen, dass das Internet das Wirtschaftsleben nachhaltig verändern wird. Zwar gibt es über die Auswirkungen noch keine Prognosen, doch herrscht Einigkeit darüber, dass das World Wide Web die Beziehungen zwischen Unternehmen und Kunden radikal zu beeinflussen beginnt.**

Im Bereich der Internetnutzung durch Unternehmen und Konsumenten hat sich das Tempo der Veränderungen stark beschleunigt. Als Manager müssen Sie die Umwälzungen des wirtschaftlichen Umfelds ständig mitverfolgen, die neuen Herausforderungen analysieren, Instrumente und Techniken entwickeln, um neue Umsatz- und Einsparmöglichkeiten frühzeitig zu erkennen, und sofort handeln, um diese Chancen zu nutzen.

Sie müssen akzeptieren, dass das Internet die Geschäftswelt unwiderruflich verändert hat, und gegenüber neuen Entwicklungen aufgeschlossen sein, insbesondere im Hinblick auf die Folgen für die Wertschöpfungskette. Sie sollten in der Lage sein, ein Intra- und Extranet im Unternehmen einzusetzen, und wissen, wie man sich mithilfe des Internets kurzfristig taktische Vorteile verschaffen kann.

**IN DIESEM KAPITEL**

# Vernetzung des Unternehmens

**Durch das Internet kann ein Unternehmen über Ton, Bild und Text mit Menschen überall auf der Welt kommunizieren. Das Potenzial dieser neuen Technologie verschafft jedem Wettbewerbsvorteile, der sie zu nutzen versteht.**

## KOMMUNIKATIONSLANDSCHAFT

Das Internet ermöglicht es Unternehmen, Behörden und Privatpersonen, über sämtliche digitalisierbaren Medien zu kommunizieren:

- Audio: CDs, DVDs, Telefon
- Bilder: Fotos, Grafiken, Diagramme, computergestütztes Design
- Text: viele Formate in vielen Schriftarten; aktuell, archiviert und in Datenbanken
- Video: archivierte Videos, Live-Fernsehübertragungen, Web-Kameras
- Anwendungen: Angebote, bei denen die Nutzer eine Software nicht besitzen, sondern über das Internet mieten oder mit anderen teilen, etwa für Projektmanagement, Finanzsysteme, Online-Banking, Web-Design
- Handel: von Unternehmen zu Unternehmen, zwischen Kunden und Unternehmen, von Kunden zu Kunden
- Kommunikation: durch Foren, Diskussionsgruppen, E-Mail und Chat-Rooms

Jeder, der ein Telefon (im Festnetz oder mobil bzw. WAP), einen netzfähigen Computer, einen Organizer, ein Notebook, einen digitalen Fernsehapparat oder Spielekonsolen benutzt, kann sich bereits heute des Internets bedienen. Künftig werden nahezu alle elektronischen Geräte über die Möglichkeit eines Internetzugangs verfügen.

## NETZGESCHWINDIGKEIT

Geschwindigkeit ist eine wichtige Triebkraft für Veränderungen geworden. So wuchsen etwa in der Reisebranche Ende der 90er-Jahre – in der Hochphase des Internetbooms – die über das Internet getätigten Umsätze von drei Millionen auf drei Milliarden US-Dollar jährlich – was einem Anstieg um 100 000 Prozent entspricht. Damals nutzte noch nicht einmal die Hälfte aller Unternehmen das Internet für Hotelbuchungen, Mietwagenreservierungen oder den Kauf von Flugtickets. Heute dagegen bedienen sich die meisten Menschen zumindest gelegentlich dieser Technik für geschäftliche oder private Transaktionen.

Traditionelle Abläufe, Funktionen und Einstellungen werden zunehmend verdrängt werden. Die Veränderung wird sich entweder sprunghaft vollziehen, wie man es in der Reisebranche beobachten konnte, oder in Form eines allmählichen Wandels. Der Zwang zur Kostensenkung und Zeiteinsparung wird sich weiter verschärfen und die Suche nach neuen Methoden beschleunigen.

Eine Reaktion könnte darin bestehen, diese stürmischen Veränderungen als potenzielle Gefahr einzustufen und sich auf eine Position des Beobachtens und Abwartens zurückzuziehen, um erst dann zu handeln, wenn die weitere Entwicklung klarer erkennbar ist. Aber was bleibt dann noch zu tun? Wenn der erste Wirbel sich gelegt hat, haben sich die Erwartungen und das Verhalten der Kunden vielleicht schon nachhaltig verändert, ebenso wie die Unternehmenslandschaft.

### GEFAHREN UND CHANCEN FÜR ETABLIERTE UNTERNEHMEN

Die Neudefinition unternehmerischen Handelns, die durch die Chancen und Gefahren der Internettechnologie erzwungen wird, erfordert eine Überprüfung traditioneller Geschäftsmodelle. In den Medien werden diese Veränderungen häufig mit drastischen Kostensenkungsmaßnahmen sowie billigen und effektiven Zugangsmöglichkeiten zum Markt verbunden: ein Paradies für Firmen, die diese Risiken in Kauf nehmen und bereit sind ihre Unternehmensabläufe und Geschäftspraktiken anzupassen.

Es entstehen neue Unternehmensformen, die die Struktur herkömmlicher Organisationen bedrohen. Wie sich bereits in der Reisebranche mit den diversen Online-Buchungssystemen gezeigt hat, werden diese neuen Einkaufsmöglichkeiten von vielen Kunden angenommen, nicht zuletzt weil sie oft deutlich preiswerter sind. Durch die Ausbreitung der neuartigen Internetfirmen haben sich viele Branchen verändert und etablierte Betriebe wurden gezwungen ebenfalls diese neuen Modelle zu übernehmen, um nicht unterzugehen.

Doch ist die alte Ordnung im Gefolge des technologischen Wandels völlig verschwunden? Dass nach Schätzungen bis zu 99 Prozent aller Internet-Startups in den ersten Jahren nach ihrer Gründung scheitern, weist darauf hin, dass herkömmliche Unternehmen noch über Vorteile verfügen. Sie können neue Modelle übernehmen, haben Stabilität vorzuweisen und zeichnen sich durch eine profunde Kenntnis ihrer Märkte aus. Sie können sich der Dotcoms erwehren, indem sie etwa ihre starke Marktposition und ihre Finanzkraft gegen sie ausspielen.

Immer deutlicher zeigt sich, dass Hybridunternehmen die Sieger sein werden, traditionelle Unternehmen mit gut entwickeltem Service und einer starken Produktlinie, die durch die Internetnutzung ihr Geschäft beschleunigen und ihre Wettbewerbsfähigkeit verbessern.

Unternehmen der Medien- und Reisebranchen sowie das Bankwesen müssen heute neue Businessmodelle entwickeln, um das Internet in ihre Geschäftsabläufe einzubeziehen. Hier werden die Hybridorganisationen der Zukunft entstehen.

### WERTSCHÖPFUNGSKETTE

Erfolgreiche Firmen reagieren stets auf Kundenbedürfnisse. Die Wertschöpfungskette soll dem Kunden dienen, denn hier werden die Einnahmen erzeugt. Vorausschauende Unternehmen suchen in ihrer Wertschöpfungskette nach neuen Ideen zur Anwendung der Internettechnologie. Die Analyse der Wertschöpfungskette muss beim Konsumenten beginnen und dann durch alle Leistungsfunktionen zurückverfolgt werden bis zur Entwicklung

## TRADITION – INTERNET

**KONSERVATIVES UNTERNEHMEN**

| Stärken | Schwächen |
|---|---|
| ■ etablierte Marken | ■ schwache Internet-Kompetenz |
| ■ Größe | ■ Angst vor Wandel |
| ■ Ressourcen | ■ traditionelle, starre Hierarchie |
| ■ physische Präsenz | |
| ■ Beziehungen | |

**INTERNETFIRMA**

| Stärken | Schwächen |
|---|---|
| ■ hohe Flexibilität | ■ keine Marken |
| ■ IT-Spezialisten | ■ geringer Cash-Flow |
| ■ neueste Technologie | ■ Geschäftsmodelle |
| ■ Interneterfahrung | ■ Verwundbar durch Marktveränderung |
| ■ Geschwindigkeit | |

neuer Produkte oder Dienstleistungen. Alle Funktionen sollten anhand einer klaren Maßgabe überprüft werden: der Vision des Unternehmens.

Ein fundierter Businessplan kann durch die geschickte Internetnutzung einen Schub erhalten. Ein fehlerhafter Plan dagegen wird durch den Einsatz dieses Katalysators kaum effektiver werden.

### MAXIMALE FLEXIBILITÄT

Die wesentliche Veränderung durch das Internet ist die Fähigkeit, überall flexible Netzwerke einrichten zu können, was die Bedeutung der Unternehmensgröße als Wettbewerbsvorteil schwinden lässt. Alle Unternehmensabläufe können durch die Nutzung des Internets und ihre projektbezogene Anwendung verbessert werden. Komplexität erweist sich als Hemmschuh auf diesem Sektor. Wie sich Abläufe optimieren lassen, wird oft schon im frühen Stadium der Analyse erkannt und sollte konsequent realisiert werden, um die Unternehmensleistung zu verbessern. Im schnelllebigen Internetgeschäft eignen sich taktische Planungen besser als groß angelegte Strategien dazu, Veränderungen in die Wege zu leiten. Strategien sind zwar auch notwendig, aber in der Internetwelt lassen Vielfältigkeit und Komplexität taktisches Vorgehen als einen pragmatischeren Weg erscheinen, um kurzfristig bessere finanzielle Ergebnisse zu erzielen.

Durch die stetige Erweiterung ihrer Möglichkeiten eröffnen die Technologien neue Wege, verschiedene Dinge zu erledigen, beispielsweise:

- Digitale Fernsehgeräte erlauben den Zugang zu Netzwerken zu wesentlich geringeren Kosten, ohne dass ein PC benötigt wird (der ein bestimmtes technisches Wissen voraussetzt). Man kauft sich einen digitalen Fernseher, schaltet ihn ein und geht online.
- Mobiltelefone, die mit WAP *(Wireless Application Protocol)* ausgerüstet sind, ermöglichen Ihnen sich von jedem Ort, wo Sie ein Signal bekommen, ins Internet einzuwählen.
- Internetfähige Organizer verbinden die Funktionen eines Mobiltelefons mit jenen eines Notebooks.
- Die Bluetooth-Technik überträgt Daten über kurze Entfernungen (zehn bis 100 Meter) von einem Sender, der an einem beliebigen Ort stehen kann.
- Die Netzwerke dehnen sich immer weiter aus und die Menge der übertragenen Daten steigt unaufhaltsam.

## DAS BÜRO DER ZUKUNFT

Die modernen Kommunikationstechnologien werden auch in traditionellen Unternehmen die Abläufe beeinflussen, denn:

- Warum ins Büro fahren, wenn man auch zu Hause arbeiten kann?
- Warum soll man sich noch zu Meetings treffen, wenn sich alle Mitarbeiter von zu Hause aus per Videokonferenzen besprechen können?
- Warum ein Bürogebäude unterhalten, wenn man dezentrale Büroräume stundenweise anmieten kann?
- Immer häufiger beschreiben Mitarbeiter ihr Arbeitsumfeld als eine Mischung aus Hotel, Zug, Flugzeug, Auto, Wohnung, Büro, Haus des Kunden und Café. Wer braucht da noch ein festes Büro?

Beziehen Sie jetzt diese Punkte auf Ihre unterschiedlichen Rollen als Konsument, Lieferant oder Abteilungsleiter und auf alle übrigen Formen der Kommunikation. Diese Entwicklung wird sowohl unser Privatals auch unser Arbeitsleben grundlegend verändern, ob wir es begrüßen oder nicht.

# Intranet und Extranet effektiv nutzen

**In einer Zeit, in der Daten digitalisiert und per Kabel oder Funk übermittelt werden können, entwickeln sich Intra- und Extranet zu Lebensadern einer Organisation. Jedes Unternehmen muss für das Internet fit werden, denn es wird die künftige Geschäftswelt prägen.**

## KOMMUNIKATION BESCHLEUNIGEN UND FOKUSSIEREN

Unter Intranet versteht man ein firmeninternes Kommunikationsnetzwerk, das auf der Internettechnologie basiert. Eine Erweiterung stellt das Extranet (eine Anbindung an das Internet) dar, wodurch auch außen stehende Nutzer, wie Kunden oder Lieferanten, Zugang zum Intranet haben. Im gesamten System gelten in der Regel abgestufte Zugangsbefugnisse, sodass jeder Nutzer nur auf die für ihn bestimmten Informationen Zugriff hat.

Durch ein Intra- und Extranet können Firmen der Tatsache Rechnung tragen, dass man sich im E-Business zunächst auf taktische Planungen konzentrieren sollte. Taktische Planungen verbessern die kurzfristigen Ergebnisse, tragen jedoch zur Umsetzung langfristiger Ziele, etwa der Ausweitung des Marktanteils, eher wenig bei, da hierfür ein Zeitraum von mehreren Jahren zu veranschlagen ist.

Die Unternehmensstrukturen können sich durch die Einbeziehung des Internets verändern, vor allem was das Verhältnis zu Kunden und Lieferanten betrifft. Durch eine Analyse der Wertschöpfungskette lässt sich ermitteln, wo das größte Einsparpotenzial liegt und wo neue Einnahmequellen erschlossen werden können.

Im Zeitalter des Internets erwarten die Kunden einen höheren Kommunikationsstandard, etwa dass E-Mails umgehend beantwortet werden und Informationen online zur Verfügung stehen. Da der so erzeugte Druck auf die Gewinnspannen durchschlägt, werden Preise und Transaktionskosten transparenter.

Um unter diesen veränderten Bedingungen wettbewerbsfähig zu bleiben, muss man die Beziehungen zu den Lieferanten und den übrigen Gliedern der Wertschöpfungskette neu organisieren.

## ERFOLG MIT EINEM INTERNET-GESTÜTZTEN UNTERNEHMEN

Die Internetfirmen, die Ende der 90er-Jahre boomten, verfolgten neue, unkonventionelle Geschäftsmodelle. Diese zielten nicht in erster Linie darauf, Gewinne zu erwirtschaften, Marktanteile zu erlangen oder Marken zu entwickeln, und die jungen Dotcoms mussten sich auch nicht um den Schutz von Distributionskanälen kümmern. Das war nicht immer innovativ, aber es veranlasste traditionelle Unternehmen über die Sicherung ihrer Wettbewerbsposition nachzudenken. Schon bald zeigte die Entwicklung der Internetfirmen jedoch, dass eine solide Unternehmensplanung, die auf Gewinn- und Verlustrechnungen aufbaut, für langfristigen Geschäftserfolg unverzichtbar ist.

Ein Begriff, der für den elektronischen Handel geprägt wurde, ist C-Commerce *(collaborative commerce)*. Er beschreibt die Bemühung, durch Kooperationen Wertschöpfungsketten zu organisieren und so die Kommunikationsabläufe zu beschleunigen und die Kosten zu reduzieren.

C-Commerce ist eine weitere Herausforderung für traditionelle Unternehmen. Die Pioniere auf diesem Gebiet erstellen Internetseiten, die verschiedenste Dienstleistungen anbieten, wie etwa Projektmanagement, Kontaktlisten, verwaltete E-Mail-Verzeichnisse und Online-Foren.

Die Einführung einer neuen Technologie mag wie eine Reise mit unbekanntem Ziel anmuten, die jedoch jenen, die die Reise wagen, hohe Gewinne verspricht. Wie die Entdecker vergangener Jahrhunderte sollte man als Manager umsichtig, aber entschlossen vorgehen und die Möglichkeiten des Unternehmens einsetzen, um sich eine verbesserte Wettbewerbsposition zu verschaffen.

# Schnelle Gewinne durchs Internet

**In einem sich rasant verändernden Marktumfeld ergeben sich zahlreiche Möglichkeiten, das Internet nutzbringend anzuwenden. Aufgrund seiner Schnelligkeit ist es ideal für kurzfristige Aktionen geeignet, die sich schon im laufenden Geschäftsjahr positiv niederschlagen können.**

## GEWINN BRINGENDE TAKTIKEN

Es ist wichtig, beim Kunden anzusetzen und sich anschließend mit den übrigen Prozessen zu befassen. Sorgen Sie dafür, dass Sie auf Anfragen oder Beschwerden in angemessener Frist antworten. Durch das Internet können Sie wertvolle Zeit sparen und Verwaltungskosten senken. E-Mail ist ein wesentlich schnelleres und effizienteres Kommunikationsmittel als Fax, Telefon oder Brief.

Sie sollten das Internet für die Kommunikation mit Kunden und Lieferanten einsetzen. Nutzen Sie elektronische Handelsplätze außerdem für den Einkauf von Produkten, die zur Grundausstattung gehören, wie etwa Möbel oder Computer. Auf diesen offenen Marktplätzen herrscht mehr Wettbewerb und die Abwicklung erfolgt schneller als bei vielen traditionellen Kanälen.

## LOYALITÄT FÖRDERN

Alle im Internet angebotenen Produkte unterliegen einem scharfen Wettbewerb: Die Kunden unterscheiden kaum zwischen Marken, sondern entscheiden sich meist für das preiswerteste Angebot. Das kann die Kundenbindung schwächen. Es ist für die Konsumenten leicht, Informationen von Ihren Konkurrenten einzuholen, sodass die Preispolitik eine immer wichtigere Rolle spielt. Entscheidend ist daher einen zusätzlichen Nutzen zu bieten und die Kundenbindung durch einen eigenen Internetauftritt zu verstärken.

Es zahlt sich aus, wenn man Kunden und Lieferanten als ein Team begreift. Überlegen Sie, ein Extranet einzurichten, um Informationen weiterzugeben, und vereinfachen Sie die Geschäftsabläufe. Fangen Sie mit Ihren wichtigsten Kontakten an: Häufig erbringen 20 Prozent Ihrer Kunden 80 Prozent Ihrer Umsätze. Gleiches gilt im Hinblick auf Lieferanten und Kosten.

Beziehen Sie Kunden und Lieferanten in Ihre Internetplanung mit ein. In welcher Situation befinden sie sich und wie verändern sie sich? Was werden sie von

Ihnen zukünftig erwarten? Bieten Sie Ihre Kontakte an, liefern Sie Feedback. Solche Hilfestellungen stärken die Beziehungen und bieten Ihnen die Möglichkeit zu prüfen, ob Ihre Systeme auch für die Kunden und Partner kompatibel sind. Online-Foren und Diskussionsgruppen im Internet sind ein idealer Weg, um von allen Beteiligten Rückmeldungen zu erhalten.

### DAS TEMPO BESTIMMEN

Unternehmen Sie einen Schritt nach dem andern. Versuchen Sie nicht alles auf einmal zu erledigen. Arbeiten Sie zu jedem Zeitpunkt nur an maximal fünf Projekten gleichzeitig. Stellen Sie sicher, dass die wichtigsten Projekte möglichst schnell einen Ertrag abwerfen. Dazu gehören vor allem der Aufbau eines Intranets für alle internen Mitarbeiter und die Entwicklung eines vor feindlichen Zugriffen sicheren Extranets, über das Sie Informationen mit Kunden und Zulieferern austauschen können.

Zahlreiche Möglichkeiten der neuen Technologien sind einfach zu nutzen, etwa der Einsatz von E-Mail (für alle Arten von Kommunikation), von Internetseiten, Digitalkameras (Bilder können per E-Mail verschickt werden) oder von WAP-Handys (Mobiltelefone mit Internetzugang). Sammeln Sie Ihre eigenen Erfahrungen, indem Sie die einfachen Dinge zuerst ausprobieren, um sich später an den komplizierteren zu versuchen.

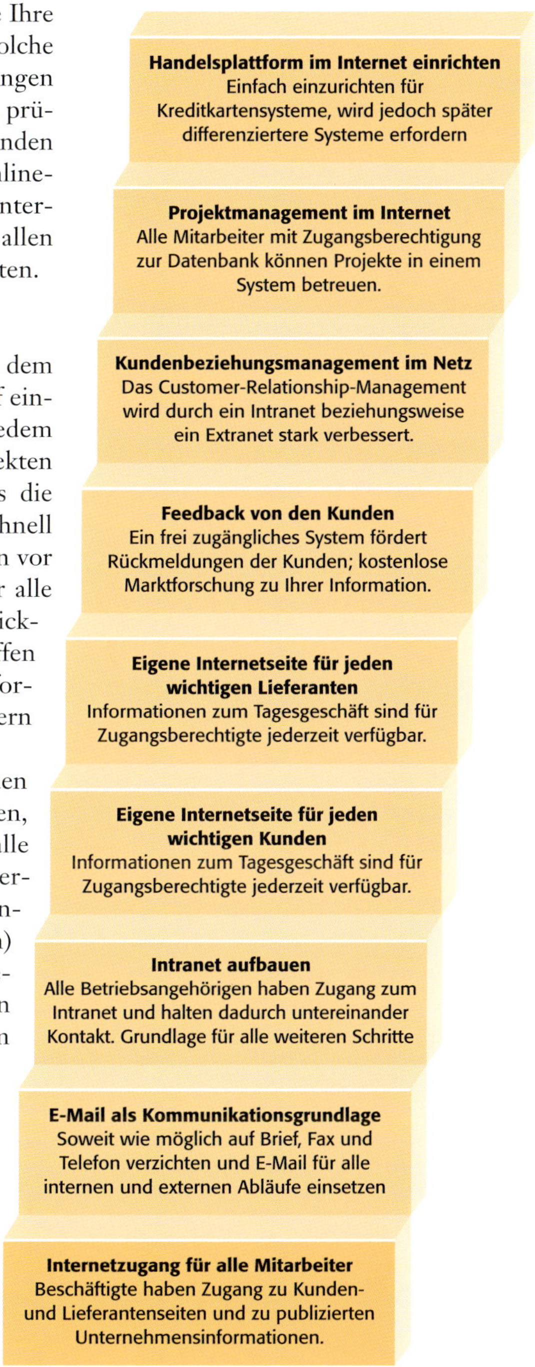


**Sinnvolle Nutzung des Internets**
*Das Internet kann zur Verbesserung der Unternehmenseffizienz genutzt werden. Beginnen Sie mit einem Internetzugang für alle Beschäftigten. Ziel sollte es sein, das gesamte Unternehmen zu vernetzen.*

### BEDEUTUNG DER UNTERNEHMENSGRÖSSE

Ein kleines Unternehmen kann schneller und flexibler agieren als ein großes und hat eher die Chance, rasch zu expandieren. Größere Unternehmen sehen daher in kleinen Konkurrenten oft eine Bedrohung ihrer Wettbewerbsfähigkeit. Im Internetgeschäft ist Geschwindigkeit meist wichtiger als Größe und Finanzkraft. Kleine Firmen können Entscheidungen schneller treffen und rascher umsetzen als Großbetriebe, die kompliziertere Entscheidungsbildungsprozesse durchführen.

### ENTWICKLUNG EINER SPEZIFISCHEN STRATEGIE

Wenn Sie die Grundlagen geschaffen haben, können Sie diese ausbauen, indem Sie strategische Chancen zur Neugestaltung der betrieblichen Prozesse nutzen, insbesondere der Kommunikation zwischen Lieferanten, Kunden und den übrigen Gliedern der Wertschöpfungskette. Überprüfen Sie alle internen Systeme kontinuierlich auf sämtliche Verbesserungsmöglichkeiten, indem Sie jene Mitarbeiter befragen, die direkten Kontakt zu Kunden und Lieferanten haben.

## Erstellung eines taktischen Internet-Aktionsplans

Bei der Aufstellung eines taktischen Aktionsplans können Sie sich eines Sieben-Stufen-Konzepts bedienen, das auf die Bewältigung von Veränderungen bei der Implementierung neuer Technologien ausgerichtet ist. Es hilft dabei, die Chancen und Risiken jedes Projekts zu analysieren und einen für alle Mitarbeiter verständlichen Wegweiser zu erstellen.

### EINEN PROJEKTLEITER BENENNEN

Zunächst sollte ein Leiter für das Internetprojekt bestimmt werden, denn ein organisatorischer Wandel dieser Tragweite erfordert entschlossene Führung.

Projektleiter müssen eine Vision vom Ziel besitzen und die Belegschaft zu begeistern verstehen. Sie sind imstande sich mit Tendenzen, Gefahren und Chancen neuer Technologien vertraut zu machen. Sie erkennen, wie neue Techniken in der Organisation angewendet und zur Kostensenkung und Beschleunigung von Abläufen eingesetzt werden können. Sie teilen dieses Wissen mit ihren Mitarbeitern und motivieren sie zum Handeln.

### EINBEZIEHUNG DER UNTERNEHMENSFÜHRUNG

Der Projektleiter muss die Notwendigkeit zur Veränderung gegenüber der Geschäftsführung überzeugend darstellen. Das Ziel ist Geld zu verdienen und Geld zu sparen. Auch Internetfirmen müssen mit realen Kunden, die reale Umsätze erzeugen, reale Gewinne erwirtschaften.

Jeder Businessplan muss profitabel sein. Im Internetumfeld, das schnellen Veränderungen unterworfen ist, sollten sich die Erträge in der ersten Phase nach der Implementierung der Technologie einstellen, also in weniger als einem Jahr, nachdem man die ersten Maßnahmen im E-Business eingeleitet hat.

## ANALYSE DER CHANCEN EINES INTERNET-UNTERNEHMENS

Der Erfolg eines Unternehmens im Internet wird maßgeblich durch die sechs Elemente aus nachfolgendem Modell bestimmt.

Im Mittelpunkt steht die Vision. Vision und Kundenfunktion sind miteinander verknüpft, denn die Vision sollte die Produkte unterstützen, die die Kunden von einem Unternehmen zu erwerben bereit sind, und zum anderen wird die Vision durch die Bedürfnisse der Kunden erst geschaffen bzw. verändert.

Die Internettechniken, die Sie im Umgang mit den Kunden nutzen, spiegeln sich in jenen, die Sie gegenüber den Lieferanten verwenden. Die Aufgaben sind sehr ähnlich, denn innerhalb des Internets können Lieferanten auch Kunden sein und umgekehrt.

Die Fähigkeiten der Mitarbeiter machen die Funktionsfähigkeit eines Unternehmens aus. Menschen schaffen und nutzen die Prozesse, die sich durch Technologien verändern können. Sie müssen prüfen, ob herkömmliche Abläufe noch angemessen sind oder ob sie ersetzt oder verbessert werden können.

Die IT-Infrastruktur fördert die Implementierung neuer Techniken und gewährleistet ein hohes Maß an Sicherheit und Zuverlässigkeit.

**Kernfragen verstehen**

*Wie wirken die verschiedenen Funktionen Ihres Unternehmens zusammen? Erst durch das Verständnis dieser Zusammenhänge können die Möglichkeiten des Internets profitabel angewendet werden.*

**KUNDEN**
- Loyalität schaffen
- akzeptablen Service und Qualität bieten
- Einnahmen erwirtschaften
- zu Feedback ermuntern

**TECHNOLOGIE**
- Kosten-Nutzen-Analyse
- Verlässlichkeit prüfen
- Einbindung in das Unternehmen überprüfen
- Ausbaufähigkeit sichern

**VISION**
- Aufgabe definieren
- kurz- und langfristige Ziele bestimmen
- Leistungsschwerpunkte festlegen

**LIEFERANTEN**
- enge Zusammenarbeit
- Kosten senken
- Qualität sichern
- durch faire Verträge Beziehungen stärken

**PROZESSE**
- Geschwindigkeit steigern
- für Zuverlässigkeit sorgen
- Kosten senken
- Kundenorientierung fördern

**MITARBEITER**
- Kultur schaffen, in der die Mitarbeiter die Vision teilen
- nötige Qualifikation sichern
- Leistung messen
- Kunden ins Zentrum stellen

### INDIVIDUELLE BETREUUNG

Durch Gespräche mit der Unternehmensführung oder dem Management bekommen alle Beteiligten die Chance, sich über die Zukunftsperspektiven aus der Sicht ihrer Abteilung auszutauschen und sich zu Plänen über die Fortführung oder Beendigung von Aktivitäten in ihrem Zuständigkeitsbereich zu äußern. Die verantwortlichen Manager sollten die Fakten und Realitäten kennen und nicht kurzlebigen Trends nachlaufen.

**Einen taktischen Plan erstellen**
*Durch die Gliederung des Prozesses in sieben Stufen lassen sich die Schritte zur Implementierung neuer Technologien festlegen. Es hat sich gezeigt, dass dieses Vorgehen mit den herkömmlichen Managementmethoden gut vereinbar ist.*

**PROJEKTLEITER**

**FÜHREN**
Visionären Leiter finden, der die Führung übernimmt

**Kernziel**
*Das Unternehmen für den Wandel positionieren und darauf vorbereiten, Risiken einzugehen*

**ÜBERZEUGEN**
Notwendigkeit für den Wandel deutlich machen

**Kernziel**
*Zustimmung der Geschäftsführung gewinnen, indem man die Möglichkeiten des Internets in einem einfachen und pragmatischen Verfahren untersucht, um die besten Projekte für das Unternehmen zu ermitteln.*

**BETREUEN**
Die einzelnen Teammitglieder ausbilden

**Kernziel**
*Grundverständnis fördern, Aufgaben festlegen, Zukunftsperspektiven für die Abteilungen entwickeln*

Mithilfe gezielter Fragen kann man feststellen, wie sich im E-Business die Abläufe in den Abteilungen verbessern lassen. Die meisten Unternehmen kann man in verschiedene Funktionen aufgliedern, wobei zu bedenken ist, dass diese stets miteinander vernetzt sind.

## DIE FÜNF WICHTIGSTEN EINSATZMÖGLICHKEITEN FESTLEGEN

In dieser Phase der Planung kommt die Wertschöpfungskette auf den Prüfstand und es wird untersucht, wie mithilfe des Internets einzelne Funktionen verbessert oder ersetzt werden können. Der Projektleiter skizziert nun, was das Internet für das Unternehmen leisten kann, wobei die wirtschaftlichen Möglichkeiten und nicht technische Begriffe im Vordergrund stehen sollten. Man könnte einen externen Berater hinzuziehen, da interne Mitarbeiter häufig ausgesprochen stark an die herkömmlichen betrieblichen Abläufe gebunden sind.

Sicher fallen einem Manager zehn bis 20 Einsatzmöglichkeiten für das Internet inerhalb seines Unternehmens ein. Es kommt darauf an, diese Ideen nach Prioritäten zu ordnen und eine Liste mit den fünf bis sechs Vorschlägen zu erstellen, durch die das meiste Geld erwirtschaftet oder eingespart werden kann. Häufig fallen einem zunächst die naheliegendsten oder in den Medien ausführlich dargestellten Möglichkeiten ein.

Bei der Erstellung der Prioritätenliste für den Internetauftritt können Sie die Vorschläge danach bewerten, wie schnell und wie einfach sie umzusetzen sind. Dann schätzen Sie, welchen finanziellen Vorteil sie erbringen könnten (durch zusätzliche Einnahmen, Kosteneinsparung, Verkleinerung des Apparats usw.). Die fünf Projekte mit der höchsten Priorität werden auf kürzere Sicht Ihre wichtigsten, unter dem Kosten-Nutzen-Gesichtspunkt interessantesten Internetaktivitäten darstellen.

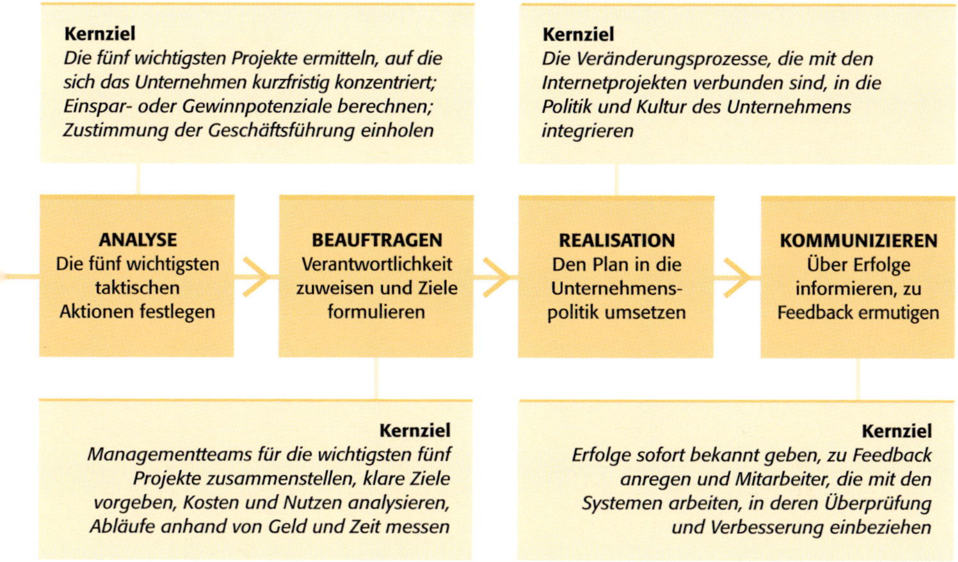


## ZUSTÄNDIGKEITEN ZUWEISEN

In diesem Stadium muss die Unternehmensführung Verantwortlichkeiten festlegen. Wer soll was erledigen, bis wann und mit welchen Ressourcen? Auch hierzu kann man Unterstützung von außen heranziehen, denn Spezialisten, die sich hauptberuflich mit dem schnelllebigen Internet beschäftigen, haben einen besseren Überblick und können wertvolle Anregungen zur Verbesserung der Abläufe beisteuern.

Unverzichtbar ist eine Methode zur Messung der Ergebnisse. Für die USA stellte man Ende der 90er-Jahre fest, dass mehr als 80 Prozent aller Internetseiten keinen Ertrag abwarfen, das heißt, sie vergeudeten Geld und Arbeitskraft und ließen Marktchancen ungenutzt verstreichen. Eine effektive Kosten-Nutzen-Analyse für jedes Projekt und eine Überprüfung, ob es Geld erwirtschaften oder Geld sparen hilft, schafft eine stabile Grundlage für das Unternehmen, auf der sich in der Zukunft aufbauen lässt. Durch Weiterbildung wird intern anschließend das am besten geeignete Verfahren entwickelt.

## UNTERNEHMENSPOLITIK

Der Internetauftritt muss mit der Unternehmenspolitik abgeglichen werden. Er benötigt die Unterstützung der Geschäftsführung, die deutlich machen muss, dass es sich um ein strategisches Projekt handelt, das für alle Aktivitäten des Unternehmens von großer Bedeutung ist.

## ERFOLGE KOMMUNIZIEREN

Alle Mitarbeiter und Kunden über alle Entwicklungen zu informieren zeichnet ein kluges Management aus. Es ist wichtig, aussagekräftiges Feedback zu erhalten und den Beteiligten zu verdeutlichen, dass es sich um reale Erfolge handelt und dass die neuen technischen Möglichkeiten hilfreich und von großer wirtschaftlicher Bedeutung sind.

# Aufgaben des Managements

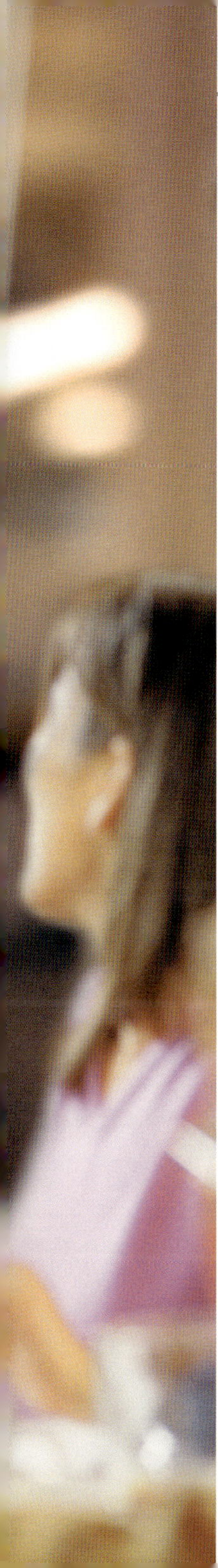

# KOMMUNIKATION

**Eine funktionierende Kommunikation ist das A und O von Führung und Management. Sie verläuft nicht entweder von oben nach unten oder umgekehrt, sondern immer in beide Richtungen und kontinuierlich. Setzen Sie Kommunikationstechniken so ein, dass Sie zur rechten Zeit die richtige Botschaft vermitteln.**

Es gibt eine Vielzahl von Wegen, Techniken und Mitteln der Kommunikation, die ein Manager beherrschen muss. Gutes Management basiert immer auf erfolgreichen zwischenmenschlichen Beziehungen. Diese ergeben sich am ehesten, wenn Sie einen ungezwungenen, entspannten und freundlichen Umgang mit Leuten pflegen.

Die Grundfertigkeiten Lesen und Schreiben sind immer verbesserungsfähig. Wenn Sie Ihr Lesetempo steigern, Ihr Textverständnis verbessern und gleichzeitig auf klaren schriftlichen Ausdruck achten, kann Ihre Gesamtleistung davon nur profitieren. Zwei wichtige Bereiche des Manageralltags, in denen das Kommunikationstalent gezielt entwickelt werden kann, sind Präsentationen und Meetings.

Ein spezieller und besonders lehrreicher Kommunikationsbereich sind Verhandlungen, bei denen stets beiderseitiger Gewinn anzustreben ist. Gute Kommunikation zielt immer darauf ab, den Bedürfnissen aller Beteiligten gerecht zu werden.

**IN DIESEM KAPITEL**

# Kommunikationsmittel und -wege

**Effektiv kommunizieren kann nur, wer über die Kommunikationsmittel und -wege Bescheid weiß. So wie einen guten Schauspieler zeichnet auch einen guten Kommunikator seine Wandlungsfähigkeit aus und ebenso wie der Schauspielerberuf erfordert der Beruf des Managers Ausbildung und ständige Übung.**

## KOMMUNIKATIONSMITTEL

Es kommt darauf an, den richtigen Empfängern die richtige Botschaft auf dem geeigneten Weg und zur rechten Zeit zu vermitteln. Trainieren Sie die fünf Arten der Kommunikation und wählen Sie jeweils die für Sie, Ihre Adressaten und Ihren Zweck am besten geeignete aus.

**Das gesprochene Wort**

Die direkte Ansprache ist das meistgenutzte und durch das Zusammenwirken von Persönlichkeit und Worten auch das eindringlichste Kommunikationsmittel. Wählen Sie Ihre Worte mit Bedacht, unabhängig von der Anzahl der Zuhörer.

**Schriftliche Mitteilungen**

Dazu zählen schnell hingekritzelte Notizen, E-Mails, Rundschreiben, aber auch offizielle Berichte und Präsentationen. In jedem Fall sollten Sie sich über Ihre Ziele, Gedanken und Fakten klar werden, bevor Sie sie zu Papier oder auf die Reise über die elektronische Datenautobahn schicken – und die Endfassung vor dem Senden sorgfältig kontrollieren.

**Visuelle Informationen**

Gute Kommunikatoren wissen es und die Werbung demonstriert es täglich: Geschickt ausgewählte und gestaltete Bilder sagen mehr als tausend Worte und helfen Zuhörern wie Lesern die vermittelten Inhalte leichter zu behalten.

**Körpersprache**

Der gezielte Einsatz von Gesten, stimmlicher Modulation und Mimik ist im Geschäftsalltag eher selten. Äußerst viel sagend ist aber die unbewusste Körpersprache. Wer die Körpersprache versteht und sie richtig einsetzt, kann das Risiko von Missverständnissen und der Fehlinterpretation des Gesagten verringern und die Chancen eines erfolgreichen Austauschs erhöhen.

**Kommunikationsmix**

Unterschiedliche Kommunikationsmittel sprechen verschiedene Areale im Gehirn an, das heißt, ihr gleichzeitiger Einsatz macht die Kommunikation effektiver. Dabei ist es aber wichtig, alle gleich überlegt einzusetzen. So kann ein schlechtes Layout die Wirkung eines gut formulierten Briefs ruinieren, eine verwirrende Grafik die Präsentation schwächen.

## KOMMUNIKATIONSWEGE

Am häufigsten ist das formlose Gespräch von Angesicht zu Angesicht, doch kommt man nicht umhin, auch andere wichtige Kommunikationswege zu nutzen *(siehe Seite 151)*, von denen jeder seine spezifischen Funktionen erfüllt.

## PERSÖNLICHER AUSTAUSCH

Um von Mensch zu Mensch effektiv zu kommunizieren, müssen Sie sich Ihrer Ziele bewusst sein und sich klar und deutlich ausdrücken können. Wo und wie man kommuniziert, mit einer Person oder mit einer Gruppe von Menschen, hat großen Einfluss auf die Wirkung der Botschaft; jede Kommunikationsform erfordert andere Fähigkeiten.

## DIE WICHTIGSTEN KOMMUNIKATIONSWEGE

| METHODE | KOMMENTAR |
|---|---|
| **Telefon und Telefonkonferenzen** | Hier sollte man seine Worte sorgfältig wählen, um Missverständnisse zu vermeiden, deutlich sprechen und den Einfluss der Körpersprache auf den Klang der Stimme bedenken: Lächeln Sie, um sympathisch zu klingen; stehen Sie gegebenenfalls auf, um bestimmt und selbstbewusst zu wirken. |
| **Präsentationen** | Ob förmlich oder formlos: Gute Vorbereitung ist entscheidend. Trainieren Sie die freie Rede und den Umgang mit unerwarteten Fragen. |
| **Fragestunden** | Ein zu wenig genutztes Medium, das einen wertvollen offenen Informations- und Meinungsaustausch ermöglichen kann. Sie brauchen dazu gute Fähigkeiten in freier Rede, fundiertes Sachwissen zum Thema und die Bereitschaft, sich Kritik und bohrenden Fragen zu stellen. |
| **Memos und Briefe** | Unentbehrlich als dokumentierende Ergänzungen mündlicher Mitteilungen. Sie sollten gut geschrieben und sauber präsentiert werden. Vermeiden Sie die Verbreitung überflüssiger Briefe, sonst droht Aufmerksamkeitsverlust. |
| **Berichte und schriftliche Anweisungen** | Richtig gegliedert vermitteln sie in übersichtlicher Form wichtige Informationen, auf die man immer wieder zurückgreifen kann. Nur notwendige Informationen einbeziehen und nur an relevante Personen verteilen. |
| **Hauszeitungen** | Es werden Informationen über das Unternehmen, über Mitarbeiter und Veranstaltungen publiziert, was die Identifikation mit dem Unternehmen fördert. Sie sollten aber nicht reines Sprachrohr der Geschäftsleitung sein. |
| **E-Mails** | Haben andere Formen des Schriftverkehrs überflügelt, weil sie schnell, formlos und praktisch sind. Geschäftliche E-Mails sollten nie so formlos sein, dass sie unhöflich wirken. Kopien wichtiger Mitteilungen aufbewahren. |
| **Websites** | Eine unmittelbare Kommunikationsform, die regelmäßig aktualisiert werden muss, um effektiv zu sein. Websites müssen leicht zugänglich und interessant aufgemacht sein. Fachkundige Unterstützung lohnt sich hier. |
| **Plakate, Schilder und Aushänge** | Nützlich, um Informationen zu verbreiten und neue Entwicklungen bekannt zu machen |
| **Rundfunk und Fernsehen** | Video, Film, Ton oder Multimedia (alle auch übers Internet übertragbar); bei richtigem Einsatz sehr wirkungsvoll; wie bei Websites gilt: Je professioneller die Präsentation, desto besser ihre Wirkung. |

### Einzelgespräche

Gespräche sind die Grundbausteine des zwischenmenschlichen Kontakts und fordern vom Manager unentbehrliche Basiskompetenzen: Gut zuhören und reden können, Sensibilität für die Umstände sowie Flexibilität, denn sie verlaufen selten nach dem erwarteten Schema.

### Informelle Gruppengespräche

Die meiste Arbeit wird in kleinen Teams erledigt. Die Interaktionen der Mitglieder haben großen Einfluss darauf, welche Botschaften ankommen. Ob die Gruppe eine feste Mannschaft ist oder auch außen Stehende umfasst, es gelten die Regeln offizieller Meetings: beim Thema

## WER IST IHR PUBLIKUM?

| PUBLIKUM | KOMMENTAR |
|---|---|
| **Vorgesetzte** | Der Umgang mit Vorgesetzten erfordert Diplomatie und Takt, aber lassen Sie sich davon nicht verunsichern. Bereiten Sie sich so gut wie möglich vor und überprüfen Sie sämtliche Fakten genau. |
| **Kollegen** | Kollegen der gleichen Hierarchieebene können Sie offen und ehrlich gegenübertreten. Pflegen Sie einen konstruktiven Umgang mit ihnen und vermeiden Sie übertriebenes Konkurrenzgehabe. |
| **Untergebene** | Heute nennt man sie meist »Mitarbeiter«, um zu verdeutlichen, dass sie eher »mit« ihrem Chef als »für« ihn arbeiten. Sie sollten sich ihren Bedürfnissen und Anliegen gegenüber aufgeschlossen zeigen und ihnen ihre Rolle und Aufgabe im Gesamtzusammenhang deutlich machen. |
| **Externe Lieferanten** | Diese müssen das Gefühl erhalten, ein wertvoller Teil des Gesamtteams zu sein. Beide Seiten müssen konstruktiv und respektvoll kommunizieren. |
| **Kunden** | Erfolgreiche Manager verwenden möglichst viel Zeit auf Gespräche mit den einzelnen Kunden. Gehen Sie jede Art der Kommunikation mit ihnen äußerst bedacht an, insbesondere etwaige Beschwerden. Hier ist Diplomatie oft angebrachter als zu direkte Offenheit. |
| **Wettbewerber** | Die Kommunikation mit Konkurrenzunternehmen ist zu Kooperations- und Informationszwecken sowie als Verbindung zur Außenwelt wichtig und sollte höflich ablaufen, ohne vertrauliche Informationen preiszugeben. |
| **Unternehmensberater und andere Fachberater** | Durch beiderseitige effektive Kommunikation lassen sich solche Beziehungen am sinnvollsten nutzen: Unklarheiten und Missverständnisse können dazu führen, dass teurer Rat missachtet wird. |
| **Außenstehende** | Bedenken Sie, dass jede Form der Kommunikation ein Licht auf Ihr Unternehmen wirft, ob positiv oder negativ, und behandeln Sie die externe Kommunikation, etwa mit Medien, Kommunal-, Landes- und Bundespolitikern, Bürgervertretern und Gewerkschaftlern, mit größter Sorgfalt. |

bleiben, Protokoll führen, Memo mit Entscheidungen verteilen usw.

**Größere Meetings**

Bei offiziellen Großveranstaltungen oder Konferenzen sind gute Vorbereitung und eine ebensolche Präsentation unerlässlich und stärken das Selbstvertrauen des Redners. Eine gewisse Praxis in Rhetorik ist sicherlich nützlich.

**Fernkommunikation**

Moderne Kommunikationswege wie E-Mail, Telekonferenzen, Websites und SMS sind für die schnelle Kommunikation mitunter effizienter. Verlieren Sie aber auch die Vorzüge von Brief (bzw. Fax) und Telefon, ob Festnetz oder mobil, nicht aus den Augen.

### KOMMUNIKATION NACH MASS

Man kann bis zu einem gewissen Grad beeinflussen, was man wo und wie mitteilt, allerdings nicht, wem. Wählen Sie die Mittel und Wege, die dem jeweiligen Publikum Ihre Botschaft in der konkreten Lage am verständlichsten und eindringlichsten machen.

# Kunst der Zwanglosigkeit

**Zwanglose Kommunikation spielt im Arbeitsleben der meisten Manager eine viel größere Rolle als der rein formelle Austausch. Gute persönliche Beziehungen, der Schlüssel zum effektiven Management, entspringen oft aus informellen Kontakten.**

### ORTSWAHL

Der Ort, an dem man eine Mitteilung macht, setzt deutliche Signale. Indem man sich ins Revier des anderen begibt, würdigt man seine Bedeutung im bevorstehenden Austausch. Umgekehrt vermittelt es ein Bild Ihrer Überlegenheit, wenn Sie jemanden zu sich bestellen. Das kann bei Disziplinar- oder Leistungsproblemen sinnvoll sein.

Ihr Büro sollte kein gemiedenes oder gar verbotenes Terrain sein. Die Mitarbeiter können nicht mit jemandem kommunizieren, den sie nicht sehen und der nie mit ihnen spricht. Betreiben Sie eine Politik der »offenen Tür«.

### KOMMUNIKATION OHNE WORTE

Die nonverbale Kommunikation, also Gesten, Körperhaltung und Mimik, ist entscheidend für die Vermittlung einer Botschaft. Bei zwangloser Kommunikation kann sie eine entspannte Atmosphäre für den persönlichen Austausch schaffen.

Besonders bedeutsam sind Blickkontakt und Körperhaltung. Den anderen direkt anzusehen, gegebenenfalls mit einem Lächeln, wirkt positiv, ein unsteter Blick negativ. Vieles, wie etwa die geweiteten Pupillen, die freundliche Aufmerksamkeit signalisieren, nehmen wir eher unbewusst wahr. Eine aufrechte Haltung beeindruckt positiver als eine nachlässige. Zu nahes Aufrücken kann einschüchternd, zu große Distanz abweisend wirken. Wer lügt, verrät sich oft durch seine Augen und Hände. Unterstreichen Sie Ihre Worte durch kraftvolle Gesten oder halten Sie die Hände still. Fahrige Handbewegungen verraten Nervosität.

Wenn man wirklich entspannt und selbstbewusst ist, ergibt sich die richtige Körpersprache meist von selbst. Manches kann man aber auch vor dem Spiegel

### NEUROLINGUISTISCHES PROGRAMMIEREN (NLP)

Fortgeschrittene Kommunikatoren können mittels NLP ihre Wirkung steigern und dem Publikum die Befangenheit nehmen. Das NLP geht davon aus, dass der Gebrauch der Sprache auf die persönliche Denkweise des Menschen schließen lässt, etwa visuell: »Ich sehe, was Sie meinen«, oder auditiv: »Das klingt nach einem Problem.« NLP-Techniken suchen eine Übereinstimmung herzustellen, indem man etwa die gleiche Bildsprache verwendet wie der Gesprächspartner und seine Körpersprache spiegelt.

**Bewusst eingesetzte Körpersprache**
*Indem man Haltung und Gestik in unaufdringlicher Weise der des Gesprächspartners anpasst, kann man sich besser in ihn einfühlen.*

## ZENTRALE ZUHÖRTECHNIKEN

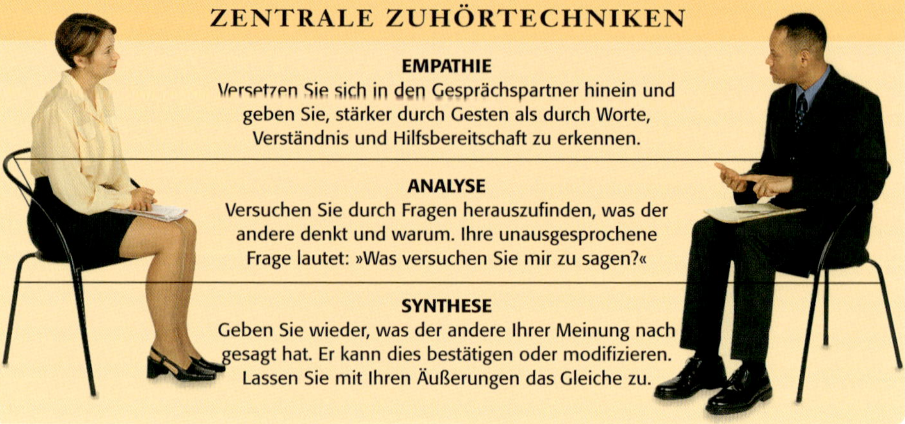

**EMPATHIE**
Versetzen Sie sich in den Gesprächspartner hinein und geben Sie, stärker durch Gesten als durch Worte, Verständnis und Hilfsbereitschaft zu erkennen.

**ANALYSE**
Versuchen Sie durch Fragen herauszufinden, was der andere denkt und warum. Ihre unausgesprochene Frage lautet: »Was versuchen Sie mir zu sagen?«

**SYNTHESE**
Geben Sie wieder, was der andere Ihrer Meinung nach gesagt hat. Er kann dies bestätigen oder modifizieren. Lassen Sie mit Ihren Äußerungen das Gleiche zu.

einstudieren, bis es in Fleisch und Blut übergegangen ist, so beispielsweise:

- lächeln, Kopf neigen und nicken, um Zustimmung anzudeuten,
- sich vorbeugen, um Aufmerksamkeit zu demonstrieren,
- die geöffneten Hände ausbreiten, um um Unterstützung nachzusuchen.

Kommunikation ist keine Einbahnstraße. Sie wollen sich nicht nur verständlich machen, sondern möglichst etwas von ihrem Gesprächspartner erfahren. Beachten Sie auch nonverbale Signale, die zeigen, dass er nicht entspannt ist, etwa wenn er:

- Augenkontakt meidet (argwöhnisch),
- Nägel oder Bleistift kaut (nervös),
- die Arme verschränkt (abwehrend),
- sein Gesicht berührt (der Wahrheit ausweichend).

### ZUHÖRTECHNIKEN

Gut zuhören können ist wichtig. Ermutigen Sie einen Redner durch aufmerksames Lauschen und unterbrechen Sie ihn nicht. Wenn seine Körpersprache erkennen lässt, dass das Gespräch nicht gut läuft, lenken Sie die Diskussion durch Zuhörtechniken zurück in die richtige Bahn. Offene Fragen (»Was meinen Sie, wie wir X beruflich fördern können?«) regen die Diskussion an und schaffen Gelegenheit zum Einsatz von Empathie, Analyse und Synthese. Vermeiden Sie geschlossene Fragen (»Sollten wir X befördern?«), die nur nach »Ja« oder »Nein« verlangen.

Wichtiger als alle Methodik ist Aufrichtigkeit. Sagen Sie, was Sie meinen, meinen Sie, was Sie sagen, und zeigen Sie dies auch durch Ihre Körpersprache.

### ALS FREUND SPRECHEN

Nehmen Sie sich für informelle Einzelgespräche ausreichend Zeit. Sprechen Sie als Freund, der seinem Gesprächspartner nur das Beste wünscht, aber auch sichergehen will, dass die Entscheidung, die getroffen wurde, wirklich in seinem Interesse liegt.

Bei einem Einzelgespräch kommen Empathie, Analyse und Synthese ins Spiel. Überhaupt ist zwanglose Kommunikation in hohem Maße sozial: Sie bedeutet ein Miteinander zwischen Menschen auf allen Ebenen, das gute Beziehungen hervorbringen und festigen sollte.

# Geschäftskorrespondenz

**Gute Kommunikation fängt immer mit einer klaren Zielsetzung an. Das ist beim Verfassen von Schriftsätzen noch wichtiger, da es sich hierbei um einen reflektierteren Prozess handelt als beim freien Sprechen. Bei der Kommunikation handelt es sich um einen Austausch: Ein Dokument ist also nur so gut wie seine Rezeption.**

### GENERELLE PLANUNG

Bevor Sie sich schriftlich festlegen, sollten Sie die folgenden einfachen Fragen beantworten können:

- Warum schreibe ich das Dokument?
- Wer wird es lesen?
- Welche Reaktionen möchte ich beim Leser erreichen?
- Mit welcher Form kann ich meine Ziele am wirksamsten erreichen?

Wenn eine schnelle Notiz oder E-Mail ihren Zweck erfüllt, dann nutzen Sie diese Formate, doch fassen Sie sich kurz: Wer mehr Worte verwendet, als nötig sind, vergeudet seine und die Zeit des Lesers. Formulieren Sie Kurztexte stets knapp und prägnant und vermeiden Sie komplizierte Satzkonstruktionen.

Eine schlecht konzipierte Notiz kann sich genauso nachteilig auswirken wie ein schlecht verfasster offizieller Bericht. Lesen Sie jedes Dokument vor dem Absenden sorgfältig durch, um zu prüfen, ob die vier Fragen richtig beantwortet sind.

### DOKUMENTE PLANEN

Je länger und förmlicher das Dokument, desto mehr Planung erfordert es. Entwürfe sind sinnvoll, doch muss nicht jeder Bericht komplett im Voraus konzipiert werden. Zeitsparender und zum Ordnen der Gedanken sehr nützlich ist es, sich Überschriften und Hauptpunkte zu notieren, um die Gliederungsstruktur festzulegen, die Wirkung und Eindruck eines Schriftstücks entscheidend mitbestimmt. Hauptgliederungselemente sind:

- Anfang,
- Abfolge und
- Ende des Dokuments.

Jedes Dokument hat bestimmte Ziele, die durch seine Gliederung gestützt werden. Fachleute für Direct Mailing, die mit ihren »ins Blaue« gerichteten

### ZIELE EINES DOKUMENTS

**AUFMERKSAMKEIT ERZEUGEN**
Den Empfänger überzeugen, dass es sich überhaupt lohnt, das Dokument zu lesen

↓

**INTERESSE WECKEN**
Den Leser dazu bringen, weiterzulesen

↓

**BEDARF WECKEN**
Beim Leser die gewünschte Reaktion auslösen

↓

**ÜBERZEUGEN**
Den Leser überzeugen, dass es zu seinem Nutzen ist, entsprechend zu handeln

↓

**ZUM HANDELN ANREGEN**
Den Leser dazu bewegen, den gewünschten Schritt zu unternehmen

Anschreiben versuchen völlig Unbekannte als Kunden zu gewinnen, wissen, wie wichtig die Gliederung ist. Der Verfasser muss fünf Aufgaben erfüllen: Aufmerksamkeit, Interesse und Bedarf wecken, überzeugen und zum Handeln anregen. Ob Geschäftsbrief oder -bericht – offizielle Schreiben sind nur erfolgreich, wenn sie den Leser erreichen.

Eine strenger, logisch strukturierter Fahrplan bei der Planung der Geschäftskorrespondenz zwingt Sie dazu, Ihre Daten und Gedanken zu ordnen. Wenn diese Vorgehensweise sogar bei quantitativen Mailings funktioniert, die zum Teil auf eine zunächst desinteressierte Empfängergruppe treffen, dürfte sie bei von vornherein aufgeschlossenen Empfängern noch effektiver sein.

## SCHREIBBLOCKADEN ÜBERWINDEN

Selbst erfahrene Autoren befällt mitunter eine Art geistige Lähmung, die sie hindert etwas zu Papier zu bringen. Dann ist es das Falscheste, einfach auf das leere Blatt zu starren und sich den Kopf zu zermartern. Man kann diese Art der Blockade durchbrechen. Fangen Sie mit einem ganz einfachen Schritt an:

- Behalten Sie den Grundriss dessen, was Sie sagen wollen, im Auge und schreiben Sie drauflos. Hören Sie nicht auf, egal, wie schlecht Ihnen das Geschriebene erscheint, bis Ihnen endgültig nichts mehr zum Thema einfällt.

Wenn Sie all Ihre Fakten und Gedanken notiert haben, egal wie unbeholfen, können Sie anfangen Ihr Material zu überarbeiten. Sie werden feststellen, dass diese Methode schneller und produktiver ist, als wenn Sie immer wieder neu ansetzen. Meist fällt einem das Schreiben, hat man erst einmal damit angefangen, zunehmend leichter.

### EINEN EIGENEN STIL ENTWICKELN

Diese Regeln sind eine nützliche Basis, doch die Gliederung ist nur die halbe Miete. Maßgeblich ist auch Ihr Stil, an dem Sie bewusst arbeiten sollten.

Gut Schreiben beginnt damit, sich um einen natürlichen, schlichten Stil ohne Imponiergehabe zu bemühen. Vermeiden Sie Fremdwörter, gestelzte Phrasen, verstaubte Wendungen. Die Wichtigkeit eines Dokuments äußert sich in Klarheit und Prägnanz, nicht in Großspurigkeit.

Gute Autoren haben eine ganz eigene Ausdrucksweise – man hört beim Lesen ihrer Texte beinahe ihre Stimme. Versuchen Sie einmal so zu schreiben, wie Sie auch sprechen würden – flüssig, treffend und direkt. Bringen Sie die Worte so natürlich und mühelos zu Papier, als ob Sie mit einem Freund über ein vertrautes Thema sprechen. Stellen Sie durch Recherchen sicher, dass Ihnen das Thema tatsächlich vertraut ist: In einem gedruckten Schriftstück ist jede fehlerhafte Aussage nachweislich verewigt.

### GUTE PRÄSENTATION

Die Präsentation ist fast so wichtig wie die Vorbereitung. Das Dokument sollte optisch tadellos und einladend wirken.

Zu den Segnungen moderner Textverarbeitungssoftware gehören Rechtschreibhilfen und die Möglichkeit, professionell wirkende Dokumente mit unterschiedlichen Schrifttypen, -farben und -größen erstellen zu können. Vorsicht ist jedoch geboten, wenn man einmal produzierte Textpassagen in verschiedenen Dokumenten wieder verwenden will – nicht so sehr, weil der Empfänger dies bemerken könnte, sondern weil Sie sich die Mühe sparen, über die jeweilige Mitteilung gründlich nachzudenken.

**CHECKLISTE**

- ✔ *Rechtschreibfehler unbedingt ausmerzen*
- ✔ *Allgemeine Grammatikregeln einhalten; verbreitete Fehler vermeiden*
- ✔ *Falls möglich, Farben einsetzen*
- ✔ *Illustrationen steigern die Wirkung: Grafiken und Diagramme einsetzen, die das Verständnis wirklich unterstützen.*

### IDEALE TEXTLÄNGE

Hüten Sie sich davor, Ihre Leser in ihrer Konzentration zu überfordern. Jeder zusätzliche Text muss eine Aussage enthalten und darf nie länger sein als zur Verdeutlichung dieser Aussage erforderlich.

Überlegen Sie genau, was Sie sagen wollen, und schreiben Sie den ganzen Brief in einem Zug, bevor Sie ihn durchlesen und kürzen. Achten Sie dabei auf die Gliederungsstruktur. Idealerweise ist eine DIN-A4-Seite ausreichend. Seien Sie bei der Überarbeitung streng mit sich und Ihrem Text und lassen Sie sich gegebenenfalls von einer zweiten Person helfen. Auch für einzelne Wörter und Sätze gilt: In der Kürze liegt die Würze.

Bei Dokumenten wie Berichten oder Konzeptionen kann der Inhalt nach mehr Länge verlangen, als Ihnen lieb ist. Für den Leser ist es hilfreich, wenn Sie das Schreiben mit einer Zusammenfassung der wichtigsten Punkte beginnen und mit einem Resümee der Kernaussagen schließen. Eine Gliederung durch Überschriften und Zwischentitel sorgt für mehr Übersichtlichkeit des Dokuments.

# Effizient lesen

**Viel Lesestoff zu bewältigen ist eine alltägliche Pflicht jedes Managers. Doch manche Manager lesen ineffizient und schaffen das eigentlich notwendige Pensum nicht. Effizient, schnell und mit gutem Textverständnis zu lesen verhilft zu mehr Wissen und besseren Argumenten. Der Schlüssel heißt hier Konzentration.**

### VIEL LESEN

Viele Manager beschränken ihre Lesetätigkeit auf ihre Korrespondenz und die zu ihrem Arbeitsfeld gehörenden Berichte. Regelmäßig auch andere Texte – aus Zeitungen, einschlägigen Zeitschriften und Büchern – zu lesen schult den Geist, erweitert den Horizont und vermittelt wertvolle Informationen und Ideen.

Ineffiziente Leser behaupten oft, sie hätten »keine Zeit« für anderes als den beruflichen Lesestoff. Das ist meist eine Fehleinschätzung. Durch Zeitplanung gewinnt man Zeit dazu. Man muss nur seine Prioritäten ordnen. Sie müssen die bewusste Entscheidung treffen:

- Ihre Zeit effizient zu organisieren,
- Ihr Lesetempo zu steigern,
- Ihr Gedächtnis und Textverständnis zu verbessern.

### SCHNELL LESEN

Der Zusammenhang zwischen Lesetempo und -verständnis ist offensichtlich. Wer einen Absatz noch einmal lesen muss, um seine Bedeutung zu erfassen, halbiert sein Lesetempo. Doch die Verdopplung des Tempos halbiert nicht automatisch das Verständnis. Wenn Sie lernen schneller zu lesen, können Sie Ihr Leseverständnis sogar verbessern. Durch die nachstehenden einfachen Schritte können Sie Ihr Lesetempo erheblich steigern.

Stellen Sie eine Leseliste auf (das Wichtigste kommt an den Anfang) und reservieren Sie genug Zeit dafür. Die reservierte Zeit lässt sich noch sinnvoller nutzen, indem man nicht einfach »losliest«, sondern zunächst Inhaltsverzeichnis, Einleitung, Zusammenfassung und eventuell Register überfliegt, um festzustellen, was sich zu lesen lohnt und was man getrost überspringen kann, was nach gründlichem Lesen verlangt und was man quer lesen kann. Sie werden staunen, wie viel man nicht nur wahr-, sondern auch aufnimmt, wenn man die Seiten rasch durchblättert und dabei die Augen im Zickzack oder diagonal über die Seiten wandern lässt.

Viele Informationen kann man Grafiken, Illustrationen und anderen visuellen Elementen entnehmen. Auch Überschriften fassen oft ein Thema zusammen.

Ein Schnelllesekurs kann äußerst nützlich sein. Solche Kurse dauern nicht lange, sind meist nicht allzu kostspielig und machen sich dauerhaft bezahlt.

*Textpassage auswählen, die Wörter zählen und die Lesedauer stoppen. Das Durchschnittstempo beträgt 250 bis 300 Wörter pro Minute, d. h., man braucht für eine normale Buchseite etwa zwei Minuten. 450 bis 500 W/min., also eine Seite pro Minute, sind ein realistisches Ziel.*

*Falls Sie feststellen, dass Sie Wörter, Sätze oder Absätze ein zweites Mal lesen müssen: Diese »Regression« kann zur unbewussten Angewohnheit werden, die viel Zeit kostet. Bewegen Sie Ihre Augen kontinuierlich weiter und nehmen Sie dazu gegebenenfalls einen Finger zu Hilfe.*

*Zur Steigerung des Lesetempos die mit jeder Augenbewegung (»Sakkade«) erfasste Gruppe von Wörtern vergrößern und den Übergang von einer Sakkade zur nächsten beschleunigen.*

*Eine andere Textpassage nach diesen Regeln lesen und die Zeit stoppen. Sie sollten bereits eine deutliche Beschleunigung bemerken.*

**Wie Sie Ihr Lesetempo erhöhen**
*Bemühen Sie sich bewusst um schnelleres Lesen. Messen Sie zunächst Ihr derzeitiges Tempo und trainieren Sie dann mit den hier beschriebenen Übungen. Bei gleich gutem Textverständnis schneller zu lesen verschafft Ihnen Zeit, Ihren Lesestoff zu erweitern.*

## DAS GEDÄCHTNIS TRAINIEREN

Wesentlich ist natürlich, dass Sie das Gelesene auch aufnehmen, womit die Gedächtnisleistung ins Spiel kommt. Die meisten Leute klagen mit zunehmendem Alter über eine nachlassende Merkfähigkeit. Das ist ein fast immer ungeprüfter und oft unzutreffender Eindruck. Man kann das Gedächtnis wie das Lesetempo mithilfe spezieller Kurse, Schulungen und Ratgeber trainieren.

Die Erinnerung verblasst mit der Zeit: Einen Tag, nachdem man einen Text gelesen und verstanden hat, hat man 80 Prozent des Inhalts wieder vergessen – ein Grund, das Gedächtnis nicht mit Überflüssigem zu belasten, wie etwa Telefonnummern und Adressen, die man sich notiert oder im Computer gespeichert hat.

Selbst bei einem ausgezeichneten Gedächtnis sind ordentliche Notizen die zuverlässigste und praktischste Methode, Informationen festzuhalten.

## AUS BÜCHERN LERNEN

Eine effektive Methode zum Lernen aus Texten stellt dieses Beispiel vor:

- Eine feste Zeit lang lesen (eine Stunde),
- ein Zehntel der Lesezeit (hier also sechs Minuten) abwarten, dann das Gelesene Revue passieren lassen,
- dann das Zehnfache der Lesezeit (zehn Stunden) vergehen lassen und das Ganze noch einmal Revue passieren lassen.

Durch wiederholte Anwendung dieser Methode sollte sich Ihre Fähigkeit, das Gelesene zu behalten, wesentlich verbessern.

## SELBSTTEST

Die Abschnitte über Schnelllesen und Gedächtnistraining noch einmal durchlesen und dann folgende Übung machen:

- Wenn Sie diesen Absatz zu Ende gelesen haben, haben Sie 700 Wörter über »effizientes Lesen« aufgenommen.
- Schreiben Sie auf, was Sie von der gesamten Textpassage verstanden und behalten haben.
- Sie sollten etwa 2,5 Minuten gebraucht haben. Wenn Sie länger gebraucht oder zu wenig behalten haben, lesen Sie sich die Anweisungen noch einmal durch.
- Machen Sie eine Pause von 24 Stunden und versuchen Sie es noch einmal. Sie werden angenehm überrascht sein.

Jedes Mal, wenn Sie etwas lesen oder sich Notizen machen, haben Sie Gelegenheit, Ihre geistige Leistung zu trainieren. Achten Sie darauf, was Sie wie und mit welchem Ergebnis tun, und Sie werden feststellen, wie sich Ihr Lesetempo und -verständnis ohne weitere Anstrengungen steigert. Weitere Verbesserungen sind immer möglich und ein methodisches Vorgehen verspricht die nachhaltigsten Erfolge.

### NOTIZEN MACHEN

Notizen sind wichtig zum Festhalten und Reaktivieren schriftlicher oder mündlicher Informationen. Es ist vorteilhaft,. sich schnell Notizen machen zu können; hier können Steno- oder Schnellschreibkenntnisse sehr nützlich sein.

Bei der Arbeit mit schriftlichem Material gilt: Je schneller Sie schreiben, desto weniger bremst das Notizenmachen Ihr Lesetempo. Sehr effizient ist es auch, wichtige Punkte während des Lesens zu unterstreichen oder mit Leuchtstift zu markieren, um sie später zu notieren.

Noch wichtiger sind Schnellschreibtechniken für Notizen anlässlich von Besprechungen oder Vorträgen. Menschen sprechen schneller, als sie schreiben können: Wer schnell schreibt, bringt in der Stunde 1000 Wörter zu Papier; ein durchschnittlicher Redner kann in der gleichen Zeit über 9000 Wörter sprechen. Wenn Sie nicht gerade Stenoexperte sind, müssen Sie das Gehörte auf die wichtigsten Punkte reduzieren. Gewöhnen Sie sich also einen Protokollstil an.

Sinnvoll sind Mind Maps®, eine von Tony Buzan entwickelte Methode, bei der Gedanken und Worte in rasche Skizzen umgesetzt werden, um sich bei Präsentationen, Besprechungen usw. Notizen zu machen oder Texte zusammenzufassen. Die gehörten oder gelesenen Fakten und Gedanken werden als Verzweigungen und Unterverzweigungen von Schlüsselwörtern, -sätzen oder
-gedanken dargestellt. Dies entspricht dem Ordnungsprinzip des Gehirns, das mit Erinnerungsbildern und Assoziationen arbeitet.

Auch bewusstes Assoziieren (indem Sie etwa den Namen einer Person mit einem äußeren Merkmal verknüpfen)

# Präsentationen

**Zur zentralen Aufgabe eines Managers gehört es, Präsentationen zu halten, die mitunter von entscheidender Bedeutung für das Unternehmen beziehungsweise die persönliche Karriere sind. Eine gründliche Vorbereitung ist unerlässliche Voraussetzung jeder gelungenen Präsentation.**

## VORBEREITUNG

Planen Sie zur Vorbereitung einer Präsentation mindestens das Doppelte der Präsentationsdauer ein, wenn nicht mehr. Ein Vortragsmanuskript für eine 25-minütige Rede umfasst rund 4000 Wörter, also etwa fünf Stunden Schreibdauer.

Dieser Zeitfaktor ist ein guter Grund, nach Notizen vorzutragen. Die komprimierte Vorbereitung spart viel Schreibarbeit und erlaubt es Ihnen zudem, frei zu sprechen, statt nur von der Vorlage abzulesen. Reines Ablesen ist generell weniger wirkungsvoll, da es den Blickkontakt zum Publikum unterbricht. Selbst wenn eine Rede komplett ausgearbeitet wurde, ist es sinnvoller, sie anschließend in Notizform zusammenzufassen und sie danach relativ frei zu halten.

## EINEN VORTRAG GLIEDERN

Gliedern Sie das Thema logisch nach zusammenhängenden Punkten, wobei Sie für jeden wichtigen Punkt zwei Minuten, beim Einsatz von Medien drei Minuten pro Punkt, einplanen sollten (demnach ergeben zwölf Punkte einen 25-minütigen Vortrag). Sie sollten:

- zunächst Ihre Zielsetzung notieren,
- fragen: »Was macht diese Präsentation für mich und das Publikum zum Erfolg?«,
- sich hierüber im Klaren sein, bevor Sie die Gliederung festlegen,
- Ihr Ziel in den ersten Minuten des Vortrags darlegen,
- dem Publikum klar und deutlich mitteilen, was Sie sagen werden,
- das Gesagte abschließend zusammenfassen und dadurch »unterstreichen«.

**Zeitplanung für Präsentationen**
*Bei Präsentationen ist auf Ausgewogenheit zu achten. Hier ein Beispiel zur Gliederung eines 15-minütigen Vortrags. Sehen Sie rund drei Minuten für jeden Hauptpunkt sowie eine Einleitung und ein Schlusswort gleicher Länge vor.*

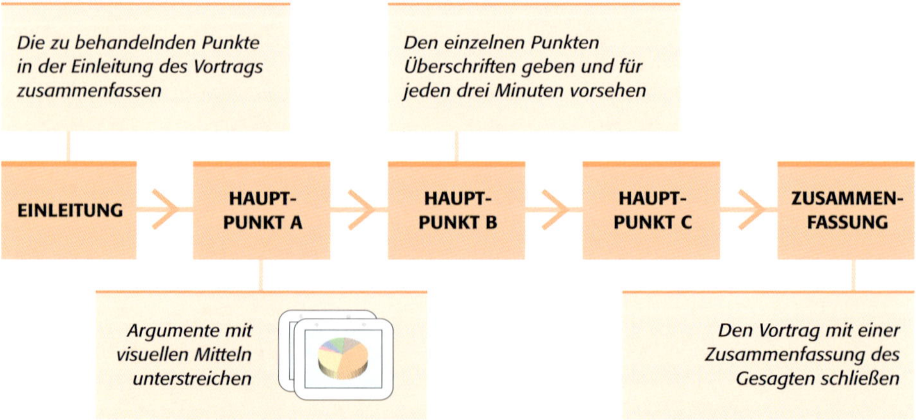

## PRÄSENTATION DER EIGENEN PERSON

Ihre äußere Erscheinung und der Klang Ihrer Stimme sind wichtig: ein selbstbewusster Vortragsstil, eine deutliche, gemessene Sprechweise und eine natürliche Gestik. Ihre Kleidung sollte dem Anlass entsprechen. Weniger wesentliche, aber effektive Techniken, wie der gezielte Einsatz von Humor oder die Einbeziehung des Publikums, erfordern Schulung und Training.

### OPTISCHE HILFSMITTEL

Bilder bleiben im Gedächtnis viel stärker haften als Worte; am einprägsamsten ist die Kombination von Sprache und Bildern. Mit moderner Technik lassen sich perfekte grafische Darstellungen gestalten. Durch optische Medien unterstützte Präsentationen sind immer wirkungsvoll; besonders effektiv sind Dia- oder Overhead-Präsentationen. Mit einem geeigneten Präsentationsprogramm kann man das Material publikumsgerecht zusammenstellen oder adaptieren. Hüten Sie sich vor dem häufig gemachten Fehler, zu viele Informationen auf eine einzige Folie zu packen. Weniger ist mehr!

### GEDÄCHTNISSTÜTZEN

Wegen ihrer nachhaltigen Wirkung sollte man Gedächtnisstützen, etwa Ausdrucke oder Kopien der projizierten Folien, verteilen. Heben Sie sich Ihr nachhaltigstes Argument fürs Schlusswort auf. Sie haben angekündigt, was Sie sagen wollen, Sie haben es gesagt, jetzt erinnern Sie das Publikum an das Gesagte. Scheuen Sie sich nicht vor Wiederholungen.

Die Dauer der Präsentation ist ausschlaggebend. Je länger Sie sprechen, desto mehr Informationen muss sich das Publikum einprägen und desto weniger behält es. Die durchschnittliche Aufmerksamkeitsspanne schwankt zwischen 20 und 40 Minuten. Bei jedem längeren Vortrag riskiert man, dass das Publikum abschaltet. Umfangreicheren Stoff sollte man in Blöcke von maximal 40 Minuten gliedern und die Pausen nutzen, um sich die Beine zu vertreten, das Thema zu wechseln oder Fragen zu beantworten.

### UMGANG MIT FRAGEN

Planen Sie Zeit für Fragen ein. So wird ein lebendiger Kontakt zum Publikum hergestellt, es werden Punkte von besonderem Interesse behandelt und Sie können Ihr umfassendes Wissen auf ungezwungene Art präsentieren. Um den Fragenfluss anzuregen:

- fragen Sie: »Die erste (nächste) Frage bitte?«, statt »Gibt es dazu (noch) Fragen?«
- oder fordern Sie dazu auf, Fragen in den Pausen schriftlich einzureichen,
- deponieren Sie für den Notfall Fragen bei einzelnen Zuhörern,
- nötigen Sie Fragesteller nicht, ihren Namen zu nennen (das schreckt ab),
- wiederholen Sie Fragen, falls jemand sie nicht gehört haben sollte (und um Zeit zum Nachdenken zu gewinnen).

### ERGEBNISÜBERPRÜFUNG

Fragebögen können Rückmeldungen über die Wirksamkeit einer Präsentation liefern. Man sollte aber nicht einfach um Bewertungen auf einer Skala von eins bis zehn bitten, sondern die Fragen auf die Zielsetzungen beziehen. Wenn die Antworten erkennen lassen, dass Sie Ihr Ziel verfehlt haben, finden Sie heraus, woran es gelegen hat, und versuchen Sie es nächstes Mal besser zu machen.

# Effektive Meetings

**Meetings sind das zentrale Instrument der Aktion und Kommunikation im Unternehmen. Allen Arten von Meetings ist ein konstanter Faktor gemeinsam: die Zielorientierung. Es muss ein Ziel geben, das nur erreicht werden kann, indem man bestimmte Leute zu einem bestimmten Zeitpunkt zusammenbringt.**

## MEETINGS DEFINIEREN

Egal ob es sich um eine kurzfristig einberufene oder eine langfristig angesetzte Routinebesprechung handelt, stellen Sie sich stets folgende Fragen:

- Was ist das Ziel des Meetings?
- Muss jeder vorgesehene Teilnehmer dabei sein, um es zu erreichen?
- Falls ja, welcher Beitrag wird von jedem Einzelnen erwartet?

Die Art der Durchführung richtet sich nach dem Zweck des Meetings.

## TEILNEHMERZAHL UND TIMING

Je weniger Teilnehmer, desto effektiver das Meeting! Die optimale Teilnehmerzahl liegt selten über sieben; daher sollte der Organisator des Meetings mit seinen Einladungen geizen. Das Gleiche gilt für die Eingeladenen: Wenn Sie Ihre Anwesenheit nicht für unabdingbar halten, sagen Sie das und bleiben Sie weg. Unabhängig von der Art des Meetings sollten nur für die Zielsetzung wirklich relevante Personen teilnehmen.

Der Leiter des Meetings muss Sorge tragen, dass jeder Anwesende seinen Beitrag leistet. Auch das ist ein Grund, die Teilnehmerzahl möglichst gering zu halten. Wenn jeder Teilnehmer 15 Minuten Redezeit braucht, benötigt man für vier Beiträge eine Stunde, was akzeptabel ist. Ein Dutzend Redner würde dagegen drei Stunden brauchen, also das Doppelte der wünschenswerten Höchstdauer, denn nach etwa eineinviertel Stunden fangen die Teilnehmer an sich zu wiederholen.

Idealerweise sollte der Leiter nach etwa einer Stunde den Konsens zusammenfassen. Dazu muss die Tagesordnung einen realistischen Rahmen vorgeben. Diese sollte so gegliedert sein, dass für jeden Punkt genug Zeit zur Verfügung steht. Wenn zu viele Teilnehmer für eine vernünftige Zeitplanung vorgesehen sind, überarbeiten Sie die Teilnehmerliste. Sie könnten Entscheidungen an Ausschüsse von überschaubarerer Größe delegieren.

## MEETINGS ORGANISIEREN

Gute Organisation vor und während des Meetings ist das A und O. Lassen Sie alle Unterlagen rechtzeitig vorab verteilen, damit die Teilnehmer gut informiert sind. Die Leitung des Meetings muss die

### CHECKLISTE

- ✔ *Verteilen Sie Tagesordnungen und sonstige Unterlagen vorab und rechtzeitig an alle Teilnehmer der Besprechung.*
- ✔ *Fordern Sie die Teilnehmer dazu auf, sich vorab über die Diskussionspunkte zu informieren, um keine Zeit zu vergeuden.*
- ✔ *Lassen Sie nicht zu, dass das Meeting zur kontroversen Debatte ausartet.*
- ✔ *Jeder Teilnehmer soll seinen Standpunkt klar und eindringlich darlegen. Lassen Sie nach jedem Beitrag Fragen zu.*
- ✔ *Statt den Schiedsrichter eines verbalen Schlagabtauschs zu spielen, lenkt der Diskussionsleiter in Richtung Konsens.*

ganze Zeit in einer Hand liegen; der Leiter sollte für fruchtbare Diskussionen und definitive Ergebnisse sorgen.

Selbst Brainstormings und andere formlose Meetings sind effektiver, wenn sie diszipliniert ablaufen. Setzen Sie Termine und bestehen Sie darauf, dass jeder zwei oder drei Ideen einbringt, die reihum besprochen werden. Sorgen Sie dafür, dass jeder Beitrag ernsthaft und keinesfalls halbherzig behandelt wird.

#### OFFIZIELLE BESPRECHUNGEN

Bei offiziellen Vorstands- oder Ausschusssitzungen etwa sind Abweichungen von Tagesordnung und Zeitplan nur mit Zustimmung der Versammlung zuzulassen. Statt zu viel Zeit auf die Protokolle früherer Sitzungen zu verschwenden, sollte man Unklarheiten vor Beginn der Sitzung ansprechen und ausräumen. Unter »sich aus dem Protokoll ergebenden Angelegenheiten« sollte man keine wichtigen Fragen abhandeln. Diese müssen durch schriftliche Eingaben oder eigene Tagesordnungspunkte abgedeckt werden.

Beginnen Sie pünklich oder sogar früher, wenn alle Teilnehmer da sind. Gerade der Vorsitzende muss pünktlich sein.

#### TELEFON- UND VIDEOKONFERENZEN

Alle Regeln, die für ein gutes Meeting gelten, treffen auch auf Video- oder Telefonkonferenzen zu. Hier spielt allerdings die Leitung eine noch wichtigere Rolle, weil der direkte Blickkontakt zwischen den Teilnehmern fehlt.

Schon deshalb werden solche Konferenzen die persönliche Begegnung wohl nie ganz ersetzen. Aber sie sind eine bessere Lösung als eine Vertagung auf einen Zeitpunkt, an dem alle Teilnehmer an einem Ort zusammentreffen können.

### EIN MEETING HALTEN

| | |
|---|---|
| **MEETING ERÖFFNEN** | *Für pünktlichen Beginn sorgen* |
| **THEMEN REIHUM DISKUTIEREN** | *Zeitlimits einhalten* |
| **AUF EIN ZIEL HINARBEITEN** | *Alle Alternativen diskutieren* |
| **EINE ENTSCHEIDUNG TREFFEN** | *Kompromisse aushandeln* |
| **MEETING BEENDEN** | *Beschlüsse zusammenfassen* |

#### MEETINGS BEENDEN UND NACHBEREITEN

Unabhängig von der Art des Meetings ist sein Ende sehr wichtig:

- Der Vorsitzende fasst die wichtigsten geklärten Punkte zusammen und
- Maßnahmen werden beschlossen, zugewiesen und einschließlich der Fristen und persönlichen Zuständigkeiten im Protokoll vermerkt.

Innerhalb von 24 Stunden ist aus den Notizen ein präzises Protokoll zu erstellen, vom Vorsitzenden abzuzeichnen und an alle Teilnehmer zu verteilen.

Der Vorsitzende sollte eine Manöverkritik vornehmen. Wurde der Zweck des Meetings erreicht? Wenn nicht, warum? Wenn man die Gründe und Ursachen eines Misserfolgs erkennt, kann man es zukünftig besser machen.

# Verhandlungen führen

**Eine Verhandlung ist ganz zwangsläufig eine kontroverse Situation, da beide Seiten das jeweils Beste zu erreichen versuchen. Das macht die Anwendung der üblichen Kommunikationsregeln schwer. Ziel muss es sein, ein für alle Beteiligten befriedigendes Ergebnis zu erreichen.**

## TAKTISCHE PLANUNG

Die Verhandlungstheorie basiert auf dem Bedürfnisgedanken. Überlegen Sie, mit welchen Bedürfnissen die andere Seite in die Verhandlung geht. Gefragt ist nicht das »Angebot, das die anderen nicht ablehnen können«, sondern ein Angebot, das zu gut ist, um abgelehnt zu werden, weil es für beide Seiten ein Gewinn ist.

Wie kann man aber die Bedürfnisse der anderen Seite befriedigen, ohne dabei die eigenen zu vernachlässigen? Das erfordert Fingerspitzengefühl, da die andere Seite mehr fordern wird, als sie zu erhalten hofft, und von Ihnen das Gleiche erwartet. Darum müssen Sie immer wissen, wo Ihr Verhandlungslimit liegt. Dies ist keine Zielvorgabe, sondern eine äußerste Grenze. Sie müssen daran glauben (und dieser Glaube muss sich auf gründliche Recherchen stützen), dass dieses Ergebnis auch der anderen Seite als »Gewinn« erscheinen wird.

Wichtige taktische Waffen sind das Timing (wann Sie Vorschläge machen, abwandeln oder ablehnen) und die Variation (Verschiebung Ihres Standpunkts in Richtung einer Erfolg verheißenderen Position). Sie müssen wissen, wie Sie:

- ein Angebot verbessern,
- Ihren eigenen Vorschlag revidieren,
- Gegenvorschläge ablehnen,
- neue Elemente einführen können.

**Verhandlungen vorbereiten**

*Bevor Sie in Verhandlungen treten, brauchen Sie einen soliden Plan: Ein Ziel und eine Strategie, um das Ziel zu erreichen. Sie müssen sich über Ihre Rolle und Taktik sowie die der Teammitglieder völlig im Klaren sein.*

**Plan überprüfen**

*Vor und nach jeder Verhandlungsrunde mit dem Team die Situation bewerten und die Taktik prüfen*

**MANAGER**

**PLANUNG**
Rahmen für Ihre Strategie schaffen

**EINWEISUNG**
Genau abklären, wer das Gespräch leitet

**ROLLENSPIEL**
Taktik durch Rollenspiel im Team testen

**Strategie festlegen**

- *Ausgangsangebot sollte in Richtung eines beiderseitig profitablen Ergebnisses weisen.*
- *Taktik so planen, dass sie eine erfolgreiche Umsetzung der Strategie sichert*

**Das Team instruieren**

- *Sie sollten einen plausiblen Grund für die Auswahl jedes Teammitglieds haben.*
- *Jedes Teammitglied sollte seine Rolle kennen.*
- *Jedes Teammitglied muss sich über die Ziele im Klaren sein und das Angebot genau kennen, bevor Sie in die Verhandlung gehen.*

### ROLLENVERTEILUNG

Braucht man mehrere Unterhändler, sind Rollenspiele im Team sinnvoll, um festzustellen, ob die Rollen richtig verteilt sind. Am bekanntesten ist die Rollenverteilung »guter Bulle/böser Bulle«, bei der ein Mitglied eines Zweierteams den Harten, Kompromisslosen mimt, das andere den verständnisvollen, sympathischen »Ich-bin auf-deiner-Seite«-Typ.

### STRITTIGE FRAGEN VEREINFACHEN

Halten Sie alle Dokumente so knapp und übersichtlich wie möglich. Konzentrieren Sie sich auf die Hauptpunkte, verzetteln Sie sich nicht in Details. Falls die andere Seite komplizierte Schriftstücke vorlegt, nehmen Sie sich eine Auszeit, um deren Inhalt kurz zusammenzufassen und darauf Ihre Antwort zu stützen.

### VERHANDLUNGSTECHNIKEN

Wiederholen Sie die Argumente der anderen Seite, um zunächst den Sachverhalt zu klären. Indem Sie für die andere Seite zu sprechen scheinen, begeben Sie sich in eine Position, in der Sie für die Bedürfnisse der anderen statt für die eigenen arbeiten. Wenn die Gegenseite das Gleiche tut, besteht gute Aussicht auf einen Kompromiss.

Viele halten den »Kompromiss« für eine Schwäche, dabei ist er der Inbegriff des beiderseitigen Gewinns. Ein scheinbarer Sieg auf der ganzen Linie kann dagegen unerfreuliche Ergebnisse nach sich ziehen. Wenn man etwa den niedrigsten Preis für einen Liefervertrag aushandelt, kann dies für den Lieferanten finanzielle Verluste bedeuten und zu schlechter Qualität und unzuverlässiger Lieferung führen. Die moderne Einkaufspolitik konzentriert sich stärker auf Leistung als auf Preise, auf die Aushandlung langfristiger Beziehungen, durch die man gemeinsam betriebliche Einsparungen für beide Seiten realisiert.

Lieferverhandlungen sind oft interner Natur, da ja auch die einzelnen Geschäftsbereiche eines Unternehmens untereinander verhandeln. Hier sind die Argumente für einen beiderseitig profitablen Kompromiss natürlich überwältigend, da das Interesse des Gesamtunternehmens absoluten Vorrang hat. Es ist aber schwer, politische und persönliche Faktoren aus internen Verhandlungen herauszuhalten, weshalb mitunter ein neutraler Vermittler hilfreich ist.

### SCHLICHTUNG

Wenn die Kommunikation ins Stocken gerät und Erfüllung und Redlichkeit in Zweifel stehen, kann ein Schlichter die Kommunikationsbereitschaft retten. Jede Seite legt ihren Standpunkt zur unparteiischen Überprüfung dar und sieht sich dann die Darstellung der Gegenseite an. Das allein kann Missverständnisse ausräumen und zur Einigung über strittige Punkte führen.

Bei festgefahrenen externen Verhandlungen versprechen sich manche vom Gang zum Gericht mehr als vom Schlichter. Dagegen sprechen der Zeit- und Geldaufwand sowie das Risiko zu unterliegen. Wenn sich beide Seiten auf eine Schlichtung einigen, bietet dies bereits eine gewisse Sicherheit, dass ihr Ergebnis als fair akzeptiert wird, auch wenn die Verhandlungen selbst kein befriedigendes Resultat erbracht haben.

### SACKGASSEN VERMEIDEN

Falls sich die Gegenseite jeder Einigung verweigert, bleibt Ihnen nichts übrig, als weiterzureden und einen gemeinsamen Weg zu suchen oder die Verhandlungen zu beenden – vorläufig oder endgültig.

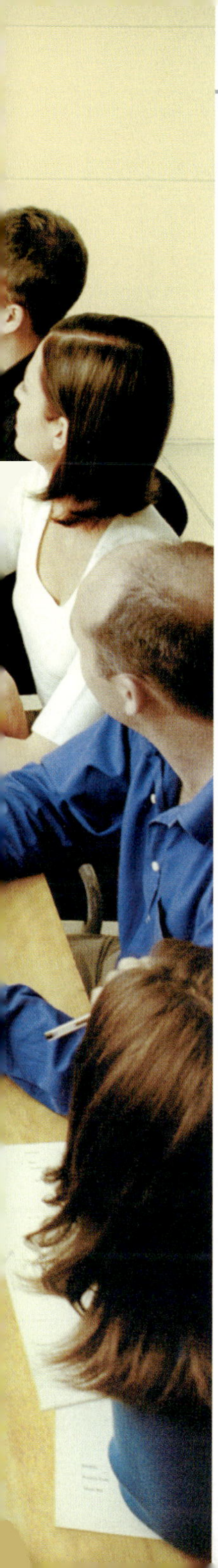

# MITARBEITER-FÜHRUNG

**Mitarbeiterführung bedeutet, die Mitarbeiter so zu organisieren und zu motivieren, dass sie gemeinsam auf bestimmte Unternehmensziele hinarbeiten. Einer erfolgreichen Führungskraft gelingt es, die Bedürfnisse und das Verhalten der einzelnen Teammitglieder zu verstehen und sie optimal zu fördern.**

Es gibt grundsätzlich keine allein richtige oder falsche Art der Mitarbeiterführung – verschiedene Situationen erfordern unterschiedliche Vorgehensweisen –, aber es gibt Methoden, die Sie dazu nutzen können, eine Ihrem Team und Ihren Zielen angemessene Führungsstruktur aufzubauen.

Manager müssen ihre Führungsqualitäten auf dem Fundament ihrer Fachkompetenz entwickeln. Man muss die Motivation der Menschen und die Dynamik der Teamarbeit verstehen und erkennen, wann und wie delegiert werden muss. Mitarbeiter zu führen heißt auch konstruktive Leistungsbeurteilungen vorzunehmen und ihr Potenzial durch Schulungs- und Förderprogramme maximal auszuschöpfen, unterstützt durch Coaching und Mentoring. Manager müssen soziale Kompetenzen entwickeln und sie zur Lösung von Problemen und Konflikten einsetzen.

**IN DIESEM KAPITEL**

# Mitarbeiter motivieren

**Motiviert zu sein bedeutet mehr als berufliche Zufriedenheit. Motivierte Mitarbeiter wollen ihr Bestes geben – nicht nur fürs Unternehmen, sondern auch für sich selbst. Motivation ist ein Gefühl und kann nicht angeordnet werden.**

## MOTIVATION BEGREIFEN

Motivation, Kernaufgabe der Mitarbeiterführung, bedeutet mehr als Lob für gute Arbeit. Als Manager müssen Sie die Bedingungen schaffen, unter denen alle Teammitglieder Motivation entwickeln können – eine enorme Herausforderung, weil die Bedingungen, auf die Menschen ansprechen, ganz unterschiedlich und zudem variabel sind.

Als Ausgangspunkt können zwei in der Managementtheorie häufig herangezogene Motivationsmodelle dienen: Abraham Maslows »Bedürfnishierarchie« sowie Frederick Herzbergs »Zweifaktorentheorie«. Maslow ging davon aus, dass die Bedürfnisse eines Menschen fortschreitend wachsen: Erst wenn das Bedürfnis einer untergeordneten Ebene befriedigt ist, sucht er Befriedigung auf der nächsthöheren Ebene. Nach Selbstverwirklichung strebt er also erst, wenn alle anderen Bedürfnisse befriedigt sind. In der Praxis bedeutet dies, dass Arbeitnehmer erst dann ihr Bestes geben, wenn sie sich sicher, zugehörig und geschätzt fühlen. Solange die existenziellen Bedürfnisse der Mitarbeiter nicht gesichert sind, etwa weil Angst vor Entlassungen umgeht, sprechen sie auf Ihre Motivationsversuche, das Beste zu geben, unter Umständen nicht optimal an.

## MOTIVATIONSFAKTOREN

Herzberg erforschte die Einstellung von Arbeitnehmern zu ihrer Arbeit und stellte fest, dass einige Faktoren, die man für motivierend hielt, nur der Unzufriedenheit vorbeugen: Diese taufte er »Hygienefaktoren«. Deren Fehlen oder mangelnde Qualität verursache Unzufriedenheit, doch ihr Vorhandensein führe nicht zur Steigerung der Motivation. Daneben fand er andere Faktoren, die Motivatoren, deren Fehlen nicht zwangsläufig Unzufrie-

**Bedürfnishierarchie nach Maslow**
*Das Modell der Theorie von Maslow verdeutlicht die Abfolge der Bedürfnisbefriedigung. Erst wenn die Bedürfnisse der unteren Ebenen befriedigt sind, kommen die der nächsthöheren dran. Je näher man der Befriedigung eines Bedürfnisses kommt, desto größere Priorität gewinnt das nächsthöhere. Befriedigte Bedürfnisse wirken nicht mehr motivierend.*

## HERZBERGS ZWEIFAKTORENTHEORIE

| HYGIENEFAKTOREN | MOTIVATOREN |
|---|---|
| **Unternehmenspolitik** Regeln und Grundsätze, nach denen das Unternehmen seine Tätigkeit ausrichtet | **Erfolgsgefühle** Seine Arbeit gut machen, Ziele erreichen und übertreffen |
| **Aufsicht und Kontrolle** Die Führung der Mitarbeiter bei der Wahrnehmung ihrer alltäglichen Arbeitsaufgaben | **Anerkennung** Würdigung der Leistungen eines Mitarbeiters durch Vorgesetzte und Kollegen |
| **Zwischenmenschliche Beziehungen** Beziehungen innerhalb der Kollegenteams am Arbeitsplatz | **Befriedigende Arbeit** Die Gewissheit der Mitarbeiter darüber, dass ihre Aufgabe wichtig ist |
| **Arbeitsbedingungen** Arbeitszeiten, Arbeitsplatzgestaltung, Einrichtungen und technische Ausstattung | **Verantwortung** Den Mitarbeitern ihre Arbeit »zu Eigen machen«, indem man ihnen Freiraum bei der Ausführung ihrer Aufgaben gewährt |
| **Gehalt und Sozialleistungen** Angemessene Entlohnung durch Grundgehalt zuzüglich freiwilliger Sozialleistungen, Prämien, Urlaub, Firmenwagen | **Weiterkommen** Fortschritte der Mitarbeiter nicht nur durch Beförderung, sondern auch durch Chancen zur Weiterentwicklung |

denheit auslöse, deren Vorhandensein aber aktiv motivierend wirke.

In seiner Analyse unterscheidet Herzberg zwischen Zufriedenheit und Motivation. Als Manager können Sie viele Hygienefaktoren (Zufriedenheit) und alle Motivationsfaktoren beeinflussen.

### MOTIVIERT ODER NICHT?

Ein motiviertes Teammitglied ist tatkräftig und enthusiastisch, erbringt konstant gute Leistungen und bemüht sich aktiv um mehr Verantwortung. Ein solcher Mitarbeiter fürchtet sich nicht vor Veränderungen und ist Herausforderungen gegenüber positiv eingestellt. Ein hoch motiviertes Teammitglied kann die Moral des übrigen Teams heben und die anderen zu größeren Leistungen mitreißen.

Demotivierte Teammitglieder erwecken dagegen oft den Eindruck, als ob sie sich für ihre Aufgaben und Ziele nicht so recht interessieren. (In der Folge kommt es zu Leistungsabfall, mangelnder Verantwortungsbereitschaft und häufigen Fehlzeiten.) Sie übertreiben selbst die kleinsten Probleme und können sich schlecht auf Veränderungen einstellen. Ein demotiviertes Teammitglied, das seine Verpflichtungen den Kunden und dem übrigen Team gegenüber nicht erfüllt, kann, sofern man nicht rechtzeitig gegensteuert, andere Teammitglieder beeinflussen und ebenfalls demotivieren.

### LERNEN SIE IHR TEAM KENNEN

Um motivierende Bedingungen zu schaffen, müssen Sie jedes Teammitglied kennen lernen. Selbstvertrauen, Fähigkeiten, Werte und Erwartungen des Einzelnen spielen eine wichtige Rolle für seine Fähigkeit, Motivation zu entwickeln. Glauben Sie nicht, dass das, was Sie motiviert, automatisch auch bei anderen wirkt. Manche Menschen arbeiten schlicht für Geld und empfinden etwa zusätzliche Verantwortung eher als demotivierend. Finden Sie heraus, welche persönlichen Ziele jeder Einzelne mit seiner Arbeit verfolgt – etwa Anerkennung oder Erhöhung des Lebensstandards. Am schwierigsten zu führen sind Mitarbeiter, die ihre Bedürfnisse nicht artikulieren können. Hier können psychometrische Tests Hinweise auf bevorzugte Verhaltens- und Interaktionsformen sowie Hauptmotivationsquellen geben.

### GÜNSTIGE BEDINGUNGEN SCHAFFEN

Von persönlichen Faktoren einmal abgesehen sind einige Motivationsprinzipien allgemein gültig:

**Abstimmung Job/Mitarbeiter**
Wer sich seiner Arbeit gewachsen fühlt, ist zufriedener als jemand, der überlastet oder für seine Aufgaben nicht ausreichend qualifiziert ist. Sie müssen die Arbeitsbelastung des Teams prüfen und die Fähigkeiten der Einzelnen an den Job anpassen.

**Eindeutige Zieldefinition**
Ziele sollten überschau- und erreichbar sein und die Mitarbeiter müssen wissen, was von ihnen erwartet wird. Wenn sie an der Festlegung der Ziele mitwirken können, wirkt dies zusätzlich motivierend.

**Leistung belohnen**
Hierbei geht es nicht nur um Geld: Geld allein motiviert nicht zu mehr Leistung, sondern verhindert nur Unzufriedenheit. Ein Motivationsproblem mit Geld lösen zu wollen bringt höchstens kurzfristige Erfolge. Denken Sie über andere Formen der Belohnung nach: positives Feedback, aktives Interesse an der beruflichen Entwicklung des Einzelnen, Übertragung von mehr Verantwortung. Finden Sie heraus, was den Einzelnen motiviert, um geeignete Belohnungen anzubieten.

## Management und Führung

**Um Mitarbeiter erfolgreich zu führen, benötigt man sowohl Managementkompetenz als auch Führungsqualitäten. Die Herausforderung besteht jedoch darin, in einer konkreten Situation beides adäquat einzusetzen, um optimale Ergebnisse zu erzielen.**

### UNTERSCHEIDUNG ZWISCHEN MANAGEMENT UND FÜHRUNG

Beim Management geht es meistens um »Steady-State«-Prozesse, das heißt den rationalen Umgang mit komplexen Prozessen des Unternehmensalltags wie zum Beispiel Problemlösungen, Planung, Budgetierung und Controlling.

Beim Führen geht es eher um das persönliche Verhalten, darum, Emotionen anzusprechen, um Menschen auf eine Unternehmensvision einzuschwören und zur Realisierung dieser Vision anzuspornen. Besonders wichtig ist dies in Zeiten größerer Veränderungen etwa durch Umstrukturierungsmaßnahmen.

Im Arbeitsalltag ist die Unterscheidung nicht ganz so deutlich. Führung und Management fordern unterschiedliche Fähigkeiten, schließen sich aber nicht gegenseitig aus. Je nach Situation können sie eng verzahnt sein. Die meisten so genannten Managementaufgaben sind weder eindeutig auf »Steady State« noch ganz auf Veränderungen bezogen. Meist geht es um leistungsgerechte Organisation ebenso wie um Motivation und Ansporn der Mitarbeiter. Deshalb muss jeder Manager eine abgestimmte Kombination von Management- und Führungsqualitäten entwickeln.

Nach einem Schaubild des britischen Verteidigungsministeriums

**Management und Führung unterscheiden**
*Management und Führungsaufgaben stehen in einem engen Zusammenhang und lassen sich in rationale und emotionale Elemente unterteilen. Das Management ist durch rationale Überlegungen bestimmt, während die Führung von Menschen ganz eindeutig auf emotionaler Ebene abläuft.*

## FÜHRUNGSSTILE

Sie müssen Ihren Führungsstil sorgfältig auf die Führungsaufgabe abstimmen. Wer Verwaltungsmitarbeitern vorsteht, die Formulare bearbeiten, muss sicher einen anderen Führungsstil pflegen als der Leiter einer Forschungsgruppe. Zu berücksichtigen sind also zwei Grundelemente: Welche Art von Mitarbeitern müssen Sie führen und welche Art von Aufgaben haben diese zu bewältigen. Anschließend können Sie entscheiden, welche Führungsstile angemessen sind.

Der Plural wurde hier bewusst gewählt, denn es gibt zahlreiche Führungsstile, aus denen man den für die jeweilige Situation richtigen auswählen muss. So dürfte sich der zur Leitung der oben erwähnten Verwaltungsabteilung angemessene »Steady-State«-Stil stark von dem unterscheiden, der erforderlich wäre, um Mitarbeiter auf einschneidende Veränderungen einzustimmen oder zur Mitwirkung an Änderungsvorschlägen zu bewegen. Auf den einfachsten Nenner gebracht unterscheiden sich die verschiedenen Führungsstile vor allem durch den Grad der Mitbeteiligung der Mitarbeiter an der Entscheidungsfindung.

**Autoritärer Führungsstil**
Am einen Ende findet sich der autoritäre Stil, bei dem der Manager den Mitarbeitern einfach vorgibt, was sie zu tun haben. Dieser ist am ehesten unter besonderen Umständen wie in Krisenfällen oder beim Umgang mit schwierigen Mitarbeitern sinnvoll.

**Demokratischer Führungsstil**
Am anderen Ende findet sich der demokratische Stil, bei dem der Manager das Team in den Entscheidungsprozess einbezieht und sich um Konsens bemüht. Dies ist besonders sinnvoll, wenn es darauf ankommt, dass das Team voll hinter der Entscheidung steht und mitzieht, etwa um organisatorische Veränderungen effektiv umzusetzen.

**Individuell angepasster Führungsstil**
Meist wird man einen Stil anwenden, der zwischen diesen Extremen liegt, etwa, indem man seine Entscheidung dem Team »verkauft« oder das Team dazu anhält, eigene Entscheidungen zu treffen, sich aber ein Vetorecht vorbehält.

Generell erzielt ein Führungsstil, der Mitbestimmung fördert, meist positivere Reaktionen seitens der Mitarbeiter, doch kann dieser Prozess für viele Routineentscheidungen zu zeitraubend sein.

## SELBSTERKENNTNIS

Um die geeigneten Führungsstile erfolgreich einzusetzen, ist es hilfreich, sich selbst gut zu kennen. Sie müssen sich Ihr Verhalten und Ihre Art der Interaktion mit anderen bewusst machen. Das mag selbstverständlich erscheinen, allerdings sind sich viele Menschen über ihre Wirkung auf andere völlig im Unklaren, was sich im Privat- und Arbeitsleben negativ auswirken kann. Es lohnt sich, herauszufinden, wie Sie wirklich sind.

Dazu gibt es viele Wege – eine nützliche Methode sind psychometrische Tests. Es gibt zahlreiche solcher Test, um Elemente der Persönlichkeit und des Verhaltens, Fähigkeiten und Eigenschaften zu beurteilen. Informieren Sie sich vorab, welcher für Sie am geeignetsten ist. Vielleicht können Sie sich von Ihrer Personalabteilung beraten lassen. Die Testergebnisse sind von unschätzbarem Wert nicht nur für Ihre Rolle als Manager, sondern auch als Teammitglied und Untergebener.

Gleichzeitig können Sie Menschen, mit denen Sie arbeiten, um ein direktes Feedback bitten, etwa Ihr Team, Ihre Kollegen, Ihren Vorgesetzten. Stützen Sie sich auf Beispiele aus der Praxis und fragen Sie, was Sie in bestimmten Situation hätten besser machen können. Bitten Sie diese sich dabei mehr auf Ihr Verhalten als auf spezifische Maßnahmen zu konzentrieren, die Sie ergriffen haben.

Das mag Ihren Kollegen, vor allem Untergebenen, zuerst unangenehm sein, aber ihre Offenheit wird mit der Zeit zunehmen. Ermutigen Sie sie, indem Sie ihnen sagen, welches Feedback Sie von anderen Kollegen erhalten haben, und sie um Stellungnahme dazu bitten.

### Die Wahl des richtigen Führungsstils

Während manche Manager ganz selbstverständlich mehrere Stile einsetzen klammern sich andere an einen einzigen bevorzugten Stil. Viele neigen dazu, den Stil, der ihnen am meisten liegt, überzustrapazieren und ihn auch in Situationen einzusetzen, für die er offensichtlich ungeeignet ist. Ein Beispiel hierfür wäre der Einsatz eines autoritären Stils, wenn es darum geht, das Engagement des Teams dafür zu gewinnen, etwas anders oder besser zu machen. In solchen Fällen erreicht man mit einem demokratischen Stil eher das Ziel, weil er den Teammitgliedern das Gefühl gibt, Entscheidungen aktiv mitzutragen.

#### AKTIVES HANDELN

Manche Manager weigern sich an ihrem Führungsstil zu arbeiten, weil sie ihn für einen Bestandteil ihrer Persönlichkeit halten. Doch wer verbesserungs-, lern- und anpassungswillig ist, kann nach und nach zusätzliche Stile in sein Repertoire aufnehmen, um seinen vorherrschenden Stil zu modifizieren.

Der Erfolg des gewählten Führungsstils lässt sich an verschiedenen Indikatoren messen, unter anderem:

- am Erreichen der Teamziele,
- an der Personalfluktuation im Team,
- an der Abwesenheitsquote im Team.

Wenn man sich jedoch nur an diese Indikatoren hält, fallen Probleme unter Umständen zu spät auf. Konstruktiver ist es, sich an anderen Managern, die von ihren Teams respektiert werden und gute Ergebnisse erzielen, zu orientieren oder sich von ihnen beraten zu lassen.

Niemand ist perfekt; jeder muss an seinen Schwächen arbeiten und auf seine Stärken aufbauen. Betrachten Sie das als Herausforderung für Ihre Entwicklung. Positives Feedback bestätigt Sie darin, dass Ihre Bemühungen, den eigenen Führungsstil zu verstehen und an ihm zu arbeiten, nicht umsonst sind.

# Ein Team bilden

**Um ein schlagkräftiges Team aufzubauen, muss man die Fähigkeiten und Persönlichkeiten der Beteiligten zur Erreichung gemeinsamer Ziele optimal kombinieren und die Voraussetzungen für gutes Teamwork kennen und schaffen.**

**EIN TEAM LEITEN**

- Die richtigen Mitarbeiter für das Team nach Fähigkeiten und Persönlichkeit auswählen
- Einen Rahmen für die Teamarbeit festlegen und dafür sorgen, dass er allen klar ist
- Zur Mitwirkung an Entscheidungen und Teamaktivitäten ermutigen
- Teammitgliedern innerhalb klarer, vereinbarter Grenzen Befugnisse zuteilen
- Konflikte lösen, die durch das Miteinander unterschiedlicher Menschen entstehen
- Die Standards und Verhaltensweisen vorleben, die Sie auch vom Team erwarten
- Das Team gegen Störungen von außen abschirmen, um seine Effektivität zu maximieren

## VOM NUTZEN DES TEAMWORKS

Oft lässt sich durch Zusammenarbeit viel mehr erreichen, als wenn jeder allein vor sich hinwerkelt. Vielen verhilft schon das Gefühl, kein Einzelkämpfer, sondern Teil eines Teams zu sein, zu mehr Leistungsbereitschaft und Engagement. Ein Team, das sein Spektrum an Talenten und Fachwissen voll ausschöpft, kann manche Schwächen Einzelner ausgleichen.

## WAS MACHT EIN TEAM AUS?

Wer einfach nur eine Gruppe von Menschen zusammenbringt, erhält dadurch noch kein effektiv funktionierendes Team. Ein erfolgreiches Team erfordert:

- Talentvielfalt,
- gemeinsame, anspruchsvolle Ziele,
- das Engagement aller Teammitglieder,
- gute Kommunikation.

Grunderfordernis ist eine starke Führung. Stark heißt hier nicht dominant, sondern vielmehr, dass man einen Überblick über die Teamsituation gewinnt und ein Umfeld schafft, in dem die Mitglieder ihre Fähigkeiten optimal einbringen können, um Ziele zu verwirklichen.

## EIN AUSGEWOGENES TEAM

Die Teammitglieder sollten nicht allein aufgrund ihres Fachwissens ausgewählt werden, sondern auch nach ihrer Persönlichkeit und Einstellung. Der Psychologe Meredith Belbin unterscheidet neun Teamrollen, die zu besetzen sind, um eine optimale Teamleistung zu sichern *(siehe S. 174)*. Man muss nicht jede Rolle mit einem Teammitglied besetzen, da die meisten Menschen von ihrem Wesen her mehr als eine Rolle ausfüllen können. Arbeiten Sie mit dem Team, um sicher zu gehen, dass das ganze Spektrum

## NEUN TEAMROLLEN NACH BELBIN

| ROLLE | EIGENSCHAFTEN |
|---|---|
| **Erfinder** | ■ kreativ, fantasievoll, unorthodox<br>■ löst schwierige Probleme |
| **Weichensteller** | ■ extrovertiert, begeisterungsfähig, kommunikativ<br>■ erkundet neue Möglichkeiten<br>■ stellt Kontakte her |
| **Koordinator** | ■ reif, selbstbewusst, guter Leiter<br>■ klärt Ziele, fördert die Entscheidungsfindung, kann gut delegieren |
| **Macher** | ■ anspruchsvoll, dynamisch, belastbar<br>■ hat den Antrieb und den Mut, Hindernisse zu überwinden |
| **Beobachter** | ■ nüchtern, strategisch denkend, scharfsichtig<br>■ sieht alle Alternativen, urteilt genau |
| **Teamarbeiter** | ■ kooperativ, umgänglich, einfühlsam, diplomatisch<br>■ hört zu, baut auf, vermeidet Reibungen, beschwichtigt |
| **Umsetzer** | ■ diszipliniert, zuverlässig, konservativ, effizient<br>■ setzt Ideen in praktisches Handeln um |
| **Perfektionist** | ■ gewissenhaft, sorgfältig, ängstlich<br>■ spürt Fehler und Unterlassungen auf<br>■ wird termingerecht fertig |
| **Spezialist** | ■ zielstrebig, motiviert, engagiert<br>■ steuert Spezialwissen und -können bei |

abgedeckt ist, und um Ihre eigenen Rollen zu ermitteln. Außer der des »Koordinators« müssen Sie vielleicht noch andere, nicht abgedeckte Teamrollen übernehmen, selbst wenn sie nicht optimal zu Ihrem üblichen Arbeitsstil passen.

### TEAMZIELE SETZEN

Alle Teammitglieder müssen genau wissen, was auf verschiedenen Ebenen von ihnen erwartet wird. Sie müssen:

- Teamvisionen und -ziele erarbeiten,
- dafür sorgen, dass jeder weiß, was er zu den Teamzielen beitragen soll,
- die Beziehung zwischen Teamzielen und Unternehmenszielen klären.

Ohne diese Abstimmung besteht die Gefahr, dass das Team einige Rollen mehrfach besetzt und andere vernachlässigt oder die Gesamtziele aus den Augen verliert. Das Team sollte Zuständigkeiten und Rollen jedes Mitglieds sorgfältig festlegen und sicherstellen, dass sich jeder darüber im Klaren ist. Dies ist Grundlage für Teamidentität und -engagement.

### MITBESTIMMUNG

Damit das Team wirklich hinter den Zielen steht, müssen Sie die Teammitglieder an der Zielfestlegung beteiligen und diese Einbeziehung auf alle Aspekte der Teamarbeit ausdehnen. Jeder sollte an

Teamaktivitäten und -entscheidungen gleichberechtigt mitwirken. Sie müssen diesen Prozess aktiv lenken, indem Sie Schüchterne ermutigen und »Vorlautere« taktvoll zügeln. Erklären Sie, wie Problemlösung und Entscheidungsfindung im Team ablaufen sollen, damit alle in den gleichen Strukturen arbeiten.

### DAS TEAM STÄRKEN

Stärken Sie die Identität des Teams durch gemeinsame Arbeits-, Schulungs- oder Freizeitaktivitäten. Regen Sie die Kommunikation an, indem Sie den Mitarbeitern Selbstvertrauen und Freiraum geben, ihre Meinung zu sagen.

Manche Manager schicken ihr Team auf Abenteuertouren, um das Teamgefühl zu stärken. Dabei besteht jedoch die Gefahr, dass das Team solche Aktivitäten nur als Spiel betrachtet. Sie können die zum Aufbau eines effektiven Teams erforderlichen Managementaufgaben bestenfalls ergänzen, Mängel bei Zielsetzung, Rollenzuteilung oder Entscheidungsprozessen aber nicht ausgleichen. Sinnvolle teamstärkende Aktivitäten spiegeln die Praxistätigkeit des Teams.

### UMGANG MIT TEAMPROBLEMEN

Teamprobleme entstehen meist durch gestörtes Vertrauen etwa infolge nicht eingehaltener Zusagen oder Vertrauensmissbrauch. Klare Standards und einheitliches Leistungsmanagement können helfen dies zu verhindern. Durch Führung und Absprache können für alle annehmbare Teamwerte entwickelt werden.

Vernachlässigen Sie über der Teamführung nie die Mitarbeiterführung. Ein Team kann nur mit qualifizierten und motivierten Individuen gut funktionieren, also nehmen Sie sich die Zeit, mit den Einzelnen über ihre Anliegen zu sprechen.

**Teamwork fördern**
*Um als Team zu funktionieren, müssen unterschiedliche Persönlichkeiten zu einer Einheit mit gemeinsamen Zielen zusammengeschmiedet werden. Das erfordert eine starke Führung, die kollektive Stärke ebenso würdigt wie individuelle Fähigkeiten und Motivationen.*

# Aufgaben delegieren

**Wenn Sie bestimmte Aufgaben an Teammitglieder delegieren, können Sie Ihre Managementzeit konstruktiver nutzen. Das Delegieren hat den zusätzlichen Vorteil, dass es den Teammitgliedern hilft Kompetenzen zu entwickeln.**

### WAS IST DELEGIEREN?

Delegieren heißt entscheiden, welche Aufgaben man selbst erledigt und welche man anderen überträgt. Es kann bedeuten Aufgaben abzugeben, die Spaß machen, oder, wenn kein kompetentes Teammitglied verfügbar ist, untergeordnete Tätigkeiten zeitweise selbst zu übernehmen.

Dabei geht es um mehr als nur das Weiterreichen von Arbeit: Sie übertragen auch die Verantwortung für die Ausführung der Aufgabe und die Vollmacht, in Ihrem Namen zu handeln. Doch die Rechenschaftspflicht bleibt bei Ihnen.

### WAS DELEGIEREN?

Listen Sie Ihre Aufgaben auf. Denken Sie über Ihre beruflichen Ziele nach und überlegen Sie, welche Fähigkeiten Sie trainieren müssen. Entscheiden Sie, welche Aufgaben Sie selbst erledigen müssen und welche von anderen übernommen werden können, auch wenn das zunächst zu Umstellungsschwierigkeiten führt.

Da nicht nur Arbeit, sondern auch Verantwortung delegiert wird, sollte man die Aufträge klar abgrenzen. So lässt sich etwa das Verfassen von Vertriebsberichten problemlos delegieren, die Betreuung eines wichtigen Kunden jedoch nicht. Die Delegation kompletter Aufgaben trägt auch mehr zur persönlichen Entwicklung und Leistungsmotivation des Betreffenden bei.

Wenn Manager versuchen sich unliebsamer oder schwieriger Aufgaben durch Delegieren zu entledigen, ist das für ihre Teams relativ durchsichtig. Langweilige Aufgaben zu delegieren wirkt demotivierend auf die Teammitglieder und Aufgaben zu delegieren, die Ihnen zu schwierig sind, untergräbt Ihre Autorität.

### AUFGABEN ZUTEILEN

Die Entscheidung, wer eine Aufgabe übernehmen soll, ist nicht allein eine Frage der Kompetenz, obwohl dies ein wichtiger Faktor ist. Wählen Sie möglichst ein Teammitglied, das die nötigen Kenntnisse und Fähigkeiten schon besitzt oder durch Schulung bzw. Coaching problemlos erwerben kann.

### PHASEN DES DELEGATIONSPROZESSES

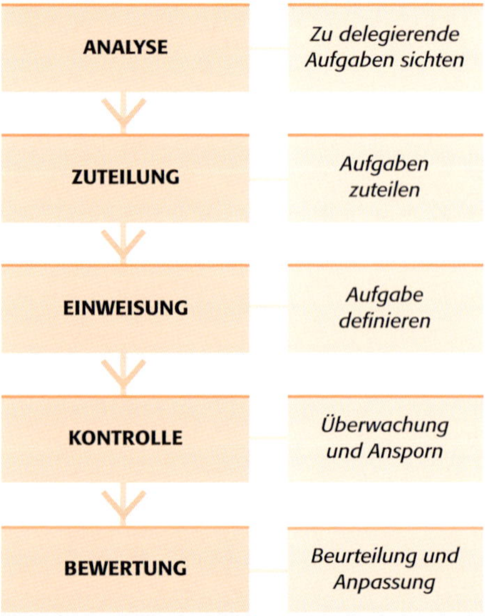

## HÄUFIGE PROBLEME

| PROBLEM | URSACHE |
|---|---|
| **Sie scheuen sich zu delegieren.** | ■ Sie fürchten, dass Ihre Mitarbeiter versagen könnten.<br>■ Sie glauben, Sie könnten die Aufgabe schneller und/oder besser als jeder andere erledigen.<br>■ Sie fürchten, das Delegieren der Aufgabe würde als »Abwälzen« gesehen und Ihnen deshalb übel genommen. |
| **Sie delegieren die falschen Aufgaben.** | ■ Sie sind der Aufgabe selbst nicht gewachsen.<br>■ Sie wollen sich der Verantwortung entledigen.<br>■ Sie haben nicht richtig darüber nachgedacht, welche Kompetenzen erforderlich sind und ob der Beauftragte sie besitzt. |
| **Sie mischen sich ein./ Ein Mitarbeiter überschreitet seine Befugnisse.** | ■ Ein Problem auf beiden Seiten mit gemeinsamer Ursache: Sie haben keinen festen Rahmen mit klarer Begrenzung der Vollmacht vorgegeben. |

Klären Sie auch, ob der Betreffende die zusätzliche Verantwortung annehmen und als Teil seiner beruflichen Weiterentwicklung betrachten oder sie als belastend empfinden wird. Trifft Letzteres zu, sollte er im Team seinen fairen Anteil leisten, ist aber vielleicht nicht der ideale Kandidat, um Teile Ihrer Aufgaben an ihn zu delegieren.

Prüfen Sie auch, ob das Teammitglied, an das Sie delegieren wollen, seinerseits Teile seiner Aufgaben delegieren kann. Generell sollte so weit nach unten delegiert werden, wie es die jeweiligen Fähigkeiten und die Praktikabilität zulassen. Das optimale Maß an Delegation macht nicht nur Ihre Arbeit effektiver, sondern wirkt auch motivierend auf das Team.

### PLANVOLLES DELEGIEREN

Das Team muss verstehen, was warum delegiert wird. Definieren Sie die Grenzen der Zuständigkeit präzise, damit sich der Einzelne ein Bild von der Aufgabe, ihrem Kontext machen kann. Klären Sie, wie Sie die Ausführung beaufsichtigen und bewerten werden.

Passen Sie Ihren Stil an: Ein zunehmend selbstbewusster Mitarbeiter nimmt Ihnen »Einmischungen« eventuell übel. Stellen Sie die Weisungsbefugnisse von Anfang an klar, betonen Sie aber auch, dass Sie gern mit Unterstützung und Rat zur Verfügung stehen. So vermeiden Sie, dass Ihr Mitarbeiter in Ihren Augen übers Ziel hinausschießt oder sich von Ihnen unnötig bevormundet fühlt.

Lassen Sie jeden, der von den delegierten Zuständigkeiten betroffen ist, informieren, um Verwirrung zu vermeiden, aber auch um den Beauftragten durch offizielle Anerkennung zu motivieren.

### BEWERTUNG

Nach Erledigung der delegierten Aufgabe sollte man ihre Ausführung bewerten. Konzentrieren Sie sich auf das, was gut geklappt hat, um nützliche Anhaltspunkte für das zukünftige Delegieren abzuleiten und den Mitarbeiter in seiner beruflichen Entwicklung zu unterstützen. Sie könnten auch darüber nachdenken, ob eine dauerhafte Änderung seiner Rolle im Team angebracht scheint.

# Leistungsbeurteilungen

**Ein offizielles Beurteilungsgespräch dient dazu, mit einem Teammitglied dessen Leistung in einem bestimmten Zeitraum zu diskutieren, Ziele für die Zukunft festzulegen und eventuell das weitere Entwicklungspotenzial des Mitarbeiters zu erörtern.**

## BEURTEILUNGEN IM RAHMEN DES LEISTUNGSMANAGEMENTS

In manchen Unternehmen erschöpft sich die Leistungsbeurteilung im regelmäßigen Ausfüllen von Bewertungsbogen. Dabei stellt sie eine wertvolle Gelegenheit zum Meinungsaustausch zwischen Manager und Teammitglied dar. Oft sind solche Beurteilungen in ein Leistungsmanagementsystem mit angeschlossenem Schulungs- und Förderprogramm eingebunden.

**Leistungsmanagementsystem**
*Es setzt die Leistung des Einzelnen in Beziehung zu den Unternehmenszielen. In diesem Kontext werden die Ziele des Mitarbeiters festgelegt. Die Leistung wird unterstützt und durch das Beurteilungssystem systematisch überwacht.*

Ein Leistungsmanagementsystem stellt die Verbindung zwischen der Leistung des Einzelnen und den Unternehmenszielen her. Es hilft dem Manager:

- festzulegen, was vom Einzelnen erwartet wird,
- Unterstützung zur Erreichung von Zielen zu leisten,
- das Erreichte regelmäßig zu überprüfen,
- gegebenenfalls leistungssteuernd einzugreifen,
- gesetzte Ziele zu revidieren.

## ZWECK DES GESPRÄCHS

Ein Beurteilungsgespräch gibt dem Manager und dem Teammitglied Gelegenheit, die Arbeit ganzheitlich zu betrachten, zu besprechen, was gut und was weniger gut war sowie Schulungs- und Förderbedarf abzuklären. Zusätzlich kann es als Basis für die Gehaltsüberprüfung oder als Ausblick auf Entwicklungspotenzial und Ambitionen des Mitarbeiters dienen.

## VORBEREITUNG EINES BEURTEILUNGSGESPRÄCHS

| PARAMETER | FRAGESTELLUNG |
|---|---|
| **Leistung im Zeitraum seit der letzten Beurteilung** | Was ist gut gelaufen? Was ist nicht so gut gelaufen? Wurden die Ziele erreicht? Haben Sie Belege für Ihr Urteil? Welche Faktoren können die Leistung gefördert/gemindert haben? |
| **Leistung in früheren Beurteilungszeiträumen** | Wie sieht die Leistung im Vergleich aus? Wenn es merkliche Unterschiede gibt, was kann dazu beigetragen haben? (Beispielsweise Auswirkungen von Fördermaßnahmen) |
| **Förderbedarf** | Gibt es offensichtlichen Bedarf, den Sie erkennen können und gewillt sind anzusprechen? Dabei sollten Sie auch die voraussichtliche weitere Laufbahn des Mitarbeiters berücksichtigen. |
| **Richtigkeit Ihrer Sichtweise** | Sehen andere (Kollegen, innerbetriebliche Abnehmer, Untergebene) die Dinge genauso wie Sie? Erfragen Sie ihre Meinung, selbst wenn kein offizieller 360-Grad-Feedback-Prozess vorgesehen ist. |
| **Der richtige Ton** | Welcher Ton ist für das Gespräch angemessen? Obwohl der Beurteilungsprozess vermutlich vorgegeben ist, können Sie jeden Ton wählen, der geeignet ist die zweckdienlichste Reaktion beim jeweiligen Mitarbeiter zu erzielen. |
| **Spezielle Fragen** | Haben Sie ein paar spezielle Fragen vorbereitet? Wenn Sie schon vor dem Gespräch einige offene Fragen notieren, müssen Sie später nicht improvisieren. |

Beide Seiten müssen wissen, worum es bei dem Gespräch in erster Linie geht: Leistung, Gehalt oder Potenzial? Wenn Mitarbeiter das Gespräch als Gelegenheit für Gehaltsverhandlungen betrachten, werden sie Schwächen kaum einräumen. Das Gleiche gilt für Fördergespräche: Wenn der Mitarbeiter befürchtet, die Notwendigkeit eines Zeitmanagementkurses könne seine Chancen für eine Beförderung mindern, kann dies den Beurteilungsprozess behindern.

Sprechen Sie auch außerhalb der Beurteilungsgespräche, im Rahmen Ihrer alltäglichen Funktion, mit Ihren Mitarbeitern über ihre Leistung. Das Beurteilungsgespräch sollte eine Bekräftigung schon früher angesprochener Punkte sein und keine Kritik aus heiterem Himmel.

### VORBEREITUNG DES GESPRÄCHS

Setzen Sie das Gespräch so an, dass beide Seiten genug Zeit zur Vorbereitung haben. Wird etwa mit 360-Grad-Feedback *(siehe S. 180)* gearbeitet, muss man Zeit einplanen, um mit den Betroffenen Rücksprache zu nehmen. Die Gründlichkeit Ihrer Vorbereitung wird während des Gesprächs erkennbar und vom Beurteilten als Respektbeweis verstanden werden. Außerdem gehen Sie so selbst entspannter in das Gespräch.

Wählen Sie einen Ort, der einer offenen, aufrichtigen Gesprächsführung zuträglich ist: vielleicht außerhalb Ihres Büros, um das Gespräch von Ihrer alltäglichen Kontrolltätigkeit abzugrenzen. Reservieren Sie genug Zeit: Ein Gespräch unter Zeitdruck oder mit

**Beurteilungssystem mit 360-Grad-Feedback**
*Dieses System verschafft einen ganzheitlichen Überblick. Zur Leistungsbeurteilung wird Feedback von verschiedenen beruflichen Kontaktpersonen eingeholt, etwa von Teammitgliedern, innerbetrieblichen Kunden, Untergebenen, Vorgesetzten. Das ist informativ, aber zeitaufwändig: Planen Sie genug Zeit ein, um alle Auskünfte einzuholen.*

ständigen Unterbrechungen ist für beide Seiten belastend. Der Zeitbedarf hängt davon ab, ob bereits vorher regelmäßige, eingehende Einzelgespräche stattgefunden haben: In diesem Fall brauchen Sie nicht so viel Zeit einzuplanen.

## LEISTUNGSBESPRECHUNG

Gehen Sie behutsam vor und reißen Sie das Gespräch nicht an sich, auch wenn Sie noch so gründlich vorbereitet sind.

Lob fällt leichter, aber scheuen Sie sich nicht konstruktive Kritik zu üben. Mangelhafte Leistungen, die nicht offen diskutiert werden, gefährden die berufliche Entwicklung des Mitarbeiters. Wenn Sie negatives Feedback geben, gehen Sie einfühlsam vor und hören Sie sich auch den Standpunkt des Mitarbeiters an. Vielleicht findet er, dass von ihm nicht zu beeinflussende Faktoren, wie eine Änderung der Unternehmenspolitik, ihn am Erreichen der Ziele gehindert haben.

Formulieren Sie Schwächen nicht als Schuldzuweisungen, sondern als lösbare Probleme, analysieren Sie die Ursachen, um Abhilfe zu suchen. Lösungsvorschläge seitens des Mitarbeiters machen die erfolgreiche Umsetzung wahrscheinlicher.

## ZIELE SETZEN

Im Beurteilungsgespräch müssen Ziele gesetzt werden. Diese sollten **smart** sein, das heißt **s**pezifiziert, **m**essbar, **a**kzeptabel, **r**ealistisch und **t**erminiert.

Legen Sie das angestrebte Ergebnis und einen geeigneten Maßstab fest, damit erkennbar ist, wann das Ziel erreicht ist. Es sollte erreichbar, aber nicht zu niedrig angesetzt sein: Ziele, für die man sich ins Zeug legen muss, verschaffen ein Erfolgsgefühl, wenn man sie erreicht hat. Setzen Sie immer einen genauen Termin.

## LAUFBAHNPLANUNG

Leistungsgespräche geben oft Aufschluss über Schulungs- oder Förderbedarf, unter Umständen auch über längerfristige Berufsziele und etwaige, zu ihrer Verwirklichung benötigte Hilfen.

## DAS GESPRÄCH BEENDEN

Dokumentieren Sie sorgfältig, was besprochen und vereinbart wurde, und danken Sie dem Mitarbeiter für seine Zeit und Mühe. Versichern Sie ihm, dass Sie sich bietende Fördermöglichkeiten ergreifen und regelmäßiges Feedback über Fortschritte geben werden.

# Schulung und Förderung

**Schulungen gewährleisten, dass die Mitarbeiter ihre Arbeit kompetent erledigen; Förderung zielt darauf ab, neue Fähigkeiten zu entwickeln und Fortschritte anzuregen. Unterstützt werden diese Prozesse durch Coaching und Mentoring.**

## VERSCHIEDENE SCHULUNGSZWECKE

Schulungen vermitteln Fähigkeiten, die die Mitarbeiter für ihre aktuelle Tätigkeit benötigen, aber auch organisatorische Fertigkeiten, die dazu befähigen Kollegen vertreten zu können, oder sie frischen vorhandene Kenntnisse auf.

## SCHULUNGSBEDARF ERMITTELN

Ausgangspunkte zur Beurteilung des Schulungsbedarfs eines Mitarbeiters sind seine derzeitige Tätigkeit und die Fähigkeiten, die er braucht, um diese effektiv und zuverlässig zu erledigen. Besitzt er alle nötigen Fähigkeiten oder gibt es noch Verbesserungspotenzial? Wie sind nötige Verbesserungen am besten zu erreichen? Denkbar sind viele Möglichkeiten vom Coaching am Arbeitsplatz bis zu einem offiziellen Lehrgang. Wäre die gewählte Maßnahme für andere Teammitglieder auch sinnvoll? Versuchen Sie über den Einzelnen hinaus den Bedarf des gesamten Teams zu beurteilen. Vielleicht ist das gewünschte Ergebnis statt durch eine reguläre Schulung eher durch eine Neukonzeption der Stelle und Coaching am Arbeitsplatz zu erreichen.

Neu Erlerntes wird rasch wieder vergessen, wenn es nicht regelmäßig angewendet werden kann. Wenn der Mitarbeiter das Gelernte nicht unmittelbar in die Praxis umsetzen kann, sollte man aufwändigere bzw. kostspielige Schulungen gegebenenfalls vertagen.

## DIE WAHL DER SCHULUNGSMETHODE

Nachdem Sie den Schulungsbedarf ermittelt haben, müssen Sie festlegen, in welcher Form die Schulung erfolgen soll. Das hängt von mehreren unterschiedlichen Faktoren ab:

- Anzahl der zu schulenden Personen (ganzes Team oder nur ein Mitglied?),

**Hierarchie des Schulungsbedarfs**
*Nach Grundaspekten wie Gesundheit und Sicherheit kommen tätigkeitsspezifische Schulungen, die bei Bedarf aufzufrischen sind. Dabei sind auch die unterschiedlichen persönlichen Bedürfnisse zu berücksichtigen. Ein umfassend qualifizierter Mitarbeiter kann vielleicht noch weiter geschult werden, um bei Bedarf Kollegen vertreten zu können.*

## UNTERSCHIEDLICHE SCHULUNGSMETHODEN

| METHODE | VORTEILE | NACHTEILE |
|---|---|---|
| **Schulung am Arbeitsplatz** für spezifische Aufgabe(n) | ■ relativ kostengünstig<br>■ keine externen Ausbilder nötig<br>■ aufgabenspezifisch<br>■ keine Fehlzeiten am Arbeitsplatz<br>■ Mitarbeiter kann die Theorie unmittelbar in die Praxis umsetzen | ■ Kollegen mangelt es unter Umständen an didaktischen Fähigkeiten |
| **Betriebsinterne Schulungen** für spezifische Wissensbereiche | ■ stark unternehmensbezogen<br>■ gute Gelegenheit, um unternehmensinterne Kontakte zu knüpfen<br>■ fördern die laterale Kommunikation im Unternehmen | ■ eventuell nicht tätigkeits- bzw. rollenspezifisch |
| **Externe Seminare** aufs Unternehmen zugeschnitten oder für jedermann zugänglich | ■ von Profis durchgeführt<br>■ maßgeschneiderte Kurse sind effizient<br>■ allgemeine Kurse bieten Kontaktmöglichkeiten mit Menschen, die in anderen Unternehmen ähnliche Aufgaben bekleiden | ■ beides sehr teuer<br>■ allgemeiner Kurs ist unter Umständen nicht spezifisch genug |

- erforderliche Fähigkeiten und angestrebtes Niveau,
- Dringlichkeit des Schulungsbedarfs.

Grundsätzlich können drei Schulungsarten unterschieden werden:

**Schulung am Arbeitsplatz**
Wird üblicherweise für die Einarbeitung eines neuen Mitarbeiters durch erfahrene Teammitglieder vorgenommen.

**Interne Schulungen**
Werden meist von Fachleuten innerhalb des Unternehmens angeboten und richten sich an einen breiten Querschnitt der Belegschaft (etwa Computerkurse).

**Externe Seminare**
Hier gibt es zwei Arten: Seminar wird von einem externen Anbieter eigens auf das Unternehmen oder Team zugeschnitten oder es steht Mitarbeitern aller interessierten Unternehmen offen.

### BEWERTUNG UND NACHBEREITUNG

Im Anschluss an eine Schulung sollten Sie diese gemeinsam mit dem Mitarbeiter, der daran teilgenommen hat, bewerten und feststellen, ob die gewünschte Verbesserung erreicht wurde. Das kann Ihnen bei zukünftigen Entscheidungen über Schulungsinvestitionen helfen.

Unterstützen Sie den Schulungsteilnehmer dabei, seine neuen Fähigkeiten optimal einzusetzen – in seiner aktuellen Rolle und eventuell durch die Weitergabe seines Wissens an das übrige Team. Denken Sie unter Umständen schon über weitere Maßnahmen zur beruflichen Förderung des Mitarbeiters nach.

### DIE BEDEUTUNG DER MITARBEITERFÖRDERUNG

Schulung verbessert die Fähigkeit eines Mitarbeiters, einen bestimmten Job auszufüllen; berufliche Förderung trägt zu seiner Gesamtkompetenz bei und muss nicht zwingend in Bezug zur aktuellen Tätigkeit stehen. Sie wirkt motivierend, indem sie ein Gefühl der Wertschätzung vermittelt.

Ein viel beschäftigter Manager mag der Mitarbeiterförderung keine hohe Priorität einräumen, doch fähige Teammitglieder, die in ihrer beruflichen Entwicklung nicht gefördert werden, wandern früher oder später ab. Für das Unternehmen ist es wirtschaftlicher, vorhandenes Personal zu fördern, als neue Mitarbeiter anzuwerben und einzuarbeiten. Durch proaktive Förderung bleiben Ihre Teammitglieder effizient und engagiert.

## ENTWICKLUNGSFÖRDERUNG

Ergründen Sie, etwa im Beurteilungsgespräch, welche Schulungen dem Mitarbeiter bei der Verwirklichung beruflicher Ziele helfen könnten, ohne übertriebene Erwartungen zu wecken oder Versprechungen zu machen. Raten Sie dem Mitarbeiter gegebenenfalls unrealistische Ambitionen zu überdenken: Unerreichbare Ziele führen mit Sicherheit zu Unzufriedenheit. Viele Menschen unterschätzen sich aber auch und brauchen Ermutigung, um ihr Potenzial zu entfalten.

Auf dieser Grundlage kann man sich nach Entwicklungschancen innerhalb des Teams, im übrigen Unternehmen oder sogar außerhalb desselben umsehen.

### Chancen im Team

Mögliche Maßnahmen, die den Einzelnen fördern, indem sie seine Erfahrung und sein Können mehren, und zugleich zum Erreichen der Teamziele beitragen, wären beispielsweise:

- gegenseitige Schulung, um Vielseitigkeit und Flexibilität der einzelnen Teammitglieder zu erhöhen,
- Einrichtung separater Projekte und Delegation der Verantwortung für diese,
- Beförderung von Teammitgliedern – vorübergehend, um eine bestimmte Funktion abzudecken, oder dauerhaft.

Beförderung ist die höchste Fördermaßnahme innerhalb des Teams – und demonstriert Ihre Bereitschaft, Leistungen anzuerkennen und zu belohnen.

### Innerbetriebliche Chancen

Je nach Entwicklungsbedarf können die geeignetsten Möglichkeiten anderswo im Unternehmen liegen. Wenn Sie etwa eine Verwaltungsabteilung leiten und ein fähiges Teammitglied haben, das eine Karriere in der Markenbetreuung anstrebt, könnten Sie eine zeitweilige Versetzung ins Marketing erwägen.

Manchmal mag Ihnen auf diese Weise ein Teammitglied verloren gehen, aber lassen Sie sich davon nicht abschrecken. Sie sollten immer dafür sorgen, dass Ihr Team über berufliche Chancen im übrigen Unternehmen informiert ist.

### Außerbetriebliche Chancen

Manche Unternehmen finanzieren nicht berufsbezogene Kurse (etwa Internetkurse für Produktionsmitarbeiter) oder unterstützen ein Engagement in anderen Organisationen, wie etwa die Entsendung eines Mitarbeiters zu einem Hilfseinsatz in einem Entwicklungsland.

### Chancen jenseits des Unternehmens

Manchmal werden Sie mit einem Mitarbeiter zu dem Schluss kommen, dass es für seine Laufbahn am besten ist, das Unternehmen zu verlassen. Zeigen Sie sich auch hier hilfsbereit. Sie werden zwar ein neues Teammitglied einstellen und einarbeiten müssen, doch ein unzufriedener Mitarbeiter kann für Moral und Leistung des Teams äußerst destruktiv sein.

Außerdem wird sich ein Mitarbeiter, der in einer solchen Situation Unterstützung erfahren hat, eine positive Einstellung zu dem Unternehmen bewahren, was dessen Ruf als engagierter Arbeitgeber und dadurch das Image fördert.

### COACHING UND MENTORING

Unterstützt werden Fördermaßnahmen durch Coaching und Mentoring. Coaching bedeutet einem Teammitglied bei Bedarf zur Seite zu stehen, zielt auf kurz- bis mittelfristige Leistungsverbesserungen ab und ist eine wesentliche Aufgabe von Managern, auch wenn es in der Arbeitsplatzbeschreibung nicht ausgewiesen ist. Das Mentoring steht enger mit der beruflichen Entwicklung des Einzelnen in Zusammenhang und wird nicht den Mitgliedern des eigenen Teams angeboten.

**Coaching**

Coaching kann auf allen Unternehmensebenen helfen die für eine Aufgabe nötigen Fähigkeiten zu entwickeln. Es setzt voraus, dass der Mitarbeiter bereits einige Kompetenz besitzt, aber in folgenden Bereichen noch Hilfe braucht:

- Verbesserung von Fertigkeiten,
- arbeitsplatzspezifisches Können,
- Lösung spezifischer Probleme,
- Anpassung an Veränderungen,
- persönliche Einstellung.

**Coach und Mentor**

*Während es beim Coachen um ganz spezifische Aspekte mit kurzfristiger Zielsetzung geht, muss der Mentor eine ganzheitliche, längerfristige Betrachtungsweise einnehmen.*

Es gibt Ähnlichkeiten mit der Schulung am Arbeitsplatz, doch ist das Coaching ein dynamischer, motivierender Prozess, der außerordentliches Interesse an dem jeweiligen Mitarbeiter demonstriert. Der Coach muss mit dem Lernenden eine kontinuierliche Weiterentwicklung vollziehen. Wenn er den Anschluss verpasst, besteht die Gefahr, dass der Lernende sein Selbstvertrauen verliert und keine Fortschritte mehr macht.

Das Coaching muss an die Lernstadien angepasst werden. Wer einen absoluten Anfänger coacht, muss manche Aufgabe eventuell praktisch vorführen. Sind erst einmal gewisse Grundfertigkeiten erworben, sollte man den Mitarbeiter dazu anhalten, zu überlegen, wobei er noch Hilfe braucht, um seine Ziele zu erreichen, und dann mit ihm auf Verbesserungen in diesen konkreten Bereichen hinarbeiten.

Coaching für einen Mitarbeiter mit großer Fachkompetenz kann dagegen ganz anders aussehen: Hier müssen Sie vielleicht helfen mehr Gewicht auf Selbstkritik und -analyse zu legen. Auf jeden Fall müssen Sie im Coaching-Prozess konsequent die zentralen Kommunikationstechniken Empathie und aktives Zuhören einsetzen.

COACH

MENTOR

**Mentoring**
Ein Mentor ist vor allem ein zuverlässiger Berater und Vertrauter. Die Rolle verlangt eine neutrale, zweckfreie Betrachtungsweise, weshalb weder der direkte Vorgesetzte noch ein Kollege aus der Managementkette des zu Fördernden als Mentor in Frage kommen.

So können Sie selbst zwar nicht das Mentoring für ein Mitglied Ihres Teams übernehmen, aber vielleicht als Mentor eines Mitarbeiters fungieren, der auf eine fachliche Qualifikation hinarbeitet, die Sie bereits besitzen. Oder Sie können als Mentor eines neu eingestellten Mitarbeiters dafür sorgen, dass dieser das Beste aus seinen Möglichkeiten macht.

Ob ein Mentor die gesamte Laufbahn eines Mitarbeiters in einem bestimmten Unternehmen begleitet, hängt davon ab, wie gut die beiden zueinander passen. Mit dem zunehmenden Selbstvertrauen, das sich aus Erfahrung ergibt, beschließt der Mitarbeiter vielleicht, dass der zugeteilte Mentor auf persönlicher Ebene kein geeignetes Rollenvorbild mehr ist. Ein erfahrener Mentor wird dies schon vor ihm erkennen und sich in diesem Fall um eine rechtzeitige Auflösung der Mentorenbeziehung bemühen.

# Umgang mit Problemen

**Manager müssen sich unweigerlich auch mit schwierigen Menschen und problematischen Situationen auseinander setzen. Viele Probleme ergeben sich aus negativen Einstellungen und mangelhafter Leistung und sind am besten zu lösen, wenn sie methodisch angegangen werden.**

## GOLDENE REGELN

Unabhängig von den Details eines konkreten Problems oder den unterschiedlichen Standpunkten bei einer Streitfrage sollten Sie als Manager von bestimmten Verhaltensstandards nie abweichen:

- Bleiben Sie bestimmt, aber fair,
- äußern Sie sich klar und ehrlich,
- seien Sie konstruktiv in Ihren Bewertungen und Vorschlägen,
- bemühen Sie sich um ein positives Ergebnis, halten Sie auch andere dazu an,
- handeln Sie rechtzeitig: Schieben Sie das Problem nicht vor sich her,
- dokumentieren Sie alle Maßnahmen,
- bleiben Sie ruhig und sachlich.

## ERSTE MASSNAHMEN

Mitunter bleibt keine andere Wahl, als einen Mitarbeiter zu maßregeln, etwa bei grobem Fehlverhalten wie Trunkenheit am Arbeitsplatz. Doch bei leichten Fällen wie Unpünktlichkeit sollte man zunächst den Dialog suchen, um der Ursache des Problems auf den Grund zu gehen.

Setzen Sie unverzüglich einen Termin an, um mit dem Mitarbeiter zu besprechen, was Sie stört. Illustrieren Sie das Problem nach Möglichkeit anhand von konkreten Beispielen. Erklären Sie, was Sie erwarten, und fragen Sie, wie sich die Dinge nach Meinung des Betroffenen verbessern ließen. Das Gespräch sollte mit der Aufstellung eines einfachen Maßnahmenplans enden, der die notwendigen Schritte beider Seiten darlegt.

Manchmal kann schon das Definieren des Problems schwieriger sein. Unter Umständen ist eine persönlichen Beratung in Erwägung zu ziehen.

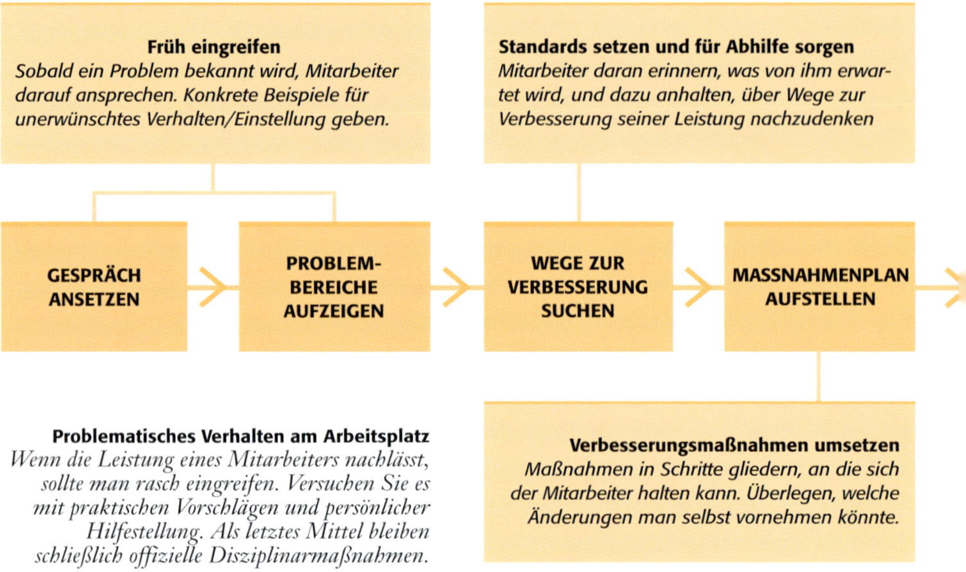


**Problematisches Verhalten am Arbeitsplatz**
*Wenn die Leistung eines Mitarbeiters nachlässt, sollte man rasch eingreifen. Versuchen Sie es mit praktischen Vorschlägen und persönlicher Hilfestellung. Als letztes Mittel bleiben schließlich offizielle Disziplinarmaßnahmen.*

## PERSÖNLICHE BERATUNG

Entsteht der Eindruck, dass der Mitarbeiter mit persönlichen oder beruflichen Problemen überfordert ist, kann eine persönliche Beratung angebracht sein.

Sie soll dem Mitarbeiter dabei helfen sich selbst zu helfen, indem sie dazu anregt, das Problem aus einer anderen Perspektive zu betrachten, wodurch Selbstvertrauen vermittelt werden kann, und neuer Mut, um einen nach vorne gerichteten Weg zu beschreiten. Es geht hierbei allerdings nicht darum, simple Ratschläge zu erteilen oder sich sozusagen als betriebsinterner Psychiater zu betätigen.

Vielmehr haben diese Beratungstechniken Ähnlichkeit mit den beim Coaching gefragten Fähigkeiten und sind in vielen Situationen des Manageralltags von unschätzbarem Nutzen:

- »aktives« Zuhören: konzentriertes Zuhören kombiniert mit Nachfragen für ein besseres Verständnis,
- Empathie: verstehen, wie sich die Dinge für den anderen darstellen,
- Respekt: den Gesprächspartner und seine Ansichten respektvoll behandeln.

Sie sollten sich zugänglich zeigen, damit das Team das Gefühl hat, über Probleme mit Ihnen sprechen zu können. So können Sie Ihren Mitarbeitern vielleicht über manche berufliche oder persönliche Schwierigkeiten hinweghelfen.

## EXTERNE HILFE HINZUZIEHEN

Die wenigsten Manager sind qualifiziert, persönliche Beratung bei gravierenden persönlichen Problemen wie etwa Suchtkrankheiten oder Trauerfällen zu leisten. Selbst wenn Sie über die Fähigkeiten und die Erfahrung verfügen, ist es Ihnen vielleicht zu heikel, ein Teammitglied in einem so sensiblen Bereich zu beraten.

Dann sollten Sie auf eine Beratung Ihrerseits verzichten und sich um Hilfe für Ihren Kollegen bemühen. Viele Firmen

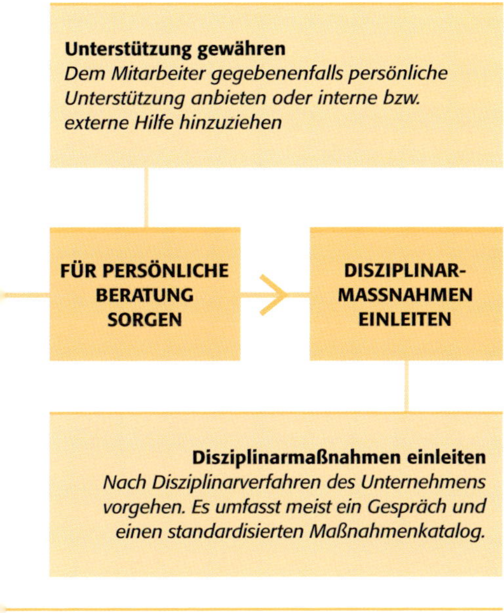


bieten Unterstützungsprogramme für ihre Mitarbeiter, die auch psychologische Beratung umfassen. Des Weiteren könnten Sie dem Mitarbeiter, vielleicht unter Mitwirkung der Personalabteilung, helfen einen geeigneten Psychologen oder Berater zu finden. Auf jeden Fall sollten Sie sich nicht abweisend verhalten, sondern sich das Problem mit Anteilnahme und Mitgefühl anhören.

Bei schwerwiegenden Problemen am Arbeitsplatz kann der Vorgesetzte des Mitarbeiters Teil des Problems sein, sodass eine Beratung durch diese Person wenig hilfreich wäre. Hier sollten Sie die Vermittlung durch einen Dritten, etwa eine unbeteiligte Führungskraft oder einen unabhängigen Schlichter, suchen.

Doch manchmal kann auch persönliche Beratung am Verhalten des betreffenden Mitarbeiters nichts ändern. Dann müssen Sie als letztes Mittel Disziplinarmaßnahmen in Erwägung ziehen.

### DISZIPLINARMASSNAHMEN

Falls solche Maßnahmen erforderlich werden, sollte man sie als Chance sehen, dem Mitarbeiter auf den richtigen Weg zurückzuhelfen, und nicht allein als Bestrafung für sein Fehlverhalten. Wenn Disziplinarmaßnahmen als Racheakt verstanden werden, kann dies das Vertrauensverhältnis untergraben und den Betriebsrat auf den Plan rufen. Es steht dem Manager nicht an, Strafen zu verteilen oder jemanden aufgrund eines persönlichen Konflikts zu entlassen.

Machen Sie sich mit den Disziplinarverfahren Ihres Unternehmens vertraut und lassen Sie sich nach Möglichkeit von der Personalabteilung beraten. Sie müssen sich Ihrer Sache sicher sein, also klären Sie alle Fakten genau ab und bitten Sie eventuell einen Kollegen, dem Sie vertrauen, Ihre Objektivität zu überprüfen.

### DISZIPLINARGESPRÄCHE FÜHREN

Das Gespräch ist unter Ausschluss der Öffentlichkeit zu führen, doch sollten beide Seiten Zeugen laden können. Der Mitarbeiter muss über die Beschwerde gegen ihn informiert werden und Gelegenheit haben, sich dazu zu äußern.

Dann muss eine angemessene Vorgehensweise festgelegt werden. Diese sollte die Fakten und den Kontext berücksichtigen und im Einklang mit vergleichbaren früheren Fällen stehen.

Getroffene Entscheidungen und zu ergreifende Schritte sind für beide Seiten sorgfältig zu dokumentieren. Es ist zu hoffen, dass Ihre durch Einleitung des Disziplinarverfahrens signalisierte Entschlossenheit das Problem zu lösen, in Verbindung mit den dokumentierten Maßnahmen ein befriedigendes Ergebnis herbeiführt.

DELIVERY

# PROBLEME LÖSEN UND ENTSCHEIDUNGEN TREFFEN

**Als Manager müssen Sie sich Tag für Tag mit Problemlösungen befassen und Entscheidungen treffen. Für ein effektives Management ist es wichtig, diese beiden Prozesse genau zu unterscheiden, da sie verschiedene Vorgehensweisen erfordern.**

Problemlösungen und Entscheidungsfindungen gehören in so hohem Maße zum Arbeitsalltag eines Managers, dass man sich häufig nur noch selten klar macht, was eigentlich ein Problem und was eine Entscheidung ist. Alles Mögliche wird unter dem Sammelbegriff »Problem« gebündelt, dabei erfordern effektive Lösungen den Einsatz differenzierter Techniken.

Zunächst gilt es, die wesentlichen Unterschiede zwischen einem Problem und einer Entscheidung zu verstehen. Um ein Problem zu lösen, müssen Sie seine Ursachen herausfinden, also Informationen sammeln. Informationen sind auch die Grundlage für den Entscheidungsprozess. Ist die Ursache eines Problems erkannt beziehungsweise eine Entscheidung getroffen, müssen Sie wissen, wie man die Lösung in die Praxis umsetzt.

**IN DIESEM KAPITEL**

# Probleme und Entscheidungsbedarf erkennen

**Ein Problem entsteht in den meisten Fällen durch irgendeine Art von Störung. Eine Entscheidung steht immer dann an, wenn man zwischen mehreren Handlungsweisen wählen muss. Es gilt nun, die beiden Prozesse sorgfältig zu unterscheiden, um richtig beziehungsweise angemessen zu reagieren.**

## SACHVERHALTE DEFINIEREN

Als Manager sind Sie täglich mit einer Flut an Informationen und Daten konfrontiert. Um den Überblick zu behalten, sollten Sie alle Fragen, die Sie angehen, regelmäßig Revue passieren lassen und auf Veränderungen der Situation und der Prioritäten achten. Nehmen Sie sich einmal am Tag oder in der Woche einige Minuten Zeit, um anliegende Aufgaben zu notieren. Vergewissern Sie sich, dass Sie diese auch verstehen und wissen, wie sie zu lösen sind. So wird ein komplexes Gesamtbild überschaubarer.

**Komplexe Situationen definieren**
*Wenn man sich mit einer Situation auseinander setzen muss, die nicht unmittelbar als Problem oder Entscheidung zu definieren ist, kann man durch Analyse zu einer Definition gelangen.*

Jeden Vorgang, der Ihnen zur Kenntnis gebracht wird, sollten Sie zunächst einschätzen und kategorisieren. Erste Frage: Ist er für Ihre Arbeit relevant? Liegt er außerhalb Ihres Aufgabenbereichs, lassen Sie die Finger davon. Beschränken Sie sich auf Dinge, die Ihr Handeln erfordern.

Wenn eine Angelegenheit Sie betrifft, fragen Sie sich, ob sie klar definiert ist. Manche Dinge sind auf den ersten Blick als Problem zu erkennen: Eine wichtige Maschine ist ausgefallen und muss repariert werden, um den Fertigungsbetrieb wieder in Gang zu bringen. In einem anderen Fall besteht ganz klar Entscheidungsbedarf: Sie müssen etwa zwischen drei Kandidaten für eine Stelle wählen.

Liegt der Fall nicht so eindeutig, muss er in seine Komponenten aufgegliedert werden. Fragen Sie andere nach ihrer Meinung (fordern Sie sie auf, möglichst weit greifend zu denken). Listen Sie alle Antworten auf, und achten Sie darauf, ob jeder Punkt klar und einleuchtend ist. Konkrete Nachfragen können manchmal zu ganz neuen Erkenntnissen führen. So

**RÜCKSPRACHE**
Alle potenziell betroffenen Kollegen hinzuziehen

**ANALYSE**
Situation in ihre Komponenten gliedern

**PRÜFUNG**
Antworten auflisten, prüfen, ob alle Punkte klar sind

**Die Meinung anderer einholen**
*Gruppendiskussionen eignen sich gut zur Klärung komplexer Sachverhalte. Oft kommen Dinge zur Sprache, die nicht bedacht wurden, weil sie andere Unternehmensbereiche betreffen.*

**Sachverhalt klarstellen**
*Prüfen Sie, ob Sie alle Punkte verstanden haben, fragen Sie eventuell nach, um Einzelheiten zu klären.*

laufen Sie nicht Gefahr, sich zu sehr auf einen einzelnen Aspekt zu fixieren und dadurch andere zu übersehen, die vielleicht ebenso wichtig sind.

Indem Sie eine gegebene Situation entweder als zu lösendes Problem oder zu treffende Entscheidung definieren, vereinfachen Sie das Bild und setzen einen Prozess in Gang, der Sie zu einer Lösung führen wird.

### EIN PROBLEM ENTWIRREN

Manche »Probleme« sind so simpel, dass sich die Lösung aufdrängt. Papierstau im Drucker? Lassen Sie das verknautschte Papier vorsichtig herausziehen und den Reset-Knopf drücken. Problematischer sind Situationen, die nicht nur den normalen Arbeitsablauf stören, sondern auch ernstere Folgen befürchten lassen und oft nicht ohne weiteres zu erklären sind. Eine solche Situation wäre etwa, wenn die Qualität eines Produkts plötzlich nachzulassen scheint. Erste Anzeichen wären vermehrte Reklamationen sowie steigende Ausschussquoten und Retournierungen.

Wie geht man dieses drängende Problem an? Es mag sich so gewaltig auftürmen, dass man keinen klaren Überblick bekommt, wodurch es schwer wird, Ursache und Wirkung exakt zu lokalisieren.

**DEFINITION**
Entscheiden, ob ein zu lösendes Problem oder eine zu treffende Entscheidung vorliegt

**Geeignete Maßnahmen ergreifen**
*Eine Situation zu definieren ist hilfreich. Sobald man eine klare Vorstellung von zu lösenden Problemen und zu treffenden Entscheidungen hat, kann man den Lösungsprozess einleiten.*

Jeder hat eigene und mitunter erfolgreiche Methoden, so etwas anzupacken. Doch oft macht man sich den Prozess, den man dabei durchläuft, nicht bewusst und kann nicht erklären, warum die Dinge manchmal aus dem Ruder geraten.

Sie müssen die Ursachen von Problemen bis zu ihren Wurzeln zurückverfolgen. Beheben können Sie das Problem nur, indem Sie dessen Ursache finden und beseitigen: Hierzu dient der im nächsten Abschnitt beschriebene »Ursachenfindungsprozess« *(siehe S. 193)*. Ein rigoroses System logischen und analytischen Denkens ist unerlässliche Voraussetzung, um Dinge zu klären. Dieses rationale Vorgehen ist besonders hilfreich, wenn man im Team arbeitet. Probleme lassen sich effektiver lösen, wenn die Beteiligten zusammenarbeiten und nicht versuchen, einander die Schuld zuzuschieben. So könnten die Teammitglieder, etwa bei nachlassender Qualität, unabhängig voneinander folgende Ursachen finden:

- neu aufgetretene Systemfehler
- hohe Personalfluktuation, die die Produktionsqualität beeinträchtigt
- minderwertige Rohstoffe
- Preis wird vom Markt als zu hoch empfunden
- Konkurrenz liefert Produkte besserer Qualität.

Dem Problem können also viele Ursachen zugrunde liegen, die von Arbeitsabläufen und -materialien bis zu externen Faktoren reichen. Wenn es Ihnen gelingt, diese Einzelelemente zu identifizieren, wird der einzuschlagende Weg klarer.

Sie sollten sich aber nicht nur um vorhandene Probleme kümmern. Oft kann man potenzielle Probleme absehen und so künftigen Schwierigkeiten zuvorkommen: vorausschauend und vorbeugend.

## ENTSCHEIDUNGSBEDARF ERKENNEN

Probleme sind naturgemäß meist schwer zu fassen, Entscheidungen dagegen klarer umrissen, denn sie streben ein bestimmtes Ergebnis an. Die Zahl der Entscheidungsmöglichkeiten ist begrenzt. Also legt man Kriterien und Parameter fest und wählt Erfolg versprechende aus. Auch hier ist die logische Analyse unerlässlich. Und es ist wichtig, den anstehenden Entscheidungsbedarf möglichst früh zu erkennen, um nicht unter Zeitdruck zu geraten.

Eine Entscheidung beruht oft auf einem zuvor erkannten Problem. Falls mangelhafte Rohstoffe zu nachlassender Produktqualität geführt haben, ist unter Umständen ein Lieferantenwechsel in Erwägung zu ziehen. Der Wahl eines neuen Lieferanten wiederum geht eine Entscheidung zwischen mehreren Kandidaten voraus. Ist das erkannt, kann man den Entscheidungsprozess in Gang setzen.

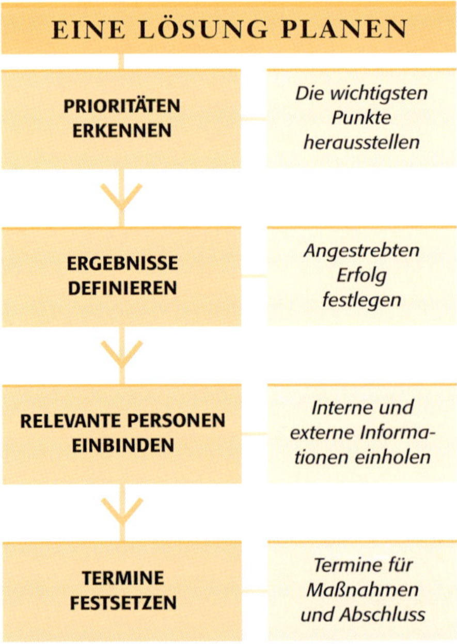


Natürlich können nicht nur konkrete Probleme, sondern auch andere Situationen des Arbeitslebens nach Entscheidungen verlangen. So bewerben sich beispielsweise drei geeignete Kandidaten um eine Stelle. Das ist kein Problem. Die Lage hat sich nicht durch eine unerwünschte Abweichung von der Norm ergeben, sondern dadurch, dass es mehr als eine Lösung für eine gegebene Situation gibt, was eine Entscheidung erfordert.

## AUFGABEN ANPACKEN

Wenn man viele Dinge gleichzeitig zu bearbeiten hat, sollte man sich auf die wichtigsten konzentrieren. Welche Bereiche versprechen innerhalb möglichst kurzer Zeit maximale Ergebnisse? Rasche Erfolge lassen Fortschritt erkennen und wirken motivierend.

Bevor man eine Sache angeht, sollte man das gewünschte Ergebnis genau definieren. Manchmal ist es ganz klar: Das Problem »unbekannter Systemfehler« wäre durch die Beseitigung des Fehlers gelöst. Um dagegen der »hohen Personalfluktuation« beizukommen, müsste man eventuell erst einmal klären, welche Fluktuationsquote akzeptabel ist.

Wer muss alles an der Lösung der Frage mitwirken? Wer hat die notwendigen Informationen, wer ist vom Ergebnis betroffen, wer hat ausgeprägte Ansichten dazu, wer ist Fachmann auf diesem Gebiet? Denken Sie dabei nicht nur an Kollegen, sondern auch an externe Kräfte wie Kunden, Lieferanten, Spezialisten, Wissenschaftler und Berater.

Stellen Sie einen realistischen Zeitplan zur Bewältigung der Aufgabe auf, beziehen Sie ihn in Ihre Terminplanung ein und sorgen Sie dafür, dass alle am Projekt Beteiligten das Gleiche tun.

# Ursachen von Problemen finden

**Wenn man einen Vorfall als Problem definiert hat, muss man dessen tiefere Ursache ermitteln. Erst dann können geeignete Maßnahmen getroffen werden, um das Problem zu beheben. Hier können einige konkrete Techniken helfen.**

### DER WERT DER ERFAHRUNG

Oft wird versucht ein klar definiertes Problem durch »Herumprobieren« zu beheben. Jemand hat aufgrund früherer Erfahrungen eine Idee bezüglich der Ursache und versucht es mit einer schnellen Lösung. Wenn das nichts hilft, probiert man einfach etwas anderes aus. Das führt nach einiger Zeit vielleicht zu einer zufrieden stellenden Lösung, ist aber zeit- und kostenaufwändig.

Eine produktivere Methode wäre es, sich der so genannten Troubleshooter zu bedienen die darauf spezialisiert sind, Störungsursachen rasch einzukreisen. Sie richten den Blick zunächst nicht auf die Ursachen, sondern auf die Auswirkungen des Problems. Diese sind oft unübersehbar und liefern Fingerzeige, die zurück zur Ursache führen. Diese Profis stützen sich also auch auf Erfahrungen, sammeln darüber hinaus aber zusätzliche Daten, bevor sie eine Schlussfolgerung ziehen.

### EINIGKEIT ÜBER DAS PROBLEM

Da die Anhaltspunkte zur Ergründung der Ursache in den Auswirkungen des Problems zu finden sind, sollte man zunächst sachdienliche Informationen sammeln, etwa welche Bereiche genau betroffen sind und worin die Störung besteht. Vielleicht gibt es Missverständnisse darüber, was das eigentliche Problem ist, insbesondere wenn Einzelne jeweils nur den Ausschnitt sehen, der sie betrifft.

Ist etwa bei einem in Flaschen abgefüllten Produkt die Füllmenge etwas zu gering, könnte sich dies indirekt auf die Qualitätskontrolle und den Absatz auswirken. Ein Mangel an fehlerfreien Produkten kann die Auslieferungen an die Kunden verzögern und die Auslieferung fehlerhafter Produkte Reklamationen nach sich ziehen. Die Manager der einzelnen Bereiche würden hier ganz unterschiedliche Probleme sehen. Der Produktionsleiter hätte ein »Füllstandsproblem«, der Leiter der Qualitätskontrolle ein »Aus-

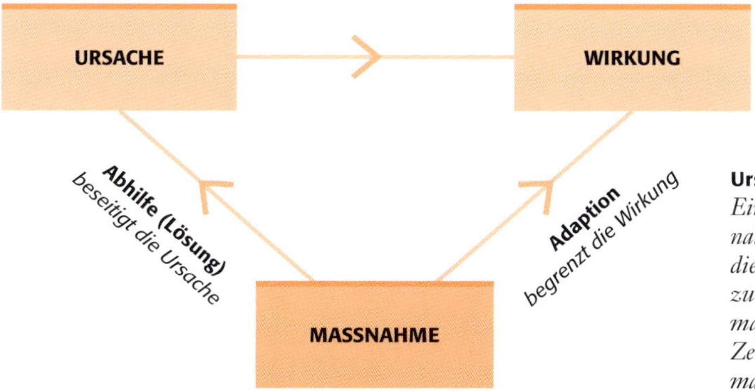


**Ursache und Wirkung**
*Eine Lösung ist eine Maßnahme, die ergriffen wird, um die Ursache eines Problems zu beseitigen. Adaptionsmaßnahmen helfen dabei, Zeit zu gewinnen, während man die Ursache sucht.*

schussproblem«, der Auslieferungsleiter würde »Warenknappheit« konstatieren und der Kundendienstleiter müsste sich mit »Reklamationen« herumschlagen.

Das grundlegende Problem, dessen Ursache ermittelt werden muss, ist die mangelhafte Befüllung. Es müssen aber auch Maßnahmen bezüglich der übrigen Auswirkungen getroffen werden. Erst wenn alle Details des Problems erkannt sind, kann es endgültig behoben werden.

### INFORMATIONEN SAMMELN

Wenn Einigkeit über das grundlegende Problem besteht, muss man weitere Informationen beschaffen, beispielsweise über den Ort, den Zeitraum, die Dimension: Wo und wann tritt das Problem auf und wie gravierend ist es?

Die auf diese Art gesammelten und geordneten Informationen liefern viele Anhaltspunkte zur Ursache des Problems und können auch als Vorlage zur Entwicklung einer Qualitätskontrolle etwa in Form eines Abnahmeprotokolls dienen. Jede Ursache muss die konstatierten Auswirkungen erklären können; die Ursache, die alle vorliegenden Informationen am besten erklärt, ist die plausibelste.

Beim Sammeln der Informationen sollte man überlegen, wer entscheidende Daten liefern könnte, etwa Anwender, Kunden, Maschinenführer und Lieferanten. Leider werden diese wertvollen Quellen detaillierter Informationen auch von erfahrenen Troubleshootern oft vernachlässigt. Automechaniker und Computertechniker etwa versäumen es oft, ausreichende Informationen vom Fahrer oder Anwender einzuholen.

### URSACHEN ZUTAGE FÖRDERN

Sind die Auswirkungen vollständig erfasst, kann die Suche nach der Ursache beginnen. Studieren Sie die gesammelten Informationen und fragen Sie sich und Kollegen, was dieses Problem verursacht haben könnte. Wenn die Erfahrung nicht zu möglichen Ursachen führt, könnte man mit Ursachen-Wirkungs-Diagrammen das kreative Denken anregen.

Das Kombinieren von Ideen ist eine wichtige Methode der Ursachenfindung, da viele Probleme nur durch das gleichzeitige Zusammenwirken mehrerer Einzelelemente entstehen, die für sich allein genommen noch kein Problem verursachen würden.

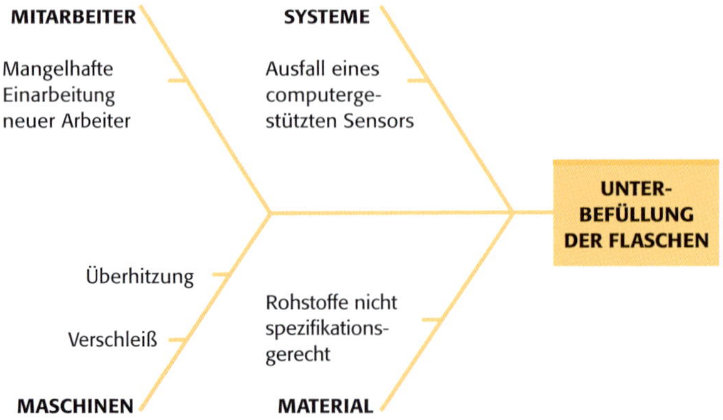


**Analyse mit Ursachen-Wirkungs-Diagramm**
*Solche Diagramme fördern gezieltere Diskussionen, indem sie den Fokus auf bestimmte Bereiche legen. Hier steht das Problem bzw. die Wirkung rechts, während die vier Äste mögliche Ursachen darstellen, an denen wiederum spezifische Ursachen aufgelistet sind.*

Die meisten Probleme entstehen durch eine Veränderung. Bisher hat etwas immer funktioniert, jetzt funktioniert es nicht mehr, also muss sich was verändert haben. Diese Veränderung möglichst exakt zu bestimmen ist eine aussichtsreiche Methode der Ursachenfindung.

#### URSACHE ÜBERPRÜFEN

Die Liste möglicher Ursachen kann man nun dahingehend überprüfen, welche die zum Problem vorliegenden Informationen am besten erklärt. Je gewissenhafter und sorgfältiger die Daten gesammelt wurden, desto höher ist die Wahrscheinlichkeit, die richtige Erklärung zu finden.

Bevor man Gegenmaßnahmen ergreift, sollte man kontrollieren, ob die ermittelte Ursache tatsächlich die richtige ist, etwa durch Sichtprüfung, durch einen Test oder Versuch oder vielleicht, indem man einige Fragen stellt, um seine Hypothese zu bestätigen. Ziel ist es, sicherzustellen, dass die Ursachenvermutung wirklich zutrifft und die vorgesehene Lösung das Problem beheben wird.

Eine gründliche Betrachtung des Gesamtzusammenhangs und weiterer ursächlicher Faktoren kann ergeben, dass Systeme und Prozesse umgestellt werden sollten, um das Auftreten derselben oder ähnlicher Probleme künftig zu vermeiden.

---

# Entscheidungsprozess

**Jedes Mal, wenn Sie vor eine Situation gestellt werden, die Ihnen die Wahl zwischen mehreren Handlungsmöglichkeiten lässt, ist eine Entscheidung gefragt. Da sie weit reichende Auswirkungen haben kann, sollte die Entscheidung auf der Grundlage solider Informationen gefällt werden.**

#### DIE RICHTIGE METHODE ZUR ENTSCHEIDUNGSFINDUNG

Wie schon erwähnt, kann eine Entscheidung die beste Lösung für ein Problem betreffen; oft geht es aber auch um ganz andere Aspekte, wie etwa die Optimierung von Arbeitsabläufen. In jedem Falle verbessert logisches Vorgehen die Chancen, eine gute Entscheidung zu treffen.

Zur Entscheidungsfindung müssen Sie sich der Folgen Ihrer Entscheidung bewusst sein. In manchen Fällen bleibt das Ergebnis, unabhängig von der getroffenen Entscheidung, das gleiche. Wenn man ein Projekt an ein Teammitglied zu vergeben hat und alle gleich gut geeignet sind, kommt es nicht so sehr darauf an, für welche Person man sich entscheidet. Wenn alle gangbaren Alternativen das gewünschte Ergebnis gleich gut herbeiführen können und mit demselben Maß an Risiko verbunden sind *(siehe S. 197)*, wird sich die richtige Entscheidung ganz schnell treffen lassen.

Einfache Entscheidungen lassen sich mithilfe folgender Fragen rasch treffen:

- Welche Kriterien will ich erfüllen?
- Welche Möglichkeiten gibt es?
- Welche erfüllt die Kriterien optimal?
- Welche Nachteile hat sie?

Falls die Nachteile einer Entscheidung ihre Vorteile überwiegen, prüfen Sie die zweitbeste Möglichkeit usw., bis Sie eine finden, bei der Sie ein gutes Gefühl haben. Bei schwerer wiegenden Entscheidungen, die ausschlaggebend für Erfolg oder Misserfolg eines Unternehmens und von großer Tragweite sein können, sollte man sich genug Zeit nehmen.

### INFORMATIONEN SAMMELN

Wie bei der Ursachenfindung ist auch für den Entscheidungfindungsprozess das Sammeln von Daten sehr wichtig. Ein Unterschied ist jedoch der Zeitrahmen. Wenn man Informationen zu einem Problem zusammenträgt, betrachtet man etwas bereits Geschehenes, zu dem Fakten verfügbar sind. Im Falle der Entscheidungsfindung sammelt man Daten, die das gegenwärtige und zukünftige Handeln maßgeblich beinflussen werden, wobei man jedoch zum größten Teil mit Annahmen arbeiten muss.

So entscheiden Sie sich etwa bei der Auswahl eines Lieferanten bewusst für ein ortsansässiges Unternehmen, das jedoch sechs Monate später seine Fertigung ins Ausland verlegt. Sie sind davon ausgegangen, dass die Firma auch in Zukunft in Ihrer Region arbeitet – eine Vermutung, die man vor der endgültigen Entscheidung hätte überprüfen sollen.

### RATIONALE VORGEHENSWEISE

Rationales Vorgehen im Entscheidungsfindungsprozess bedeutet, dass man zunächst Übereinstimmung hinsichtlich der Entscheidungskriterien herstellt. Anschließend ist es relativ einfach, die verschiedenen Alternativen anhand dieser Kriterien abzuwägen. Überlegen Sie, was erforderlich ist, um diese Entscheidung

## KLIPPEN DER ENTSCHEIDUNGSFINDUNG UMSCHIFFEN

Wer eine Entscheidung zu fällen hat, muss vielen Fallstricken ausweichen, derer er sich vielleicht gar nicht bewusst ist. Die häufigsten:

- Voreingenommenheit für eine Alternative,
- Missachtung von Risiken,
- unzureichende Suche nach Alternativen,
- zu starke Konzentration auf Einzelaspekte.

Oft favorisiert man schon vor der eigentlichen Entscheidung eine bestimmte Alternative. Das kann Probleme bereiten, wenn mehrere Manager gemeinsam entscheiden sollen und jeder eine andere Alternative bevorzugt. In diesem Fall wird sich bei der Diskussion der Alternativen jeder der Beteiligten auf die positiven Aspekte seiner Alternative konzentrieren und die anderen nicht wirklich in Betracht ziehen. Solche Diskussionen sind generell unproduktiv und können damit enden, dass der Teilnehmer mit der größten Autorität oder der überzeugendste Redner seine Alternative durchsetzt. Das ist aber nicht zwingend die beste Wahl für die Gruppe bzw. das Unternehmen.

Die Fixierung auf die Vorteile einer Alternative und die Vernachlässigung etwaiger Risiken kann gefährlich sein. Wer etwa für den Vertrieb einen Branchenexperten einstellt, der sich zwar mit allen Aspekten des Markts auskennt, aber wegen seiner mangelhaften kommunikativen Fähigkeiten die Kunden vor den Kopf stößt, wird mit seiner Entscheidung nicht das Ergebnis erzielen, das er erhofft hatte.

Mitunter werden falsche Entscheidungen getroffen, weil man nicht gründlich genug nach Alternativen gesucht hat. Wenn man etwa einen Lieferanten für ein Produkt braucht, kann man versucht sein nur Firmen in Betracht zu ziehen, von denen man bereits andere Produkte bezieht, weil man mit ihnen zufrieden ist. Wer sich aber nicht nach anderen möglichen Lieferanten umsieht, wird nie erfahren, ob die derzeitigen wirklich die besten sind.

Auch die übermäßige Konzentration auf einen einzelnen Aspekt der Entscheidung kann auf Abwege führen. Besonders häufig sind beispielsweise die Fehler, immer nur nach der billigsten Alternative zu suchen oder aber immer nur auf den kurzfristigen Nutzen zu achten. Beides kann zu Fehlentscheidungen führen.

zum Erfolg zu machen. Holen Sie auch Informationen von anderen ein, etwa:

- Kollegen,
- Vorgesetzten,
- Kunden,
- Lieferanten,
- Branchenexperten,
- Aktionären/Gesellschaftern,
- Untergebenen,
- von der Entscheidung Betroffenen.

Verschiedene Personen können sachdienliche Hinweise zur Entscheidungsfindung liefern. So bringen bei der Auswahl einer neuen Computeranlage Geschäftsführung und Kollegen Anregungen hinsichtlich Kosten oder Funktionalität ein. Von Lieferanten und Branchenexperten kann man dagegen Informationen über die unterschiedlichen Systeme bekommen.

Ermitteln Sie also durch eine aktive Recherche das ganze Spektrum der Entscheidungsmöglichkeiten. Machen Sie eine Liste und streichen Sie die Alternativen, die Ihren Maßstäben offensichtlich nicht genügen. Prüfen Sie nun die Gründe, weshalb die übrig gebliebenen Alternativen Ihre Kriterien erfüllen.

### RISIKOABWÄGUNG

Neben dem Nutzen einer Entscheidung sind stets auch ihre potenziellen Risiken zu berücksichtigen. Grenzen Sie die Auswahl auf einige bevorzugte Alternativen ein, prüfen Sie diese auf Nachteile und wägen Sie etwaige Risiken sorgfältig gegen ihren Nutzen ab.

So mag eine neu gegründete Firma ein Software-Paket zur Verwaltung Ihrer Vertriebs- und Marketingaktivitäten anbieten, das all Ihre Bedürfnisse zu erfüllen scheint. Dagegen ist abzuwägen, dass sich Lieferant und Produkt noch nicht in der Praxis bewährt haben: ein erhebliches potenzielles Risiko.

Die Risikobereitschaft variiert von Unternehmen zu Unternehmen und von Mensch zu Mensch. Manche sind bereit maximale Risiken einzugehen, wenn große Gewinne winken. Andere bevorzugen risikoärmere Alternativen, auch wenn sie Abstriche beim Gewinn machen müssen.

Wenn Sie einmal eine Entscheidung getroffen und das Risiko akzeptiert haben, gilt es, dieses so weit wie möglich zu minimieren *(siehe S. 198)*.

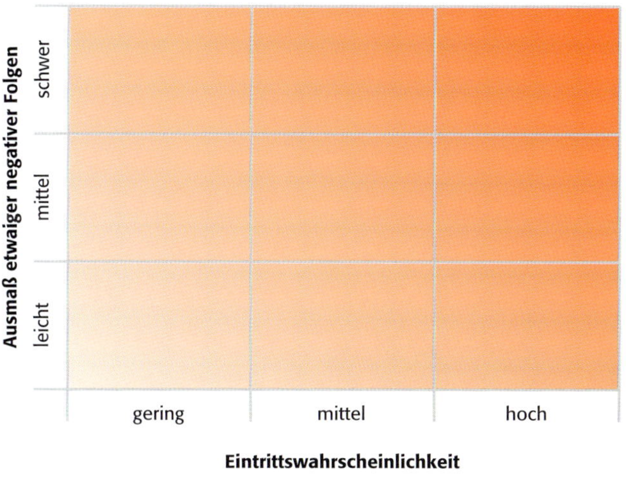


**Risikoabwägung bei der Entscheidungsfindung**
*Beinahe jede Entscheidung ist mit einem Risiko behaftet. Dieses ist gegen den möglichen Nutzen abzuwägen. Versuchen Sie abzuschätzen, wie groß die Wahrscheinlichkeit ist, dass das befürchtete Ereignis eintritt, und wie schwer der damit verbundene Schaden wäre. Dann wissen Sie, wie riskant Ihre Entscheidung ist.*

*Hohes Risiko*
*Geringeres Risiko*

# Lösungen umsetzen

**Wenn die Ursache des Problems entdeckt oder die Entscheidung getroffen ist, geht es an die Umsetzung der Lösung beziehungsweise Entscheidung. Die bereits investierte Arbeit wäre verschwendet, wenn es mit der Umsetzung hapert.**

## DAS RISIKO ALS TEIL DER LÖSUNG BEGREIFEN

Wie bereits deutlich geworden ist, ist das Risiko ein sehr wichtiger Faktor im Entscheidungsfindungsprozess. Auch in der Umsetzungsphase muss man das Risiko berücksichtigen. Es gibt dafür verschiedene Möglichkeiten:

- Risiko in Kauf nehmen,
- Eintreten des Schadens verhindern,
- darauf vorbereitet sein, den Schaden zu bewältigen.

Die erste Möglichkeit ist bei geringem Risiko ohne schwer wiegende Folgen denkbar. Manche Risiken lassen sich durch entsprechendes Vorgehen vermeiden. Falls man fürchtet, dass ein Teil zu spät geliefert wird, weil der Lieferant nicht gerade für Pünktlichkeit bekannt ist, könnte man das Teil selbst abholen lassen, um das Risiko auszuschalten.

Man kann das Eintreten eines Problems nicht immer verhindern, aber auf den Fall vorbereitet sein. So entspricht jede Feueralarmübung im Betrieb oder der Abschluss einer Vertraulichkeitsvereinbarung mit einem Lieferanten eine Vorbereitung auf potenzielle Probleme. Man hofft, dass das Problem nie eintritt, ist aber gerüstet, falls es doch passiert.

Es lohnt sich unbedingt, einige Zeit auf die Ermittlung solcher potenziellen Probleme zu verwenden, um vorbeugende und den Schaden begrenzende Maßnahmen zu treffen. Dadurch kann man sowohl Zeit als auch Geld sparen.

## CHANCEN ERKENNEN

Man sollte nicht nur die Verfahren zur Umsetzung von Lösungen verstehen und richtig einsetzen, sondern auch prüfen, ob die Lösungen besondere Chancen und zusätzlichen Nutzen bieten.

Mitunter besteht die Chance, mit beschlossenen Maßnahmen mehr zu erreichen, als man ursprünglich beabsichtigt hatte. Wenn Sie etwa die Produktion stoppen lassen, um ein Maschinenteil aus-

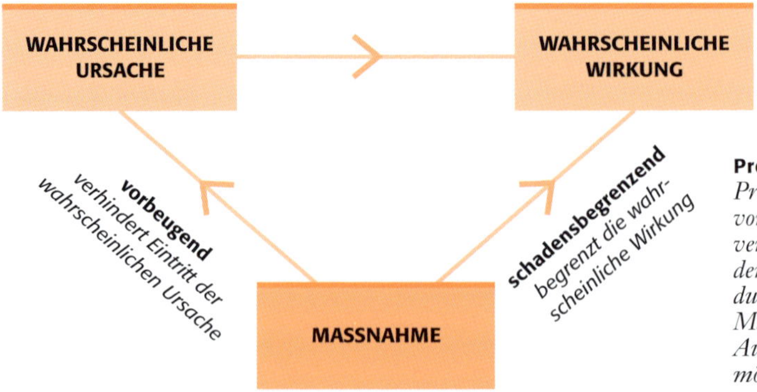


**Probleme minimieren**
*Probleme lassen sich durch vorbeugende Maßnahmen vermeiden und, falls sie dennoch aufgetreten sind, durch schadensbegrenzende Maßnahmen in ihren Auswirkungen so weit wie möglich minimieren.*

zuwechseln, sollten Sie zuerst überlegen, ob es andere Arbeiten gibt, die bei dieser Gelegenheit mit erledigt werden können. Wenn Sie Mitarbeiter eines Unternehmensbereichs schulen lassen, könnten Angestellte aus anderen Bereichen ebenfalls an der Schulung teilnehmen, ohne dass zusätzliche Kosten entstehen.

### DIE DINGE ZU ENDE DENKEN

Nachdem man die Lösung sorgfältig ausgearbeitet und ins Werk gesetzt hat, sollte man einige Fragen stellen, um zu gewährleisten, dass weiterhin alles glatt läuft:

- Wer muss über die Umsetzung in Kenntnis gesetzt werden?
- Wurden alle Nebenaspekte bedacht?
- Wann ist eine Überprüfung anzusetzen?
- Hat unsere Lösung funktioniert?
- Haben sich die Annahmen bestätigt?

Effektive Kommunikation ist auch hier wichtig: Sehr wahrscheinlich haben die von Ihnen veranlassten Veränderungen auch auf andere Unternehmensbereiche, Kunden oder Lieferanten Auswirkungen. Wenn diese über die Veränderungen nicht informiert werden, handeln Sie sich eine Menge künftiger Probleme ein.

Auch noch nachdem ein Problem gelöst beziehungsweise eine Entscheidung getroffen und umgesetzt worden ist, können Nebenaspekte weitere Maßnahmen erfordern. Selbst wenn die Ursache mangelhafter Produkte im Werk erfolgreich behoben wurde, was ist mit den potenziellen Problemen der Kunden, an die das Produkt ausgeliefert wurde? Auch an anderer Stelle kann Schadensbegrenzung nötig werden.

Es empfiehlt sich daher, regelmäßig zu überprüfen, ob die veranlasste Lösung funktioniert. Manche Lösungen wirken nur vorübergehend oder führen zu völlig neuen, unvorhergesehenen Problemen.

Wenn Sie bei der Suche nach der Ursache eines Problems und der Auswahl einer geeigneten Lösung sorgfältig und pragmatisch vorgegangen sind, sollte diese auch funktionieren. Allerdings lässt sich manchmal erst nach der Umsetzung des vorgeschlagenen Lösungswegs feststellen, ob man alles richtig gemacht hat. Deshalb müssen die Ergebnisse der Umsetzung überwacht werden.

Ebenso sollte man alle Annahmen überprüfen, auf die man eine Entscheidung gestützt hat. Falls sich Diskrepanzen zur Realität ergeben, muss man zügig handeln, um die Dinge wieder ins Lot zu bringen.

Schließlich sollten Sie das Ergebnis überprüfen, überlegen, was Sie aus der Sache gelernt haben, und diese Lehren in zukünftige Planungen einbeziehen.

### UMSETZUNGSMANAGEMENT

Es empfiehlt sich, die Umsetzung komplexer Lösungen wie ein eigenes Projekt zu behandeln. Eine Checkliste für die Umsetzung ist in jedem Fall sinnvoll; hier einige Fragen, die es zu berücksichtigen gilt:

- Ist das Endresultat klar und akzeptiert?
- Welche Arbeit muss erledigt werden?
- Wer wird sie erledigen?
- Was wird das Ganze kosten?
- Welche Ressourcen werden gebraucht?
- Wie lange wird das Ganze dauern?
- Wann müssen Sie anfangen?
- Was ist als Erstes zu tun?
- Welche Zusammenhänge bestehen?
- Was könnte schief gehen?
- Welche Chancen bieten sich?
- Wie kann man die Maßnahmen verfolgen?

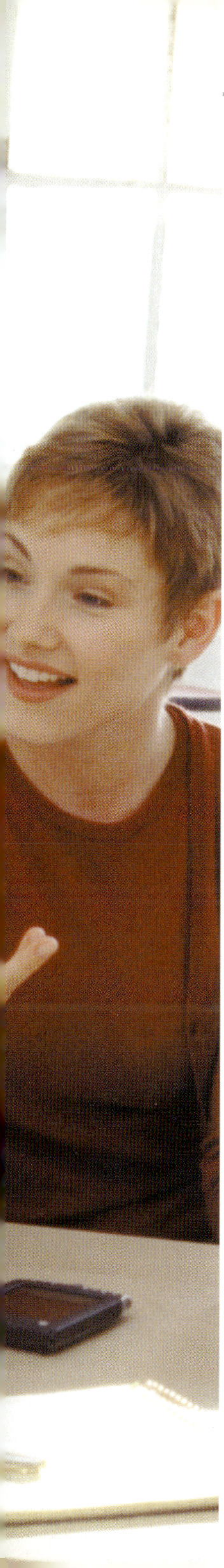

# WANDEL UND INNOVATIONEN

**In einer Welt, die sich rasch verändert, müssen Unternehmen ebenso schnell in der Lage sein, sich den neuen Entwicklungen und Herausforderungen anzupassen, sei es durch innovative oder strategische Veränderungen bei den Arbeitsabläufen in der Praxis, als auch in Bezug auf Verhaltensumstellungen.**

Ein Manager muss wissen, dass Unternehmen auf Veränderungen reagieren müssen und dass diese innovativer oder strategischer Natur sein können. Innovative Veränderungen sind kontinuierliche Verbesserungen im Rahmen vorhandener Ressourcen, strategische Veränderungen dagegen bedeuten, etwas ganz neu oder anders zu machen.

Schwieriger als die Planung und Durchführung praktischer Veränderungen gestaltet sich oft die Einführung von Verhaltensänderungen, wobei die Kenntnis relevanter Einflussfaktoren hilfreich ist. Um Umstellungen erfolgreich durchzuführen, muss man geeignete Bedingungen zur Motivation und Einbeziehung der Mitarbeiter schaffen, zu denen auch eine aktive engagierte Führung gehört. Sorgfältige Überprüfung der Planung maximiert die Erfolgsaussichten.

**IN DIESEM KAPITEL**

# Bewusstsein für Veränderungsbedarf schaffen

**Auf den schnelllebigen, von harter Konkurrenz bestimmten globalen Märkten müssen sich Unternehmen verändern, um zu überleben – das heißt in der Privatwirtschaft rentabel zu bleiben beziehungsweise, im öffentlichen Bereich, hochwertige Dienstleistungen zu moderaten Preisen anbieten zu können.**

## ANGEBOT UND NACHFRAGE

Dank der modernen Technik und der sie begleitenden Weiterentwicklung der Verkehrs- und Kommunikationsmittel kann heute ein findiger Kopf irgendwo auf der Welt etwas entwickeln, das innerhalb weniger Jahre Wirtschaftsriesen ins Wanken bringen könnte. Die Gründe für diese Entwicklung liegen auf der Hand.

Erstens übersteigt inzwischen das Angebot die Nachfrage. Die Welt des begrenzten Angebots und der unbegrenzten Nachfrage, in der jeder Anbieter sein Auskommen fand, hat sich in eine Welt mit unbegrenztem Angebot und begrenzter Nachfrage gewandelt, in der »König« Kunde den Ton angibt. Der Wettbewerb hat sich verschärft: Wer auf einem begrenzten Markt wachsen will, muss anderen die Kunden abjagen.

Zweitens sind internationale Konzerne mit globalen Unternehmensstrategien entstanden. Solche Unternehmen sind willens und in der Lage, gewaltige Summen zu investieren, um sich auf Märkten in aller Welt durchzusetzen. Hochproduktive und spezialisierte Werke an strategischen Standorten rund um die Welt beliefern diese Märkte zu minimierten Produktionskosten. Sie können es sich leisten, ihre Preispolitik der Wettbewerbsfähigkeit auf regionalen Märkten anzupassen und die regionale Konkurrenz gegebenenfalls auszuhungern.

Drittens hat die Entwicklung der Verkehrs- und Kommunikationsnetze zuverlässige Wege geschaffen, Informationen und Güter rasch von einem Ort zum anderen zu befördern. So können moderne Unternehmen Dienstleistungen und Produkte via Internet rund um die Welt direkt an den Kunden bringen.

## VERÄNDERUNGSBEREITSCHAFT ENTWICKELN

Das bedeutet, dass Unternehmen Strategien einführen müssen, um den fortlaufenden Wandel in ihre betrieblichen Abläufe zu integrieren. Dabei gibt es zwei Hauptformen der Veränderung:

- innovative Veränderungen: Verfahren, die es dem Unternehmen möglich machen, vorhandene Ressourcen effektiver zu nutzen.
- strategische Veränderungen: Verfahren, mit deren Hilfe Unternehmen ändern, was sie tun und wie sie es tun.

### CHECKLISTE

- ✔ *Engagement für Kundenzufriedenheit*
- ✔ *Laufende Suche nach neuen und besseren Wegen für Betriebsabläufe*
- ✔ *Konzentration auf Kostensenkung*
- ✔ *Mitarbeiter wertschätzen und fördern*
- ✔ *Konkurrenzfähig bleiben*
- ✔ *Konzentration auf Aktionärsnutzen*

# Innovativen Veränderungsbedarf erkennen

**Innovative Veränderungen verbessern das, was bereits vorhanden ist. Solche Verbesserungen können etwa Arbeitsweisen und -abläufe oder Veränderungen von Produkten, Montage, Auslieferung oder Materialverwaltung betreffen.**

### ÄNDERUNG DER ARBEITSWEISE

Generelle Veränderungen der Art und Weise, wie Arbeiten ausgeführt werden, können sich etwa auf die Faktoren Teamarbeit, flachere Hierarchien, Leistungsmanagement und Selbstmanagement erstrecken. Die wichtigsten Veränderungen der letzten Jahre:

- Umstellung von hoher Spezialisierung auf breit gefächerte Qualifikation (Polyvalenz), wodurch man kleine Mehrzweckteams bilden und deren Arbeitskraft optimal ausschöpfen kann,
- Übergang von traditionellen Hierarchien zu flacheren Organisationsstrukturen, die eher ergebnis- als statusorientiert sind,
- »Empowerment« (Ermutigung zur Eigeninitiative) zur Lösung organisatorischer Probleme durch feste Arbeitsteams und bereichsübergreifende Teams.

### ÄNDERUNG DER ARBEITSABLÄUFE

Veränderungen der Art und Weise, wie die Arbeit im Unternehmen abgewickelt wird, können zwei Formen annehmen:

- neue organisatorische Abläufe zur Verkürzung von Bestellzyklen,
- neue Arbeitsabläufe zur Verkürzung der zur Ausführung einer bestimmten Aufgabe benötigten Zeit.

Zur Verkürzung der Bestellzyklen – der Zeit vom Eingang einer Bestellung oder Arbeitsanweisung bis zur Ablieferung des Produkts oder der Dienstleistung – muss man die entsprechenden Prozesse detailliert aufzeichnen und auf Leerlauf und überflüssigen Aufwand analysieren. Dabei winken erhebliche Produktivitätssteigerungen: Die Verkürzung eines 30-tägigen Bestellzyklus um zehn Tage erhöht die Produktivitätskapazität um ein Drittel.

Eine Innovation der Arbeitsabläufe, die die Mitarbeiter in die Suche nach Wegen einbezieht, Arbeiten effektiver zu erledigen, kann sowohl die Produktivität als auch die Mitarbeitermotivation enorm verbessern. Hierbei helfen verschiedene Methoden; zu den bekanntesten gehören das japanische JIT (»Just In Time«) und Kaizen (das auf kontinuierlichen, allmählichen Wandel abzielt).

Wichtig ist hierbei vor allem eine konkrete Methodik, die im gesamten Unternehmen eingeführt werden kann und durch die sich Ergebnisse überwachen und steuern lassen.

### PRODUKTÄNDERUNGEN

Die Gestaltung von Dienstleistungen und Produkten spiegelt die zur Zeit ihrer Entwicklung vorherrschenden Bedingungen. Doch Technologie und Materialien ändern sich mit der Zeit; das Gleiche gilt für den Dienstleistungsbedarf.

Um wettbewerbsfähig zu bleiben, müssen Produktionsunternehmen die Art, wie sie Dinge tun, laufend prüfen und revidieren: Verfahren, Materialien,

Maschinen usw. – sogar die Frage, ob man bestimmte Komponenten überhaupt noch produzieren sollte. Ebenso müssen Dienstleister ihr Angebot ständig prüfen und eventuell anpassen, um ihren Fortbestand zu sichern.

### ÄNDERUNGEN IN DER MATERIALVERWALTUNG

Durch die Materialverwaltung oder Logistik eines Unternehmens lassen sich oft erhebliche Einsparungen realisieren. Verbesserungen konzentrieren sich darauf, den Fluss der Komponenten und Produkte ins oder aus dem Unternehmen nach dem Just-In-Time-Prinzip zu regeln.

Viele Firmen übertragen die Materialwirtschaft und oft auch die Beschaffung von Komponenten und Dienstleistungen Spezialanbietern, die durch den Umfang ihrer Tätigkeit bedeutende Einsparpotenziale ausschöpfen können.

### INNOVATIVE VERÄNDERUNGEN UMSETZEN

Die Umsetzung von Veränderungen erfolgt in der Privatwirtschaft und auf dem öffentlichen Sektor nach den gleichen Grundsätzen und Verfahren.

Innovationen beginnen damit, dass sich die Geschäftsführung für kontinuierliche Verbesserungen entscheidet und festlegt, welche Methoden dazu einzusetzen sind, etwa die JIT-Methode (Just In Time), TQM (Total Quality Management) oder TPM (Total Productive Maintenance).

Nach Einführung der Instrumente und Schulung der Mitarbeiter liegt die Verantwortung beim Personal und seinen direkten Vorgesetzten. Alle Angestellten wirken an einem Erkundungsprozess mit, der hunderte kleiner Veränderungen hervorbringt, die meist von Gruppenleitern und ihren Teams ins Werk gesetzt werden. Größere, über Abteilungsgrenzen hinaus wirksame Veränderungen werden von bereichsübergreifenden Teams veranlasst. Eine Hauptaufgabe der Geschäftsführung ist es, die sich ergebenden strategischen Veränderungen zu genehmigen und die Erfolge zu überwachen.

### INNOVATIVE VERÄNDERUNGEN UMSETZEN

**ENTSCHEIDUNG**
Geschäftsleitung beschließt Einführung einer Politik laufender Verbesserungen.

**VEREINBARUNG**
Einigung über Instrumente zur Erzielung der Verbesserungen

**SCHULUNG**
Betroffene Mitarbeiter werden in den erforderlichen Prozessen geschult.

**ÜBERTRAGUNG DER VERANTWORTUNG**
Zuständigkeit für Veränderungen wird den Gruppenleitern und Mitarbeitern übertragen.

**UMSETZUNG**
Zur Umsetzung größerer Veränderungen werden bereichsübergreifende Teams gebildet.

**ÜBERWACHUNG**
Geschäftsleitung überwacht Verbesserungen, kümmert sich um strategische Auswirkungen.

# Strategischen Veränderungsbedarf erkennen

**Strategische Veränderungen bedeuten eine Richtungsänderung: Etwas ganz Neues tun oder etwas anders machen, um den Unternehmenserfolg zu erhalten oder zu steigern. Das kann beispielsweise Produktgestaltung, Produktion, Preisgestaltung, Markt, Werbung, Vertrieb oder Kundendienst betreffen.**

## AKTIONÄRSNUTZEN SICHERN

Haupttriebkraft strategischer Veränderungen in der Privatwirtschaft und im öffentlichen Bereich sind wirtschaftliche Interessen. In der freien Wirtschaft geben die Aktionäre den angestrebten Ertrag vor; den tatsächlichen Ertrag bestimmen die Kunden (der Markt) durch ihre Kaufentscheidungen. Leistungsmaßstäbe setzt die Konkurrenz.

Aufgabe des Managements ist es, durch Befriedigung der Kundenwünsche die erforderliche Nachfrage zu erzielen und die Kosten so niedrig zu halten, dass die Erwartungen der Aktionäre erfüllt werden.

Das bedeutet unweigerlich Veränderungen. Produkte, egal wie effizient sie produziert werden, veralten irgendwann. So wurde im Rahmen des technischen Fortschritts die Schreibmaschine durch den Computer abgelöst, was die Schließung alter Fabriken und Investitionen in neue Produktionsstätten zur Folge hatte.

Märkte, egal wie stabil sie scheinen, wandeln sich mit dem Kundengeschmack. Wasser galt einst als nicht marktfähiges Produkt. Heute findet man es in großer Vielfalt in Läden rund um die Welt. Aller Kostendämpfung zum Trotz werden die Produktionskosten in den Industriestaaten irgendwann unweigerlich zu hoch, sodass man günstigere Möglichkeiten ausfindig machen muss. So investieren viele westliche Unternehmen nicht mehr im Stammland, sondern verlagern ihre Produktion in andere Länder, wo Lohn- und Betriebskosten deutlich niedriger sind.

Hauptfaktoren mit Einfluss auf die Rentabilität privatwirtschaftlicher Unternehmen und damit auch auf strategische Entscheidungen sind:

- Veränderungen der Nachfrage nach einem Produkt/einer Dienstleistung,
- Preisveränderungen,
- Veränderungen der Produktmengen, die der Markt aufnehmen kann,
- Veränderungen der Verkaufsförderung eines Produkts/einer Dienstleistung,
- Veränderungen der Vertriebsweise eines Produkts/einer Dienstleistung
- Veränderungen des Kundendienstangebots für ein Produkt beziehungsweise eine Dienstleistung,
- Veränderungen der Lohn- und Betriebskosten.

## VERÄNDERUNGEN DER PRODUKTNACHFRAGE

Produkte, aber auch Dienstleistungen müssen sich an veränderliche Marktbedingungen anpassen. Die Konsumenten erhoffen sich von den Produkten eine Verbesserung ihres Lebensstils. Handys sind beliebt, weil man mit ihrer Hilfe überall und jederzeit kommunizieren kann, Fertiggerichte, weil sie Zeit und Arbeit sparen. Technische Fortschritte ermöglichen es neuen Anbietern, althergebrachte Bedürfnisse auf neue Art zu befriedigen und so den etablierten Anbietern Marktanteile abzujagen.

### PREISVERÄNDERUNGEN

Gemeint sind Preissenkungen infolge des starken Konkurrenzdrucks – ein wesentlicher Faktor in der modernen Wirtschaft. Unternehmen müssen ihre Fixkosten niedrig halten, um zu überleben.

Ein typisches Beispiel ist der französische Telekommunikationsriese Alcatel, der im Jahr 1999 die strategische Entscheidung traf, seine Produktionskosten bis 2004 jährlich um fünf Prozent zu senken, um seine Wettbewerbsfähigkeit zu erhalten.

### VERÄNDERUNGEN DER MARKTGRÖSSE

Das Produktvolumen, das ein Markt aufnehmen kann, ist begrenzt und variabel. Die Anpassung der Produktionskapazität eines Unternehmens, ob nach oben oder unten, ist eine Herausforderung. Manager müssen sich aller Auswirkungen eines Wandels der Marktgröße und der Produktionskapazität bewusst sein, um sie bewältigen zu können. Die Stahlindustrie, die seit dem Zweiten Weltkrieg mit Überkapazitäten wegen neuer Förderkapazitäten und sinkender Nachfrage kämpft, ist ein Beispiel dafür, was passiert, wenn auf Veränderungen falsch reagiert wird.

### VERÄNDERUNGEN DER VERKAUFSFÖRDERUNG

Die Verkaufsförderung ist Grundvoraussetzung des geschäftlichen Erfolgs. Man unterscheidet:

- Bewusstmachung: Produkt oder Marke bekannt machen, in der Regel durch Werbemaßnahmen,
- Verfügbarmachung: Produkt/Dienstleistung da anbieten, wo Kunden sind.

Veränderungen der Produktwerbung und -verfügbarkeit haben erhebliche Auswirkungen auf den Absatz. So verkaufen die meisten Anbieter von Computern PCs entweder durch einen eigenen Vertrieb oder über Einzelhändler, Versandhäuser und Systemanbieter. Der äußerst erfolgreiche amerikanische Computerhersteller Dell geht einen anderen Weg und verknüpft seine Werbung mit dem Direktvertrieb, etwa übers Internet. Wenn Sie allerdings die im Fernsehen beworbenen Lieblingscornflakes Ihres Kindes nicht im Supermarktregal finden, greifen Sie halt nach einer anderen Marke.

### VERÄNDERUNGEN DES VERTRIEBS

Das Liefern von Produkten und Erbringen von Dienstleistungen innerhalb von 24 Stunden ist heute fast eine Selbstverständlichkeit. Internet und E-Commerce sind dabei, das Einkaufsverhalten nachhaltig zu verändern. Ihre Reichweite lässt

## VERÄNDERUNGEN IM ÖFFENTLICHEN BEREICH

Strategische Veränderungen im öffentlichen Bereich sind insofern ein Sonderfall, als der Staat das angestrebte Leistungsniveau und die verfügbaren Investitionsmittel festlegt. Die leitenden Angestellten müssen für die Bereitstellung dieses Dienstleistungsniveaus innerhalb vorgegebener Kostenparameter sorgen. Leistungsmaßstäbe ergeben sich aus dem Vergleich mit den »Klassenbesten«.

So geht es bei strategischen Veränderungen im öffentlichen Bereich vor allem darum, die Ansprüche, die die Verbraucher und ihre gewählten Vertreter an das Dienstleistungsangebot stellen, gegen die verfügbaren Mittel auszubalancieren.

sich zum Beispiel an der Aufregung um Napster ablesen, eine Website, über die Verbraucher kostenlos Musik austauschen konnten. Die Musikbranche verklagte die Tauschbörse wegen Verletzung des Urheberrechts und Napster wurde von einem amerikanischen Gericht zur Unterlassung verurteilt.

### VERÄNDERUNGEN DES KUNDENDIENSTS

Wer teure Produkte oder Dienstleistungen erwirbt, erwartet ein entsprechendes Maß an Kundendienst, was früher hieß, dass Anbieter in Regionen, in denen sie verkaufen wollten, eigene Kundendienstnetze einrichten mussten. Durch die neuen Vertriebswege können Anbieter heute viel mehr Kunden erreichen – oft in Gegenden, in denen sie keinen eigenen Kundendienst haben. Also müssen sie neue Wege der Kundenbetreuung finden, etwa indem sie Vertretungsverträge abschließen oder statt Reparatur Ersatzgeräte anbieten.

### VERÄNDERUNGEN DER LOHN- UND BETRIEBSKOSTEN

Wo immer man produziert – die Kosten für Rohstoffe und Produktionstechnik bleiben sich ziemlich gleich. Den großen Unterschied machen die Lohn- und Betriebskosten. Die Geschäftsführung muss sich um niedrige Fixkosten bemühen, um wettbewerbsfähig zu bleiben, und daher auch dazu bereit sein, Produktion, Konstruktion und Know-how zu verlagern.

### STRATEGISCHE VERÄNDERUNGEN

Eine strategische Veränderung ist eine einmalige Maßnahme, die in direktem Zusammenhang mit den Geschäftszielen des Unternehmens steht. Ressourcenplanung, Kommunikation und Lenkung des Prozesses fallen in die Zuständigkeit der Geschäftsführung. Ein Beispiel wäre etwa ein Fortbildungsinstitut, das bisher nur über öffentliche Aufträge verfügte, nun aber auch kommerziell tätig werden soll. Die Geschäftsleitung dieses Unternehmens müsste dazu strategische Veränderungen mit zweifacher Ausrichtung einleiten, um einerseits die Einnahmen aus staatlichen Aufträgen zu maximieren und zugleich ein marktfähiges kommerzielles Angebot zu entwickeln.

### STRATEGISCHE VERÄNDERUNGEN UMSETZEN

**ENTSCHEIDUNG**
Geschäftsleitung beschließt an Unternehmensziele gebundene Neuausrichtung.

↓

**PLANUNG**
Für das Projekt erforderliche Ressourcen werden ausgearbeitet.

↓

**KOMMUNIKATION**
Relevante Informationen werden im Unternehmen bekannt gemacht.

↓

**LEITUNG**
Geschäftsleitung ist direkt für die Umsetzung des Prozesses zuständig.

↓

**ÜBERWACHUNG**
Geschäftsleitung überwacht den Prozess und beurteilt die Ergebnisse.

# Verhaltensänderungen

Auch wenn Veränderungen meist sachlich begründet zu sein scheinen, geht es im Prinzip doch immer um Menschen und ihr Verhalten. Wissen muss vermehrt, neue Fähigkeiten müssen entwickelt werden; bei größeren Veränderungen müssen alle Mitarbeiter innerhalb eines Unternehmens ihr Verhalten umstellen.

## WER ÄNDERT SICH UND WARUM?

Je nach Art der Veränderung sind manche Mitarbeiter mehr oder weniger betroffen. Die Einführung neuer Produkte oder Dienstleistungen oder Verbesserungen wie die Verkürzung der Werkzeugwechselzeiten bei Maschinen machen sich vorwiegend auf betrieblicher Ebene bemerkbar. Verhaltensänderungen wie Motivationssteigerung oder Teamarbeit sind dagegen Sache des Managements.

Um den Erfolg eines Veränderungsprogramms zu sichern, müssen sich alle im Unternehmen bewegen. Dies erfordert die Kenntnis folgender Faktoren:

- Was beeinflusst das Verhalten?
- Was motiviert Menschen sich zu ändern?

## WAS BEEINFLUSST DAS VERHALTEN?

Fünf Faktoren bestimmen das Verhalten am Arbeitsplatz: Wissen, Überzeugungen, Fertigkeiten, Umfeld, Zielbewusstsein.

### Einflussfaktor Wissen

Das Wissen, das die Mitarbeiter brauchen, um ihre Arbeit zu tun, lässt sich am leichtesten verändern. So muss man bei der Einführung einer neuen Software vielleicht ein paar neue Befehle lernen. Die Mitarbeiter bauen also in der Regel auf bereits vorhandene Kenntnisse auf, indem sie zusätzliche erwerben.

### Einflussfaktor Fertigkeiten

Zur Ausführung neuer Aufgaben werden bestimmte technische oder persönliche Fertigkeiten gebraucht. So setzt effiziente Computerarbeit gewisse schreibtechnische Fertigkeiten voraus, während die Leitung von Besprechungen oder Aufgaben in der Kundenbetreuung die Erlangung persönlicher Fertigkeiten, wie etwa bestimmter Techniken im zwischenmenschlichen Umgang, erfordern.

Fertigkeiten sind schwerer zu entwickeln als Wissen, da sie oft mit Veränderungen festgefahrener Verhaltensmuster verbunden sind. Es braucht seine Zeit, die Reaktion auf eine Kundenanfrage von »Was wollen Sie?« auf »Was kann ich für Sie tun?« umzustellen.

### Einflussfaktor Überzeugungen

Man kann Mitarbeitern Kenntnisse und Fertigkeiten vermitteln, damit sie anders arbeiten als bisher, doch sie werden sie unter Umständen nicht in die Praxis umsetzen, weil die neue Arbeitsweise ihren Überzeugungen zuwiderläuft. Wenn man etwa Gruppenleiter in der Leitung von Teambesprechungen schult, gewährleistet dies nicht automatisch produktive Besprechungen. So etwas lässt sich nur durch Überwachung und Kontrolle sicherstellen. Überzeugungen sind schwer zu ändern, weil dies bedeutet sich von gewohnten Verhaltensweisen zu trennen.

### Einflussfaktor Umfeld

Das betriebliche Umfeld beeinflusst das Mitarbeiterverhalten, indem erwünschtes Verhalten belohnt und unerwünschtes »bestraft« wird. Es wirkt unterbewusst, ist aber der Schlüsselfaktor für das Verhalten am Arbeitsplatz. Man bekommt von den Mitarbeitern das Verhalten, das gefördert wird. Erfolgreiche Unternehmen sind erfolgreich, weil sie ihre Mitarbeiter zu effektivem Verhalten anregen; andere Unternehmen scheitern, weil sie ineffektives Verhalten tolerieren.

**Einflussfaktor Zielbewusstsein**

Das Zielbewusstsein entspringt den kollektiven Überzeugungen der Unternehmensleitung und prägt das Umfeld. Es kommt in der Vision und den Werten des Unternehmens zum Ausdruck. Eine Geschäftsleitung mit klarer Vision und Zielen schafft ein Umfeld, das produktives Verhalten fördert; eine Geschäftsleitung ohne einheitliches Zielbewusstsein sorgt für Unsicherheiten.

## DIE VERHALTENSGLEICHUNG

Das Zusammenwirken dieser fünf Faktoren bestimmt die Effektivität. Zielbewusstsein prägt das Umfeld. Das Umfeld schafft die »Belohnungs-/Bestrafungskultur«, von der die Motivation abhängt. Unkomplizierte Veränderungen wie die Einführung einer neuen Technologie können durch Vermittlung der notwendigen Kenntnisse und Fertigkeiten und geeignete Kontrollen bewältigt werden. Die Einführung des 360-Grad-Leistungsbeurteilungssystems aber erfordert sowohl Schulung als auch Überzeugungsarbeit, um Einstellungen zu ändern. Zur Anwendung einer Managementphilosophie bedarf es immer der Entwicklung einer umfassenden Umsetzungsstrategie, die alle Teile der Gleichung berücksichtigt.

## VERÄNDERUNGSMOTIVATOREN

Es liegt in der Natur des Menschen, sich Veränderungen gegenüber zunächst zu sperren. Da ist Motivation gefragt. Viele Menschen akzeptieren Veränderungen eher, wenn sie Folgendes verheißen:

- die Chance auf erhebliche Vorteile,
- die Vermeidung erheblicher Nachteile.

Erfolgreiche Veränderungsinitiativen kombinieren beide Motivatoren, indem sie bei Gelingen Vorteile, für den Fall des Scheiterns Nachteile in Aussicht stellen. So kann man bei der Einführung von Teamarbeit den zusätzlichen Arbeitsaufwand gegen den Nutzen für die Teammitglieder setzen.

## VERHALTENSFAKTOREN ERKENNEN

| EINFLUSSFAKTOR | ERLÄUTERUNG |
|---|---|
| **Wissen** | Was Mitarbeiter zur Erledigung der Aufgaben wissen müssen; auf vorhandene Kenntnisse aufbauend |
| **Fertigkeiten** | Die technischen oder persönlichen Fähigkeiten, die Mitarbeiter zur Ausführung neuer Aufgaben brauchen |
| **Überzeugungen** | Von ihnen hängt ab, ob die Mitarbeiter neue Fertigkeiten und Verfahren in die Praxis umsetzen. |
| **Umfeld** | Durch das Zielbewusstsein des Unternehmens geprägter Schlüsselfaktor, der Maßstäbe für akzeptables Verhalten setzt |
| **Zielbewusstsein** | Entspringt der Unternehmensvision und prägt das Umfeld |

# Bedingungen für Veränderungen schaffen

**Erfolgreiche Veränderungsinitiativen beruhen auf aktiver Vorarbeit, genauer auf systematischer Planung der Verhaltensaspekte der Veränderungen, egal ob diese nun innovativer oder strategischer Natur sind.**

## RAHMENGEBUNG FÜR VERÄNDERUNGEN

Die Verhaltensaspekte bei Veränderungen sind stets gebührend zu berücksichtigen. Der folgende Ablauf gilt für Veränderungen jeder Größenordnung, gleich ob sie nur einen Einzelnen, die Arbeitsweise einer ganzen Abteilung oder gar das Gesamtunternehmen betreffen.

Um einen Rahmen für ein Veränderungsprogramm zu entwickeln, sind die Punkte nacheinander abzuarbeiten.

## GEWÜNSCHTE VERÄNDERUNG DEFINIEREN

Zunächst sollte man schriftlich darlegen, was verändert werden soll und warum. Wenn auch andere Personen betroffen sind, sollte diese Darlegung mit allen Beteiligten diskutiert werden, um Einblick in und Einigkeit über das tatsächlich zu lösende Problem zu erreichen. Wie Peter Drucker so treffend sagte: »Die falsche Lösung für das richtige Problem lässt sich immer korrigieren, die richtige Lösung für das falsche Problem aber nie.«

## ERGEBNISSE FESTLEGEN

Welche Ergebnisse sollen die Veränderungen erbringen? Eine 20-prozentige Steigerung der Rentabilität? Größere Kundenzufriedenheit, eine motiviertere Belegschaft, die Profilierung als bester Lieferant? Beschreiben Sie die Veränderung in anschaulichen, bildhaften Worten, die sich jeder gut einprägen kann.

Die beste Methode, eine Veränderung zu verbildlichen, besteht darin, sich ein Unternehmen als Vorbild zu nehmen, an dem man sich misst. So können Sie plakativ darstellen, wie die Dinge nach der Veränderung aussehen sollen.

## VERÄNDERUNGEN ZU UNTERNEHMENSZIELEN IN BEZIEHUNG SETZEN

Um Veränderungen durchzusetzen, muss deren Notwendigkeit mit einem hochrangigen Unternehmensziel verknüpft werden. Eine Geschäftsführung, deren persönliche Vergütung an den Aktionärsnutzen *(shareholder value)* gebunden ist, ist motiviert den Aktienwert zu maximieren. Um dauerhafte Veränderungen zu sichern, muss sich das Projekt auf einen guten Grund stützen, der den für seine Verwirklichung Zuständigen am Herzen liegt. Er muss für alle Betroffenen klar definiert werden.

## ENGAGIERTE FÜHRUNG

Um Veränderungen jeder Größenordnung erfolgreich umzusetzen, muss sich die Geschäftsführung aktiv auf sie verpflichten. Veränderungen zu leiten erfordert persönliches Engagement und eigene Änderungsbereitschaft. Es hat keinen Sinn, Teamarbeit zur Steigerung der Produktivität einzuführen, wenn das Management keine Entscheidungsbefugnisse abgeben will. Klären Sie, welche Zusagen Sie benötigen, und entwickeln Sie eine Strategie, um sie zu erlangen.

### VERHALTENSAUSWIRKUNGEN VERSTEHEN

Welche Veränderungen an Wissen, Fertigkeiten, Überzeugungen, Umfeld und Zielbewusstsein – der Verhaltensgleichung – sind nötig, um die Veränderung zu unterstützen? Welche Änderungen der Motivationssysteme können das gewünschte neue Verhalten fördern?

Vor Einleitung des Veränderungsprozesses müssen die direkten und indirekten Auswirkungen geprüft, aufgelistet und verstanden werden. Ein ergebnisorientiertes Lohnsystem etwa bedeutet die Belohnung an die Zahlungsfähigkeit zu knüpfen und es bedeutet Veränderungen für das Management (Überwachung und Kontrolle) und die Buchhaltung. Es weckt auch Erwartungen bei den Mitarbeitern, die davon ausgehen: »Wenn ich mein Bestes gebe, werde ich dafür entsprechend belohnt.«

So hat die Einführung eines Total-Quality-Management-Systems (das auf die kontinuierliche Verbesserung von Prozessen und Produkten abzielt) kaum Aussicht auf Erfolg, wenn die Geschäftsführung nicht hinter dem Qualitätsgedanken steht. Eine Verbesserung der Produktqualität betrifft nicht nur Konstruktion, Einkauf, Vertrieb usw., sondern erfordert vor allem Veränderungen der Einstellungen des Managements.

### DIE RICHTIGEN INSTRUMENTE

Ein Veränderungsprogramm ist ein Projekt, daher ist das Grundinstrument des Veränderungsmanagements das Projektmanagement. Deshalb erfordern unterschiedliche Veränderungen, etwa innovative und strategische, differenzierte organisatorische Instrumente.

**Instrumente für innovative Veränderungen**

Zwar liegt die Umsetzung innovativer Veränderungen in der Verantwortung der Mitarbeiter, doch ist die Geschäftsführung dafür zuständig, die Verfahrensinstrumente einzuführen, die den kontinuierlichen Verbesserungsprozess in den Unternehmensalltag integrieren, und die langfristigen Ergebnisse zu überwachen. Erfolgreiche innovative Veränderungen basieren auf einfachen, wiederholbaren Prozessen, die die Struktur der jeweiligen Tätigkeit offen legen und sich leicht überwachen und steuern lassen.

Hierzu bieten sich zahlreiche bewährte Prozesse an. Außer der bereits erwähnten japanischen Kaizen-Methode zur fortlaufenden Verbesserung können etwa die Excellence-Modelle von Malcolm Baldrige/EFQM (Europäische Stiftung für Qualitätsmanagement) zur Neugestaltung betrieblicher Abläufe eingesetzt werden. Diese bewerten den Status eines Unternehmens nach nicht-finanziellen Aspekten. TQM kann auf vielerlei Weise zu Leistungsverbesserungen beitragen. »Total Customer Satisfaction« ist speziell auf Kundendienstoptimierung und Six Sigma auf Qualitätsverbesserungen ausgerichtet. Team Briefing oder 360-Grad-Beurteilungen *(siehe S. 244–245)* zielen auf die Verbesserung der betriebsinternen Verständigung ab.

Nach der Auswahl des Instruments sind ein Konzept zu seiner Anwendung und Verfahren zur Überwachung und Steuerung zu entwickeln. Jetzt sollte man auch Bedingungen zur Belohnung erwünschten Verhaltens und zur Disziplinierung nicht kooperativer Mitarbeiter festlegen.

**Instrumente für strategische Änderungen**
Bei strategischen Veränderungen handelt es sich naturgemäß um einmalige Maßnahmen: Mit Durchführung der Veränderung ist das Projekt abgeschlossen. Man unterscheidet drei Hauptkategorien:

- technische: beispielsweise Wechsel der Technologie, Erschließung neuer Märkte, Verlegung der Produktion in ein Niedriglohnland
- verfahrensmäßige: Veränderung der Art, wie etwas getan wird, etwa durch Auslagerung der Logistik, Integration von Informationssystemen, Erlangung bestimmter Lizenzierungen
- führungspolitische: Veränderung der Art, wie das Unternehmen geleitet wird, etwa durch Einführung von Selbstmanagement, flacher Hierarchien oder Leistungsmanagement.

Alle beschriebenen Methoden zur Umsetzung innovativer Veränderungen können auch strategisch eingesetzt werden. Daneben setzt sich zunehmend das »Balanced-Scorecard«-Konzept (ausgewogenes Kennzahlensystem) zur Integration strategischer und taktischer Erwägungen durch. Letztlich werden aber die meisten Unternehmen eigene Modelle zur Umsetzung der für ihre spezifische Situation sinnvollsten Veränderungen entwickeln.

### ALLE BETROFFENEN EINBINDEN

Veränderungen können nur gelingen, wenn man alle Betroffenen im Unternehmen in den Prozess einbezieht.

Die meisten werden zwar keinen Einfluss darauf haben, »was« verändert wird, dafür aber erheblichen Einfluss darauf, »wie« es geschieht. Sie sollten daher mit allen Mitarbeitern, die von den vorgesehenen Veränderungen betroffen sind, die Planung besprechen und deren Meinung einholen. Wenn alle im Unternehmen Betroffenen hinzugezogen werden, bevor die Würfel fallen, besteht größere Aussicht, dass sie sich die Veränderung zu Eigen machen und sich aktiv für sie einsetzen. Dadurch wird die Umsetzung der Planung erleichtert.

### STRATEGIE ZUR HERBEIFÜHRUNG VON VERHALTENSÄNDERUNGEN

Vom sachlichen Aspekt her ist die Umsetzung der meisten Veränderungen einfach. Schwieriger ist es, das Engagement aller Mitarbeiter zu gewinnen, die an der Veränderung mitwirken müssen.

Das gelingt nur durch echte Einbindung der Mitarbeiter. Sehr effektiv ist das innerbetriebliche »Action Learning« (Lernen am konkreten Projekt), bei dem bereichsübergreifende Teams aus Experten und Mitarbeitern der von der Veränderung betroffenen Bereiche als primäre Umsetzer der Veränderung wirken.

Nachdem die Geschäftsführung beschlossen hat, was geschehen soll, werden gemischte Teams zur Umsetzung der Prozesse gebildet. Diese von einem Trainer unterstützten Teams erhalten einführend eine Schulung in Problemlösung und Teamarbeit und arbeiten dann direkt für einen betreuenden Manager. So werden Beteiligung und Engagement aller Mitarbeiter gesichert.

### DEN PROZESS ÜBERWACHEN UND STEUERN

Der Umsetzungsprozess und seine Ergebnisse müssen kontrolliert werden. Es sind Ziele zu vereinbaren und Leistungsindikatoren festzulegen, an denen die Leistung regelmäßig gemessen wird. So kann das Management den Fortgang der Veränderung überwachen und steuern.

# Führungsrolle in Innovationsphasen

**Führungskompetenz ist die Fähigkeit, andere dazu anspornen zu können, die Leistungen zu erbringen, die zum Erreichen der Unternehmensziele beziehungsweise zur erfolgreichen Umsetzung von Veränderungsinitiativen und Innovationen erforderlich sind.**

### BEWUSSTMACHUNG DER FÜHRUNGSROLLE

Eine effektive Führung ist ausschlaggebend für erfolgreiche Veränderungen auf allen Ebenen des Unternehmens. Bei weit reichenden Veränderungen muss die Geschäftsleitung initiativ werden und dafür sorgen, dass sie bis an die Unternehmensbasis wirksam wird. Bei marginalen Veränderungen ist die Führung Aufgabe der Abteilungs- oder Gruppenleiter.

Von den mit Veränderungen konfrontierten Mitarbeitern wird verlangt sich auf etwas Unbekanntes einzulassen. Der für die Führung zuständige Manager muss ihnen die Zuversicht vermitteln, dass die Zukunft nach der Veränderung besser sein wird als die Gegenwart und dass er den Weg zu diesem Ziel kennt.

Es gibt viele Definitionen von Führung. Eine gute Arbeitsdefinition besagt, sie bestehe darin, Mitarbeiter zu motivieren bereitwillig auf definierte Ziele hinzuarbeiten. Diese Definition betont zwei Schlüsselaspekte der Führung:

- Sie setzt bei den Antrieben, Bedürfnissen, Wünschen der Mitarbeiter an,
- sie ist zielorientiert.

Diese Aspekte wirken sich auf der Prozess- und Verhaltensebene unterschiedlich aus. Auf der Prozessebene muss Führung:

- eine Zukunftsvision haben,
- klare Ziele vorgeben, was warum geändert werden soll,
- deutlich kommunizieren und diskussionsbereit sein,
- klären, wie Veränderungen umgesetzt und Mitarbeiter einbezogen werden,
- Rollen und Kontrollen abklären,
- vereinbaren, wie eine beiderseitige offene Kommunikation während des gesamten Veränderungsprozesses zu sichern ist,
- den Prozess so steuern, dass das Projekt erfolgreich abgeschlossen wird.

Auf der Verhaltensebene muss Führung:

- durch beiderseitige offene Kommunikation Vertrauen aufbauen,
- Mitarbeiter respektieren und mit Achtung behandeln,
- sich in jedem Stadium des Prozesses aktiv engagieren,
- Kenntnisse und Fertigkeiten der Mitarbeiter anerkennen,
- hilfsbereit und verfügbar sein,
- als Führung anerkannt werden.

In der Praxis bedeutet die Führung erfolgreicher Veränderungsprojekte:

- Vereinbarung von Zielen,
- Festlegung von Aufgaben,
- Planung ihrer Durchführung,
- Organisation der Ressourcen,
- Beschreibung der Aufgaben,
- Übertragung von Verantwortung,
- Überwachung und Steuerung.

Gute Führungskräfte sind sich dieser Anforderungen bewusst. Führungskompetenz ist eine Grundfähigkeit, die jeder Manager lernen muss.

# Veränderungsinitiativen beurteilen

**Viele Veränderungsinitiativen scheitern daran, dass sie die Bedürfnisse der Beteiligten nicht ausreichend berücksichtigen. Um dieses Risiko zu minimieren, sollte man prüfen, ob bei der Planung alle Verhaltensaspekte bedacht wurden.**

## GEBRAUCH DER CHECKLISTE

Die Überprüfung geschieht am besten in einem kleinen Team, um Möglichkeit zur Diskussion zu geben. Wählen Sie eine geplante Veränderung. Geben Sie jedem Teammitglied eine Kopie der Checkliste. Die Fragen sind Abschnitt für Abschnitt zu bearbeiten und mit »Ja« oder »Nein« zu beantworten. Unentschiedenheit ist als »nein« zu werten. Abschließend alle Kopien der Checkliste vergleichen.

Als Übung könnte man die Checkliste zur Beurteilung einer kürzlich abgeschlossenen Veränderungsinitiative einsetzen.

Jede Frage, die mit »Nein« beantwortet wurde, deutet auf einen Schwachpunkt hin, der ein rasches und angemessenes Handeln erfordert.

**Definition des zu lösenden Problems bzw. der wahrzunehmenden Chance**

| | | |
|---|---|---|
| 1. | *Gibt es eine klare Darlegung, was geändert werden soll und warum?* | JA / NEIN |
| 2. | *Ist diese mit allen Beteiligten diskutiert worden, um Einsichten und Einigkeit zu erlangen?* | JA / NEIN |
| 3. | *Ist das Augenmerk auf Probleme und nicht nur Symptome gerichtet?* | JA / NEIN |

**Darlegung der angestrebten Ergebnisse**

| | | |
|---|---|---|
| 4. | *Gibt es eine klare Darlegung, aus der hervorgeht, was am Ende des Veränderungsprozesses anders sein soll?* | JA / NEIN |
| 5. | *Ist diese mit allen Beteiligten diskutiert worden, um Einsichten und Einigkeit zu erlangen?* | JA / NEIN |
| 6. | *Ist ein Unternehmen als Vorbild und Maßstab benannt worden?* | JA / NEIN |

**Aktives Engagement der Geschäftsführung für die Initiative**

| | | |
|---|---|---|
| 7. | *Steht die Geschäftsführung wirklich hinter der Veränderung?* | JA / NEIN |
| 8. | *Verstehen alle Mitglieder, was das für sie bedeutet?* | JA / NEIN |
| 9. | *Werden alle von ihnen den Prozess durchstehen?* | JA / NEIN |
| 10. | *Steht das angestrebte Ergebnis in direkter Beziehung zu einem hochrangigen Unternehmensziel?* | JA / NEIN |

**Einbindung aller Betroffenen, um Motivation und Engagement zu sichern**

| | |
|---|---|
| 11. *Sind alle unmittelbar Betroffenen ermittelt worden?* | JA / NEIN |
| 12. *Sind sie in die Planung der Veränderung einbezogen worden?* | JA / NEIN |
| 13. *Gibt es hierfür Belege?* | JA / NEIN |
| 14. *Ist zu erwarten, dass sie sich kooperativ zeigen werden?* | JA / NEIN |
| 15. *Gibt es Belege dafür, dass ihre Meinungen berücksichtigt worden sind?* | JA / NEIN |
| 16. *Sind positive und negative Motivatoren ermittelt und in die Planung einbezogen worden?* | JA / NEIN |

**Wahl des »Instruments«**

| | |
|---|---|
| 17. *Ist die Veränderung als innovativ oder strategisch kategorisiert worden?* | JA / NEIN |
| 18. *Ist ein geeignetes Instrument zur Umsetzung ausgewählt worden?* | JA / NEIN |
| 19. *Sind alle über das gewählte Instrument informiert?* | JA / NEIN |
| 20. *Wissen alle, wie es funktioniert?* | JA / NEIN |
| 21. *Ist bekannt, wer es bereits eingesetzt hat?* | JA / NEIN |
| 22. *Ist bekannt, welche Erfahrungen dabei gemacht wurden?* | JA / NEIN |
| 23. *Würden Sie es empfehlen?* | JA / NEIN |

**Einsatz einer disziplinierten, auf »Action Learning« basierenden Umsetzungsstrategie**

| | |
|---|---|
| 24. *Existiert ein Gesamtprogramm für die Veränderung?* | JA / NEIN |
| 25. *Enthält es Meilensteine, Terminvorgaben, Kosten?* | JA / NEIN |
| 26. *Sind alle Betroffenen darüber informiert worden?* | JA / NEIN |
| 27. *Hat ein Mitglied der Geschäftsführung die Zuständigkeit für die Leitung der Umsetzung übernommen?* | JA / NEIN |
| 28. *Handelt es sich um ein lernförderndes und anpassungsfähiges Programm?* | JA / NEIN |
| 29. *Basiert es auf »Action Learning« (Lernen am konkreten Projekt)?* | JA / NEIN |

**Erfolgskontrolle**

| | |
|---|---|
| 30. *Sind Leistungsindikatoren festgelegt und Zielwerte vereinbart worden?* | JA / NEIN |
| 31. *Ist ein effektives Überwachungs- und Steuerungssystem eingerichtet worden?* | JA / NEIN |
| 32. *Werden die Informationen zur Kontrolle der Umsetzung verwendet?* | JA / NEIN |
| 33. *Werden die notwendigen Veränderungen durchgeführt?* | JA / NEIN |

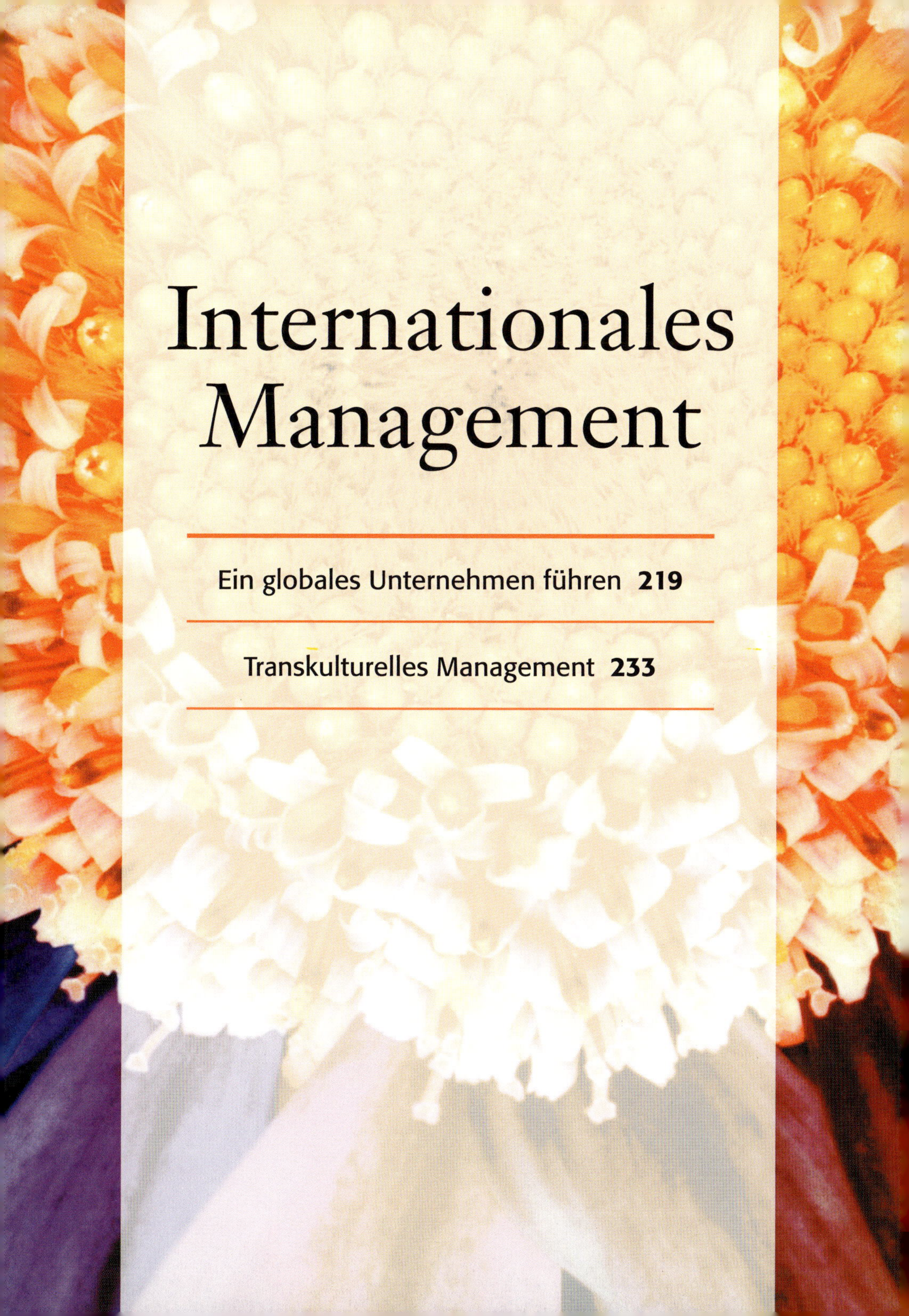

# Internationales Management

# EIN GLOBALES UNTERNEHMEN FÜHREN

**Der globale Markt für Waren und Dienstleistungen floriert dank der nahezu grenzenlosen Geldströme und der modernen Computer- und Kommunikationstechnologie. Ein effektives globales Management erfordert Einblick in die Arbeitsweise erfolgreicher transnationaler Unternehmen und die Entwicklung entsprechender Fertigkeiten.**

Die Grundstruktur eines Global Players beruht, anders als bei multinationalen oder panregionalen Unternehmen, auf dem spezifischen Gleichgewicht globaler und lokaler Kräfte. Manager, die global agieren, zeichnen sich durch eine kreative Mischung aus fachlichen und persönlichen Qualitäten aus, die konstruktive interkulturelle Beziehungen ermöglicht. Sie müssen echte Kosmopoliten sein.

Um die Erfordernisse globaler Strategien zu erfassen, muss man die »Push-Pull«-Faktoren kennen, die Risiken und Chancen auf dem globalen Markt bestimmen. Von besonderer Bedeutung ist in diesem Zusammenhang das World Wide Web. Jede globale Strategie ist unter Konzentration auf spezifische Bereiche und Einsatz aller verfügbaren organisatorischen Instrumente sorgfältig auszuarbeiten.

**IN DIESEM KAPITEL**

# Grundlagen der globalen Geschäftstätigkeit

**Das Wort »global« sagt weniger darüber aus, wo ein Unternehmen seine Geschäfte betreibt, sondern vielmehr wie. Ziel eines globalen Unternehmens ist es, durch interne Koordination eine optimale Kombination der Vorteile lokaler Marktnähe einerseits und globaler Einsparungspotenziale andererseits zu erreichen.**

## STRUKTURVERGLEICH

Eine straffe globale Struktur muss nicht für jedes internationale Unternehmen geeignet sein. Ein globaler Manager muss die Alternativen kennen, um sinnvolle Strukturentscheidungen zu treffen. Hierzu ist ein Vergleich zwischen multinationaler, panregionaler und globaler Unternehmensstruktur hilfreich.

### Die multinationale Struktur

Bei der multinationalen Struktur spielt sich die Geschäftstätigkeit in mehreren Ländern ab. Die Unternehmenszentrale befindet sich etwa in Frankreich; die Auslandsbetriebe genießen relativ große Autonomie, um die spezifischen Anforderungen der lokalen Märkte zu befriedigen. Ein Multi ist im Prinzip eine Ansammlung inländischer Unternehmen.

Diese Struktur hat eine Reihe von Nachteilen, darunter:

- ein hohes Zersplitterungspotenzial im Gesamtunternehmen,
- Zurückhaltung von Ressourcen in Landesunternehmen,
- Redundanz etwa in Forschung und Entwicklung, Marketing, Personalwesen, IT-Bereichen der Länder,
- suboptimales Funktionieren, da jedes Land bemüht ist seine Ergebnisse zu maximieren und Ressourcen zu hüten.

Ein Hauptvorteil des multinationalen Unternehmens ist seine ausgeprägte Fähigkeit, gezielt auf die lokalen Bedingungen und die Kundenwünsche in den einzelnen Ländern einzugehen.

Vergleichen Sie das multinationale Modell mit einer panregionalen Struktur.

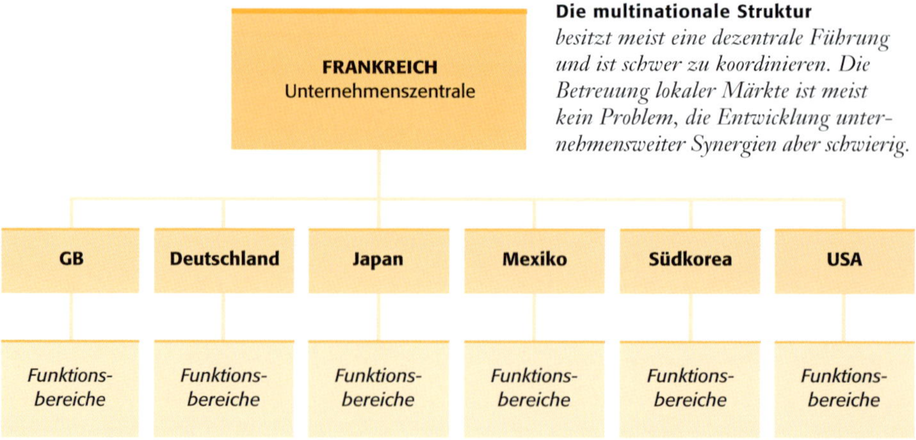


**Die multinationale Struktur** *besitzt meist eine dezentrale Führung und ist schwer zu koordinieren. Die Betreuung lokaler Märkte ist meist kein Problem, die Entwicklung unternehmensweiter Synergien aber schwierig.*

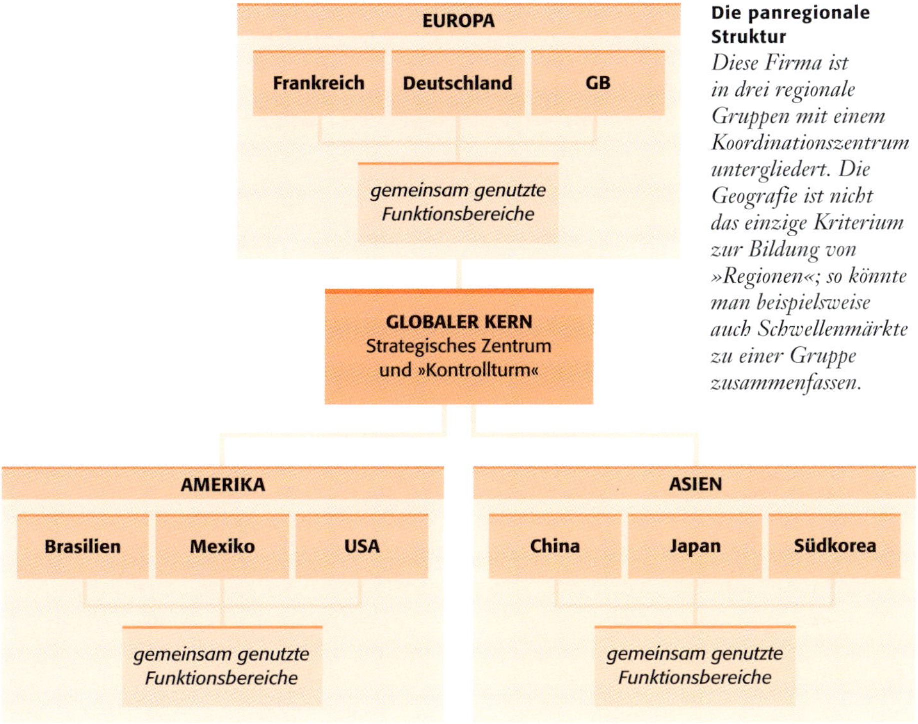


**Die panregionale Struktur**
*Diese Firma ist in drei regionale Gruppen mit einem Koordinationszentrum untergliedert. Die Geografie ist nicht das einzige Kriterium zur Bildung von »Regionen«; so könnte man beispielsweise auch Schwellenmärkte zu einer Gruppe zusammenfassen.*

**Die panregionale Struktur**
Hierbei wird der lokale dem regionalen Aspekt untergeordnet, indem man die Märkte einer ganzen Region – Asien, Amerika, Europa – bündelt. In unserem Beispiel sind die Regionen mit einem globalen »Kern« verbunden, der für die globale Gesamtstrategie und Koordination zuständig ist. Jede Region trägt die Verantwortung für ihre Geschäftsergebnisse. Die Regionen können regionale Funktionsbereiche, etwa Marketing und Werbung oder IT, zur gemeinsamen Nutzung durch ihre Unternehmen gründen.

Die panregionale Struktur mindert die Zersplitterung und fördert Effizienz und Synergieeffekte. Vergleichen Sie beide Modelle mit einer möglichen globalen Struktur, bei der Unternehmenseinheiten mit globaler Verantwortung den geografischen Aspekt zweitrangig machen.

**Die globale Struktur**
Ziel dieses Szenarios ist ein Gleichgewicht zwischen:
- globalem Geschäftsführungskern,
- globalen strategischen Einheiten,
- gemeinsamen Funktionsbereichen,
- lokalen Aktivitäten.

Der globale Geschäftsführungskern ist für die globale Gesamtstrategie und -führung zuständig, die globalen strategischen Unternehmenseinheiten für das Leistungsmanagement der Dienstleistungen und Produkte auf globaler Ebene. Sie können auch Verantwortung für Schlüsselprozesse tragen. Hochrangige Teams können gemeinsame Marken über die Grenzen der Unternehmenseinheiten hinaus

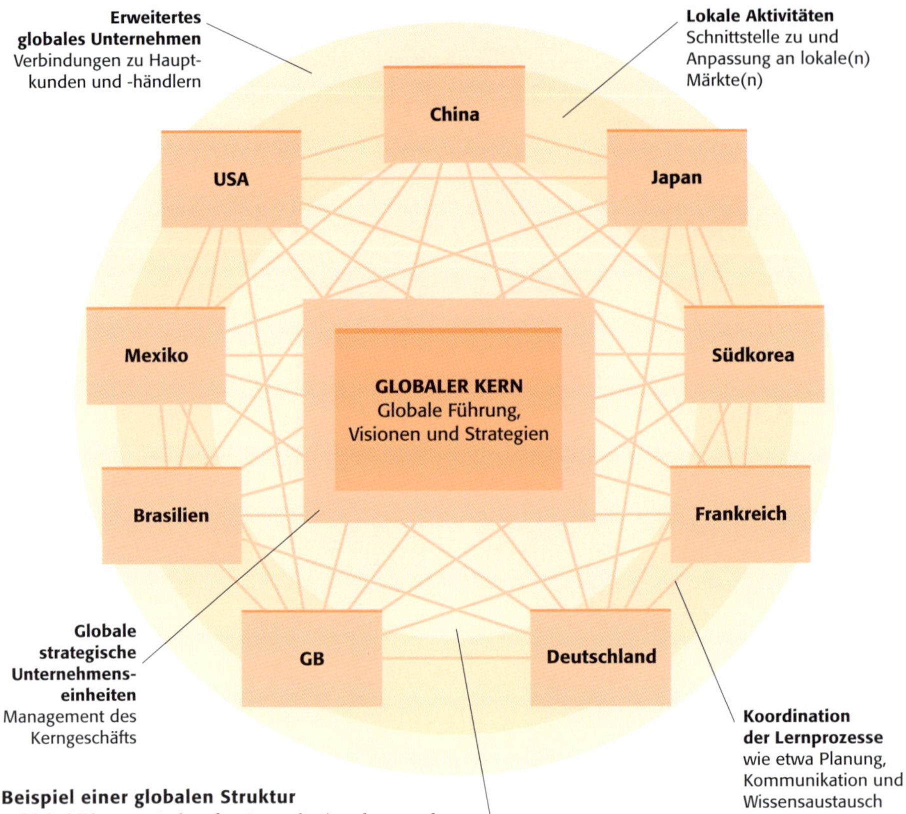


**Beispiel einer globalen Struktur**
*»Global Player« sind auf universale Angebote und Lösungen ausgerichtet, agieren aber so lokal wie nötig, um Kunden und Arbeitskräfte zu binden. Die Managementfrage lautet: »Welche globalen und lokalen Effekte hat eine Entscheidung?«*

betreuen. Es können gemeinsame Funktionsbereiche, wie etwa globales Marketing, globale Forschung und Entwicklung, globale IT und globales Personalwesen, eingerichtet werden. Daneben gibt es lokale, also marktspezifische Aktivitäten, wie etwa die Verkaufsförderung.

In der Praxis können verschiedene Teile des Unternehmens nach unterschiedlichen Strukturen aufgebaut sein – vielleicht weil einige einer Globalisierung zugänglicher sind als andere, wie etwa rezeptpflichtige (im Unterschied zu rezeptfreien) Medikamenten, die meist enger an einen lokalen Markt gebunden sind.

## GLOBALE TÄTIGKEIT

Um die Vorteile der Globalisierung voll ausschöpfen zu können, müssen sich Manager bei ihren Entscheidungen an folgenden Grundprinzipien orientieren:

**Integration**
Das internationale Netzwerk so integrieren, dass es weltweit als ein Unternehmen

agiert und sich den Kunden als einheitliche Marke präsentiert.

**Fluss**
Ressourcen (wie Kapital, Personal, Informationen) jeweils in die Bereiche des globalen Unternehmens lenken, in denen sie zum gegebenen Zeitpunkt am meisten zur Wertschöpfung beitragen können.

**Potenzialnutzung**
Übergreifender Einsatz von Ressourcen, wie Wissen, Einrichtungen, Systeme und Mitarbeiter, um unternehmensweit Effizienz und Effektivität auf Weltklasseniveau zu erreichen.

**Optimierung**
Erzielung der bestmöglichen Ergebnisse für das Gesamtunternehmen statt engstirnigem Streben nach lokalem Erfolg. Optimieren heißt nicht »Kompromisse eingehen«, sondern das ganze System so effektiv wie möglich zu machen, um die günstigsten Bedingungen für Wachstum und Erfolg des Gesamtunternehmens zu schaffen. Falls der für ein Land zuständige Manager den lokalen Kunden ein Komplettsortiment mit zahlreichen Wahlmöglichkeiten präsentieren, der Leiter der globalen strategischen Unternehmenseinheit aber die Kosten minimieren will, wäre die optimale Lösung vermutlich die, eine Teilauswahl an Produkten mit den gefragtesten Leistungsmerkmalen anzubieten. So ist das bestmögliche Gesamtergebnis für das Unternehmen gesichert, auch wenn keiner der beiden sein Ziel maximal verwirklicht hat.

# Der »globale« Manager

**Globale Manager, die erfolgreich arbeiten, wissen um die Schlüsselprinzipien erfolgreicher transnationaler Unternehmen. Sie blicken über psychologische und kulturelle »Stammesgrenzen« hinaus und wählen jeweils die Vorgehensweise, die optimale Ergebnisse für das spezifische Unternehmen verspricht.**

## DER UNTERNEHMER ALS KOSMOPOLIT

Ein globaler Manager muss weltoffen sein. Jeder »Clan«, ob national, lokal, durch Firma, Beruf oder Fachbereich abgegrenzt, hat eigene Weltanschauungen und Wertvorstellungen. So hat etwa die Buchhaltungskultur eine ganz andere Weltsicht als die Marketing- oder Konstruktionskultur; auch finden etwa die schlagwortartigen Präsentationen der Amerikaner bei den Franzosen in den seltensten Fällen Anklang, die sich eher eine Demonstration komplexen logischen Denkens wünschen. Der Kosmopolit sieht die Vorteile beider Versionen und setzt die Vielfalt der Weltanschauungen für sein Unternehmen nutzbringend um. Diese Denkweise erfordert das Talent, scheinbare Gegensätze – wie lokale Autonomie und zentrale Steuerung, Wettbewerb und Kooperation – miteinander in Einklang zu bringen.

Eine kosmopolitische Denkart setzt Einfühlungsvermögen und eine gewisse Lernbereitschaft voraus. Man muss eine Sensibilität dafür entwickeln, wie die Menschen anderswo auf der Welt denken und arbeiten, um kulturell bedingte Missverständnisse zu vermeiden, Anpassungen vornehmen und ohne destruktive Konflikte miteinander Geschäfte machen zu können. Wir müssen lernen, dass das in unserer Kultur verwurzelte Fühlen, Denken und Verhalten nicht unbedingt allgemein gültig ist.

Man nehme etwa die Fusion eines deutschen mit einem französischen Pharmaunternehmen. Das deutsche Verfahren zur Entwicklung und Herstellung eines neuen Medikaments ist in der Regel linear und durchgeplant: Schritt 1, Schritt 2 usw. Das kann von Beginn bis Ende etwa zehn Monate in Anspruch nehmen, aber dafür ist die Qualität des Endprodukts 100-prozentig garantiert. Das Vorgehen der Franzosen ist vermutlich weniger linear und vorausgeplant: Das Ergebnis der ersten Phase bestimmt die Gestaltung der nächsten Phase usw. Gut möglich, dass die Franzosen das Medikament schon nach sechs Monaten produzieren, wobei 80 Prozent der Produktion dem deutschen Qualitätsniveau entsprechen, die übrigen 20 Prozent aber darunter liegen. Der deutschen Mentalität erscheint dieses Vorgehen unter Umständen ineffizient und unmethodisch. Dennoch können die Franzosen aber vielleicht früher mit dem Markttest beginnen.

Hier wäre die französische Methode vielleicht für die Entwicklung von Neuprodukten günstiger, die deutsche dagegen zur Herstellung des Endprodukts geeigneter. Die Herausforderung besteht darin, durch überlegte Auswahl geschickten Nutzen aus den kulturellen Unterschieden zu ziehen, statt sie unkontrolliert gegeneinander arbeiten zu lassen.

### MIT PARADOXEN LEBEN

Viele Fragen, mit denen man in globalen Unternehmen konfrontiert wird, lassen sich nicht einfach mit »Ja« oder »Nein« beantworten. Die Anwort lautet oft »sowohl als auch«. Ein globales Unternehmen ist von seinem Wesen her ein Widerspruch in sich. Es muss alle Vorteile eines Großunternehmens bieten (etwa Marktpräsenz, Einsparungen durch Volumen, Kaufkraft), ebenso wie die Vorteile kleinerer Firmen (zum Beispiel Konzentration, Tempo, Flexibilität, Reaktionsfähigkeit).

Ein besonderes Spannungsfeld in jedem globalen Unternehmen ist die Zentralisierung/Dezentralisierung. Ein vernünftiges Mischungsverhältnis der beiden ist wohl die beste Lösung. Die Kunden stellen meist globale, regionale und lokale Ansprüche und müssen entsprechend betreut werden. Forschung und Entwicklung lassen sich eher global integrieren, während der Vertrieb lokal orientiert bleibt.

Der globale Manager sollte versuchen aus widersprüchlichen Kräften kreative Ideen und Wettbewerbsvorteile zu erzeugen. Die bloße Entscheidung für die eine oder andere Seite des Paradoxes verspricht weder radikale Durchbrüche noch neuen Spielraum im Wettbewerb.

## GLOBALE MANAGEMENTKOMPETENZ

Die Komplexität des globalen Unternehmensumfelds verlangt, dass wir neue Fähigkeiten zum Selbstmanagement sowie zum Management grenzüberschreitender Beziehungen und des transnationalen Geschäfts entwickeln. Das kann traditionelle Grundeinstellungen in Frage stellen. Was in den USA als gutes, direktes Feedback gilt, kann in Asien als persönliche Herabsetzung gewertet werden. Der globale Manager muss sich in einem globalen Mix vielfältiger wirtschaftlicher, finanzieller, gesetzlicher, technischer und kultureller Rahmenbedingungen zurechtfinden. Das kann nur durch Zusammenarbeit mit anderen, inner- und außerhalb des Unternehmens, gelingen.

## MANAGEMENTKOMPETENZEN IM »GLOBAL BUSINESS«

### SELBSTMANAGEMENT

- Neugier: Bereitschaft, sich aktiv um internationale Erfahrungen und andere Möglichkeiten zur Mehrung des globalen Wissens zu bemühen
- Flexibilität: Fähigkeit, sich an veränderte Situationen anpassen zu können und Ideen zu entwickeln, die unter den gegebenen Umständen Erfolg versprechend sind
- Objektivität: Fähigkeit, Denkmodelle und Vorurteile infrage stellen zu können, und Bereitschaft, auch von Sichtweisen zu lernen, die der eigenen Intuition zuwiderlaufen
- Geduld: Fähigkeit, auch in ungewohnten Situationen realistische Erwartungen in sich selbst und andere zu setzen
- Durchhaltevermögen: sich auch durch Phasen großer Unsicherheit und Unklarheit nicht verunsichern lassen
- Selbstkritik: Bereitschaft, Lehren aus den gewonnenen Erfahrungen zu ziehen

### BEZIEHUNGSMANAGEMENT

- Kooperation: sich um die Schaffung oder Einbeziehung von Arbeitsweisen bemühen, durch die jeder zur Wertschöpfung beitragen kann
- Interkulturelle Kommunikation: Fähigkeit, trotz aller Unterschiede der Sprache und Mentalität für Verständigung zu sorgen
- Einfühlungsvermögen: Bereitschaft, die Welt aus der kulturellen Perspektive des anderen zu betrachten und keine vorschnellen Urteile zu fällen
- Einflussnahme: Fähigkeit, auf kulturell bedingte, andere Logik und Herangehensweise einzugehen, um die eigene Überzeugungskraft bei Präsentationen, Anleitung usw. zu maximieren
- Verhandlungen: Fähigkeit, Unterschiede im Verhandlungsstil und im Umgang mit Konflikten zu erkennen und zu berücksichtigen
- Netzwerke: ein ausgedehntes Kontaktnetz inner- und außerhalb des Unternehmens knüpfen, um Reichweite und Vielfalt persönlicher und lokaler Ressourcen zu maximieren

### BETRIEBSMANAGEMENT

- Konzeptualisierung: Muster innerhalb des komplexen globalen Umfelds erkennen, um zu tieferen unternehmerischen Einsichten und größerer Effektivität zu gelangen
- Kultur schaffen: Rollenvorbild für Werte und Verhaltensnormen sein, die die Vielfalt produktiv nutzen und zugleich die Integration fördern, wie etwa Respekt, Fairness, Austausch
- Umfeldbeobachtung: Informationen aus lokalen und globalen Quellen sammeln und analysieren, um geschäftliche Risiken und Chancen zu erkennen und kontinuierliches strategisches Denken zu unterstützen
- Integration: über »Entweder-oder«-Antworten hinausdenken, um »Sowohl-als-auch«-Lösungen für komplexe Probleme zu finden
- Optimierung: globale und lokale Erfordernisse ausgewogen bewerten, um die bestmöglichen Ergebnisse für das Gesamtunternehmen zu erzielen
- Partnerschaft: Beziehungen zu globalen Kooperationspartnern, Lieferanten, Händlern usw. pflegen, um optimalen Unternehmensnutzen zu erzielen

# Globale Risiken und Chancen erkennen

**Globales Management erfordert Wissen um die Dynamik von Risiken und Chancen. Das mit dem Verzicht auf eine globale Strategie verbundene Risiko drängt ein Unternehmen als »Push«-Faktor auf den globalen Markt, dessen Chancen wiederum als verlockender »Pull«-Faktor wirken.**

## GLOBALES RISIKO-CHANCEN-PROFIL

Die Vernachlässigung der mit globalen Risiken verbundenen »Push«-Faktoren kann Unternehmen die Existenz kosten. Ein Unternehmen, das die »Pull«-Faktoren globaler Chancen außer Acht lässt, muss unter Umständen erhebliche Einbußen an seinem Wachstumspotenzial hinnehmen. Das globale Risiko-Chancen-Profil vermittelt Einsichten in die globale Unternehmenslandschaft, in der sich die Firma zu behaupten sucht. Die

**Einsatz des globalen Risiko-Chancen-Profils**
*Zu ermitteln sind »Push«- und »Pull«-Faktoren und ihr Einfluss auf den Erfolg. Das Profil einer US-amerikanischen Versicherung zeigt, welche Handlungsmöglichkeiten gewählt werden sollten.*

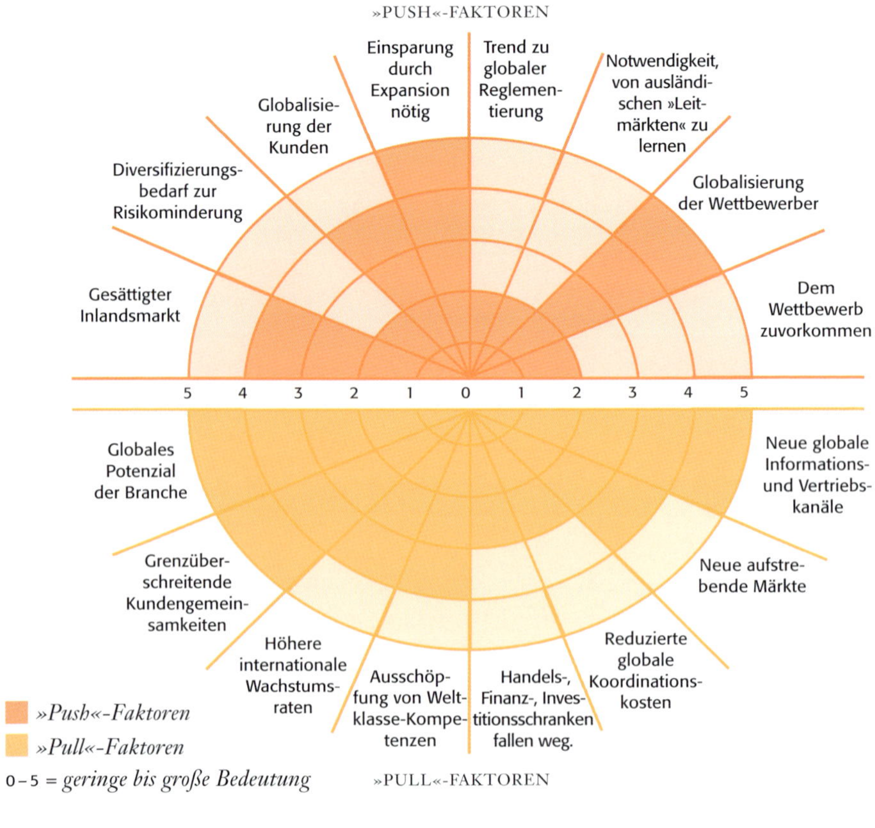

Abbildung zeigt ein globales Risiko-Chancen-Profil für eine in den USA ansässige Versicherungsgesellschaft.

Auf der »Push«-Seite ist das Unternehmen dem Druck der Wettbewerber ausgesetzt, die durch Globalisierung ihre Kosten senken. Es muss expandieren, um Einsparungen zu erzielen und preislich konkurrenzfähig zu bleiben. Dieser Druck wird zusätzlich durch die ebenfalls global engagierten Kunden und einen zunehmend gesättigten inländischen Versicherungsmarkt erhöht.

Auf der »Pull«-Seite präsentieren sich große Chancen aufgrund des globalen Potenzials für die Versicherungsbranche insgesamt (der weltweit wachsende Mittelstand wird sich der Vorteile umfassender Absicherung immer bewusster und kann sie sich auch leisten). Die höheren internationalen Wachstumsraten vieler Schwellenmärkte in Kombination mit neuen Vertriebswegen wie dem Internet machen den globalen Markt attraktiv. Außerdem besitzt das Unternehmen Weltklasse-Kompetenzen, die noch nicht ausreichend genutzt werden.

## GLOBAL BUSINESS UND DAS WORLD WIDE WEB

Zu den größten globalen Risiken, aber auch Chancen unserer Zeit gehört das Internet. Es bildet ein globales elektronisches Gemeinwesen, in dem Käufer und Verkäufer, Zulieferer und Händler, Arbeitgeber und Arbeitnehmer schnelle Entscheidungen auf der Basis von Echtzeit-Informationen treffen können.

Eine globale Internetpräsenz ist relativ einfach herzustellen. Kleine, flexible Firmen können hier erfolgreich mit Konzernriesen konkurrieren. Das Internet ist ein effektiver neuer Weg, Kunden und bestimmte Marktsegmente zu erreichen, und bietet neue Chancen, um Markenbekanntheit und -entwicklung zu fördern.

Man gehe einmal von dem ziemlich realistischen Szenario von 700 Millionen Internetnutzern weltweit aus, fast die Hälfte davon in Europa, wobei die asiatische Pazifikregion den schnellsten Zuwachs aufweist. *Was bedeutet das für Ihr Unternehmen?* Immer mehr Nutzer wollen im Internet in ihrer Muttersprache kommunizieren – etwa Chinesisch oder Japanisch. *Was bedeutet das für Ihr Unternehmen?* Bald werden viele Nutzer nicht mehr über stationäre PCs, sondern über mobile Geräte auf das Internet zugreifen. *Wie stellt sich Ihr Unternehmen darauf ein?*

Das E-Commerce zwischen Unternehmen ist bereits eine Schlüsselkomponente globaler Strategien. Auch das globale E-Commerce zwischen Unternehmen und Verbrauchern wird mit abnehmenden Sicherheitsbedenken weiter wachsen.

### CHECKLISTE

*Diese Fragen können helfen die Wirkung Ihrer Internetpräsenz zu verbessern:*

- ✔ *Ist Ihre Website »global«?*
- ✔ *Was tun Sie für die Kundenbindung Ihrer Online-Kunden?*
- ✔ *Haben Sie ein Extranet eingerichtet?*
- ✔ *Besitzen Sie ein Intranet zur weltweiten Kommunikation Ihrer Mitarbeiter?*
- ✔ *Haben Sie geprüft, inwieweit das Internet Informationsmittler überflüssig machen kann?*
- ✔ *Nutzen Sie die wertvollen Informationen, die Sie über Ihre Kunden und Produkte gesammelt haben?*
- ✔ *Schulen Sie Ihre Mitarbeiter – einschließlich der Führungsebene – darin die Vorzüge des Internets gezielt zu nutzen?*

# Globale Strategien entwerfen

**Der Entwurf und die Umsetzung einer globalen Strategie sind Bestandteile des dynamischen und auf Wechselbeziehungen beruhenden Prozesses der Wertsteigerung für alle am Unternehmen beteiligten Personen und Organisationen.**

## ENTWURFSELEMENTE

Zum Entwurf einer globalen Strategie muss sich das Management des Unternehmens auf Terrain, Ziele, Instrumente und Prüfkriterien konzentrieren.

## TERRAIN: SZENARIENPROFILE

Mit dem bereits vorgestellten globalen Risiko-Chancen-Profil lässt sich rasch abschätzen, ob es für ein Unternehmen von Vorteil wäre, sein Denken und Handeln global auszurichten. Dieses Profil kann sich jedoch ganz plötzlich verändern. Der globale Markt schläft nie: Was heute »in« ist, kann morgen schon wieder »out« sein. Wichtige Entwicklungen in Wirtschaft, Rechtslage, Politik, Technik, Gesellschaft und Kultur, Branche und Wettbewerb müssen dauernd beobachtet werden.

Eine globale Analyse muss Szenarien möglicher Zukunftsbedingungen liefern, damit Entscheidungsträger den Strategiemix ermitteln können, der mit größter Wahrscheinlichkeit die besten Ergebnisse bringt (unter Berücksichtigung der Unsicherheitsfaktoren des Umfelds).

## ZIELE: INVESTITIONSPRIORITÄTEN

Es sind strategische Ziele für drei Hauptbereiche festzulegen: Kunden, Produkte und Dienstleistungen, Märkte. Mit welchen Kunden – auf globaler, regionaler und lokaler Ebene – lassen sich maximale Erträge bei möglichst geringen Kosten erzielen? Welche strategischen Produkte und Dienstleistungen sollen den Zielkunden angeboten werden? Lassen sich bestehende Produkte und Dienstleistungen mit geringem Lern- und Anpas-

**Zielbewertung**

*Globale strategische Ziele sollten erst nach genauer Analyse der Kosten-Nutzen-Profile potenzieller Zielgrößen über einen bestimmten Zeitraum festgelegt werden. Das abgebildete Matrixsystem kann bei der Beurteilung dieser Profile helfen.*

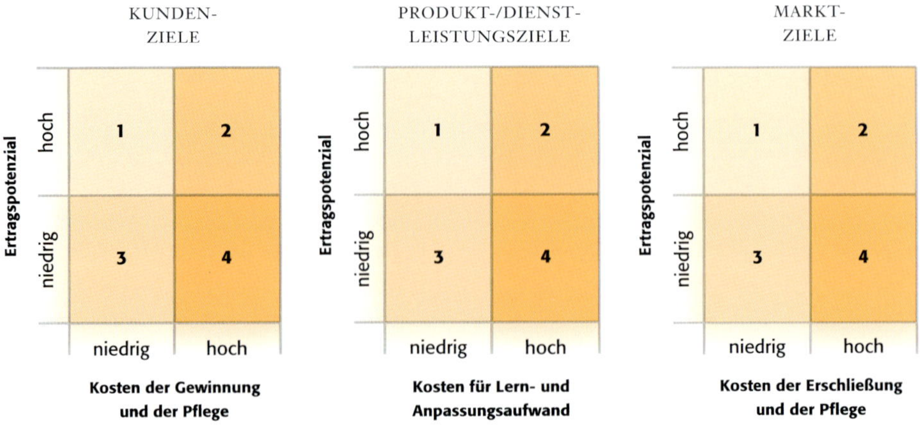

sungsaufwand auf den globalen Markt übertragen? Welche Märkte bieten die größten Chancen auf maximale Erträge bei geringsten Kosten hinsichtlich Marktzugang und -pflege? Die Zielgrößen für Kunden, Produkte, Dienstleistungen und Märkte lassen sich durch ein Matrixsystem *(siehe S. 228)* darstellen. Quadrant 1 verkörpert die beste Zielgrößenkombination (hohes Ertragspotenzial; niedrige Kosten), doch die Potenziale der Quadranten 2 und 3 sind nicht zu vernachlässigen. Die Zielgrößen in Quadrant 2 bieten ein hohes Ertragspotenzial zu hohen Kosten. Ist damit zu rechnen, dass diese mit der Zeit sinken? Könnten strategische Partnerschaften die Kostenlast bei konstanten Erträgen reduzieren? Die Zielgrößen in Quadrant 3 versprechen geringere Erträge zu niedrigen Kosten. Lässt die Marktentwicklung langfristig eine Verbesserung des Ertragspotenzials erwarten?

### INSTRUMENTE: KOMPETENZBEURTEILUNG

Die erfolgreiche Umsetzung der Strategie erfordert Spitzenkompetenzen. Sie müssen die erforderlichen Instrumente entweder entwickeln, beschaffen oder per »Outsourcing« nutzen. Die Spitzenkompetenzen betreffen vier Kategorien: Identität, Infrastruktur, Leistung und Beziehungen. Eine oft gewählte Alternative ist die Zusammenarbeit mit Dritten, die über diese Kompetenzen verfügen.

### PRÜFKRITERIEN: LEISTUNGSINDIKATOREN

Die Rentabilität des Unternehmens ist ein Indikator seiner Leistung, es gibt aber noch viele weitere Schlüsselfaktoren, an denen sich die Leistung messen lässt. (Siehe Kasten auf dieser Seite.)

## LEISTUNGSINDIKATOREN

Sie benötigen Leistungsindikatoren, die zeigen, ob Ihr Unternehmen seine materiellen und immateriellen Stärken global optimal zum Einsatz bringt. Finanzielle Ergebnisse sind ein Indikator, der aber nicht ausreicht, um die Zukunftsbeständigkeit des Leistungsvermögens zu bewerten. Einige im globalen Kontext relevante Leistungsindikatoren sind:

- Internationalität des Vorstands,
- Zufriedenheit der Kunden mit Qualität und Kontinuität der globalen Kundenbetreuung und Kundendienstleistung,
- Arbeitnehmerzufriedenheit mit der und -engagement für die gemeinsame Unternehmenskultur,
- weltweite Nutzung gemeinsamer Systeme und Prozesse,
- Fähigkeit zur Umsetzung gemeinsamer globaler Standards,
- globale Markenbekanntheit,
- Tempo des Austauschs optimaler Vorgehensweisen im globalen Unternehmen,
- Tempo des Informationsaustauschs zur Unterstützung bei Formulierung und Umsetzung von Strategien,
- Tempo der Schaffung, Aufnahme und Verwendung neuen Wissens im gesamten Netzwerk,
- Fähigkeit, Arbeitskräfte und Teams zur rechten Zeit am rechten Ort einzusetzen,
- Tempo der Umsetzung lokaler Ideen in globale Produkte,
- Tempo der Erschließung neuer Märkte,
- Umfang global genutzter Funktionen und Zufriedenheit mit diesen,
- Fähigkeit, Ressourcen, wie etwa Kunden oder Lieferanten, inner- und außerhalb des globalen Netzwerks zu erkennen und für das Unternehmen zu gewinnen,
- Möglichkeiten zur Rationalisierung des globalen Netzwerks und zur Schaffung von Synergien erkennen und nutzen.

# Globale Strategien umsetzen

**Um seine globale Strategie in die Praxis umzusetzen, muss ein Unternehmen alles an Wertschöpfungspotenzial einsetzen, was es besitzt beziehungsweise was es entwickeln, erwerben oder durch »Outsourcing« oder Kooperation nutzen kann. Diese Kompetenzen bilden das Instrumentarium des Unternehmens.**

## INSTRUMENTARIUM

Ein erfolgreiches globales Unternehmen stützt sich auf unverwechselbare Identität, solide Infrastruktur, hohe Leistungsfähigkeit und geschicktes Beziehungsmanagement – alles auf Weltklasseniveau.

## IDENTITÄTSINSTRUMENTE

Das sind die Fähigkeiten, um innerhalb und außerhalb des Unternehmens eine klare Vorstellung davon zu vermitteln, was das Unternehmen tut und wofür es weltweit steht – etwa Qualitäten wie globale Visionen und Werte, Entwicklung und Kommunikation, weltweite Markenbetreuung und Werbung. Marken wie Johnson & Johnson, Disney und Volvo sind nicht nur Informations-, sondern auch Bedeutungsträger.

## INFRASTRUKTURINSTRUMENTE

Die Schaffung einer funktionierenden globalen Infrastruktur erfordert die Entwicklung der organisatorischen Fähigkeiten des Unternehmens. Die Gestaltung seiner Wertkettenaktivitäten in aller Welt muss auf maximale Erträge bei minimalen Kosten ausgerichtet, aber flexibel genug sein, um sich den Bedürfnissen strategischer Kunden anzupassen. Sie muss solide Koordinationsprozesse und -systeme wie Planungs- und Kommunikationssysteme für die effiziente, weltweite Zusammenarbeit umfassen. Technologie wird dabei zunehmend wichtiger, da immer mehr Unternehmen die Vorteile virtueller Präsenz zu nutzen suchen.

## LEISTUNGSINSTRUMENTE

Diese Instrumente entspringen der Fachkompetenz im Unternehmen. Es gibt zwei Typen: zunächst die spezialisierten Leistungsinstrumente – also traditionelle Funktionsbereiche wie Forschung und Entwicklung, Fertigung, Marketing und Personalwesen, die einen Fundus an Fertigkeiten und Know-how bereitstellen. In den letzten Jahren wurde großes Gewicht auf Prozesse gelegt, doch ist auch die Bedeutung fachlicher Erfahrung nicht zu vernachlässigen. So zeichnet sich etwa der weltweit erfolgreiche Auto- und Motorradhersteller Honda durch seine sehr ausgeprägte Fachkompetenz aus.

Daneben ist ein zweiter, allgemeinerer Typ von Leistungsinstrument zu entwickeln, zu dem etwa Kundenorientierung, fortlaufende Innovation und Wissensaustausch gehören. Hierzu sollte jeder im Unternehmen das seine beitragen.

## BEZIEHUNGSINSTRUMENTE

Globale Unternehmen sind in hohem Maße auf Kooperation über die Unternehmensgrenzen hinaus angewiesen – etwa die Zusammenarbeit von Produktentwicklungsteams mit »Externen« wie Kunden, Händlern und Kooperations-

## ENTWICKLUNG GLOBALER KOMPETENZEN

| OPTIONEN | PRO | KONTRA |
|---|---|---|
| **Interne Kompetenzen entwickeln** | ■ Direkte Kontrolle über den Entwicklungsprozess<br>■ Koppelung an den spezifischen Bedarf des Unternehmens | ■ Denkmuster und Kompetenzen im Unternehmen evtl. festgefahren<br>■ Eventuell hoher Investitionsbedarf für Personalgewinnung und Schulungsprogramme |
| **Kompetenzen durch Fusionen und Firmenübernahmen erwerben** | ■ Kompetenzen müssen nicht von Grund auf neu entwickelt werden.<br>■ Hoher Grad an Kontrolle | ■ Hohe Vorabinvestitionen<br>■ Langwieriger Integrationsprozess<br>■ Miterwerb überflüssiger oder unerwünschter Kompetenzen<br>■ Übernahme versteckter Probleme |
| **Outsourcing** | ■ Entwicklungskosten entfallen bzw. werden minimiert.<br>■ Erheblich reduzierte Verwaltungskosten<br>■ Möglichkeit, das passendste Kompetenzangebot auszuwählen, ohne »Überhang« einkaufen zu müssen | ■ Geringere Kontrolle<br>■ Fortlaufende Investition<br>■ Erhöhte Abhängigkeit von externen Ressourcen |
| **Kooperation** | ■ Geringe beziehungsweise keine Vorabinvestitionen<br>■ Zugang zu breiterem Spektrum an Denkweisen und Fachwissen | ■ Organisatorische und kulturelle Anpassungsprobleme<br>■ Kooperationsprobleme in Fragen der Kontrolle, Rollen und Zuständigkeiten; Gefälle bezüglich Engagement, Einsatz und Investitionen<br>■ Abhängigkeit vom Erfolg des Kooperationspartners |

partnern. Auch transnationale Fusionen bringen infolge kultureller Differenzen häufig weniger Nutzen als erhofft.

Globale Zusammenarbeit erfordert Mitarbeiter, die in interkultureller Kommunikation, Teamarbeit und Verhandlungstaktik bewandert sind. Außerdem setzt sie die Entwicklung und Pflege einer Unternehmenskultur voraus, die kooperative, grenzüberschreitende Führung und Lernbereitschaft fördert.

### DER IDEALE MIX

Der »globale« Manager dürfte schon in naher Zukunft in immer mehr Unternehmensbereichen gefordert sein. Selbst lokal begrenzte Tätigkeiten haben oft eine globale Dimension, etwa wenn man überprüfen muss, ob die lokale Verkaufsförderung eines Produkts im Einklang mit der globalen Markenstrategie steht oder die Kriterien für lokale Lieferanten globalen Maßstäben entsprechen.

Grundsätzlich hängt die erfolgreiche Tätigkeit eines globalen Unternehmens davon ab, ob seine Manager:

- die globalen Aspekte lokaler Erfordernisse erkennen,
- die lokalen Aspekte globaler Erfordernisse erkennen,
- den für Firma und Kunden optimalen Mix dieser Aspekte finden.

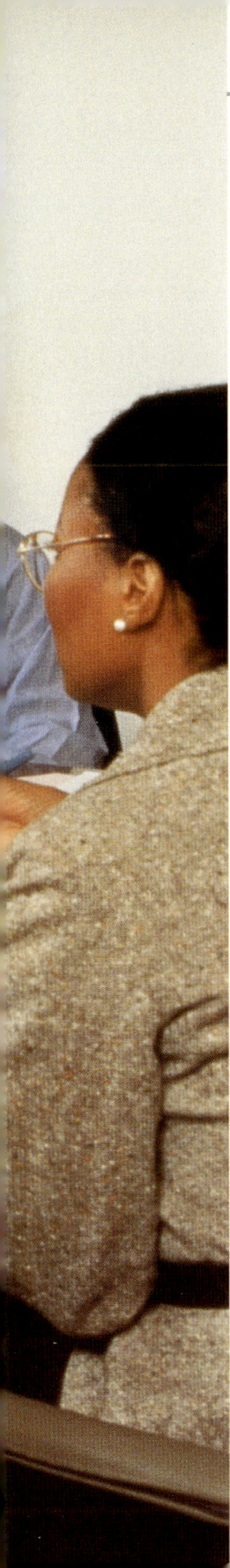

# TRANS-KULTURELLES MANAGEMENT

**Wer außerhalb seines Heimatlands geschäftlich zu tun hat, muss sich mit der jeweiligen Kultur auseinander setzen, um erfolgreich zu agieren. Egal ob die Unterschiede zum eigenen Kulturkreis nur gering oder sehr groß sind, man sollte sich ihrer in jedem Fall bewusst und ihnen gegenüber aufgeschlossen sein.**

Um in verschiedenen Kulturen erfolgreich arbeiten und leben zu können, muss man interkulturelle Kompetenzen entwickeln. Ganz entscheidend ist die Bereitschaft, kulturellen Unterschieden ihre Berechtigung zuzuerkennen und sie in eine Partnerschaft zu allseitigem Nutzen zu integrieren. Die Auseinandersetzung mit anderen Kulturen ist zudem bereichernd und kann die persönliche Entwicklung fördern.

Zunächst muss man sich die Variablen, aus denen sich die kulturelle Vielfalt zusammensetzt, bewusst machen. Unterteilt man sie in Kategorien, können sie ein wertvolles Gerüst für den Umgang mit den praktischen Fragen des Lebens bilden. Wer die spezifischen Normen und Werte einer Gesellschaft kennt, kann dieses Wissen auf geschäftliche Beziehungen anwenden und das eigene Verhalten in der Managerrolle entsprechend anpassen.

**IN DIESEM KAPITEL**

# Kulturen definieren

**Wer in einer anderen Kultur lebt und arbeitet, nimmt offensichtliche Unterschiede in Bezug auf Kleidung, Ernährung und den allgemeinen Verhaltenskodex bewusst wahr. Wichtiger für die erfolgreiche Integration sind jedoch tiefer gehende und oft schwerer zu erkennende Unterschiede.**

## KULTURELLE STRUKTUREN ANALYSIEREN

Jede gesellschaftliche Kultur lässt sich mit einer Zwiebel vergleichen, die aus mehreren Schichten besteht. Man unterscheidet drei Hauptschichten:

- Außenschicht,
- Mittelschicht,
- Innenschicht.

Die Außenschicht enthält alle äußerlichen Elemente, die man hauptsächlich mit der Kultur in Verbindung bringt: sichtbare Gegebenheiten wie Kleidung, Ernährung, Sprache und Architektur. Die Unterschiede zu den gewohnten Verhältnissen im eigenen Heimatland sind sofort erkennbar. Dies ist die explizite Kulturebene.

Die Mittelschicht umfasst alle Normen und Werte eines Gemeinwesens: Was gilt als »richtig« oder »falsch« (Normen) beziehungsweise als »gut« oder »böse« (Werte)? Normen sind meist externer Natur; jede Gesellschaft erlegt sie ihren Mitgliedern auf und bekräftigt sie durch bestimmte soziale Kontrollmaßnahmen. Werte sind dagegen eher internalisiert und die meisten Gesellschaften haben weniger Kontrolle über ihre Durchsetzung. Werte und Normen strukturieren das Verhalten der Menschen in einer bestimmten Kultur, ohne jedoch in deren Außenschicht direkt sichtbar zu werden.

Die Innenschicht oder implizite Kulturebene ist am schwersten zu erfassen. Das Verständnis dieses »Kerns« ist der Schlüssel zur erfolgreichen Zusammenarbeit mit anderen Kulturen. Er besteht aus Grundeinstellungen, Regeln und Methoden, die eine Gesellschaft zum Umgang mit Alltagsproblemen entwickelt hat. Diese Methoden der Problemlösung sind so in Fleisch und Blut übergegangen, dass die Menschen gar nicht mehr über sie nachdenken. Für den Außenstehenden sind solche Grundeinstellungen oft nur schwer zu erkennen.

## BEDEUTUNGSUNTERSCHIEDE

Bei der Ankunft am neuen Arbeitsort werden Ihnen die Unterschiede, die sich aus Außen- und Mittelschicht der fremden Kultur ergeben, gleich auffallen. Die Innenschicht ist deshalb so wichtig, weil verschiedene Kulturen den gleichen Dingen unter Umständen ganz unterschiedliche Bedeutungen beimessen.

So werden Sie vermutlich Unterschiede in folgende Bereichen antreffen:

- Respekt vor dem Alter,
- Verhältnis zwischen Männern und Frauen,
- Achtung vor dem Gesetz (und sonstigen Vorschriften),
- mehr oder weniger persönlicher Umgang zwischen den Menschen am Arbeitsplatz.

Sie sollten auf keinen Fall den Fehler machen, zu glauben, dass sich kulturelle Unterschiede nur in sichtbaren Aspekten wie Kleidung, Essen und Wohnen äußern. Sie können sich oder Ihre Gastgeber in Verlegenheit bringen, wenn Sie mit

Ihrem Verhalten den gleichen Dingen unterschiedliche Bedeutungen geben. Indem Sie Einblick in diese Unterschiede gewinnen und mit ihnen umzugehen lernen, können Sie Ihr Wirken innerhalb einer fremden Kultur erfolgreicher und für sich selbst befriedigender gestalten.

### GRUNDEINSTELLUNGEN VERSTEHEN

Jede Kultur hat ihren eigenen Vorrat an Grundeinstellungen, die sich verschiedenen Dimensionen zuordnen lassen. Im Umgang mit allgemein menschlichen Problemen ist jede kulturelle Dimension ein Kontinuum, an dessen einem Ende sich ein Wert befindet, der im Gegensatz zu dem Wert am anderen Ende steht. Das Kontinuum deckt jede mögliche Kombination dieser beiden Extreme ab.

Jede Kultur muss sich mit diesen zugespitzten Alternativen auseinander setzen, die meist ein Dilemma darstellen, weil jede der beiden Extrempositionen für sich allein unbefriedigend oder unzulänglich ist. Sollen wir uns im Geschäft ganz auf kurz- oder langfristige Ziele konzentrieren, auf Stabilität oder Wandel bzw. markt- oder technikorientierte Produkte setzen, belohnen wir Einzelne oder Teams? Transnationale Unternehmen reagieren hier unterschiedlich, je nachdem, welche Position sie aufgrund ihrer kulturellen Herkunft in einer bestimmten Konstellation einnehmen.

Man unterscheidet in diesem Zusammenhang sieben kulturelle Dimensionen.

### UNIVERSALISTISCH KONTRA PARTIKULARISTISCH

In universalistischen Kulturen haben allgemeine Regeln, Normen, Werte und Maßstäbe Vorrang vor den besonderen Bedürfnissen und Ansprüchen von Freunden und Verwandten. Die Regeln gelten für alle gleichermaßen. Jede Ausnahme schwächt das Gemeinwesen.

So ist etwa die Regel, dass man vor Gericht die Wahrheit sagt oder einer Versicherung wahrheitsgemäße Angaben über einen Unfall macht, hier wichtiger als Freundschaft und Loyalität der Familie gegenüber. Das heißt nicht, dass persönliche Beziehungen in universalistischen Kulturen unwichtig wären, sondern nur, dass der universellen Wahrheit – also dem Gesetz – Vorrang eingeräumt wird.

Die USA sind ein Beispiel für eine universalistische Kultur, was die hohe Zahl an Anwälten im Verhältnis zur Gesamtbevölkerung erklärt.

In partikularistischen Kulturen dagegen sind die kulturellen Ideale durch Freundschaft, außerordentliche Leistungen und Situationen und ein Geflecht persönlicher Beziehungen bestimmt. Hier ist der »Geist des Gesetzes« wichtiger als der »Buchstabe des Gesetzes«. Natürlich

### KULTURELLE WERTE UNTERSCHEIDEN SICH

Der gleiche Vorfall kann in verschiedenen Kulturen unterschiedliche Bedeutung annehmen, je nach den vorherrschenden Werten. Diese Werte muss man zu unterscheiden lernen.

Stellen Sie sich vor, Sie sind als Beifahrer mit einem Freund in der Stadt unterwegs. Ihr Freund überschreitet das Tempolimit und fährt einen Fußgänger an, der verletzt wird. Ihr Freund muss sich vor Gericht verantworten. Sie sind der einzige Zeuge. Sagen Sie die Wahrheit oder richten Sie Ihre Aussage danach, was Ihrem Freund helfen wird?

Sie haben also die Wahl zwischen Gesetz (dem Universalismus folgend müsste man auf Gleichbehandlung bestehen) und Freundschaft (die Beziehung zu Ihrem Freund geht vor).

gibt es auch hier Regeln und Gesetze, die jedoch vorwiegend den Umgang miteinander kodifizieren. Regeln sind nötig, und sei es nur, damit man im Einzelfall von ihnen abweichen kann. Aber generell verlässt sich der Einzelne vor allem auf die Unterstützung seiner Freunde.

Südamerika und einige Länder Afrikas sind Beispiele für Kulturen, in denen die Beziehungen zwischen Freunden und Familienangehörigen höher bewertet werden als der Buchstabe des Gesetzes.

## INDIVIDUALISTISCH KONTRA KOLLEKTIVISTISCH

Stark individualistisch geprägte Kulturen räumen dem Einzelnen Vorrang vor der Gemeinschaft ein. Oberstes Ziel sind Glück, Wohlergehen und Erfüllung des Individuums. Es bleibt den Menschen weitgehend selbst überlassen, Entscheidungen zu treffen und sich um sich selbst und ihre engere Familie zu kümmern. Die Lebensqualität gilt als eng mit den gebotenen Möglichkeiten individueller Freiheit und Entfaltung verknüpft. Das Gemeinwesen wird danach beurteilt, wie gut es den Interessen des Einzelnen dient.

Großbritannien und die USA sind Kulturen, die das Individuum fördern. Das spiegelt sich oft in den Lohn- und Leistungssystemen der Unternehmen wider.

Am anderen Ende des Kontinuums stehen Kulturen, bei denen die Gemeinschaft Vorrang vor dem Individuum hat. Hier hat der Einzelne die Verpflichtung, so zu handeln, wie es der Gesellschaft am dienlichsten ist. Dadurch sollen die Bedürfnisse ihrer Mitglieder automatisch gesichert werden. Die Lebensqualität des Einzelnen gilt als direkt davon abhängig, in welchem Maße er sich um seine Mitmenschen kümmert, selbst auf Kosten seiner individuellen Freiheit. Die Menschen werden danach beurteilt, wie gut sie der Gemeinschaft dienen.

So haben in China und Japan die Arbeit im Team und der Beitrag zum Erfolg der Gruppe oder Gesellschaft höhere Priorität als individuelle Leistungen.

## SPEZIFISCH KONTRA DIFFUS

Menschen in spezifischen Kulturen gehen von Details aus, die sie zunächst getrennt analysieren und dann wieder zusammensetzen, nach dem Motto: »Das Ganze ist die Summe seiner Teile.« Das Leben jedes Menschen ist in viele Teilbereiche gegliedert: Der Neuankömmling hat immer nur Zutritt zu einem davon. Zwischenmenschliche Interaktionen sind zielgerichtet und genau definiert.

Der öffentlichen Person wird hier mehr Platz eingeräumt als ihrer Privatsphäre. Dritten wird bereitwillig Zugang zum öffentlichen Bereich gewährt; Zugang zur Privatsphäre ist hingegen schwer zu erlangen, weil Bereiche, in denen sich zwei Menschen begegnen, als separat und spezifisch betrachtet werden.

Menschen in spezifischen Kulturen neigen dazu, sich auf harte Fakten, Standards, Maßstäbe oder Verträge zu konzentrieren. In spezifischen Kulturen (wie den USA und Australien) kann man Geschäfte tätigen, ohne zuerst persönliche Beziehungen anknüpfen zu müssen.

In diffus ausgerichteten Kulturen geht man vom Ganzen aus, sieht jedes Element im Gesamtzusammenhang und setzt alle Elemente zueinander in Beziehung. Diese Beziehungen sind wichtiger als das Einzelelement, sodass das Ganze mehr ist als die Summe seiner Teile.

Hier hat der Einzelne eine große Privat- und eine kleine öffentliche Sphäre.

Fremde erhalten zu keiner der beiden ohne weiteres Zutritt. Wenn sie aber akzeptiert sind, werden sie in alle Lebensbereiche aufgenommen: Arbeit, Sport, Familienleben usw. Die Rollen, die man im Leben eines anderen spielt, sind nicht klar voneinander abgegrenzt. Diffuse Kulturen schätzen Stil, Benehmen, Sensibilität, Vertrauen und Verständnis.

In diffusen Kulturen, wie etwa den Golfstaaten, muss man zunächst eine Beziehung aufbauen, bevor man ins Geschäft kommt. Das erfordert starkes persönliches Engagement.

### AFFEKTIV KONTRA NEUTRAL

Affektive Kulturen halten es nicht für nötig, Stimmungen und Gefühle zu verbergen oder zu unterdrücken. Die weniger expliziten Signale neutraler Kulturen erscheinen ihnen unter Umständen so unauffällig, dass sie sie ignorieren oder gar nicht zur Kenntnis nehmen. Italiener und Franzosen etwa tragen ihre Emotionen deutlich zur Schau – und drücken sie beispielsweise durch einen extravaganten Fahrstil aus! Diese Tendenz äußert sich auch in dem Wert, den man etwa auf Design und elegante Kleidung legt.

In neutralen Kulturen gilt es als falsch, seine Gefühle offen zu zeigen. Das heißt nicht, dass die Menschen keine Gefühle haben, sondern nur, dass die Intensität des Gefühlsausdrucks eingeschränkt ist. Sie sind sich ihrer Gefühle bewusst, halten sie aber unter Kontrolle. Die deutlicheren Signale einer affektiven Kultur erscheinen ihnen unter Umständen übertrieben. In neutralen Kulturen können übertriebene Gefühlsausdrücke die eigene Wirkung auf andere beeinträchtigen. Japanische Geschäftspartner etwa sind oft schwer durchschaubar, weil ihre Körpersprache sehr zurückhaltend ist.

### ERWORBENER KONTRA ZUGESCHRIEBENER STATUS

In Kulturen des ersten Typs bezieht der Einzelne seinen Status aus seinen persönlichen Leistungen und Erfolgen, also

**Kulturprofile**
*Hier ist dargestellt, wie sich eine Kultur anhand von sieben Dimensionen charakterisieren lässt. Am Messbalken kann man ablesen, wie weit die Kultur einem Extremwert zugeneigt ist. Diese Kultur weist eine stark individualistische und spezifische Ausrichtung bei weniger ausgeprägter internalistischer und sequenzieller Ausrichtung auf. Sie könnten versuchen ein Profil Ihrer Kulturprägung zu erstellen, um sich mit der Anwendung des Konzepts vertraut zu machen.*

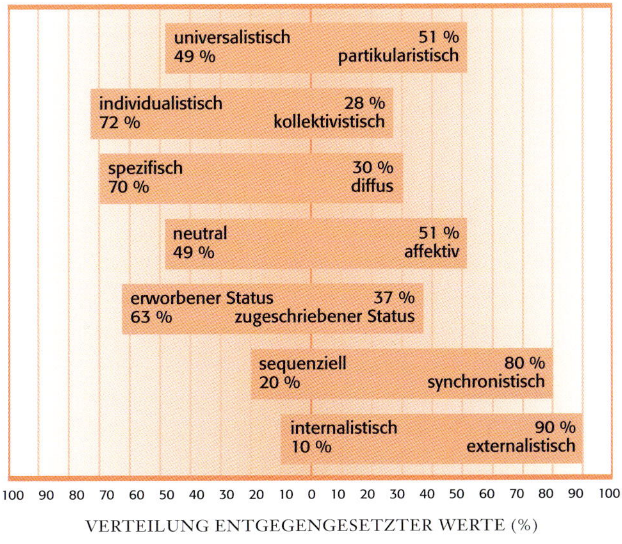

## KULTURNORMEN UND ARBEITSABLÄUFE

Die Art, wie Menschen in bestimmten Gesellschaften interagieren, hat erhebliche Konsequenzen für die Arbeitspraxis. Wer etwa in einem Feinkostgeschäft einkaufen geht, muss in den USA, Großbritannien oder den Niederlanden meist eine Nummer ziehen, die anzeigt, wann man an der Reihe ist. Man wartet also geduldig, einer nach dem anderen, in einer Schlange, bis man dran ist und von einem Verkäufer bzw. einer Verkäuferin bedient wird: eigentlich ein effizientes System.

Wenn Sie dagegen in Italien Salami verlangen, wird der Verkäufer Sie bedienen und dann rufen: »Wer will sonst noch Salami?« Dann werden die übrigen Kunden mit Salami versorgt, bevor man Sie fragt, was Sie sonst noch wünschen. Auch dies ist ein effizientes System. Die Salami wird nur einmal ausgewickelt, das Messer muss zwischendurch nicht abgespült werden. Es fördert auch die soziale Interaktion zwischen den Kunden, die das gemeinsame Bedürfnis nach Salami verbindet.

Angenommen, Sie leiten das Computerwesen einer internationalen Hotelkette. Sie lassen eine Datenbank für die Checkout-Abfertigung von einem in den USA ansässigen Softwarehaus programmieren, das mit Programmierern indischer Herkunft arbeitet. Der Hotelangestellte fragt die Gäste nach ihrer Zimmernummer und ruft dann deren Rechnungsdaten aus der Datenbank ab. Dieses sequenzielle System würde sicherlich in den USA, Großbritannien und Deutschland gut funktionieren.

In synchronistischen Kulturen wie Südamerika, Spanien oder Italien wäre das System weniger kundenfreundlich. Hier will vielleicht ein Gast mit dem Hotelangestellten Zusatzleistungen (Telefon, Minibar usw.) auf der Rechnung durchgehen, während ein anderer noch zahlt und der nächste schon seine Zimmernummer ruft. Die sequenzielle Kultur ist in die interne Architektur der in solchen Kulturen programmierten Software eingebaut, was ihren Einsatz in einem synchronistischen Kontext erschwert.

dem, was er erreicht hat. Wer solchen erworbenen Status besitzt, muss sich immer wieder von neuem beweisen: Der Status wird durch persönliches Handeln erlangt und bewahrt.

In den Niederlanden etwa wird der Einzelne zu persönlichen Leistungen angespornt, während die familiäre Herkunft von geringerer Bedeutung ist. Entscheidend ist das »Tun« des Einzelnen.

Zugeschriebener Status spiegelt dagegen wider, was der Einzelne ist und in welchem Verhältnis andere zu seiner Stellung stehen – in der Gesellschaft oder im Unternehmen. In einer solchermaßen standesbewussten Kultur beruht der Status eines Menschen auf Geburt, Alter, Geschlecht oder Vermögen. Wer solchen Status besitzt, braucht keine Erfolge zu erringen, um ihn zu bewahren: Er stützt sich auf das bloße »Sein«. So ist es etwa im Orient und in Asien äußerst wichtig, »wer« man ist.

### SEQUENZIELL KONTRA SYNCHRONISTISCH

Jede Kultur hat ihr eigenes Verhältnis zur Zeit. Die Dimension des Zeitbewusstseins hat zwei Aspekte: die Weise, wie eine Kultur die Zeit strukturiert, und die Bedeutung, die sie Vergangenheit, Gegenwart und Zukunft einräumt.

Die Zeit lässt sich unterschiedlich strukturieren: Bei der sequenziellen Methode schreiten Sekunde um Sekunde, Minute um Minute, Stunde um Stunde auf einer Geraden voran, bei der synchronistischen Methode verläuft sie kreisförmig in Zyklen von Minuten, Stunden, Tagen, Wochen, Monaten und Jahren.

Menschen, die Zeit sequenziell strukturieren, tun möglichst eine Sache nach der anderen. Für sie ist Zeit eine schmale Linie mit abgegrenzten, aufeinander folgenden Segmenten, etwas Greifbares und Aufteilbares. Sie machen lieber Pläne, an die sie sich dann auch halten, statt zu improvisieren und sich anzupassen. Termine werden sehr ernst genommen.

Sequenzielle Kulturen sind etwa Kanada, Australien und die Schweiz.

Dagegen tun Menschen, die ihre Zeit synchronistisch strukturieren, oft mehrere Dinge gleichzeitig. Die Zeit ist ein breites Band, auf dem viele Dinge nebeneinander ablaufen können, sie ist immateriell und flexibel. Termine sind eher Orientierungswerte als zwingende Vorgaben, Pläne kann man ändern. Wichtig ist vor allem der zufrieden stellende Ablauf von Interaktionen. Pünktlichkeit richtet sich nach der Art der Beziehung.

Die gesamte Philosophie des »Just-in-Time«-Managements stammt von den ausgeprägt synchronistischen Japanern.

**Vergangenheitsorientierung**

In auf die Vergangenheit ausgerichteten Kulturen wird die Zukunft als Wiederholung vergangener Erfahrungen betrachtet. Typisch ist die Achtung der Ahnen und der kollektiven historischen Erfahrungen.

**Gegenwartsorientierung**

Eine vorwiegend auf die Gegenwart ausgerichtete Kultur misst weder gemeinsamen Vergangenheitserfahrungen noch Zukunftsaussichten größere Bedeutung bei. Das Denken und Handeln wird eher von den täglichen Erfahrungen bestimmt.

**Zukunftsorientierung**

In zukunftsorientierten Kulturen ist das Handeln hauptsächlich auf Zukunftsaussichten ausgerichtet. Die Vergangenheit wird generell als nicht besonders wichtig für die zukünftige Entwicklung betrachtet. Detaillierte Planung hat in zukunftsorientierten Kulturen Priorität.

### INTERNALISTISCH ODER EXTERNALISTISCH

Jede Kultur hat ihr ganz spezifisches Verhältnis zur Natur entwickelt, je nachdem ob sie sich im Lauf ihrer Geschichte an sie anpassen oder gegen sie ankämpfen musste. Wie Menschen zu ihrer Umwelt in Beziehung treten – internalistisch oder externalistisch –, steht auch in Zusammenhang damit, wie sie ihr eigenes Leben zu beherrschen versuchen.

Internalistische Menschen haben oft ein mechanistisches Bild von der Natur. Sie betrachten die Natur als etwas, das sich mit ausreichendem Wissen beliebig steuern lässt. Internalisten glauben nicht an Schicksal oder Vorherbestimmung. Sie sind »innengesteuert«: Für sie ist persönliche Entschlossenheit der Ausgangspunkt allen Handelns. Man kann das Leben so leben, wie man möchte, wenn man die gebotenen Chancen ergreift. Der Mensch kann die Natur beherrschen, wenn er sich nur genug Mühe gibt. Viele Israelis etwa sind ausgeprägte Internalisten.

Externalistische Menschen haben ein organischeres Bild von der Natur. Sie betrachten den Menschen als Teil der Natur, der mit seiner Umwelt in Harmonie leben, sich der Natur unterwerfen und sich mit ihren Kräften bewegen sollte. Externalisten glauben nicht, dass sie ihr Schicksal selbst gestalten können. »Die Wege der Natur sind unergründlich«, also kann man nie wissen, was einem passieren wird. Ihr Handeln ist »außengesteuert«, also an äußere Umstände angepasst. Die Menschen in Russland und Singapur sind besonders externalistisch geprägt.

# Kulturelle Unterschiede managen

**Es ist ein Fehler, im Umgang mit Menschen aus anderen Kulturen deren kulturspezifische Eigenschaften nachzuahmen oder einfach zu negieren. Vielmehr kommt es darauf an, die Stärken der anderen Kultur mit denen der eigenen zu verbinden.**

### UMGANG MIT DILEMMATA

Größere Probleme im Alltag eines Managers präsentieren sich oft als Dilemma: einerseits dies, aber andererseits das. So wäre etwa mehr Teamarbeit nötig, aber das Prämiensystem belohnt individuelle Leistungen. Bei der Zusammenarbeit mit Menschen aus unterschiedlichen Kulturen können sich Dilemmata aus jeder der sieben Dimensionen ergeben.

### TRANSKULTURELLE KOMPETENZ ENTWICKELN

Um in einem multikulturellen Umfeld erfolgreich zu arbeiten, muss man dazu in der Lage sein, einen Ausgleich zwischen scheinbar völlig widersprüchlichen Werten herzustellen. Solche Dilemmata ergeben sich laufend.

Als Manager müssen Sie Ihre Mitarbeiter anspornen, aber ihnen auch zuhören. Sie müssen die Anweisungen der Unternehmenszentrale befolgen und zugleich durch Anpassung an regionale Bedingungen lokale Erfolge erzielen. Sie müssen entscheiden, wann Sie selbst handeln und wann Sie delegieren. Sie müssen Ihre Alltagspflichten wahrnehmen, aber auch Begeisterung für die Gesamtaufgabe zeigen. Und schließlich müssen Sie Ihre analytischen Fähigkeiten nutzen, aber auch die Beiträge anderer fördern.

### AUSGLEICH ZWISCHEN STANDARDISIERUNG/ANPASSUNG

Dieses Dilemma begegnet uns in vielen Formen. Sollen wir unser Vorgehen global oder lokal ausrichten? Soll sich unser Unternehmen auf Massenfertigung oder Spezialprodukte konzentrieren?

Erfolgreiche Führungskräfte in transnationalen Unternehmen sind gut darin, Lösungen zu finden, um lokal entwickelte »best practices« zu globalisieren. So könnte man etwa Aktivitäten dezentrali-

## BEDEUTUNG KULTURELLER UNTERSCHIEDE

Wer in einem fremden Land auf etwas Vertrautes stößt, ist versucht zu glauben, dass die Gastkultur diesem zwangsläufig die gleiche Bedeutung zumisst wie er selbst. Ein Beispiel wäre der MP3-Player, ein »globales« Produkt.

Die technischen Leistungsmerkmale des »portablen RX-MP3-Players« sind überall auf der Welt, wo dieses Gerät verkauft wird, die gleichen: Größe, Leistung, Speicherkapazität usw. Man lädt MP3-Dateien vom Computer auf den MP3-Player und kann die Musik über Kopfhörer anhören.

Eine Testgruppe in den USA antwortete auf die Frage, wie ihr der MP3-Player gefalle: »Er ist toll«, und gab als Begründung an: »Damit kann ich unterwegs ungestört meine Lieblingsmusik hören.« In China sagte die Testgruppe: »Er ist toll. Damit kann ich unterwegs meine Lieblingsmusik hören, ohne andere zu stören.«

Das Produkt mag also, was seine Technik betrifft, völlig identisch sein, wird aber dennoch in jeder Kultur anders wahrgenommen. Seine Vermarktung muss diesen unterschiedlichen Bedürfnissen Rechnung tragen.

sieren, die Informationen über sie aber zentralisieren. Der universalistische Ansatz begünstigt gemeinsame Systeme, globale Marken und eine einheitliche Personalpolitik, treibt die Suche nach der erfolgversprechendsten Methode, etwas zu tun, voran und fördert die Entfaltung der Synergien eines »Global Players«.

Dieses Vorgehen muss aber durch eine gute Portion Partikularismus ausbalanciert werden, damit das Streben nach der »optimalen Methode« nicht die Anpassungsfähigkeit an die spezifischen Anforderungen lokaler Situationen gefährdet.

### AUSGLEICH ZWISCHEN INDIVIDUELLER KREATIVITÄT/TEAMGEIST

Als Manager müssen Sie aus kreativen Individuen ein effektives Team zusammenschweißen und dieses dazu anhalten, die Kreativität des Einzelnen zu unterstützen, damit dieser optimal zum Teamerfolg beitragen kann. Man nennt das »Co-opetition«; das Wort vereint Kooperation und Konkurrenz *(competition)*.

In vielen Unternehmen ist es kein Problem, genügend fähige Mitarbeiter zu finden, die jede Menge Ideen produzieren. Die Schwierigkeit liegt eher im System oder Gemeinwesen, das diese Ideen in marktreife Produkte und Dienstleistungen umsetzen muss. Es reicht nicht aus, die von Einzelnen ersonnenen Ideen einfach zur Umsetzung an Untergebene weiterzureichen, die sich vielleicht scheuen Kritik an ihnen zu üben. Es ist wesentlich effektiver, wenn der Urheber mit den Kritikern, Umsetzern und Prototypkonstrukteuren zusammenarbeitet, um die Idee auf etwaige Mängel abzuklopfen und so einen Ausgleich zwischen Idealisierung und Realisierung herzustellen.

Das Dilemma ist nun, dass ein Team möglichst pluralistisch und aus Menschen mit unterschiedlichen Werten und Begabungen zusammengesetzt sein muss, zugleich aber ein gemeinsames Zielbewusstsein und einheitliche Lösungswege braucht. Sehr verschiedene, konkurrierende Individuen benehmen sich aber nicht selten wie Primadonnen.

Die Überbetonung von Einheit und Teamgeist kann Vielfalt und innovativen Input unterdrücken. Ein Ausgleich zwischen diesen Gegenpolen lässt sich etwa erreichen, indem man das Gesamtziel und den Prozess der Schaffung neuer, gemeinsamer Realitäten so faszinierend macht, dass die Teammitglieder ihre Verschiedenheiten überwinden und in eine »Einheit der Vielfalt« einbringen.

### AUSGLEICH ZWISCHEN EMOTIONALITÄT/BEHERRSCHTHEIT

Ist ein Manager gut, wenn er offen reagiert und Begeisterung zeigt oder wenn er Gefühlsäußerungen unter Kontrolle hält?

Extrem emotionale Manager werden als neurotisch und irrational wahrgenommen, sehr beherrschte als Menschen mit übertriebenem Kontrollbedürfnis und ohne Emotionen. Beides ist in einem multikulturellen Umfeld unangebracht. Am Besten, man zügelt seine Emotionen mit Vernunft, bringt sie aber in geeigneten Situationen zum Ausdruck.

### AUSGLEICH ZWISCHEN ANALYSE/SYNTHESE

Das streng analytische Herangehen an Probleme, also ihre Zerlegung in kleine Häppchen, kann lähmend wirken. Aber auch die Synthese, also die Betrachtung aller Dinge im Gesamtzusammenhang, kann im Extremfall zu einer Art planloser, starrer »Ganzheitlichkeit« führen. Der moderne Manager muss sich über Probleme erheben, indem er sein Denken auf eine höhere Abstraktionsebene lenkt, zugleich aber die Tatkraft bewahren, um konkrete Aspekte des Problems einkreisen zu können.

### AUSGLEICH ZWISCHEN SEIN/TUN

Studien zeigen, dass zwischen dem, was Führungsnaturen sind, und dem, was sie tun, kein Unterschied besteht. Sie scheinen eins mit ihrem Handeln zu sein. Bekanntlich ist das Auseinanderklaffen von Sein und Tun eine Hauptstressquelle. Erfolgreiche Führungskräfte handeln im Einklang mit ihrer Selbstwahrnehmung, integrieren Privat- und Berufsleben.

### AUSGLEICH ZWISCHEN SEQUENZIELL/SYNCHRONISTISCH

Effektive Manager können sequenziell planen, aber auch parallele Prozesse managen. Das »Just-in-Time«-Management ist eine bekannte Methode, Prozesse zu synchronisieren, um den sequenziellen Ablauf zu beschleunigen. Außerdem muss eine internationale Führungskraft kurz- und langfristiges Denken ebenso integrieren wie Vergangenheit, Gegenwart und Zukunft: Tradition und Potenzial.

### AUSGLEICH ZWISCHEN INNEREN/ÄUSSEREN KRÄFTEN

Eine weitere Kernkompetenz erfolgreicher Manager ist die Kompromissfindung zwischen dem Feedback des Markts und der unternehmenseigenen Technik.

Auch hier geht es nicht um eine Entweder-oder-Entscheidung zwischen Technologiedruck (Push) oder Zugkraft des Markts (Pull). Der Technologiedruck allein führt letztlich in die extremste aller Marktnischen: eine ohne Käufer. Die ausschließliche Konzentration auf den Markt liefert das Unternehmen der Gnade oder Ungnade seiner Kunden aus. Es kommt darauf an, Werte zu kombinieren: ein schnelles und sicheres Auto, gutes, aber leicht zuzubereitendes Essen, ein leistungsfähiger, dennoch bedienungsfreundlicher Computer. In dieser weitergedachten Form der Wertsteigerung zeigt sich die Qualität globaler Führerschaft.

**Umgang mit anderen Kulturen**

*Die produktivste Methode im Umgang mit anderen Kulturen ist ihre Integration in die eigene. Die globale Methode, bei der das Unternehmen rund um die Welt einheitlich operiert, ist das Gegenteil der multilokalen Methode, die sich überall anpasst. Die multinationale Methode ist nur ein Kompromiss, der nicht den allseitigen Gewinn der transnationalen Methode verspricht.*

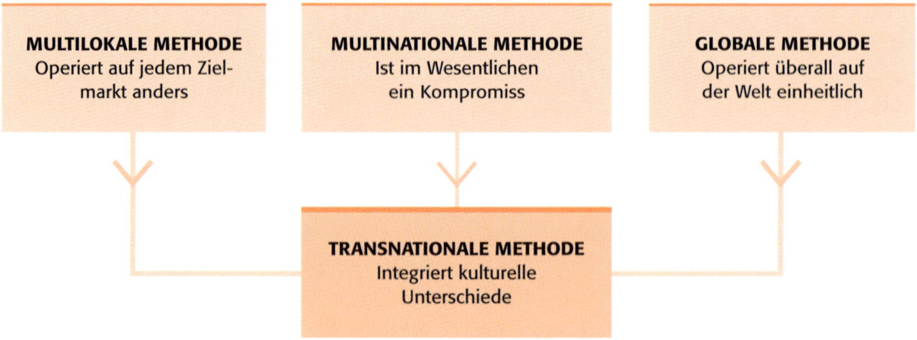

# Mit kulturellen Unterschieden arbeiten

**Nachdem man sich mit den Dimensionen der kulturellen Unterschiede und ihren Auswirkungen auf die Unternehmensstrategie vertraut gemacht hat, muss man sich als Manager überlegen, wie man die sich aus diesen Unterschieden ergebenden Dilemmata erkennen und bewältigen kann.**

### UNTERSCHIEDE ERKENNEN

Als Erstes müssen Sie die wesentlichen Eigenheiten bestimmter Kulturen identifizieren und verstehen. Betrachten Sie dazu die sieben kulturellen Dimensionen *(siehe S. 235–239)*.

### UNTERSCHIEDE RESPEKTIEREN

Keine Kultur ist besser als die andere. Es gibt in keiner Dimension eine richtige oder ideale Position. Kulturen sind einfach verschieden. Respektieren Sie andere Kulturen und deren Recht, ihre Welt auf ihre Weise zu interpretieren.

### MIT UNTERSCHIEDEN UMGEHEN

Sie können kulturelle Unterschiede ignorieren und »Ihr eigenes Ding machen«, wie ein Tourist auf Kurzurlaub. Dabei riskieren Sie missverstanden zu werden und sich bei Ihren Gastgebern unbeliebt zu machen. Oder Sie werfen Ihre Kultur über Bord und versuchen sich so zu benehmen wie ein Mitglied der Gastkultur. Das heißt aber sich zu verstellen, was auf Dauer schwer aufrechtzuerhalten ist und Ihre Gastgeber vermutlich misstrauisch macht. Sie können einen Kompromiss wählen und versuchen, sich nur an einige Unterschiede anzupassen. Aber an welche? Dies wäre immer noch eine für beide Seiten unbefriedigende Lösung.

Am produktivsten ist es, Ihre Kultur und die Gastkultur zum beiderseitigen Gewinn harmonisch miteinander zu verbinden, also die Stärken der einen und der anderen gemeinsam zu nutzen. Wenn Sie etwa als Individualist in einer gemeinschaftlich geprägten Kultur arbeiten, wie wäre es, wenn Sie sich auf den Teamgeist einlassen, um Ihre eigenen individuellen Stärken weiterzuentwickeln? Dann können Sie den anderen helfen zu erkennen, dass leistungsstarke Individuen zum Teamerfolg beitragen können.

### INTERKULTURELLE KOMPETENZ FÖRDERN

Die Fähigkeit, solche Dilemmata durch Ausgleich aufzulösen, erfordert systemische Unterstützung. Das ganze Unternehmen muss ein Gerüst bilden, das solche Lösungsansätze stützt, anregt und fördert.

Selbst kreativ denkende Mitarbeiter gelangen vielleicht nicht über einen (beide Seiten wenig befriedigenden) Kompromiss hinaus, wenn ihr Arbeitsumfeld kreative Lösungen nicht begünstigt. Umgekehrt können weniger effektive Mitarbeiter in einem motivierenden und stützenden Umfeld erfolgreichere Ausgleichslösungen erreichen.

Wie kann man ein solches Umfeld schaffen? Das fängt mit Führungskräften an, die selbst vorleben, was sie predigen. Und es ist von größter Wichtigkeit, Anreize zu schaffen, die Einzelne und Teams dazu motivieren, das Gleiche zu tun.

# Glossar

**360-Grad-Feedback** Eine Personalbeurteilungsmethode, bei der von allen, die mit der betreffenden Person zusammengearbeitet haben, Feedback eingeholt wird

**Benchmarking** (engl. benchmark = Maßstab) Nutzung operativer Standards anderer Firmen oder Abteilungen als Maßstab, um die eigenen Leistungen zu verbessern

**Brainstorming** (1) Organisierte Erforschung unorganisierter Ideen zur Anregung der Kreativität (2) Allgemeine Bezeichnung für die Diskussion von noch ungelösten Problemen

**Business Process Re-engineering (BPR)** Grundlegendes Überdenken und radikale Neugestaltung betrieblicher Abläufe, um signifikante Leistungsverbesserungen zu erzielen

**Critical Path Analyse (CPM-Methode)** Netzplantechnik, die mithilfe von Diagrammen die Abfolge von Operationen nachzeichnet und den jeweiligen Zeitbedarf ermittelt

**Culturechange** Programme, die Verhaltensänderungen bei den Beschäftigten herbeiführen sollen, indem sie zu neuen Einstellungen animieren

**Customer Relations Management (CRM)** Einsatz spezieller Techniken (meist Informationstechnologie) zur Stärkung der Kundenbindung

**E-Business** Alle Formen von Geschäftsprozessen, die über das Internet abgewickelt werden: zwischen Unternehmen (Business-to-Business, B2B), zwischen Unternehmen und Konsumenten (Business-to-Customer, B2C), mit Mitarbeitern (Business-to-Employee, B2E) und der Regierung (Business-to-Government, B2G)

**Economic Value Added (EVA)** Eigenkapital- und sonstige Kapitalkosten werden von den kalkulierten Gewinnen substrahiert, um den tatsächlichen Ertrag zu ermitteln

**Empowerment** (engl. für: Ermächtigung, Befähigung) Den Beschäftigten mehr Kontrolle und Verantwortung übertragen, um ihre Arbeitszufriedenheit und Motivation zu erhöhen

**Extranet** Netzwerk, das ein Unternehmen mit externen Partnern (Lieferanten, Kunden usw.) verbindet

**Feedback** Organisierter Rückfluss von Informationen (etwa von Beschäftigten und Kunden)

**Grenzkosten** Kosten, die mit der Steigerung der Produktion oder des Umsatzes um eine Einheit verbunden sind

**Horizontale Unternehmensstruktur** (1) Unternehmensform, die an spezifischen Kompetenzen ausgerichtet ist (2) Eine flache Struktur mit flachen Hierarchieebenen

**Intellectual Capital (IC)** (engl. für: intellektuelles, geistiges Kapital) Allgemeines und spezielles Wissen, über das ein Unternehmen verfügt und das bei den Mitarbeitern und in Datenbanken gesammelt ist

**Intranet** Unternehmensinternes Netzwerk, das eine Verbindung zwischen Management und Mitarbeitern herstellt und zum Austausch von Informationen und zu Ausbildungszwecken eingesetzt wird

**Kernkompetenzen** Die einzigartigen Fähigkeiten, die einem Unternehmen Wettbewerbsvorteile verschaffen – entscheidend für unverzichtbare Kernaktivitäten

**Knowledge-Worker** (engl. für: Wissensarbeiter) Der vom Managementguru Peter F. Drucker geprägte Begriff bezeichnet alle Mitarbeiter, deren individuelles Wissen Voraussetzung für ihre Arbeit im Unternehmen ist.

**Kundenbindung** Das Hauptziel jeder Marketingabteilung, weil Bestandskunden die beste Quelle für Umsatz- und Gewinnsteigerungen sind

**Kundenfokus** Kundenbedürfnisse stehen bei allen Unternehmensaktivitäten im Mittelpunkt.

**Kurs-Gewinn-Verhältnis (KGV)** Börsenkurs dividiert durch ausgewiesenen oder erwarteten Gewinn pro Aktie. Meistbeachtete Kennzahl zur Bewertung von Unternehmen

**Lebenszykluskosten** Direkte und indirekte Kosten, die durch Erwerb und Nutzung eines Produkts während dessen Lebensdauer entstehen

**Lernende Organisation** Firma, die Erfahrungen auswertet und Wissen weitergibt

**Management by Objectives (MBO)** Verbesserung der Unternehmensleistung durch Formulierung von Unternehmenszielen und Abstimmung der Pläne des Managements mit diesen Zielen

**Mission-Statement** Formulierung der Prioritäten, Aufgaben und Ziele des Unternehmens, die über die ökonomischen Unternehmensziele hinausgehen

**Outsourcing** Einsatz externer Partner zur Herstellung von Produkten oder Erbringung von Dienstleistungen, die bislang von internen Stellen geliefert wurden

**Profit-Center** Einheiten in Großunternehmen, die in Eigenverantwortung die Kosten minimieren und die Erträge maximieren sollen

**Shareholder-Value** Der Wert eines Unternehmens für seine Anteilseigner, in der Regel mit dem Kurswert der Aktien gleichgesetzt

**Six Sigma** Verfahren zur Qualitätskontrolle: Maximal 3,4 Ausfälle pro eine Million Teile oder Vorgänge werden akzeptiert. Bezeichnet auch eine Variante des Total Quality Management (TQM).

**Stakeholder** (engl. für jemanden, der mit einem Einsatz am Spiel beteiligt ist) Jeder, ob Einzelperson oder Gruppe, der ein Interesse am Unternehmen hat.

**Stärken-Schwächen-Analyse** Bewertung der Stärken, Schwächen, Chancen und Bedrohungen eines Unternehmens als Grundlage für die Entwicklung von Strategien

**Szenariomethode** Planung unternehmerischer Schritte, die auf der Erarbeitung verschiedener Zukunftsbilder und Konsequenzen beruht

**Total Productive Maintenance (TPM)** Verbesserung der Fertigungsqualität durch planerische Anpassungsprozesse, ähnlich wie beim Business Process Re-engineering (BPR)

**Total Quality Management (TQM)** Unternehmensweites System, das die Mitarbeiter in Techniken zur Qualitätssicherung unterweist und auf die Erreichung höchster Qualitätsstandards ausgerichtet ist

**Venture capital** Fonds, die Geschäftsgründern Risikokapital zur Verfügung stellen und dafür eine Beteiligung am Unternehmen erhalten

**Veränderungsmanagement** Verfahren zur Entwicklung von Umgestaltungsprogrammen und ihrer Umsetzung

**Vertikale Unternehmensstruktur** (1) Hierarchischer Unternehmensaufbau
(2) Abwicklung aller Aktivitäten der Wertschöpfungskette innerhalb des Unternehmens

**Virtuelle Organisation** Unternehmen, das sich auf Kernaktivitäten beschränkt, alle übrigen Abläufe auslagert und seine Partner wie Ableger des Unternehmens behandelt

**Wertschöpfung** Differenz zwischen den Kosten für Einkauf und Weiterverarbeitung von Produkten und Dienstleistungen und dem Erlös, der durch sie erzielt werden kann

**Wertschöpfungskette** Die miteinander verbundenen Prozesse von der Entwicklung über die Herstellung bis zur Auslieferung von Erzeugnissen an die Endverbraucher

**Win-Win** Suche nach einer Lösung oder einem Plan, der allen Beteiligten nutzt

**Wissensmanagement** Management des geistigen Kapitals einer Firma, um den Einsatz dieser Ressourcen zu optimieren

# Adressen

Die führenden Dienste, die allgemeine und spezielle Serviceleistungen für Managementfragen anbieten, sind eine wertvolle Quelle. Jeder Manager sollte sie nutzen, sobald er spezielleres Wissen oder breitere Daten benötigt. Der schnelle Zugriff auf seriöse Informationen und Daten sowie der Austausch derselben sind im Management von unschätzbarem Wert.

Die Adressen sind in elf Kategorien unterteilt, die jeweils einen Schlüsselbereich des umfangreichen Themas Management repräsentieren – leider konnte in den einzelnen Kategorien nicht jeder Anbieter aufgenommen werden.

## BEHÖRDEN

**Bundesamt für Wirtschaft (BAW)**
Frankfurter Straße 29-31
65760 Eschborn
Tel. 0 61 96/40 40
Fax 0 61 96/9 42 26

**Bundesministerium für Wirtschaft und Arbeit**
Stubenring 1
A-1010 Wien
Tel. 00 43/1/7 11 00-0
www.bmwa.gv.at
E-Mail: service@bmwa.gv.at

**Bundesministerium für Wirtschaft und Technologie**
11019 Berlin
Tel. 0 18 88/6 15-9
www.bmwi.de
E-Mail:
buero-li@bmwi.bund.de
*Hier können Sie Ratgeber und Infoblätter anfordern.*

**Eidgenössisches Volkswirtschaftsdepartement**
Bundeshaus Ost
CH-3003 Bern
Tel. 00 41/31/3 22 20 11
www.evd.admin.ch

## BERUFSVERBÄNDE

**Deutscher Industrie- und Handelstag (DIHT)**
Breite Straße 29
10178 Berlin
Tel. 0 30/2 03 08-0
Fax 0 30/2 03 08-10 00
www.diht.de
*Hier erfahren Sie die Adressen der lokalen Industrie- und Handelskammern. Beim DIHT und den IHKs können Sie Informationsmaterial zu allen für Manager und Unternehmer relevanten Themen anfordern.*

**Schweizer Industrie- und Handelskammern**
47, avenue d'Ouchy
Postfach 2 05
CH-1000 Lausanne 13
Tel. 00 41/21/6 13 35 58
www.cci.ch/ccis/
E-Mail: infoch@cci.ch

**Wirtschaftskammer Österreich**
Wiedner Hauptstraße 63
A-1050 Wien
Tel. 00 43/1/5 01 05-0
Fax 00 43/1/5 01 05-2 50

**Zentralverband des Deutschen Handwerks (ZDH)**
Mohrenstraße 19-21
10117 Berlin
Tel. 0 30/2 06 19-0
Fax 0 30/2 06 19-4 60
www.zdh.de
*Hier erfahren Sie die Adressen der lokalen Handwerkskammern.*

## FINANZIERUNG

**Bundesverband Deutscher Kapitalbeteiligungsgesellschaften (BVK)**
Karolinger Platz 10-11
14052 Berlin
Tel. 0 30/30 69 82-0
Fax 0 30/30 69 82-20
www.bvk-ev.de

**Business Angels Netzwerk Deutschland (BAND) e.V.**
Spichernstraße 2
10777 Berlin
Tel. 0 30/21 25 47 00
Fax 0 30/21 25 47 01
www.business-angels.de
E-Mail:
band@business-angels.de

**Deutsche Ausgleichsbank (DtA)**
Ludwig-Erhard-Platz 1-3
53170 Bonn
Tel. 02 28/8 31-24 00
Fax 02 28/8 31-22 55
Niederlassung Berlin
Saarzinstraße 11-15
12159 Berlin
Tel. 0 30/8 50 85-0

Fax 0 30/8 50 85-2 99
www.dta.de

**Förderkreis Neue Technologie (FNT) e.V.**
Rosenheimer Straße 145 c
81671 München
Tel. 0 89/63 02 53-0
Fax 0 89/63 02 53-10
www.fntev.de
E-Mail: info@fntev.de

**Kreditanstalt für Wiederaufbau (KfW)**
Palmengartenstraße 5-9
60325 Frankfurt/Main
Tel. 0 69/74 31-0
Fax 0 69/74 31-29 44
Niederlassung Berlin
(Produktmarketing und Beratung)
Taubenstraße 10
10104 Berlin
Tel. 0 30/2 02 64-3 16
Fax 0 30/2 02 64-1 92
www.kfw.de

**Technologie-Beteiligungs-Gesellschaft (tbg) mbH der Deutschen Ausgleichsbank**
53170 Bonn
Tel. 02 28/9 31-22 90
www.tbgbonn.de

**Verband der Bürgschaftsbanken**
Kapuzinerstraße 8
53111 Bonn
Tel. 02 28/9 76 88 86
Fax 02 28/9 76 88 82
www.vdb-info.de

## FORDERUNGS-MANAGEMENT

**Bundesverband Deutscher Inkassounternehmen e.V.**
Brennerstraße 76
20099 Hamburg
Tel. 0 40/28 08 26-0
Fax 0 40/28 08 26-99
www.inkasso.de

**Deutscher Factoring-Verband e.V.**
Große Bleiche 60-62
55116 Mainz
Tel. 0 61 31/2 87 70 70
Fax 0 61 31/2 87 70 99
www.factoring.de

**Verband der Vereine Creditreform e.V.**
Hellerbergstraße 12
41460 Neuss
Tel. 0 21 31/1 09-0
Fax 0 21 31/1 09-80 00
www.creditreform.de

## HUMAN RESOURCES

**alpha-test GmbH**
Weinheimer Straße 68
68309 Mannheim
Tel. 06 21/7 24 56 41
Fax 06 21/7 27 77 79
www.alpha-test.de
*Bietet über das Internet eine virtuelle Testbibliothek über psychologische Instrumente des Personalwesens an.*

**Context Personal- und Organisationsentwicklung**
Schmargendorfer Straße 24
12159 Berlin
Tel. 0 30/8 59 98 50
Fax 0 30/85 99 85 23
www.context-poe.de
Context Personal- und Organisationsentwicklung *gestaltet und begleitet Veränderungsprozesse in Unternehmen und Verwaltung.*

**Institut für Personalentwicklung GmbH**
Oeder Weg 52-54
60318 Frankfurt
Tel. 0 69/9 59 55-0
Fax 0 69/9 59 55-25
www.ipe.de
E-Mail: smits.oliver@ipe.de

**TMP Worldwide human resource service GmbH & Co. KG**
Schloss Wolfsbrunnenweg 15/1
69118 Heidelberg
Tel. 0 62 21/1 48 90
Fax 0 62 21/14 89 20
www.tmpw.de
*Die* Worldwide human resource service GmbH *berät in den Bereichen Unternehmenskultur und Mitarbeiterkommunikation sowie bei der Suche, Auswahl und Anpassung von Personal.*

## INFORMATIONS-TECHNOLOGIE UND MULTIMEDIA

**Bundesverband Informations-Technologien (BVIT)**
Adenauerallee 18-22
53113 Bonn
Tel. 02 28/2 01 36-0
Fax 02 28/2 01 36-99
www.bvit.de

**Bundesverband Informationswirtschft, Telekommunikation und neue Medien (Bitkom)**
Ansprechpartner:
Fachverband
Informationstechnik im
VDMA und ZVEI

Lyoner Straße 18
60528 Frankfurt/Main
Tel. 0 69/66 03-0
Fax 0 69/66 03-15 10
www.bitkom.org

**Deutscher Multimedia Verband e.V. (dmmv)**
Kaistraße 14
40221 Düsseldorf
Tel. 02 11/8 52 86-0
www.dmmv.de

## MANAGEMENT-INSTITUTE, DEUTSCHLAND

**Alpha College Managementseminare AG**
Räterstraße 18
85551 Kirchheim
Tel. 0 89-99 02 02 70
Fax 0 89-9 03 58 62
www.alpha-college.de
E-Mail: info@alpha-college.de

**Institute of Electronic Business e.V. (Partner-Institut der Universität der Künste)**
Chausseestraße 8
D-10115 Berlin
Tel. 0 30/72 62 98 30
Fax 0 30/72 62 98 39
www.ieb.net
*Das* Institute of Electronic Business *unterstützt die Entwicklung der Informationsgesellschaft durch praxisorientierte Ausbildung und Forschung im Electronic Business, anwendungsbezogene Forschung und die Ausbildungsförderung qualifizierten Nachwuchses.*

**Management Institut Herrenhausen**
Herrenhäuser Straße 83-99
30419 Hannover
Tel. 05 11/7 90 71 00
Fax 05 11/2 79 57 57
www.management-institut.de
*Das* Management Institut Herrenhausen *bietet Seminare und Lehrgänge in den Bereichen Management und Firmenschulungen, Bildung und Beratung, Soft Skills, Veranstaltungsmanagement und Lehrgänge mit IHK-Abschluss.*

## MANAGEMENT-INSTITUTE, WELTWEIT

**All India Management Association (AIMA)**
Management House
14 Institutional Area
Lodi Road
New Delhi 110003
Indien
Tel. 00 91/11/4 61 73 54
Fax 00 91/11/4 62 66 89
www.aima-ind.org
*Die* All India Management Association *ist eine professionelle Institution, die Managern auf dem gesamten indischen Subkontinent Informationen, sonstige Unterstützung und Repräsentation bietet.*

**American Management Association (AMA)**
1601 Broadway
New York 10019
USA
Tel. 0 01/2 12/5 86 81 00
Fax 0 01/2 12/9 03 81 68
www.amanet.org
*Die* American Management Association *ist eine Bildungseinrichtung, die Schulungen auf dem amerikanischen Kontinent, im pazifischen Raum und Ostasien anbietet. In Europa und im Nahen Osten wird sie durch das* Management Centre Europe *vertreten (siehe S. 250).*

**Australian Institute of Management (AIM)**
181 Fitzroy Street
St. Kilda VIC 3182
Australien
Tel. 00 61/3/95 34 81 81
Fax 00 61/3/95 34 50 50
www.aim.com.au
*Das* Australian Institute of Management *ist eine professionelle Repräsentations- und Weiterbildungsorganisation für Manager in Australien. Sie unterhält ein Netzwerk an Bibliotheken und Buchläden mit spezieller Managementliteratur.*

**Canadian Institute of Management (CIM)**
Toronto Branch:
2175 Sheppard Avenue East
Suite 310
Toronto
Ontario M2J 1W8
Kanada
Tel. 0 01/4 16/4 93 01 55
Fax 0 01/4 16/4 91 16 70
www.cim.ca
*Das* Canadian Institute of Management *offeriert Managern Weiterbildungsmöglichkeiten und Repräsentation und unterhält zahlreiche regionale Filialen (detaillierte Informationen enthält die Website).*

**European Council of Management (CECIOS)**
CECIOS, c/o NIVE
PO Box 266

2270 AG Voorburg
Niederlande
Tel. 00 31/70/3 00 15 00
Fax 00 31/70/3 00 15 99
www.cecios.org
*Das* European Council of Management *ist eine Dachorganisation, die Managementinstitutionen in ganz Europa vernetzt zur Förderung von Ideenaustausch, Studien und Erhebung unter seinen Mitgliedern.*

**European Foundation for Management Development (EFMD)**
88 Rue Gachard
B-1050 Brüssel
Belgien
Tel. 00 32/2/6 29 08 10
Fax 00 32/2/6 29 08 11
www.efmd.be
*Hat über 390 Mitgliedsorganisationen in über 40 Ländern. EFMD verfügt über ein Bildungsnetzwerk und repräsentiert Einzelpersonen und Organisationen in ganz Europa.*

**The Hong Kong Management Association**
14/F Fairmont House
8 Cotton Tree Drive
Central
Hong Kong
Tel. 0 08 52/25 26/65 16
Fax 0 08 52/28 68/43 87
www.hkma.org.hk
*Interessenvertretung und Schulungszentrum für Management in Hong Kong*

**International Labour Organization (ILO)**
4, Route des Morillons
CH-1211 Genf 22
Schweiz
Tel. 00 41/22/7 99 61 11
Fax 00 41/22/7 98 86 85
www.ilo.org
*Die* International Labour Organization *fördert Arbeitsnormen und -grundsätze sowie Arbeitsrecht mit dem Ziel, den Geltungsbereich und die Effektivität der sozialen Sicherungssysteme zu erhöhen.*

**The International Management Association of Japan**
Mori 10th Bldg.
1-18-1 Toranomon Minato-ku
Tokyo 105-0001
Japan
Fax 00 81/3/35 02 30 53
www.iijnet.or.jp/imaj
*Die* International Management Association of Japan *arbeitet mit Akademien, Instituten und Universitäten zusammen, ist aber auch auf dem privaten Sektor tätig. Sie führt Studien durch und bietet Seminare an.*

**Irish Management Institute (IMI)**
Sandyford Road
Dublin 16
Irland
Tel. 0 03 53/1/2 07 84 00
Fax 0 03 53/1/2 95 51 47
www.imi.ie
*Das* Irish Management Institute *bietet als Handelsvertretung und Ausbildungszentrum Kurse und Seminare für Manager an.*

**Management Centre Europe (MCE)**
Rue de l'Aqueduc 118
B-1050 Brüssel
Belgien
Tel. 00 32/2/5 43 21 00
Fax 00 32/2/5 43 24 00
www.mce.be
*Das Europabüro des* AMA *(siehe S. 248) bietet Schulungen an.*

**New Zealand Institute of Management (NZIM)**
Level 7
Microsoft House
3–11 Hunter Street
Wellington
Neuseeland
Tel. 00 64/4/4 95 83 03
Fax 00 64/4/4 95 83 02
www.nzim.co.nz
*Das* New Zealand Institute of Management *ist Interessenvertretung und Schulungszentrum für Management in Neuseeland.*

**Singapore Institute of Management (SIM)**
SIM Headquarters
461 Clementi Road
Singapore 599491
Tel. 00 65/4 68/88 66
Fax 00 65/4 68/07 79
www.sim.edu.sg
*Das* Singapore Institute of Management *bietet Seminare und Kurse auf den Gebieten Management und Human Resources an.*

## UNTERNEHMENSBERATUNG

**Bundesverband Deutscher Unternehmensberater BDU e.V.**
Geschäftsstelle Bonn
Zittelmannstraße 22
53113 Bonn
Tel. 02 28/91 61-0
Fax 02 28/91 61-26
www.bdu.de

**Business Angels Netzwerk Deutschland (BAND)**
Bundesallee 210
10719 Berlin
Tel. 0 30/21 00 95-2 31
Fax 0 30/21 00 95-2 34
www.business-angels.de

## UNTERNEHMER-VERBÄNDE

**Arbeitsgemeinschaft Selbstständiger Unternehmer e.V. (ASU)**
Reichsstraße 17
14052 Berlin
Tel. 0 30/3 00 65-0
Fax 0 30/3 00 65-4 90
www.asu.de

**Bundesverband der Deutschen Industrie (BDI)**
Breite Straße 29
10178 Berlin
Tel. 0 30/20 28-0
Fax 0 30/20 28-26 50
www.bdi.de

**Bundesverband der Selbstständigen – Deutscher Gewerbeverband e.V.**
Platz vor dem Neuen Tor 4
10115 Berlin
Tel. 0 30/2 80 49 10
Fax 0 30/2 80 49 11
www.bds-dgv.de

**Bundesverband Junger Unternehmer der ASU e.V. (BJU)**
Reichsstraße 17
14052 Berlin
Tel. 0 30/3 00 65-0
Fax 0 30/3 00 65-4 90
www.bju.de

**Institut der Deutschen Wirtschaft e.V.**
Gustav-Heinemann-Ufer 84-88
50968 Köln
Tel. 02 21/49 81-1
www.iwkoeln.de

## VERTRIEB UND MARKETING

**Deutscher Direkt Marketing Verband e.V. (DDV)**
Hasengartenstraße 14
65189 Wiesbaden
Tel. 06 11/9 44 93-0
Fax 06 11/9 44 93-99
www.ddv.de
*Der DDV vertritt die Interessen von Dienstleistern und werbetreibenden Unternehmen der gesamten Direktmarketing-Branche. Er bündelt Fragen aus der Praxis, fördert den Erfahrungsaustausch untereinander und sorgt für den Interessenausgleich zwischen Wirtschaft und Verbrauchern.*

**FernUniversität – Gesamthochschule Hagen**
Lehrstuhl für BWL
Feithstraße 152
58083 Hagen
Tel. 0 23 31/9 87-01
www.fernuni-hagen.de
E-Mail:
FernUni@FernUni-Hagen.de

**IMMK Institut für Marketing und Motivation**
Damperhofstraße 17
24103 Kiel
Tel. 04 31/9 71 94 71
Fax 04 31/9 40 44
www.immk.de

**it-fortbildung.com**
Lohkampstraße 70
22523 Hamburg
Tel. 0 40/57 26 10 94
Fax 0 40/57 26 10 95
*Suchmaschine für IT-Fortbildungen; Schulungen für Marketing im Internet*

**Wirtschafts- und Sozialakademie der Arbeitnehmerkammer gGbmH**
Bertha-von-Suttner-Straße 17
28207 Bremen
Tel. 04 21/4 49 96 49
www.wisoak.de

# Register

## K



## L



## M

# Dank


## Dank der Autoren

**George Boulden** stützt sich auf folgende Publikationen: *Action Learning: A Practical Guide*, Krystyna Weinstein (1999); *Action Learning: New Techniques for Management*, R. W. Revans (1980); *In-plant Action Learning*, George Boulden (1993).

**Terence Brake** bedankt sich bei seinen Kollegen bei Transnational Management Associates (TMA), die bei der Entwicklung des »globalen Denkens« wertvolle Arbeit leisten, sowie bei Dorling Kindersley dafür, dass man sich zur Herstellung von Qualitätsprodukten verpflichtet hat.

**Sue Clemenson** dankt dem Careers Research Forum, Sir Thomas Boyd-Carpenter, David Laughrin, John Toplis, David Whyte und den Kollegen bei Archangel. Anerkennung gebührt außerdem Meredith Belbin und Charles Handy.

**Paul Donkersleys** besonderer Dank gilt Working Futures und Sanders & Sidney für ihre Hilfe bei seiner Forschungsarbeit und den Personalabteilungen progressiver Arbeitgeber wie H. P. Bulmer und Churchill Insurance. Dank gebührt außerdem seinen Lehrern Handy, Black und Goldman, die sein Denken beeinflusst haben. Schließlich gilt sein Dank der Corporate Research Foundation, für die er *Britain's Best Employers* herausgeben konnte. Dies ermöglichte wertvolle Feldforschung hinsichtlich der Rolle, die führende Unternehmen bei den sich verändernden Mustern der Karriereplanung spielen.

**Chris Downing** möchte sich bedanken bei Steve Tonge, Robert Heller und Paul Spenley sowie Nik Fuchs, Sven Awege und Maria Luisa Rodriguez von e>>co consulting, Paris.

**Bob Garratt** zitiert aus seinen Werken *The Learning Organization* (2000), *Twelve Organizational Capabilities* (2000) und *The Fish Rots from the Head* (1996). Außerdem stützt er sich auf Arbeiten von Jan Carlzon (*Moments of Truth*, 1989), Reg Revans (*The ABC of Action Learning*, 1998) und Hesketh, Sasser und Schlesinger (*The Service Profit Chain*, 1997).

**Terry Gasking** bedankt sich bei allen, die ihm die Grundlagen des Finanzwesens sowie die gegenwärtige Praxis desselben nahe gebracht haben: seinen Kunden weltweit, mit denen er zahlreiche erfolgreiche Projekte realisieren konnte und die er in warmer Erinnerung hat.

**Angela Pinnington** dankt ihren Kollegen bei Kepner-Tregoe sowie ihren Kunden, die die Vorschläge in dem von ihr verfassten Kapitel in die Realität umgesetzt haben. Besonders erwähnen möchte sie in diesem Zusammenhang Ben Tregoe für seine inspirierende Arbeit auf diesem Gebiet.

**Paul Spenley** bedankt sich bei Ivor Tiefenbrun MBE, Geschäftsführer bei Linn Products, Tony Belisario, Generaldirektor bei Ascent Investments, Steve Collyer, Geschäftsführer von W. K. Test.

## Dank des Verlags

Dorling Kindersley bedankt sich für die Unterstützung bei der Herstellung dieses Titels bei: **Redaktion**: Amy Corzine, Clare Hill, Mary Lambert, Daphne Richardson, Hazel Richardson; **Design**: Nigel Duffield; **Titelredaktion**: Beth Apple; **Umschlaggestaltung**: Chris Drew; **Register**: Hilary Cooper; **Korrektorat**: Stewart J. Wild; **Bildrecherche**: Sarah Duncan; **Bildarchiv**: Neale Chamberlain, Melanie Simmonds, Lee Thompson.

TEXTNACHWEIS Service-Gewinn-Kette (S. 40), aus: Heskett, J. L.; Jones, T. O.; Loveman, G. W.; Sasser, W. E.; Schlesinger, L. A.: »Putting the Service Profit Chain to Work«, Harvard Business Review (März–April 1994), Seite 166, mit freundlicher Erlaubnis der Harvard Business Review.

**BILDNACHWEIS**

Abkürzungen: *o* = oben, *m* = Mitte, *u* = unten, *l* = links, *r* = rechts

**Ardea London Ltd.**: 4 *mr*, 32–3 *m*; **Comstock**: 81 *m*; **The Image Bank/Getty Images**: 116 *m*, 188 *m*; **Pictor International**: 1 *m*, Robert Llewellyn 100 *m*, 232 *m*; **Corbis Stock Market**: Lester Lefkowitz 5 *mr*, 216–17 *m*; José Luis Pelaez Inc. 134 *m*; 201 *m*; **Stone/Getty Images**: 2–3 *m*, 5 *ul*, 14 *m*, 34 *m*, 146–7 *m*, 148 *m*, 166 *m*, 218 *m*; **Superstock Ltd.**: Miles Schuster 56 *m*; **Telegraph Colour Library/Getty Images**: 4 *or*, 12–13 *m*. Titelbild: **Superstock Ltd.**, Richard Heinzen.